国际结算

（第3版）

主　编　陈跃雪
副主编　宋雅楠　邓光娅

东南大学出版社
·南京·

图书在版编目(CIP)数据

国际结算/陈跃雪主编. —3版.—南京：东南大学出版社，2020.6

ISBN 978-7-5641-8903-7

Ⅰ.①国… Ⅱ.①陈… Ⅲ.①国际结算—高等学校—教材 Ⅳ.①F830.73

中国版本图书馆CIP数据核字(2020)第085053号

国际结算(第3版)

Guoji Jiesuan(Di-san Ban)

主　　编：陈跃雪
出版发行：东南大学出版社
社　　址：南京四牌楼2号　邮编：210096
出 版 人：江建中
网　　址：http://www.seupress.com
电子邮件：press@seu.edu.cn
经　　销：全国各地新华书店
印　　刷：江苏徐州新华印刷厂
开　　本：787mm×1092mm　1/16
印　　张：18.5
字　　数：462千字
版　　次：2020年6月第3版
印　　次：2020年6月第1次印刷
书　　号：ISBN 978-7-5641-8903-7
定　　价：46.00元

本社图书若有印装质量问题，请直接与营销部联系。电话(传真)：025-83791830

本书有参考PPT，选用该教材的教师请联系 buacyx@126.com，或 LQCHU234@163.com

第 3 版前言

随着全球经济一体化发展，国际结算的电子化程度越来越高，国际结算方式不断地发生着变化，中国自主的国际结算系统也提高了存在感，中国人民银行引进“人民币跨境支付系统”，截至 2019 年 4 月，全世界有 89 个国家和地区的 865 家银行参加该系统，中国提倡“一带一路”构想的现实影响力正稳步提升；国际商会原来制定的国际结算规则和国际惯例面临新的挑战，一些诈骗分子利用人们对新规则的不了解或结算条款的不严密不断变换诈骗手法。因此，正确选择国际结算方式以防范风险，对促进贸易增长具有操作性的意义。

为了更有效地加速培养国际经济实用型紧缺人才，以适应国际金融市场竞争的需要，我们根据国际商会修订的新规则及国家新颁布的有关法规，结合国际结算业务中通行的惯例和银行国际业务规程，新编了这部突出实用性的教材。

《国际结算(第 3 版)》在前两版的基础上，以实用、精练、案例延展为原则，追踪国际结算实际业务的发展，内容包括货款支付工具、托收、信用证、银行保函、备用证、国际保理、国际结算中的单据、出口信贷、非贸易结算等。为便于理解结算实务流程，许多票据和单证以原样展现，力求生动形象，学以致用；每章之后，还设有思考训练题，以利于读者提高业务操作能力，将知识点延展到课后练习中，增强国际结算理论在实践中的应用，具有规范性、实用性、系统性和前沿性等特点。本书既可作为院校金融经贸专业课程教材，也可供银行、对外贸易、国际运输等部门的理论和实际工作者培训参考使用。

本书的编写人员按章节顺序有：石家庄经济学院许冀艺(第一章)、河北大学宋雅楠(第二、六章)、北京农学院夏龙(第三章)、山西大学翟晓英(第四章)、北京农学院陈跃雪(第五章)、北京农学院郑洵(第七章)、沈阳化工学院邓光娅(第八章)、山西忻州师范学院白妙珍、裴丽洁(第九章)、沈阳航空工业学院庄岩(第十章)。本书由陈跃雪任主编，负责全书总纂，宋雅楠和邓光娅任副主编，负责部分章节的修改、专栏及课件整理。

在编写过程中，我们参考了许多书籍、报刊及网上资料，在此向作者及相关单位表示感谢！同时，本书的出版得到了东南大学出版社的大力支持和帮助，在此一并致谢！

本书难免存在一些缺点或不当之处，欢迎广大读者指正！

目　　录

第一章 国际结算中的票据

【本章提要】在国际结算中，进行货币收付的债权人和债务人分别处于不同的国家，因此，提供中介服务的银行就需要借助于票据体现客户所代表的权利来完成清算。票据作为国际结算业务中必不可少的结算工具，是本课程的一个中心内容。票据作为清算中的工具，通常是指各种有价证券。从其内容上来看，则有广义和狭义之分。广义的票据就是各种有价证券，而狭义的票据则是指流通票据(Negotiable Instruments)。本书中票据主要指的是狭义概念。流通票据是指以支付一定金额为目的，可以流通转让的有价证券。通过票据的流通转让，可以将不同当事人之间的债权债务关系充分抵消，从而简化结算环节，加快资金周转，促进商品贸易的发展。通过本章的学习要求学生对各种票据要从理论和实务两个方面全面领会。本章第一节内容主要介绍票据的概念、特征、作用及所涉及的法规，第二节到第四节分别介绍了国际结算中使用的汇票、本票和支票的定义、主要内容、种类和票据行为。

【本章重点】狭义票据的概念，票据的特性；票据行为，票据的贴现，票据的功能；汇票的定义，汇票的当事人及其权利责任，汇票的记载项目，汇票的种类；本票的定义，本票的必要项目，本票与汇票的异同，本票的用途；支票的定义，支票的必要项目。

【本章难点】支票与汇票的不同点，支票的种类。其中汇票在国际结算中使用范围广泛，需要特别重视。

【基本概念】汇票　本票　支票流通票据　票据权利　出票　背书　承兑　贴现　中心支票

第一节 票据概述

一、票据的概念

票据作为市场经济发展到一定阶段的必然产物，已成为现代经济生活中主要的信用支付工具。现代国际结算是以票据为基础的非现金结算，因此，票据就是国际结算中普遍使用的信用工具，从这种意义上说，国际结算工具便是票据。尽管计算机和通信技术的发展使国际结算业务朝无纸化方向发展，但票据仍然是国际结算的重要工具，而且一些票据的原理并不会过时。

一般来说，票据有广义和狭义之分。

广义的票据是指各种记载一定文字、代表一定权利的书面凭证。如股票、债券、车船票、发票提单、汇票等。

狭义的票据(Bills)是指出票人委托他人或自己承诺在特定时期向指定人或持票人无条件支付一定款项的书面凭证。它是以支付金钱为目的的特定证券。作为最主要的有价证券，票据被称为“有价证券之父”。

现在，人们谈起票据都是指狭义的票据，也就是说，票据已是一个专用名词，专指票据法规定的汇票、本票和支票。而将股票、债券等称之为证券或有价证券，把发票、提单、保险单等称之为单据。因此，本章所说的票据，就是专指汇票、本票和支票三种。

二、票据的特性

作为国际结算工具的票据，它能够代替货币(现金)用于结清债权债务，是由于票据具有如下的重要性质：

1. 票据的设权性

票据的设权性即票据与其代表的权利不可分，是指持票人的票据权利随票据的设立而产生，离开了票据，就不能证明其票据权利。(如图 1-1 所示)

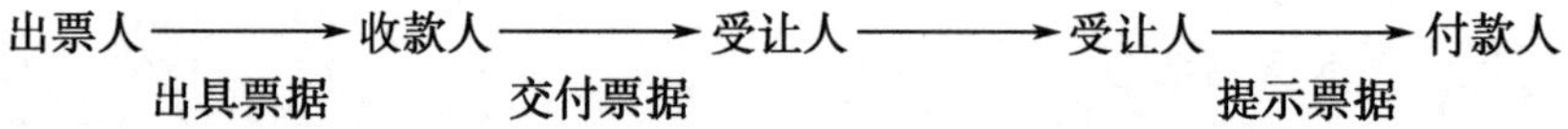

出票人 ——→ 收款人 ——→ 受让人 ——→ 受让人 ——→ 付款人

出具票据　　交付票据　　　　　　提示票据

图 1-1

票据开立的目的，主要不在于证明已经存在的权利与义务关系，而是设定票据上的权利与义务关系，票据上的权利与义务在票据作成之前并不存在，它是在票据做成的同时产生的：作为一种金融、信用或结算工具，票据的开立目的是支付，或者说是代替现金充当支付手段。

例如，甲国 A 公司从乙国 B 公司进口了价值 110 万美元的机器设备，A 应向 B 支付货款 110 万美元。付款方式有两种：一是可以直接支付现金；二是通过签发票据付款。由于直接支付现金很不方便，A 和 B 商定以票据支付。于是 A 命令 C 在见票时立即向 B 付款 110 万美元。本来 B 和 C 之间是没有任何债权债务关系的，这时，C 却成了票据债务的承担者(债务人)，虽然 B 和 A 之间因购货而存在债权债务关系，但票据的产生并非是为了证明这种关系，而是 A 通过票据这种工具来向 B 付款，C 是因为与 A 存在某种特定关系(存款行或债务人等)而被 A 指定为票款的支付者。

2. 票据的要式性

票据的要式性是指票据的形式必须符合法律规定，票据上的必要记载项目必须齐全且符合规定。即“要式齐全”方可使票据产生法律效力。

各国法律对票据必须具备的形式和内容都作了详细的规定，各当事人必须严格遵守而不能随意更改。只有形式和内容都符合法律规定的票据，才是合格的票据，才会受到法律的保护，持票人的票据权利才会得到保障。否则，就是不合格的、无效的票据，也不会受到法律的保护。

此外,处理票据的票据行为也必须符合法律规定。如出票、背书、提示、追索等票据行为都必须合法,这样才能把票据纠纷减少到最低程度,从而保障票据的顺利流通。

3. 票据的文义性

文义即文字的含义。票据的文义性是指票据所创设的权利义务内容完全依据票据上所载文字的含义而定,不能进行任意解释或者根据票据以外的任何其他文件确定。

即使票据上记载的文义与实际情况不同,也要以该文义为准。例如,票据上记载的出票日与实际出票日期不一致,也只能以票据上记载的日期为准。

4. 票据的无因性

票据的无因性是指持票人行使票据权利时,无需证明其取得票据的原因,只要票据合格,就能享有票据权利。

票据的原因是指产生票据上的权利和义务关系的原因,它是票据的基本关系,票据上权利的发生,当然有作为其原因的法律关系,即付款人代出票人付款的缘故。他们之间一般存在资金关系,要么付款人处有出票人的存款,要么付款人欠出票人的款项。也可能是付款人愿意向出票人贷款。出票人让收款人去收款,也不会没有原因。他们之间通常存在对价关系,即出票人对收款人肯定负有债务,可能是购买了货物,也可能是以前的欠款。这些原因是票据当事人的权利义务的基础,因此也叫票据原因。

票据的无因性并非否认这种关系,而是指票据一旦做成,票据上权利即与其原因关系相分离,成为独立的票据债权债务关系,不再受先前的原因关系存在与否的影响。如果收款人将票据转让给他人,对于票据受让人来说,他无需调查票据原因,只要是合格票据,他就能享有票据权利。这种票据的无因性使票据得以流通。

5. 票据的流通转让性

票据的流通转让(Transfer)是票据的基本特征。它表现为以下四个方面:

(1) 票据权利通过交付或背书及交付进行转让。这是指票据权利的两种转让方式,根据票据"抬头"的不同,可采用相应的转让方式。

(2) 票据转让不必通知债务人。根据民法规定,一般债权的债权人在转让其债权时,必须及时通知债务人。否则,债务人仍应只向原债权人清偿债务,而不会向受让人付款。例如,B 欠 A 100 元、C 又欠 B 200 元,B 即可将对 C 的部分债权(100 元)转让给 A(实际上是 B 让 C 代 B 向 A 清偿 100 元债务),但 B 必须事先通知 C。否则,C 不会向 A 付款,而只会向 B 付款,这样债权转让也就不能顺利实现。而票据的转让,可以仅凭交付或背书后交付即可完成,根本不必通知债务人。票据债务人不得以不知晓为理由拒绝承担义务而仍向原债权人清偿。就本例而言,如果 B 签发的是向 A 转让 100 元债权并由 C 付款的票据,那么 C 就不能以未通知为由拒付。因为票据上有出票人 B 的签名,C 接到票据时就知道了债权的转让。

(3) 票据的受让人获得票据的全部法律权利,可以用自己的名义提起诉讼。善意并付对价的受让人,获得票据载明全部金额的付款请求权和追索权。如果不能实现票据权利,可以自己的名义起诉票据债务人。

(4)善意并付对价的受让人的权利不因前手票据权利的缺陷而受影响。票据转让的原则就是使票据受让人(Transferee)能得到十足的或完全的票据文义载明的权利，甚至是得到让与人没有的权利。只有这样保证了受让人的票据权利，票据才会得以流通。

例如：若甲欠乙 20 000 元，丙欠甲 20 000 元，乙欠丙 5 000 元，如图 1－2 所示的债权债务关系。甲便可将向丙收款 20 000 元的债权转让给乙，以清偿 20 000 元的债务。如乙向丙索款，丙就可以只付乙 15 000 元。即使乙不去亲自索款，而是将债权转让给其他人如丁，丙也只会付款 15 000 元。因为根据民法规定，债务人得以对抗原债权人的事由均可对抗新债权人。如果甲开立一张命令丙付款的票据给乙，如果乙去取款，丙仍可只付 15 000 元，但当乙将票据转让给丁，丙就必须向丁付款 20 000 元。因为，根据票据原则，债务人(丙)不得以对抗原债权人(乙)的理由来对抗新债权人(丁)。这样尽管前手丙的票据权利有缺陷(20 000 元的票据只能收回 15 000 元)，却使得票据受让人丁得到十足的票据权利，从而保证了票据的流通转让性，如图 1－3 所示的票据关系。

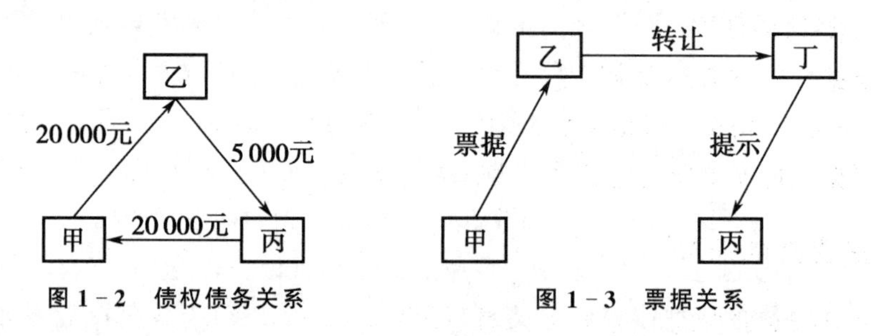

图 1－2　债权债务关系　　　图 1－3　票据关系

6. 票据的金钱性

票据的金钱性是指票据所表示的权利，是一种以金钱为给付标的物的债权，因而票据债务人只能支付款项，而不能用物品支付。

7. 票据的提示性

票据的提示性是指持票人要求付款时，必须在法定期限内向付款人出示票据，以显示占有这张票据，才能要求付款。否则，付款人不予理会。例如，我国票据法规定，即期汇票自出票日起 1 个月内向付款人提示付款。

8. 票据的返还性

票据的返还性是指票据的持票人领到支付的票款时，应将票据交还付款人；如不交还，债务人可不付款。由于票据的返还性，所以它不能无限期的流通，而是在到期日被付款后结束其流通。这也说明票据模仿货币的功能仍有它自身的局限性，一经付款，票据就不能流通了

9. 票据的可追索性

票据的可追索性是指票据的付款人或承兑人如果对合格票据拒绝承兑，或拒绝付款，正当持票人为维护其票据权利，有权通过法定程序向所有票据债务人追索，要求得到票据权利。

三、票据的作用

由于票据是以支付一定金额为目的的有价证券，代表着一定数量的货币，是办理结

算的主要工具，除发挥结算的作用外，在流通过程中还发挥着其他非常重要的作用。主要表现为：

1. 转让权利的作用

票据是权利的象征，票据与其本身所代表的权利是密不可分的。持票人可通过提示票据来实现其权利，也可以通过把票据交付给他人来转让其权利。当持票人存在外欠债务时，他可以将手中持有的票据交付给债权人来清算欠付的款项，从而造成票据权利伴随着票据的交付而转让。票据的流通转让可以看作是票据的基本特性。

2. 抵消债务的作用

伴随着票据的出具、转让，票据当事人之间的债权债务也相应地获得清算。当事人可以借助票据的出具及转让，从而把他的债权人、债务人联系起来，间接形成彼此间的债权债务关系，并以他对债务人拥有的债权来抵消对其他债权人欠付的债务。

3. 资金融通的作用

由于票据是支付工具，是代表着一定金额的权利凭据，因此在流通转让过程中，有的当事人通过转让票据而获得相应数量的资金；有的当事人则通过让渡资金的使用权而获得相应的票据。这样票据就可发挥融通资金的功效。

四、主要票据法规

票据法是指对票据的形式、内容以及当事人之间权利义务关系等方面作出规定的法律规范的总称。由于客观条件、发展状况等因素的不同，世界各国有关票据的法规存在着很大的差异。有的国家是这样规定的，有的则是另外一种情况，有些则存在着许多相同内容。尽管如此，但在票据领域依然存在着对各国票据法规有重大影响的两大法律：一个是1882年英国颁布的《票据法》；另一个是1930年和1931年颁布的《日内瓦统一法》（《日内瓦统一汇票、本票法公约》和《日内瓦统一支票法公约》）。英国的《票据法》对一些受英美影响较大的国家发挥作用。

我国票据法是在借鉴国外经验，并结合我国实际情况的基础上制定出来的，于1996年1月1日开始施行，于2004年8月28日进行了修改。我国票据法与国外票据法规相比，有很多的不同之处。

第二节　汇　　票

一、汇票的定义

英国《票据法》关于汇票的定义是：A bill of exchange is an unconditional order in writing, addressed by one person to another, signed by the person giving it, requiring the person to whom it is addressed to pay on demand or a fixed or determinable future time a sum certain in money to or to the order of a specified person or to bearer.（汇票是由一人开致另一人的书面的无条件命令，由发出命令的人签名，要求接受命令的人立即，

或在固定时间，或在可以确定的将来时间，把一定金额的货币支付给一个特定的人，或他的指定人，或来人。）

按《日内瓦统一法》的规定，汇票需包含：(1)"汇票"字样；(2)无条件支付一定金额的命令；(3)付款人；(4)付款期限；(5)付款地点；(6)收款人；(7)出票日期和地点；(8)出票人签字。

我国《票据法》关于汇票的定义为：汇票是出票人签发的，委托付款人在见票时或者在指定日期无条件支付确定的金额给收款人或者持票人的票据。汇票必须记载下列事项：(1)表明"汇票"的字样；(2)无条件支付的委托；(3)确定的金额；(4)付款人名称；(5)收款人名称；(6)出票日期；(7)出票人签章。汇票上未记载前款规定事项之一的，汇票无效。

二、汇票的主要项目

票据是一种要式性的有价证券，因此有效的汇票必须具备一定的项目和格式。汇票的主要项目如图1-4所示，包括：(1)"汇票"字样；(2)无条件的支付命令；(3)出票地点和日期；(4)付款时间；(5)一定金额货币；(6)付款人名称和付款地点；(7)收款人名称；(8)出票人名称和签字。

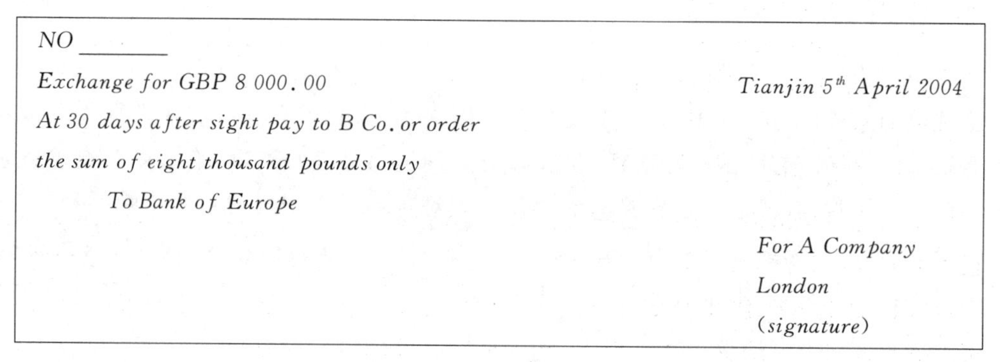
NO ________

Exchange for GBP 8 000.00 *Tianjin 5th April 2004*

At 30 days after sight pay to B Co. or order

the sum of eight thousand pounds only

To Bank of Europe

For A Company

London

(signature)

图1-4 汇票样式

1. "汇票"字样

汇票上注明"汇票"字样的目的是表明票据的性质和种类，有利于将汇票与本票、支票加以区别，以避免混淆。如Bill of exchange、Exchange for和Draft均可。例如：Exchange for USD 1250.00或Draft for GBP 18320.00。从实务角度看，写出票据名称可给有关当事人不少方便，所以实际业务中都注明"汇票"字样。但是否必须加列"汇票"字样，各国法律规定不同。《日内瓦统一法》规定"汇票"字样是必不可少的项目；英国《票据法》则不要求必须注出票据名称。

2. 无条件的支付命令

(1) 汇票必须表达为无条件支付命令的原因。汇票涉及三方当事人，即出票人、付款人、收款人。出票人与付款人之间有直接的债权、债务关系，而收款人与持票人之间又存在直接的债权、债务关系。出票人通过汇票的签发，可以使收款人与付款人之间形成间接的债权、债务关系。所以出票人在签发汇票时必须体现出无条件支付性，以保证收款人要求付款人付款的权利。

(2) 无条件支付命令的表达方式。命令的英文原文是order,所以在汇票中必须用英语的祈使句,作为命令式语句。若出于礼貌加上please也可以。例如:"Pay to A Co. or order the sum of ten thousand pounds please."("支付给A公司或其指定人金额为10 000英镑。")

(3) 汇票中出现有条件的付款表示,则汇票为无效汇票。汇票的支付命令具有无条件性,不得以其他行为或事件为付款条件。凡是附带条件的支付命令是违背了汇票本意的无效汇票。例如:

① "Pay to A Co. providing the goods they supply are complied with contract the sum of five thousand GBP."("如果A公司供应的货物符合合同,支付给它们金额5 000英镑"。)付款是以货物相符为条件的,不符合无条件支付的要求,所以是无效的汇票。

"Pay to A Co. the sum of five thousand GBP on condition that shipment of goods has been made."不符合无条件支付的要求,所以也是无效的汇票。

② "Pay to A Co. out of the proceeds in our No. 3 account the sum of five thousand GBP."("从我们的3号账户存款中支付给A公司金额为5 000英镑"。)若3号账户余额不足就不能支付,所以是有条件的付款,票据无效。

③ "Pay to A Co. or order the sum of five thousand GBP and debit our No. 2 account."("付给A公司5 000英镑,并将此金额借记我们的2号账户。")若2号账户余额不足就不能支付,所以也是有条件的付款,票据无效。

3. 出票地点和日期

出票地点是出票人签发汇票的地点,对国际汇票来说意义重大。由于各国法律存在很大的差异性,对汇票有效性的判定,各国采用行为地法律原则,即出票行为在某地发生,就以该地国家的法律为依据。《日内瓦统一法》认为只有汇票上记载了出票地点,才可以据此判定汇票的有效性。英国《票据法》认为汇票未注明出票地点并不会影响其生效,此时就以出票人的地址作为出票地点,或者汇票交付给收款人由收款人加列出票地点。我国《票据法》规定,汇票尚未记载出票地,则出票人的营业场所、住所或经常居住地为出票地。例如,我国某银行收到一张国际汇票,没有出票地点。如果这张汇票是美国或英国开立的,则是成立的;如果是大陆法系国家开立的,则是一张无效汇票。

出票日期指汇票签发的具体时间。汇票的出票日期有三个方面的重要作用:

(1) 决定汇票的有效期。持票人若不在规定的时间内要求票据权利,票据权利自动消失。《日内瓦统一法》规定见票后固定时期付款汇票或即期付款汇票的有效期是从出票日起的1年时间。我国《票据法》规定见票即付的汇票有效期为2年。

(2) 决定到期日。出票后定期付款汇票的到期日的计算是以出票日为基础的,确定了出票日期及相应期限就可以从出票日起算,决定其付款日。

(3) 决定出票人行为的有效性。若出票时法人已宣告破产或清理,丧失行为能力,则汇票不能成立。英国《票据法》认为,"出票日期"有时可以缺省。如果汇票未注明出票日期,当它交付后,收款人可以补加出票日期。

4. 付款期限

付款期限(Tenor)又称付款时间(Time of Payment),是指汇票的出票人要求付款人履行付款义务的日期。

(1) 付款期限的种类。汇票上的付款期限有即期和远期之分。

① 即期付款汇票[Bills payable(at sight)/(on demand)/(on presentation)]。简称即期汇票(Sight/Demand Bill),即汇票的持票人提示汇票的当天就为到期日的汇票。如果汇票未注明付款日期,一概作为即期汇票处理。即期汇票不需要进行承兑。

② 远期付款汇票(Time/Usance/Term Bill)。俗称远期汇票,远期汇票又分为将来固定将来时间付款的汇票和将来确定时间付款的汇票。

A. 固定将来时间付款的汇票(Bills payable on a fixed future date)。假设未来固定日为2010年5月1日,则汇票中记载:"on 1st May,2010 fixed pay to the order of John Smith."

B. 将来确定时间付款的汇票。又可分为见票后若干天/月付款汇票,出票日后若干天/月付款汇票,说明日后若干天/月付款的汇票三种。

a. 见票后若干天/月付款汇票[Bills payable at ×× days/× month(s) after sight]。如汇票中记载:"at 90 days after sight pay to the order of John Smith",此种汇票须由持票人向付款人提示要求承兑以便从承兑日起算,确定付款到期日,并明确承兑人的付款责任。

b. 出票日后若干天/月付款汇票[Bills payable at ×× days/month(s) after date]。如汇票中记载:"at 90 days after date pay to the order of John Smith",出票日是指汇票上记载的汇票的出具日期。

c. 说明日后若干天/月付款的汇票[Bills payable at ×× days/month(s) after stated]。如汇票中记载:"at 30 days after B/L(shipment)date pay to the order of John Smith"或"5月1日以后60天款"(at 60 days after 1st May,2005 pay to...)。

汇票上对付款期限不能表示为"在一个不确定日期付款"或是"在一个或有事件发生时付款"。

(2) 到期日计算原则

① 算尾不算头。在计算远期汇票的付款事件时,汇票的出票日或承兑日不包括在内。例如:出票日为2010年1月1日,汇票上记载:"at 30 days after date pay to the order of John Smith",则汇票的到期日为2010年1月31日。

② 汇票上的月通常以日历月为准。如:见票日为2010年1月1日,汇票中记载:"at two months after sight pay to the order of John Smith",则以对应月份的相应日期,即2010年3月1日为到期日。如果见票日为2010年1月31日,汇票中记载:"at one month after sight pay to the order of John Smith",则以2月最后一天即2010年2月28日为到期日。

③ 如果付款到期日恰巧是节假日,则汇票的到期日顺延至节假日后第一个营业日。

5. 一定金额的货币(certain in money)。

(1) 在汇票中对汇票金额的表述必须是一个确定的数,以便于持票人主张付款权利。"确定"的含义是任何人根据票据的意思表示计算的结果都一样。例如:

① USD 10 000；

② GBP 20 000 plus interest at 6% p. a；

③ USD equivalent for GBP10 000 at the prevailing rate in New York.

①、②、③表述的都是“确定”的金额，所以是合格汇票。

④ About GBP 20 000；

⑤ USD 10 000 plus interest.

④的金额是不确定的，汇票无效。⑤因为未表明利率，所以金额是不确定的。如果依据英国《票据法》汇票无效；若根据《日内瓦统一法》，关于利息的记载无效，汇票本身是有效的。

（2）汇票的金额包括大、小写两个部分，且二者必须一致。在实际中，为防止涂改，汇票的金额必须同时用大、小写记载。英国《票据法》和《日内瓦统一法》都规定在大、小写金额不一致时，以大写为准。我国《票据法》规定大、小写金额不一致的汇票为无效汇票。

6. 付款人名称和付款地点

汇票上对付款人的记载必须是确定的，以便于持票人准确无误地向付款人提示或要求付款。付款人的名称、地址必须书写清楚，尤其是以在同一城市有多家机构的银行为付款人时，必须注明街道和门牌号码，避免提示汇票时遇到不必要的麻烦。

7. 收款人名称

汇票是债权凭证，收款人就是汇票所指示的债权人。对汇票上收款人的记载也称为“抬头”，其填写方法主要有三种：

（1）限制性抬头。汇票金额只限于付给指定的收款人，不允许流通转让。例如：

① Pay to John Smith only，not transferable（仅付给约翰·史密斯，不得转让）；

② Pay to A Co. only（仅付给 A 公司）；

③ Pay to A Co.（付给 A 公司）。

（2）指示性抬头。汇票金额付给某人或其指定人，可用背书方式进行转让。例如：

① Pay to the order of John Smith（付给约翰·史密斯的指定人）；

② Pay to A Co. or order（付给 A 公司或其指定人）。

（3）来人抬头。汇票金额付给持票人，不用进行背书就能转让。例如：

① Pay to bearer（付给来人）；

② Pay to A Co. or bearer（付给 A 公司或来人）。

8. 出票人名称和签字

出票人是汇票的基本当事人之一，所以汇票中有出票人名称和签字，汇票才能成立。出票人名称和签字必须是有权人或其代理人的签字，不得伪造。我国《票据法》规定使用签章。无权人的签字或伪造有权人的签字的汇票无效。

公司、单位等机构、团体由其委托的个人出票，在公司前面写上“for”或“on behalf of”，并记载个人职务。例如：

For A Co. New York；

John Smith Manager。

三、汇票的当事人及其权利义务

1. 票据当事人的含义

汇票、本票、支票作为国际结算的基本工具——票据，涉及各方当事人的权利和义务。票据当事人及票据关系的主体，是指依照票据法的规定，基于票据行为而享有票据权利，承担票据义务的票据法律关系的参加者。

在汇票、本票、支票中，汇票的票据行为最复杂，涉及的当事人也最多，所以这里详述汇票的当事人及其权利与义务。

2. 汇票的当事人及其权利、义务

以是否随出票行为出现为标准，可将汇票当事人分为基本当事人和非基本当事人。

(1) 基本当事人。基本当事人是指汇票一经出票就存在的当事人。出票人、付款人和收款人作为汇票必要项目的三个当事人，是尚未进入流通领域以前的基本当事人。

① 出票人(Drawer)。出票人就是签发汇票的人。是指依照法定方式做成票据，并在票据上签章，将票据交付给收款人的人。

出票人的责任：A. 出票人在承兑前是主债务人，承担保证汇票凭正式提示，按其文义被承兑和付款的责任。B. 出票人在承兑后是从债务人，但如果汇票遭到拒付、退票，出票人将承担偿付票款给持票人或偿付票款给任何被迫付款的背书人的责任。

② 付款人(Drawee)。付款人是票据上载明的承担付款责任的人，也是接受支付命令的人。根据英文的字面含义应称为受票人(Addressee)。

付款人的责任说明：A. 汇票承兑前，因付款人未在汇票上签名，他不是汇票债务人，不承担汇票一定的付款责任。B. 付款人对汇票承兑和签名，也就是以自己的签名表示他同意执行出票人发给他的无条件命令，因此成为承兑人(Acceptor)，承担按照承兑文义保证到期日付款的责任。C. 承兑后，付款人是汇票的主债务人，汇票的持票人、被迫付款的背书人或出票人，都可凭票向其要求付款。

③ 收款人(Payee)。收款人也称“抬头人”，是指持票据向付款人请求付款的人。收款人是主债权人。

收款人的权利：A. 收款人所持有的汇票，是一项债权凭证，他有权向付款人要求付款或承兑票据。B. 如遭拒付，有权向出票人追索票款。C. 收款人有权将汇票转让他人。

(2) 非基本当事人。非基本当事人是指在汇票出票后，通过其他票据行为而加入汇票关系的当事人，是汇票进入流通领域以后的当事人。

① 背书人(Indorser)。背书人是指收款人或背书人(一切合法持有汇票的票据所有者)通过背书将汇票转让给他人的人。无论是收款人还是持票人，一旦成为背书人，就必须承担以下责任：A. 对其前手背书的真实性、有效性进行担保；B. 承担汇票付款人付款或承兑的保证责任；C. 如果汇票遭到拒付，保证先偿付票款给持票人或被迫付款的后手背书人，再行使追索权。

汇票可以连续转让，汇票的受让人(被背书人)通过在汇票上再加背书而将其转让，成为第二背书人，再背书，产生第三背书人，依次类推。如果背书人在背书时在汇票上加注“without recourse to us”(不得追索)字样,当汇票遭拒付时,就可免除背书人被追索的责任。但受让人一般不愿接受这种加注“without recourse to us”字样,不利于流通转让的汇票。

② 被背书人(Indorsee)。被背书人是汇票背书转让的受让人。当他受让汇票,如再转让时,他就成为另一个背书人。如果他不转让,则将持有汇票,就成为第二持票人,所以被背书人是汇票的债权人,最后被背书人必将是持票人。

③ 持票人(Holder)。持票人指持有票据的人,拥有汇票的收款人或被背书人或来人就是持票人。汇票的持票人是债权人,有权向付款人或其他关系人要求履行承兑、付款等义务。据持票人取得票据的方式不同,分为对价持票人或正式持票人。

A. 对价持票人(Holder for Value)。对价是指可以支持一项简单交易或合约之物,如货物、劳务、金钱等。对价持票人即取得票据时,付出一定代价的人。例如,某钢厂 12 月 25 日发送给某地产商一批钢材,可以认为是钢厂 12 月 30 日收到地产商的一张汇票的“对价”,钢厂因此而成为这张汇票的对价持票人。

B. 正当持票人(Holder in Due Course)。也称善意持票人或正式持票人。正当持票人是指经过转让而持有的,票面完整而合格的汇票的持票人。正当持票人应具备的条件(根据英国《票据法》第 29 条的规定)是:取得汇票成为持有人时,汇票没有过期;持票人善意地支付对价而取得汇票;持票人不知道汇票曾被退票;也不知道转让者的权利有何缺陷。

正当持票人的权利优于其前手,不受前手任何当事人权利缺陷的影响。值得注意的是汇票的收款人不是正当持票人,因为收款人取得的汇票是出票人签发、交付的,而不是经流通转让取得的。

汇票持票人享有如下权利:a. 提示要求承兑或付款之权;b. 汇票转让他人之权;c. 背书汇票权;d. 发出退票通知给前手的权利;e. 向其前手当事人行使追索权;f. 用自己名字起诉的权利;g. 丢失汇票后获得副本权;h. 在银行即期汇票上划线的权利和委托一家银行托收票款的权利。

④ 保证人(Guarantor)。保证人是由一个第三者经过保证签字,对出票人、背书人、承兑人或参加承兑人作成保证行为的人。他与被保证人负相同的责任。通常充当担保人的是银行,充当被担保人的是汇票的承兑人。

四、汇票的票据行为

汇票从开立到正常付款,需要经历一系列法定步骤,我们一般将这些步骤称为票据行为。票据行为有狭义与广义之分。

狭义的票据行为是以承担票据上的债务为目的所作的必要形式的法律行为,包括:出票、背书、承兑、参加承兑、保证等。

广义的票据行为是指一切能够引起票据法律关系的发生、变更或消灭的各种行为。除上述狭义的票据行为外,还包括提示、付款、划线、拒付、行使追索权等行为。票据的开立是要式的,因此,票据行为也是要式的,必须符合票据法的规定。

汇票的票据行为比本票和支票的票据行为复杂，全面。具体来说有：

1. 出票

(1) 出票的含义。出票(Issue)是汇票的基本票据行为，它是指出票人按照一定要求和格式签发汇票并将其交付他人的一种行为。

出票包括两个动作：① 写成汇票并在汇票上签字；② 将汇票交付收款人。只有被出票人签发并交付他人后，汇票才能流通转让。交付(Delivery)是指实际的或推定的所有权从一个人转移至另一个人的行为。汇票的出票、背书、承兑等票据行为在交付前都是不生效的和可以撤销的，只有将汇票交付给他人后，汇票的票据行为才开始生效，并具有不可撤销性。

与本票和支票只能开一张不同的是，汇票可以开立一张，也可以开立成套汇票(通常是一式两份)。成套汇票的每张汇票皆具有同等效力，但其中一张付讫后，其余的自动失效。为了避免背书人或承兑人误在同样两张汇票上签字，通常一套两张的汇票，在第一张注明“付一不付二”，在第二张上注明“付二不付一”。

(2) 出票的意义。出票时，出票人在汇票上签名，他就必须对汇票付款承担责任。在付款人承兑之前，出票人是汇票的主债务人，付款人对于汇票付款并不承担责任，付款人根据票据提示时与出票人的资金关系决定是否付款或承兑。收款人的债权完全依赖于出票人的信用。

2. 背书

(1) 背书的含义。背书(Endorsement)是指持票人在汇票背面签字，表明转让其票据权利的意图，并交付给受让人的行为。背书是一种从属票据行为。

背书行为的完成包括两个动作：① 在汇票背面或者粘贴单上记载有关事项并签字；② 交付。

(2) 背书的意义。表现在对背书人和被背书人两个方面：

① 对背书人的意义

A. 背书人向其后手担保其前手签名的真实性和汇票的有效性。票据行为遵循“谁签字谁负责”的单独行为原则，即使前手的签字是无效的，或者是不具备实质性条件的汇票，一旦背书人签字，就必须对票据债务负责。

B. 背书人必须保证被背书人能够得到全部票据权利。假如被背书人向付款人提示票据要求承兑或付款时遭到拒绝，背书人应当承担被追索的责任。

② 对被背书人的意义

被背书人接受汇票而成为持票人，享有汇票的付款请求权和追索权。对被背书人来说，其前手越多，汇票债权的担保人就越多，汇票的安全性越强。

(3) 背书的种类

大多数汇票应通过背书来转让权利，背书主要有以下几种类型：

① 特别背书(Special Endorsement)。特别背书又称记名背书、正式背书、完全背书。具有背书内容完整、全面的特点。主要内容包括：被背书人或其指定人、背书人签名、背书日期(如果没有记载背书日期，就视为在票据到期日前背书)。一般转让背书都是特别

背书。经过特别背书的票据，被背书人可继续作背书转让。例如：

Pay to the order of B Co.（付给 B 公司的指定人）；

For A Co.；

(signature)（A 公司签章）。

② 空白背书（Blank Endorsement）。空白背书又称不记名背书、略式背书。指在汇票背面仅有背书人签名而不注明被背书人的背书。汇票做成空白背书后，汇票的受让人若再转让此汇票，可以仅凭交付转让，而无须再作背书。例如：

汇票正面：pay to the order of John Smith；

汇票背面：John Smith；

(signature)。

③ 限制性背书（Restrictive Endorsement）。是指背书人在票据背面签字，限定被背书人是某人或记载"不得转让"字样的背书。例如：

Pay to C Co. only（仅付 C 公司）；

Pay to C Co. not negotiable（支付给 C 公司。不可流通）；

Pay to C Co. not transferable（支付给 C 公司。不可转让）；

Pay to C Co. not to order（支付给 C 公司。不得付给指定人）。

对于限制性背书的受让人能否再转让汇票，不同的票据法规定不同。英国《票据法》规定，限制性背书的被背书人无权再转让其票据权利。

④ 有条件背书（Conditional Endorsement）。有条件背书是指对被背书人享受票据权利有附加条件的背书。例如：Pay to the order of B Co. on delivery of B/L No. 125. 多数国家，包括我国的票据法认为，有条件背书的背书行为有效，但背书条件无效。

有条件背书实际是指背书行为中的交付，只有在条件完成时方可把汇票交给被背书人。附带条件仅对背书人和被背书人有着约束作用，它与付款人、出票人无关。

⑤ 托收背书（Endorsement for Collection）。托收背书是指记载有"委托收款"（"for collection"）字样的背书。例如：

For collection pay to the order of B Bank.

因为背书人的背书目的不是转让汇票的权利，而是委托被背书人代为行使票据权利，所以，托收背书的被背书人不得再以背书方式转让汇票。

3. 提示

(1) 提示的含义。提示（Presentment/Presentation）是指持票人将汇票提交付款人要求承兑或要求付款的行为。汇票是一种权利凭证，要实现权利，必须向付款人提示票据，以便实现汇票权利。

(2) 提示的种类。提示可以分为两种：

① 远期汇票向付款人提示要求承兑；

② 即期汇票或已承兑的远期汇票向付款人或承兑人提示要求付款。

即期汇票只需一次提示，承兑和付款一次完成。远期汇票须经两次提示，即先提示、承兑和后提示、付款。

(3) 提示遵循的原则。主要有：

① 提示必须在规定的时限或规定地点办理。

英国《票据法》规定：即期汇票要求自出票日起1个月内提示付款；见票后定期付款汇票要求自出票日起1个月内提示承兑：已承兑远期汇票的付款提示期限为在付款到期日10日以内。

《日内瓦统一法》规定：即期汇票必须在出票日后的一年内作付款提示；见票后定期付款汇票在出票日后的1年内作承兑提示；远期票据在到期日及以后2个营业日内作付款提示。

② 持票人应在汇票载明的付款地点向付款人提示。如果汇票没有载明付款地点，则向付款人营业所提示；如果没有营业所，则到其住所提示。

4. 承兑

(1) 承兑的含义。承兑(Acceptance)是指远期汇票的付款人在汇票上签名，同意按照出票人指示而付款的票据行为。承兑是一种从属票据行为。

承兑行为的完成包括两个动作：① 记载“ACCEPTED”(已承兑)字样并签名；② 将已承兑汇票进行交付。

(2) 承兑的意义。付款人承兑汇票后，他就变为承兑人。由于承兑人在汇票的正面已经签字，因此而承担到期向持票人支付的主要责任。而出票人则由承兑前的主债务人变为从债务人。

(3) 承兑的种类。主要有：

① 普通承兑(General Acceptance)。普通承兑即一般承兑，是指付款人对出票人的指示不加限制地同意、确认。

② 限制承兑(Qualified Acceptance)。限制承兑是指付款人对持票人提示的汇票内容加以修改或限制的承兑。常见的限制承兑有以下几种：

A. 有条件承兑(Conditional Acceptance)，是指在完成承兑时所提的条件后，承兑人方予付款。例如：

Accepted
payable providing the goods in order
15th June, 2004
For C Trading Co.
(signature)

B. 部分金额承兑(Partial Acceptance)，仅是承兑和支付票面金额的一部分。例如：汇票票面金额为1 200美元，部分承兑：

Accepted
payable for US$1000.00 only
15th June, 2004
For C Trading Co.
(signature)

C. 限定地点的承兑(Local Acceptance),即承兑是加上只能在某一特定地点付款的承兑。例如:

Accepted

payable only at the London Bank

10th July,2004

For C Trading Co.

(signature)

D. 修改付款期限的承兑(Qualified Acceptance As to Time),承兑是修改了付款期限的承兑。例如:出票人要求见票后45天付款,但付款人可以在承兑时将期限延长为90天。

5. 付款

付款(Payment)是指即期票据或到期的远期票据的持票人向付款人提示汇票,付款人支付票款的行为。付款是票据的最终目的。付款是票据流通过程的终结,是票据所代表的债权和债务的清偿。这里所说的付款是指付款人的正当付款。

(1) 正当付款的含义

① 汇票的持票人只能在到期日那天或以后付款;

② 善意付款即付款人按照专业惯例,尽了专业职责,利用专业信息都不知道持票人权利有何缺陷而付款;

③ 汇票被付款人或承兑人支付;

④ 汇票如果被转让,其背书连续并且真实。

只有付款人向持票人正当付款之后,汇票才被解除责任(包括付款人的付款义务和所有的票据债务人的债务)。

(2) 付款人应注意的事项

① 付款人要在合理时间内付款;

② 付款人对远期汇票要按照承兑足额付款;对即期汇票按票面额足额付款;

③ 付款人作正当付款后要加注"付讫"字样注销汇票,以避免不必要的麻烦。

6. 拒付

(1) 拒付的含义。拒付(Dishonour)也称退票,它是指持票人按票据法的规定作提示时,付款人拒绝承兑(dishonour by non-acceptance)或拒绝付款(dishonour by non-payment)的行为。当汇票遭拒付时,持票人可以依法行使追索权。

(2) 拒付的情况。分为:

① 付款人明确表示拒付;② 在规定时间内付款人虽未明确表示拒付,但未予承兑、付款;③ 付款人不存在;④ 承兑人或付款人避而不见或已终止业务活动;⑤ 做成部分承兑或部分付款;⑥ 非承兑汇票的出票人破产。

(3) 拒付的书面文件,包括:

① 拒绝证书。拒绝证书(Protest)是指当持票人提示汇票遭拒付时,持票人委托付款地的公证机构做出的证明付款人拒付事实的一种文件。拒绝证书是持票人向其前手

行使追索权的一种证明文件。当汇票遭拒付时，持票人常常委托付款人当地的公证机构向付款人再次提示汇票，若再遭拒付，付款当地的公证机构就要在法律规定的时间内做出拒绝证书，并及时交给持票人，以便追索。

拒绝证书的内容通常包括：拒绝者和被拒绝者的名称；拒付原因；拒绝证书做成的时间和地点；拒绝证书的制作者的签字。

持票人要求公证人做成拒绝证书所付的公证费用，在追索票款时，一并向出票人收取。有时出票人为了免除此项费用，可在汇票上加注“Protest Waived”（放弃拒绝证书）字样，则持票人不需做成拒绝证书，即可行使追索权。若汇票有“Protest Waived”记录，持票人仍然要求作成拒绝证书，则该证书有效，但公证费用应由持票人自行负担。

② 退票通知。退票通知（Notice of Dishonour）是指持票人将拒付的实施以书面形式告知被追索人。退票通知的目的是要汇票债务人及早知道拒付，以便做好准备。

做成拒绝证书后，持票人必须按规定向其前手发出拒付通知，前手应于接到通知后1个营业日内（我国规定为3天）再通知他的前手背书人，一直通知到出票人。更好的方法是，持票人将退票事实通知全体前手，如此则每个前手即无须继续向前手通知了。持票人若不做成退票通知并及时发出，英国《票据法》规定丧失其追索权；《日内瓦统一法》认为不及时通知退票并不丧失追索权，因为退票通知仅是后手对于前手的义务。但如因未及时通知，造成前手遭受损失，应负赔偿之责，其赔偿金额不超过汇票金额。

7. 追索

(1) 追索的含义。追索（Recourse）是指汇票遭到拒付，持票人对其前手背书人或出票人请求偿还汇票金额及费用的行为。追索是汇票持票人的一种权利。持票人是汇票上唯一的债权人，他行使追索权的对象是背书人、出票人、承兑人以及其他对持票人负连带的偿付责任的债务人。

(2) 行使追索权应具备的条件。持票人持有合格汇票；持票人尽责（即持票人已在规定时间和地点做出提示而遭拒付；在规定时间内已做成拒绝证书和拒付通知，并已通知前手）；发生拒付。只有具备以上三个条件，持票人才能保留和行使追索权。

(3) 追索的有效期。持票人或背书人必须在法定期限内行使其追索权，否则即行丧失。英国《票据法》规定，保留追索权的期限为6年。《日内瓦统一法》规定，持票人对前一背书人或出票人行使追索权的期限为1年，背书人对其前手背书人为半年。

(4) 追索的顺序。分为：

① 未承兑的汇票

持票人→持票人的背书人→……→第二背书人→收款人→出票人（主债务人）

② 已承兑汇票

持票人→持票人的背书人→……→第二背书人→收款人→出票人→承兑人

在实际业务中，为了避免按顺序追索的麻烦，持票人一般都是向出票人追索。即使对已承兑的汇票只有在出票人破产或无力支付时，才由承兑人付款。

8. 贴现

(1) 贴现的含义。贴现(Discount)是指尚未到期的已承兑远期汇票,由银行或贴现公司按照一定贴现率计算出贴息从票面金额中扣减,将净款付给持票人的行为。

对汇票持有人来说,贴现业务就是票据买卖业务,持票人是汇票的卖家,银行或贴现公司是汇票的买家;对于银行来说,汇票的贴现就是资金融通业务,相当于其贷款业务。

(2) 贴息的计算。贴息的计算是按照贴现天数(距到期日提早付款天数)乘以贴现率。但因贴现率多是用年率表示,应将其折成日率。一般情况下,英镑按一年 365 天作为基本天数,美元则按 360 天作为基本天数。其公式为:

贴息=票面额×〔贴现天数/360(365)〕

净款=票面金额-贴息

(3) 贴现的费用。贴现时发生的费用有承兑费、印花税和贴现率三种。

五、汇票主要的分类

汇票从不同的角度观察,有不同的分类,在这里我们介绍常见的汇票分类。

1. 根据出票人的不同,汇票可以分为商业汇票和银行汇票

(1) 商业汇票。商业汇票(Commercial Bill)是指由商号或者企业签发并交付的汇票。远期商业汇票按承兑人的不同可以分为商业承兑汇票和银行承兑汇票。商业汇票属商业信用,收款人或持票人承担的风险较大。其中,商业承兑汇票的风险大于银行承兑汇票。

(2) 银行汇票。银行汇票(Banker's Bill)是指由银行签发或交付的汇票。银行汇票属银行信用,风险小,可接受性和流通性强。

2. 根据付款时间的长短不同,汇票可以分为即期汇票和远期汇票

(1) 即期汇票。即期汇票(Sight Bill)是指出票人要求付款人在持票人向其提示汇票时见票即付的一种汇票。

(2) 远期汇票。远期汇票(Time Bill)是指付款人被要求经过一段时间后向持票人付款的一种汇票。远期汇票通常需要承兑。

3. 根据是否有货运单据,汇票可以分为跟单汇票和光票

(1) 跟单汇票。跟单汇票(Documentary Bill)是指附有货运单据(通常指海运提单)的汇票。

(2) 光票。光票(Clean Bill)是指不附有货运单据的汇票。

4. 中心汇票

中心汇票是指付款人是汇票所用货币清算中心的即期银行汇票。例如:汇票是日元即期汇票,汇票的付款人是东京某银行,该汇票就是中心汇票。由于中心汇票的付款人总是出票银行在某货币清算中心的账户行,所以其流动性强,在国际汇款中是一种较为理想的汇款工具。

专 栏

银行承兑汇票业务有潜在风险

中国人民银行22日公布的2009年第一季度支付体系运行总体情况显示，一季度银行业金融机构商业汇票逾期垫款余额快速增长，表明目前商业汇票特别是银行承兑汇票业务存在较大潜在风险。

央行称，一季度银行业金融机构商业汇票逾期垫款余额快速增长。逾期垫款余额的形成主要有两种情况：一是银行承兑汇票到期，承兑申请企业资金不足或无力支付，承兑银行代为垫付资金；二是商业承兑汇票贴现、转贴现后，承兑企业资金不足或无力支付，由贴现行或转贴现行代为垫款。从逾期垫款余额的变化趋势来看，2008年第三、四季度和2009年第一季度逾期垫款环比分别增加25.6%、22.6%和15.2%。逾期垫款余额的迅速增加表明目前商业汇票特别是银行承兑汇票业务存在较大的潜在风险。

数据显示，商业汇票业务稳步发展，笔数增速放缓，金额增速略有加快。第一季度，实际结算商业汇票业务196.55万笔，金额20 023.64亿元。笔数同比增长7.8%，金额同比增长22.4%。其中，银行承兑汇票业务191.73万笔，金额18 761.37亿元。笔数同比增长8.1%，金额同比增长24.5%。

经济较发达地区票据业务量呈现持续下降趋势，欠发达地区票据业务量震荡上升。此外，国有商业银行票据业务笔数占比小幅上升，金额占比小幅下降；股份制商业银行票据业务笔数占比小幅下降，金额占比小幅上升；政策性银行票据业务笔数、金额占比均小幅上升。

任 晓

资料来源：http://cs.xinhuanet.com/jrbznew/html/2009-06/23/content_21889539.htm

第三节 本 票

一、本票的定义及其主要项目

1. 本票的定义

本票(Promissory Note)，又称为期票。英国《票据法》的定义是：

A promissory note is an unconditional promise in writing made by one person to another, signed by the maker, engaging to pay on demand or at a fixed or determinable future time a sum certain in money to or to the order of a specified person or to bearer.（本

票是一人向另一人签发的，约定即期或定期或在可以确定的将来时间向指定人或根据其指示向来人无条件支付一定金额的书面付款承诺。）

2. 本票的主要项目

根据《日内瓦统一法》的定义，本票必须记载以下项目（如图 1－5）：

（1）表明“本票”的字样；

（2）无条件支付的承诺；

（3）确定的金额；

（4）收款人名称；

（5）出票日期；

（6）出票人签章。

本票未记载前款事项之一者，本票无效。

Promissory Note for GBP 800 *At 60 days after date we promise to pay* *Beijing Arts and Craft Corp. Or order* *the sum of Eight hundred pounds only*	*London, 8th Sept. 2004* *For Bank of Europe* *London* （*signature*）

图 1－5　本票样式

我国《票据法》将本票定义为：本票是出票人签发的，承诺自己在见票时无条件支付确定的金额给收款人或者持票人的票据。该法所称本票，是指银行本票。

从以上本票的定义可以看出，本票比汇票少了一个必要项目——付款人。这是由于本票是由出票人自己承担付款责任。因此，理解本票的本质，可以将本票当成“甲欠乙”的借据，由“甲”签发，保证“甲”在指定日期支付一定金额给“乙”的承诺书。

二、本票的种类

从本票的出票人不同，可以分为商业本票和银行本票两种。但是，如前所述，我国《票据法》所称本票仅指银行本票。即我国没有商业本票，也就是说我国企业不能签发本票。

1. 商业本票

商业本票（Trader's Note）又称一般本票，是指以工商企业为出票人签发的本票。美国一些大公司签发的远期商业本票被称之为“商业票据”，往往用于向资金市场筹集资金。在国际结算中开立本票的目的是为了清偿国际贸易而产生的债权债务关系。商业本票的信用基础是商业信用，并不提供任何资产保证，只凭其现有的清偿能力、盈利能力保证到期日一定支付票款。因此，出票人的付款缺乏保证，其使用范围渐趋缩小。现在中小企业因几乎没有人愿意接受而很少签发本票，一些大企业签发本票通常也限于出口买方信贷的使用。当出口国的银行把资金贷放给进口国的商人用以支付进口货款时，往往要求进口商开立分期还款的本票,并经进口国银行背书保证后交贷款银行收执,作为贷款凭证。因此,商业本票多为远期本票,即期商业本票的实用价值很小。

2. 银行本票

银行本票(Banker's Note)是指以银行为出票人签发的本票,通常用于代替现金支付或进行现金转移。一般来说,即期的银行本票,习惯称为向出纳发出的支付命令,意即上柜即可取现金。因此,银行本票多为即期本票,远期本票则严格限制其期限,如我国规定,本票自出票日起,付款期限最长不超过 2 个月。由于银行本票在很大程度上可以代替现金流通,容易干扰中央银行的货币政策,各国为了加强对现金和货币金融市场的管理,往往对银行发行本票施加限制,如规定银行本票的最小金额;再例如,我国《票据法》规定,本票持票人资格由中国人民银行审定。另外,国际上常见的旅行支票也是一种带有本票性质的票据。本票还可分为外币本票和本币本票;国际本票和国内本票。其概念比较简单,故不多述。

三、本票与汇票的区别(表 1-1)

本票与汇票作为国际结算的支付工具,都是一种表示债权与债务关系的有价债券,但二者又有许多不同之处。

1. 本票和汇票的性质以及涉及的基本当事人不同

本票是一种无条件支付承诺性文件,本票的基本关系人只有两个,即出票人(maker)和收款人。本票的付款人就是其出票人,本票是出票人承诺和保证自己付款的凭证,因此,又被称之为自付证券;汇票是一种无条件支付命令性文件,汇票一般有出票人、收款人和付款人三个基本当事人,当出票人与付款人为同一人时,即成为了本票。汇票的出票人与收款人可以是相同的一个当事人,但本票不允许。

2. 出票人的地位及票据行为不同

在任何时候,本票的出票人都是绝对的主债务人,由于出票人与付款人为同一人,本票无需承兑。一旦拒付,持票人即可立即要求法院裁定,只要本票合格,法院就会裁定出票人付款。因此,在实务中,银行一般是绝对不会拒付本票。因为拒付本票,会直接影响银行的信誉;汇票在承兑前出票人是主债务人,承兑后出票人变为从债务人。由于出票人与付款人不是同一人,汇票有承兑行为。

3. 在名称和性质上不同

在英文名称上,本票名称为 Note(付款承诺),强调了本票是出票人或付款人的付款承诺这一特性,而汇票名称 Bill of Exchange,强调了汇票具有“对价”关系。

表 1-1 本票与汇票的区别

	本票	汇票
基本当事人	出票人、收款人	出票人、收款人、付款人
性质	无条件支付承诺	无条件支付命令
有无承兑行为	无	有
主债务人	出票人	承兑前是出票人,承兑后是承兑人

第四节　支　　票

支票(Cheque or Check)首先是一种结算工具,且主要用于国内结算。其次支票又是一种理想的结算工具,工商企业使用支票对资金的收付非常方便。

一、支票的定义及其主要项目

1. 支票的定义

(1) 英国《票据法》的定义：Briefly speaking, a cheque is a bill of exchange drawn on a bank payable on demand.(简单地说,支票是以银行为付款人的即期汇票。)

(2) 我国《票据法》的定义：详细地说,支票是出票人签发的,委托办理支票存款业务的银行或者其他金融机构在见票时无条件支付确定的金额给收款人或持票人的票据。(A cheque is an unconditional order in writing addressed by customer to a bank signed by that customer authorizing the bank to pay on demand a sum certain in money to or to the order of a specified person or to bearer.)

(3) 一般来说,支票是银行存款户根据协议向银行签发的无条件支付命令。

总之,支票的第一个定义简单、明确,因此英国人将支票归入汇票,而不是划分出来;第二个定义表达清楚,与汇票的定义有可比性;第三个定义表达了支票的实质。

在现代经济生活中,支票被大量地、广泛地使用,支票已经与现金一起构成两种最基本的支付工具。而且支票作为支付工具所具备的方便与安全的优势,是现金所无法比拟的。市场经济越发达,支票的使用率就越高。但是,支票主要使用于国内结算,而在国际结算中使用不多。

2. 支票的主要项目

我国《票据法》第85条规定,支票必须记载以下事项(图1-6)：

Cheque for US$3,600.00　　　　*London, 20 Nov., 2004*

Pay to the order of China National Texile Corp.

The sum of three thousand six hundred only

To: National Westmister Bank.

London, England

For a Trade Co.

(signature)

图1-6　支票样式

(1) 表明"支票"的字样；

(2) 无条件支付的委托；

(3) 确定的金额；

(4) 付款人名称;

(5) 出票日期;

(6) 出票人签章。

支票未记载前款规定事项之一的,支票无效。我国《票据法》还规定:"支票上的金额可以由出票人授权补记。"除必要项目外,收款人、付款地、出票地都是支票的重要内容。支票上未记载收款人名称的,经出票人授权可以补记(支票可以是空白抬头);未记载付款地的,付款人的营业场所为付款地;未记载出票地的,出票人的营业场所、住所或者经常居住地为出票地。

《日内瓦统一支票法》对支票必要项目的规定与我国《票据法》的规定基本相同,并强调支票的付款银行必须是出票人根据协议有权开立支票处理的存款银行。

二、支票的划线

按支票付款是否有特殊限制或特殊保障,支票包括普通支票和划线支票两种。普通支票(Uncrossed Check),即非划线支票,无两条平行线的支票或对付款无特殊限制或保障的一般支票,亦称开放支票。普通支票的持票人可以持票向付款银行提取现金,也可以通过其往来银行代收转账。只要提示的支票合格,付款银行就应立即付款。因此,万一支票遗失,容易被人冒领取款后逃之夭夭,损失难以追回。为了有效防止冒领,就产生了支票所特有的"划线"办法。

1. 划线支票(Crossed Check)

划线支票指由出票人或持票人在普通支票正面划有两条平行线的支票。划线支票的持票人只能委托银行收款,不能直接提取现金,即对支票取款人加以限制,限于银行或银行的客户,便于核查票款的去向。划线支票可以起到防止遗失后被人冒领,保障收款人利益的作用。根据平行线内是否注明收款银行,划线支票又可分为普通划线支票和特殊划线支票。

① 普通划线支票。即一般划线支票,指不注明收款银行的划线支票,收款人可以通过任何一家银行收款;普通划线支票有四种形式,如图 1-7 所示。

①	②	③	④
	and Company	Not Negotiable	Accout Payee

图 1-7 普通划线支票的四种形式

① 在支票上划两条平行线,不进行任何记载。

② 在两条平行线间加上"and Company"的字样;也可简写成"and Co.",这是早期银行遗传下来的,它不表示任何含义。

③ 在两条平行线之间加上"Not Negotiable"(不可议付)的字样。其出票人只对收款人负责,收款人仍可转让该支票,但受让人的权利不优于收款人。

④ 在平行线间加上"A/C Payee"或"Accout Payee"(入收款人账)的字样。支票的收款银行只可将收到的票款记入收款人账户,而不得直接付现金,以便有案可查。

② 特殊划线支票。指在平行线中注明了收款银行的支票。如图 1－8 所示。

Bank of China
a/c payee

图 1－8 特殊划线支票

对特殊划线支票，付款行只能向划线中指定的银行付款，当付款行为指定银行时，则只能向自己的客户转账付款。如果付款银行将票款付给了非划线中指定银行，应对真正所有人由此发生的损失负赔偿责任，赔偿金额以票面金额为限。

2. 支票划线的作用

因为划线支票只能办理转账，而不能直接提取现金，支票划线可以防止支票丢失或被偷窃而被冒领票款。按照划线支票的规定，对普通划线支票只能转账付给一家代收银行，特别划线支票只能转账付给划线里面的那家银行。

支票上的划线是实质性内容，普通支票可以经划线而成为划线支票，一般划线支票可以经记载指定银行而成为特殊划线支票。但特殊划线支票不能回复成一般划线支票，一般划线支票不能回复成普通支票。即一旦划上平行线、写上任何内容都不得涂消，即使涂消，记载仍旧有效。

三、支票的种类

支票按不同的划分标准，有不同的种类。根据票据法原理及世界各国票据法的规定，常见的支票大体有以下几种分类：

1. 根据支票抬头不同划分，分为记名支票和无记名支票

(1) 记名支票(Cheque Payable to Order)。记名支票是指抬头注明收款人名称的支票。除非记名支票有限制转让的文字，否则记名支票即为指示性抬头支票，可以背书转让。记名支票在取款时，必须由收款人签章并经付款行验明其真实性。

(2) 不记名支票(Cheque Payable to Bearer)。不记名支票又称空白支票或来人支票，它是没有记明收款人名称或只写“付来人”的支票。任何人只要持有此种支票，即可要求银行付款，且取款时不需要签章，银行对持票人获得支票是否合法不负责任。

2. 根据支票的支付方式不同划分，分为现金支票和转账支票

作为一种支付工具，一般的支票既可以用来支取现金，也可以用于转账结算，同时还有专门用于支取现金的现金支票和专门用于转账的转账支票。

(1) 现金支票。现金支票是指出票人签发的委托银行支付给收款人确定数额现金的支票。现金支票只能用于支取现金，不能用于转账。我国《票据法》规定，现金支票由银行另行制作，专门用于现金支取。

(2) 转账支票。转账支票是指出票人签发给收款人凭以办理转账结算，或委托银行支付给收款人确定金额的支票。转账支票只能用于转账，不得支取现金。我国《票据法》规定，转账支票由银行另行制作，专门用于转账。我国使用的支票，主要有现金支票和转账支票两种。

四、支票与汇票的异同

从英国《票据法》的定义可知，支票是一种特殊的汇票，因此，它在许多方面都同汇票

类似，但也有许多不同之处。

1. 支票与汇票的区别(表 1－2)

(1) 对出票人、受票人的要求不同。支票的出票人是银行的存款户，受票人是其开户银行。出票人在银行要有存款，在银行没有存款的人绝不可能成为支票的出票人。因为，没有存款的支票得不到付款；汇票的出票人、受票人是不受限制的任何人。

(2) 性质不同。支票是支付工具，只有即期付款，所以无需承兑，也没有到期日的记载；汇票既是支付工具又是信用工具，有即期和远期汇票之分，远期汇票需要承兑。

(3) 主债务人不同。支票的主债务人是出票人，汇票的主债务人在承兑前为出票人，在承兑后为承兑人。

(4) 其他不同。除上述区别外，汇票和支票还有其他区别。例如：支票可以止付，汇票承兑后就不能撤销；支票只能开出一张，汇票可以开出一套。

表 1－2　支票与汇票的区别

	支票	汇票
付款人	银行	银行或商人
期限	即期	即期或远期
有无承兑行为	无	有
主债务人	出票人	承兑前是出票人，承兑后是承兑人
转账方式	需划线	无需划线(注明)
止付	可以	不可以

2. 支票需要注意的细节

(1) 出票人必须在银行有足够存款。这是一个相对概念，意指支票的出票人所签发的支票金额不能超过其存款金额。如果银行允许在一定限度内透支，则透支金额不超过银行允许的范围。出票人不得开立空头支票。空头支票是指出票人在付款行处没有存款或存款不足的情况下，签发的超过存款余额及银行透支允许范围的支票。各国法律均严格禁止签发空头支票。一般国家法律，对开空头支票的出票人都要课以罚款，金额大的还要拘留甚至判刑。因为开空头支票，不只是出票人的“不履约”，而是严重的“欺骗”。

(2) 出票人与存款银行签订有使用支票的协议。存款银行若要同意存款人使用支票，应签订协议、预留签字样本或印鉴，否则存款人不得签发支票。《日内瓦统一支票法》强调支票的付款银行必须是持有出票人根据协议，有权开立支票处理的存款银行。

(3) 支票的出票人必须使用存款银行统一印制的支票。支票不能像汇票和本票一样由出票人自制，而必须向存款银行购买统一印制的支票簿。使用时直接在相应栏目填写必要项目并签字或签章。

【思考训练题】

一、辨别正误题

1. 票据转让人必须向债务人发出通知。

2. 如果票据受让人是以善意并付对价获得票据，其权利不受前手权利缺陷的影响。

3. 汇票是出票人的支付承诺。

4. 汇票上金额须用文字大写和数字小写分别表明。如果大小写金额不符,则以小写为准。

5. 票据贴现,其他条件相等时,贴现率越高,收款人所得的净值就越大。

6. 本票是出票人的支付命令。

7. 支票可以有即期或远期的。

8. 划线支票是只可提取现金的支票。

9. 支票的付款人一定是银行。

10. 支票的主债务人始终是出票人。

二、计算题

1. 一商人手持一张金额为 US＄3 600 的汇票,提前 120 天向 A 银行贴现,当时市场贴现率为 10%p. a.(按 360 天计算),该商人应得票款净值是多少?

2. 假设目前的三个月贴现率为 10%p. a.,请用两种方法计算其等值的利率是多少(按 360 天计算)?

3. 2 月 20 日,Smith 开立了一张金额为 US＄100 000.00,以 Brown 为付款人,出票后 90 天付款的汇票,因为他出售了价值为 US＄100 000.00 的货物给 Brown。3 月 2 日,Smith 又从 Jack 那里买进价值相等的货物,所以,他就把这张汇票交给了 Jack。Jack 持该票于同年 3 月 6 日向 Brown 提示,Brown 次日见票承兑。3 月 10 日,Jack 持该票向 A 银行贴现,当时的贴现利率为 10%p. a.(按 360 天计算),请计算到期日、贴现天数及实得票款净值。

三、实务操作题

国际出口公司(International Exporting Co.)出口机器设备和零部件给环球进口公司(Globe Importing Co.),价值 100 000 美元。国际出口公司在 2007 年 4 月 20 日开出汇票,要求环球进口公司在见票后 30 天付款给 XYZ 银行。环球进口公司于 2007 年 4 月 30 日承兑了该汇票。

请按上述条件填写下列汇票。

<table>
<tr>
<td>ACCEPTED

(Date)

(Company Name)</td>
<td>BILL OF EXCHANGE
For
(amount in figure) (date of issue)

At sight of this bill of exchange(SECOND being unpaid) Pay to ________________ or order the sum of ________________ (amount in words) for value received.
To: For and on behalf of
________________</td>
</tr>
</table>

第二章 汇款方式

【本章提要】掌握顺汇、逆汇，掌握汇款的概念、汇款方式及种类，各种汇款方式业务程序；理解电汇汇款、信汇汇款、票汇汇款，比较掌握三种形式的异同；理解掌握汇款头寸调拨和退汇以及国际贸易中应用的主要汇款方式。

【本章重点难点】顺汇与逆汇的区别；三种汇款方式的异同。

【基本概念】顺汇 逆汇 信汇 电汇 票汇 SWIFT 拨头寸

第一节 国际汇兑

一、国际汇兑概述

汇兑是银行的主要业务之一，它和银行存款、银行贷款业务一起构成了银行三大传统业务。国际汇兑(International Exchange)又称国外汇兑(Foreign Exchange)，指的是通过银行的汇兑来实现国与国之间债权债务的清偿和国际资金的转移。具体讲，国际汇兑是指通过银行把一个国家的货币兑换成另一个国家的货币，并借助各种信用工具，将货币资金转移到另一个国家，以清偿国际间由于贸易或者非贸易往来产生的债权债务关系的专门性经营活动。国际汇兑业务可以免除国际间资金运送的麻烦，加快资金的结算速度，提高资金的利用效率，利于经济的发展。

资金的流动必须通过各种结算工具的传递来实现，国际汇兑一般使用票据、电讯工具、邮寄支付凭证等结算工具。通过结算工具在两国之间的传递，可实现资金从一个国家流向另一个国家，用以结清两国之间的债权债务关系。

二、结算方式

随着国际贸易和银行业务的发展，结算方式从现金结算方式转变为非现金结算方式。以现金作为支付手段的称作现金结算；以资金支付凭证作为支付手段的，称作非现金结算。结算方式按其资金的运动方向和结算支付工具的传递方向是否相同可以分为两类：顺汇法和逆汇法。

1. 顺汇法(Remittance)

顺汇法的特点是结算工具的传递方向与资金的运动方向是一致的。顺汇法又称汇付法，它是付款人(通常为债务人)主动将款项交给银行，委托银行通过结算工具，转托国外银行将汇款付给国外收款人(通常为债权人)的一种汇款方法。

顺汇结算的流程图如下：图中实线表示资金的流动方向，虚线表示结算工具的传递方向。

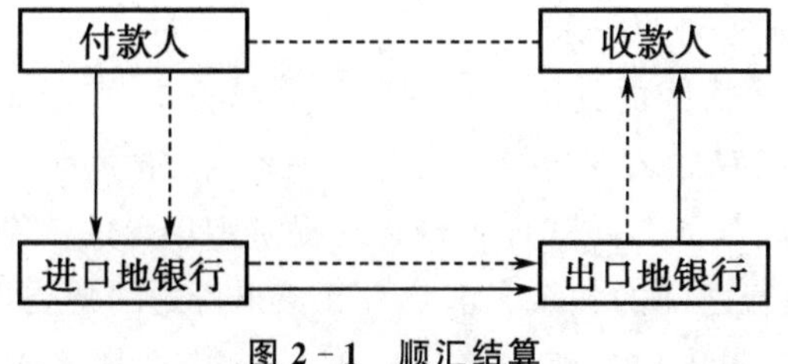

图 2-1　顺汇结算

2. 逆汇法(Reverse Remittance)

逆汇与顺汇方式相反，结算工具的传递方向与资金的流向呈相反方向。逆汇法又称出票法。它是由收款人出具票据，交给银行，委托银行通过国外代理行向付款人收取票据金额的一种汇款方式。在国际结算中，托收方式和信用证方式采用的是逆汇法。

逆汇法的流程图如下：

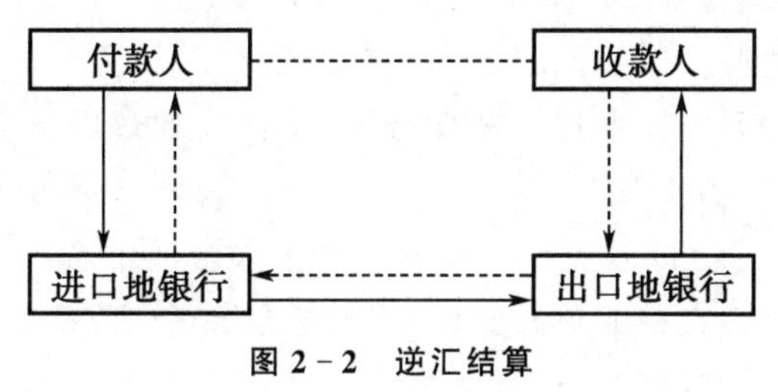

图 2-2　逆汇结算

第二节　汇款方式概述

一、汇款(Remittance)的定义

汇款是一种古老的结算方式，在早期国际贸易中，汇款是最主要的结算方式。今天在进出口贸易中仍得到广泛的运用。

汇款是指在不同国家或地区间一方当事人向另一方当事人的资金转移，也就是说某一银行(汇出行)应其客户(汇款人)的委托，将一定货币额转移至其海外分行或代理行(解付行)，指示其付款给某一指定人或公司(收款人或受益人)的一种结算方式。

二、汇款业务的基本当事人(Parties)以及各当事人之间的关系

1. 汇款业务的当事人

汇款业务有四个基本当事人。

(1) 汇款人(Remitter)。又称为付款人，是要求银行汇款给外国收款人或者受益人的当事人。在国际贸易中，汇款人通常是销售合同中的买方。

(2) 收款人或受益人(Payee or Beneficiary)。是接受汇款的人，通常是销售合同中的卖方。

(3) 汇出行(Remitting Bank)。指受汇款人的委托，汇出汇款的银行。汇出行所办理的汇款业务叫做“汇出汇款”(Outward Remittance)。

(4) 汇入行(Paying Bank)。又称解付行，是指受汇出行的委托，解付汇款的银行。

解付行所办理的汇款业务叫做“汇入汇款”(Inward Remittance)。

2. 汇款业务当事人之间的关系

(1) 汇款人和收款人之间的关系。在国际贸易结算中,由于汇款人和收款人之间存在商品买卖的关系,所以双方表现为债权债务的关系;在非贸易结算中,由于资金单方转移的原因,使汇款人和收款人之间表现为资金的提供和接受的关系。

(2) 汇款人和汇出行之间的关系。汇款人和汇出行之间是委托和被委托的关系。汇款人委托汇出行办理汇款业务时,汇款人首先要提交汇款申请,这是汇款人和汇出行之间的汇款契约凭证,在汇款申请中明确了委托人与被委托人之间的权利和义务。在填写汇款申请时,汇款人要写明收款人的地址和名称、账号,汇出款项的货币种类、数量以及汇款人所选择的汇款方式。除此之外,汇款人在提交申请时要把和汇款数量相同的款项以及有效支付凭证交给银行。

(3) 汇出行和汇入行之间的关系。汇出行和汇入行之间既有代理关系又有委托与被委托的关系。在汇款之前,汇出行和汇入行之间就存在代理关系,两行事先签有业务代理合约或有账户往来关系。在办理汇款业务时,汇出行通过汇款凭证发送委托信息,汇入行接受委托,承担付款的义务。

(4) 收款人和汇入行之间的关系。收款人和汇入行通常表现为账户往来关系,也就是说收款人在汇入行开设存款账户。此外,汇入行有责任向收款人解付该笔款项。

办理汇款业务的具体程序为,汇款人应向汇出行出具汇款申请书,委托该行办理汇款业务,汇出行按申请书的指示,用电汇、信汇或者票汇的方式通知汇入行,汇入行则按双方银行事先订立的代理合约的规定,向收款人解付汇款。上述当事人中,汇款人和收款人可能为一个人,即汇款人汇款后,自己到国外去取款。如果汇出行和汇入行没有建立账户关系时,还会出现第三家、第四家银行及偿付行等。

第三节　汇款方式的种类

在国际结算中,汇款结算方式由于所使用的结算工具不同,可分为三种:使用信件方式通知的信汇、使用电讯方式通知的电汇以及用票据方式通知的票汇。

一、信汇(Mail Transfer,缩写为 M/T)

信汇汇款是应汇款人的申请,汇出行将信汇委托书(M/T Advice)或支付委托书(Payment Order)邮寄给汇入行,授权其解付一定金额给收款人的一种汇款方式。

汇款人把款项以信汇方式汇给收款人,汇款人首先要填写信汇申请书,并交款付费给汇出行,取得信汇回执。汇出行把信汇委托书邮寄给汇入行,委托汇入行解付汇款,汇入行凭以通知收款人取款。收款人持信汇通知书到汇入行取款时,须在“收款人收据”上签字或盖章,交给汇入行。汇入行凭以解付汇款,然后把付讫借记通知书(Debit Advice)寄给汇出行,以使双方的债权债务得到结算。

信汇方式的流程图如下图:

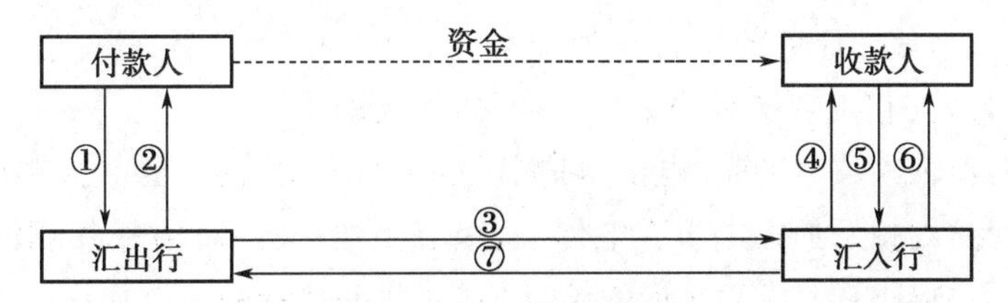

图 2－3　信汇业务流程

① 汇款人填写信汇汇款申请书，交款付费给汇出行；
② 收到汇款申请、所汇款项以及汇款手续费后，汇出行发出信汇回执；
③ 汇出行把支付委托书邮寄给汇入行，指示汇入行支付一定数额的资金给收款人；
④ 汇入行收到支付委托书，核对签字无误后，通知收款人收款；
⑤ 收款人凭收据取款；
⑥ 汇入行借记汇出行账户取出头寸，解付汇款给收款人；
⑦ 汇入行把付讫借记通知单邮寄给汇出行，通知它汇款解付完毕，资金从债务人流向债权人，完成一笔信汇汇款。

虽然信汇的费用比较低廉，但是因为支付凭证邮寄时间较长，收款较慢，故现在很少采用这种汇款方式。

二、电汇（Telegraphic Transfer，缩写为 T/T）

1. 电汇汇款的概念及流程

电汇汇款是应汇款人的申请，汇出行拍发加押电报（Cable）或电传（Telex）或 SWIFT 电文等电讯方式指示其在国外的分行或代理行，要求其解付一定金额给出口商或其指定人的一种汇款方式。在发出电报或电传或 SWIFT 以后，还要将电报证实书（Cable Confirmation）寄给汇入行作为汇入行核对电文之用。

电汇所使用的电讯方式经历着由电报—电传—SWIFT 通讯方式逐渐演变过程。由于 SWIFT 具有传递速度快、准确性强、收费合理、操作规范及方便等特点，因此，SWIFT 通讯方式已被各国广泛应用，并逐渐取代电报和电传。

电汇方式的一个显著特点是快捷安全，它适用于汇款金额大、汇款急的汇款项目。目前，电汇是最常使用的汇付方式。

其具体流程如下图：

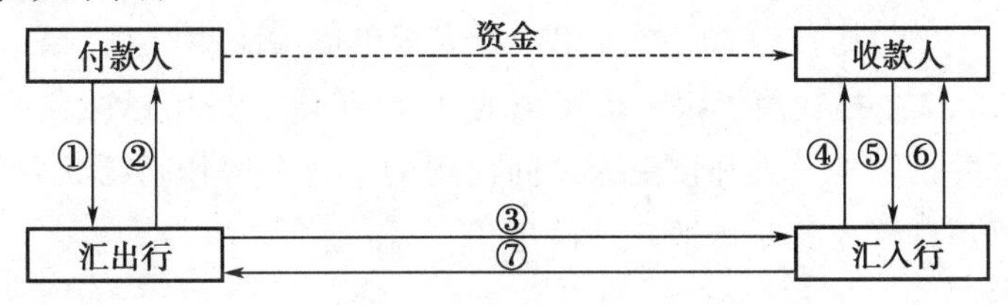

图 2－4　电汇业务流程

① 汇款人填写电汇汇款申请书，交款付费给汇出行；
② 收到汇款申请、所汇款项以及汇款手续费后，汇出行发出电汇回执；
③ 汇出行发出加密电传或者电报给汇入行，委托汇入行支付一定数额的资金给收款人；
④ 汇入行收到电传或者电报后，核对密押（Test key）无误后，通知收款人收款；
⑤ 收款人凭收据取款；
⑥ 汇入行借记汇出行账户取出头寸，解付汇款给收款人；
⑦ 汇入行把付讫借记通知单寄给汇出行，通知它汇款解付完毕，资金从债务人流向债权人，完成一笔电汇汇款。

2．电汇业务与信汇业务的异同

电汇业务处理与信汇业务程序大体相同，所不同的是：

(1) 电汇的汇款人填写的是“电汇申请书”；

(2) 汇出行是以拍发加押电报或电传或 SWIFT 给汇入行，委托其解付汇款，此项加押电报或电传或 SWIFT 即成为电汇的结算工具；

(3) 电汇是收款最快、费用较高的一种汇款方式。电汇费用须由汇款人负担，所以通常只有金额较大或急用的汇款才用电汇结算。国际间的现汇汇率，是以电汇汇率为依据的。

3．几种电子支付系统的简介

(1) SWIFT 简介

SWIFT(Society for Worldwide Inter-bank Financial Telecommunication)是环球银行间金融电讯协会的简称，是一个国际银行同业间非盈利性的国际合作组织，总部设在比利时的布鲁塞尔。该组织成立于 1973 年 5 月，由北美和西欧 15 个国家的 239 家银行发起。

SWIFT 是利用其高度尖端的通讯系统在会员间传递信息、账单和同业间的头寸划拨。一个 SWIFT 电讯包括发出行的名字和代码，日期和时间，接受行的地址和代码，使用电讯传输机构的名字和国际代码，账号和账号的名称等等。当某一金融机构收到 SWIFT 的信息后，将按其内容去执行。由于 SWIFT 的通讯实现了电脑化，会员间的资金转移便大大地加速。它的传递只要几分钟就可以了。SWIFT 每星期 7 天每天 24 小时运转。

中国银行于 1983 年 2 月率先加入 SWIFT 组织。1985 年 5 月正式开通使用 SWIFT 系统。到 1990 年我国的另一些银行如交通银行、中国工商银行以及中国农业银行等也成为 SWIFT 的成员国家。SWIFT 有多种通用的格式，如 MT103 这类报文格式是由汇款行或受汇款行委托的银行直接或通过代理行发送给另一家银行，用来发送付款指示的报文格式。从发报行的角度看，汇款人和收款人中至少一方是非金融机构。该报文格式只能用于发送无条件的付款指示。它不能用于向托收行发送光票托收(支票)项下的付款通知。MT202 是受益人为一家第三方银行的划账格式，使用这一格式，这笔交易的有关各方都应该是金融机构；MT700 格式用于开立跟单信用证；MT707 格式用于跟单信用证的修改；MT720/721 格式用于跟单信用证的转让，等等。采用标准化的信息传递格式使进行自动处理并消除发送人和接受人之间出现的语言和解释问题成为可能。而且，快速传递能确保毫不延迟地及时传送各种信息。

(2) CHIPS 简介

CHIPS 是纽约交换银行相互收付系统(Clearing House Inter-bank Payment System)的简称，这个系统包括 100 多家美国银行及外国的在纽约的分支机构。

参加 CHIPS 的银行必须向纽约清算所申请，经批准后接收为 CHIPS 会员银行，每个会员银行均有一个美国银行公会号码，即 ABA(American Bankers Association Number)，作为参加 CHIPS 清算时的代号。每个 CHIPS 会员银行所属客户在该行开立的账户，由清算所发给认证号码 UID 号(Universal Identification Number)，作为收款人的代号。

凡通过 CHIPS 支付和收款的双方必须都是 CHIPS 的会员银行，才能经过 CHIPS 直接清算。通过 CHIPS 的每笔收付均由付款方开始进行，由付款一方的 CHIPS 会员银行主动通过 CHIPS 终端机发出付款指令，注明账户行 ABA 号码和收款行 UID 号码，经过 CHIPS 计算机中心传递给另一家 CHIPS 会员银行，收在其客户的账户上，而收款行不能通过他的 CHIPS 终端机向付款行索款。

(3) CHAPS 简介

CHAPS 是英国伦敦设立的交互银行自动收付系统(Clearing House of Automated Payment System)，它不仅可以用来作为伦敦同城支付清算的中心，也是世界所有英镑的支付清算中心。

三、票汇(Remittance by Banker's Demand Draft，缩写为 D/D)

1. 票汇的概念及其业务流程

票汇汇款是汇出行应汇款人的申请，代汇款人开立以其分行或代理行为解付行的银行即期汇票(Banker's Demand Draft)，支付一定金额给收款人的另一种汇款方式。银行即期汇票的收款人是汇款的收款人，出票人是汇出行，付款人是汇入行，出票人和付款人都为银行，票面没有表示付款的期限，所以称之为银行即期汇票。

票汇结算的一般程序为：

付款人把款项以票汇方式汇给收款人。其程序为，汇款人填写票汇申请书，并交款付费给汇出行。汇出行开立银行即期汇票交给汇款人，由汇款人自行邮寄给收款人或将汇票带到国外亲自取款。同时汇出行将汇票通知书或称票根(Advice of Drawing)邮寄给汇入行。收款人持汇票向汇入行取款时，汇入行验对汇票与票根无误后，解付票款给收款人，并把付讫借记通知书寄给汇出行，以利于双方的债权债务得以结清。

其流程图如下图：

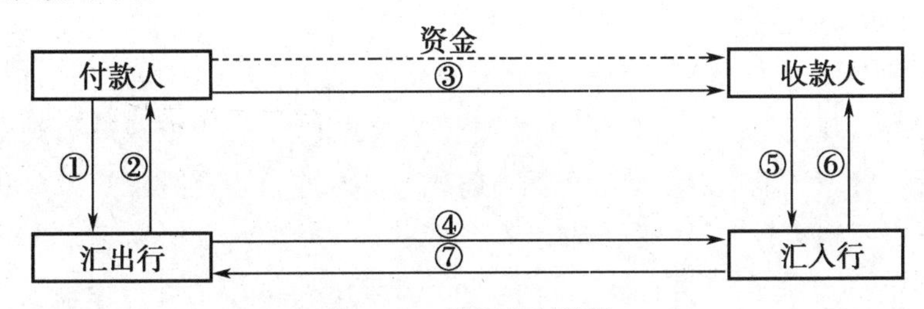

图 2-5 票汇业务流程

① 汇款人填写票汇汇款申请表，交款付费给汇出行；

② 收到汇款申请、所汇款项以及汇款手续费后，汇出行作为出票行，开立银行即期汇票给汇款人；

③ 汇款人将银行即期汇票邮寄给收款人；

④ 汇出行将汇款通知书(票根)邮寄给汇入行，近年来，银行为了简化手续，渐渐取消了汇款通知书；

⑤ 收款人向汇入行提示银行即期汇票，要求付款；

⑥ 汇入行借记汇出行账户，取出头寸，凭票解付汇款给收款人；

⑦ 汇入行把付讫借记通知单邮寄给汇出行，通知它汇款解付完毕，资金从债务人流向债权人，完成一笔票汇汇款。

2. 票汇与信汇、电汇的异同

票汇与信汇具有一定的相同点，由于两者都是通过邮寄汇票或支付委托书出国，所以周期较长，收费较低。

票汇与信汇、电汇的不同之处在于：

(1) 票汇的汇入行无须通知收款人前来取款，而是由收款人持汇票直接到汇入行取款；

(2) 汇票经收款人背书后可以在市场上转让流通，而信汇委托书则不能转让流通。票汇的汇票是银行汇票，也较受人欢迎。

除此之外，票汇具有取款灵活、可代替现金流通、收款方便、银行手续简单等特点。但汇票是一张独立的票据，可以通过背书流通转让，具有遗失和被窃的风险，挂失止付的手续比较麻烦，而且容易引起票据纠纷。因此，对于一些金额较小，收款时间不急的汇款可使用票汇。

上述信汇、电汇、票汇三种付款方式，都是由进口商(汇款人)将应付款项交给当地银行，委托该行在出口商或其指定人(收款人)所在地的银行将应付款项解付给出口商或其指定人。因为资金流动方向与结算工具的传递方向相同，故称之为“顺汇法”。

专　栏

出国留学选择何种汇款方式

一、购汇、汇款需材料，现汇现钞不相同，携带现金要开证，汇款超额外管核

自费留学者到银行汇款，需提供身份证或户口簿、所到国家的入境签证护照或港澳通行证、国外学校正式录取通知书、费用通知单等材料。汇款金额不能超过费用通知单上注明的金额，低于等值1万美元的现钞或等值2万美元的现汇可由银行直接办理；若汇出现钞、现汇超过上述金额，则需要凭护照签证、境外学校录取通知书、费用通知单到市外汇管理局审批后办理。出国留学人员如果自己没有外汇，可以用上述汇款材料直接在银行购买外汇，办理汇款。

根据规定，我国居民可自行携带低于5 000美元现钞或等值外币现钞过关出境，高于此限额的必须在出境时向我国海关出示外币现钞携带证，最高限额为等值1万美元。出国留学人员可凭本人护照、有效签证和外汇存单或存折等材料到银行开立《外币携带证》。

二、票汇、电汇各有好处，汇款线路大有讲究

出国留学业务中的汇款方式有电汇和票汇。目前，不少海外学校要求留学生以电汇支付学费。这就要求出国留学人员必须了解收款人名称及地址、收款人账号、收款人开户行行名及地址等信息。若选择票汇，汇款人需提供收款人的正确姓名和地址，但别忘了在银行留下联系地址，以便汇款出现问题时及时联系。

票汇和电汇的收费标准不同,票汇比电汇略微便宜,但如果汇票不是本人携带出境就需要通过邮寄,这样会产生邮寄费用和风险,此外,票汇的到账时间比电汇慢,电汇快捷,目前各家银行均主要以办理电汇为主。

在汇款时会发现,同样的金额,电汇到同一个城市的收费会有不同,这种收费差异是由银行间的中转费用产生的。因此,选择正确的汇款线路,也是节省费用的重要条件。

三、小额汇款,采用西联汇款更方便、更迅捷

对出国留学人而言,如果要按指定账户或特定币种支付学费,首选电汇。但如果日常使用或应急,最方便、最快捷、最安全的方法是采用西联汇款,可在数分钟之内从汇款人到达收款人手中,无需开户,可随时解付,收款人不必交手续费;支取时可到国外任何一家西联汇款网点办理,并且汇现钞取现钞,汇款不需要把现钞变成现汇,避免了差价损失;还可将汇款人、收款人信息、监控号码(密码)由汇款人电话通知收款人,收款人凭本人有效身份证件到西联汇款代理网点取款。

http://www.chisa.edu.cn/news/xwjc/200902/t20090223_83000.html

第四节 汇款头寸的拨付

汇款的偿付(Reimbursement of Remittance Cover)俗称拨头寸,是指汇出行在办理汇出汇款业务时,应及时将汇款金额拨交给其委托解付汇款的汇入行的行为。

一般在进行汇款时,在汇款通知书上须写明偿付指示。如汇出行和汇入行之间相互开有账户,则偿付比较简单。汇出行在汇入行有账户,则只需授权汇入行借记其账户即可;汇入行在汇出行有账户,则汇出行在发出汇款通知书时须先贷记汇入行在汇出行的账户。如果汇出行和汇入行之间没有建立直接的账户往来关系时,则需要其他银行的加入,以便代汇出行拨付或偿付资金给解付行,及代解付行索偿款项。

一、国际银行间的账户

为了使资金从一个国家转移到另一个国家,一国的银行通常与另一国的银行建立代理行关系,并且开立往来账户。

1. 来账(Vostro account)

当外国的一家银行在本国银行开立了往来账户,对于本国来说,称为来账,又称为同业存放账户或者他账。例如,在中国,对于中国银行来说,来账就是国外的外国银行在中国银行开立的人民币账户。来账也可以用外国货币开立。例如,外国代理行在中国银行开立美元账户,在中国银行看来,也称之为来账。开立了来账户,外国银行就可以用该账户的货币进行直接支付。

2. 往账(Nostro account)

当本国银行在外国的一家银行开立了往来账户，从本国银行来看，称为往账，又称为存放同业账户，通常是用外币开立的。

实际上来账和往账的性质是相同的，只是从不同银行的角度来看，本国银行的往账就是外国银行的来账。

二、头寸拨付的方式

在结算中，头寸拨付有以下两种方式：

1. 先拨后付

汇出行在进行汇款业务时，先将头寸拨付给汇入行，汇入行收到头寸后才对收款人进行解付。这是最主要的头寸拨付方式，汇入行一般都是在收到头寸以后，才解付汇款。

2. 先付后偿

汇出行在办理汇款业务时，先将汇款通知发送给汇入行，汇入行先垫付资金给收款人，然后向汇出行索偿。这种方式对于汇入行来说存在着一定的危险。

三、头寸拨付的转账方法

当解付行根据汇出行的指示对收款人进行付款时，解付行应该从汇出行得到相同金额的付款。如果在解付行和汇出行之间有一个往来账户，那么对于解付行能很方便地得到汇款的偿付，拨头寸的转账方法主要有以下几种：

1. 汇出行直接入账方式

汇款前提是汇入行在汇出行开立了往来账户，并且汇款货币为汇出国货币。汇出行在委托汇入行解付汇款时，汇出行应在支付委托书上批注拨头寸的指示："In cover, we have credited the sum to your account with us."即"汇款头寸已经贷记你行在本行的账户"。而且汇出行还必须向汇入行邮寄贷记报单(Credit Advice)。汇入行在接到支付委托书后，得知汇款头寸已经拨入到自己的账户，即可将头寸解付给收款人。

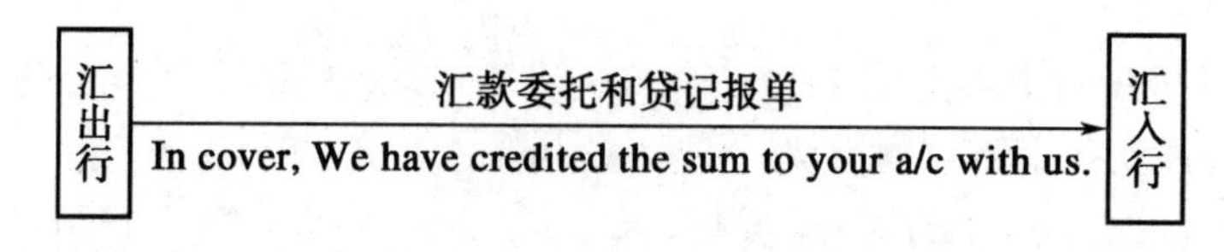

图 2-6

2. 汇入行直接入账方式

汇款前提是汇出行在汇入行开立了往来账户时，汇款货币为汇入国货币。汇出行在委托汇入行解付汇款时，汇出行应在支付委托书上批注拨头寸的指示："In cover, please debit the sum to our account with you."或者"In reimbursement, you are authorized to debit the face account to our a/c held with you. ”或者“In cover，you are authorized to debit the sum to our account with you. ”也就是说在支付委托书上指示：“将汇款头寸借记本行在你行的账户。”汇入行在解付后向汇出行做出付讫通知，并发出借记报单(Debit Advice)，而且在报单上注明：“your a/c debited”字样。

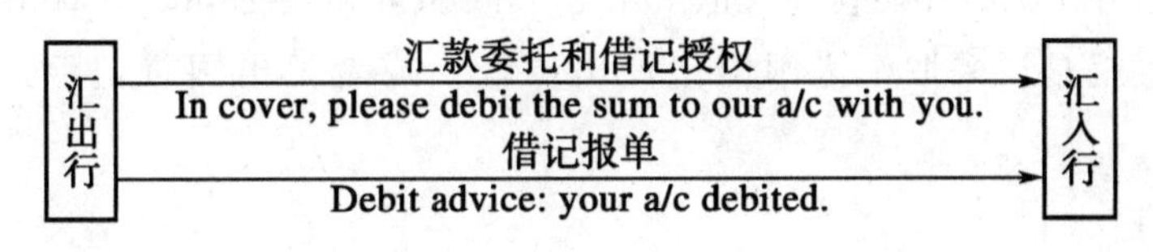

图 2－7

3. 通过汇出行和汇入行的共同账户行转账拨付

如果汇出行和汇入行之间没有往来账户，那么汇出行会找到另一家银行如 A 银行进行头寸拨付，前提是汇出行和汇入行在这家银行都开有现金账户。那么通过这家银行进行拨头寸时，在支付委托书中会这样写道：“In cover，we have authorized bank A to debit our account and credit your account with the above sum. ”同时，汇出行要主动通知 A 银行授权它将汇款头寸借记其账户并拨付汇入行账户；A 银行完成头寸拨付之后，须分别向汇出行和汇入行邮寄借记报单和贷记报单。

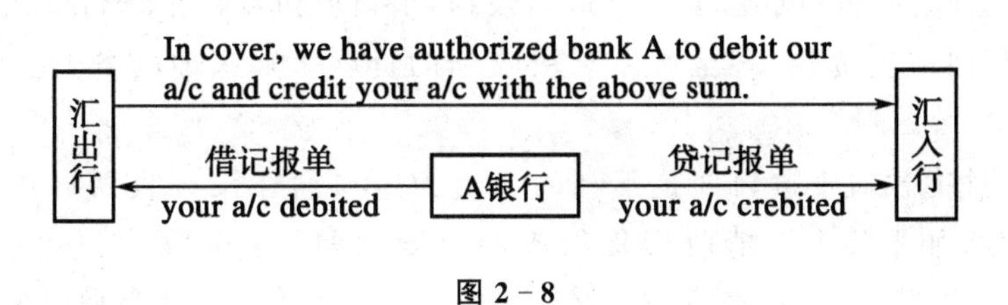

图 2－8

4. 通过汇出行和汇入行各自账户的共同账户行转账拨付

如果汇出行在一家银行 A 开立了现金账户，而汇入行在银行 B 开立了账户，那么拨头寸的指示可以这样写：“In cover，we have instructed bank A to pay the proceeds to your account with bank B. ”

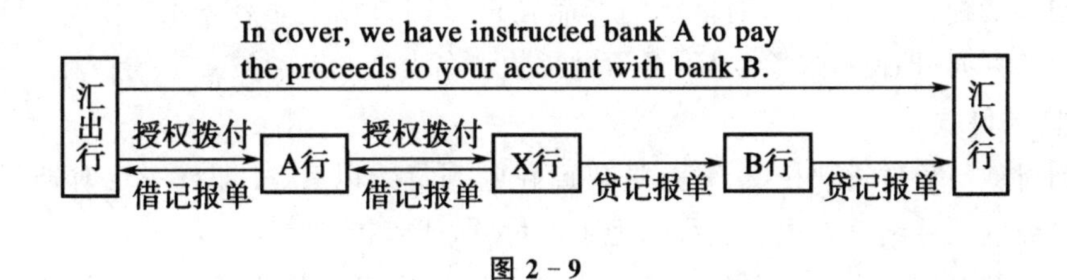

图 2－9

5. 支付协议项下汇款头寸的拨付

如果在汇出行和汇入行各自居住地的两国之间存在支付协议，设有专门的清算银行和清算账户，此时，汇款头寸的拨付须按照支付协议办理，银行之间拨付的是记账外汇，而非自由外汇，只能以清算账户行为碰头行进行偿付。拨头寸的指示一定要与协议的条款相一致，指示通常会这样写："In cover, you are authorized to debit our central bank's clearing account with your central bank. "或者是"In cover, we have requested our central bank to credit the sum to the clearing account of your central bank with them. "也就是说采取汇入国借记汇出国账户或者汇出国贷记汇入国账户的清偿办法。

第五节 汇款在国际贸易中的应用

一、汇款在国际贸易中运用的方式

1. 预付货款

预付货款是进口商(付款人)在出口商(收款人)将货物或货运单据交付以前将货款的全部或者一部分通过银行付给出口商，出口商收到货款后，再根据约定发运货物。对于进口商称为预付货款，而对于出口商称之为预收货款。

预付货款对于出口商来说是有利的。因为出口商在没有发出货物之前就收到了货款，这样就会降低出口风险，如果进口商毁约，出口商可以留下预付款。而且出口商还可以充分利用预收货款，甚至可以利用收到的货款来购买原材料，生产货物后，再发货。

相反，预付货款对于进口商是不利的。因为进口商在没有收到货物之前已经预先垫付了货款，如果将来不能收到货物或者不能如期收到货物，或者货物与合同规定的不符，就要遭受损失或者承担风险。为了减少预付货款的风险，进口商通常要求银行和出口商达成解付款项的协议，该协议规定：当出口商收取款项时，要出具书面担保或者银行保函，担保收到货款以后要按照合同规定交货，否则退还货款以及利息。

因为预付货款对进口商不利，所以这种付款方式在国际贸易中应用较少。但是在某些情况下还是可以适用的。如，进出口双方关系密切，相互了解资信状况，进口商愿意预付货款购买货物；或者是出口商生产的产品在进口国市场上是畅销的产品，进口商为了得到高额的利润，即使有风险，也不惜预付货款。

2. 货到付款

货到付款与预付货款相反，它是进口商在收到货物以后，立即或一定时期以后再付款给出口商的一种结算方式。也被称为延期付款，或赊销。

货到付款对进口商是有利的。因为在出口商没有发出货物或者货物不符合合同的要求时，可以不付款，这样买方就可以不承担资金的损失。

相反，出口商就要承担货到付款的风险，因为出口商先发货，可能承担进口商不付款的风险，或者资金不能及时收回，资金被占压，也会造成一定的损失。

货到付款在国际贸易中通常会采取以下两种方式：售定和寄售。

(1) 售定。售定是进出口商达成协议，规定出口商先发货，再由进口商按合同规定的货物售价和付款时间进行汇款的一种结算方式，即“先出后结”。因为事先已经确定了价格，所以称为售定。在货到付款的方式中一般采取售定的方式。而且售定一般应用于出口鲜活商品的贸易结算。

(2) 寄售。寄售是一种委托他人代为销售的贸易方式。在国际贸易中，其具体做法是：出口商(寄售人)同国外客户(代销人)签订寄售合同，出口商先将寄售商品运送给国外代销人，由代销人按照合同规定的条件和办法，代替货主在当地市场进行销售。货物出售后，由代销人扣除佣金及其他费用后，按合同规定的办法汇交寄售人，是一种先出口后售货的贸易方式。在寄售方式下，寄售人就是委托人、货主，代销人就是受托人、国外客户，双方是一种委托和受托的关系而非买卖关系。

在寄售商品售出之前，委托人始终拥有其所有权，要负担寄售期间的运费、保险费、仓储费、进口税等一切费用，并承担此间可能发生的风险和损失。代售人只是受托负责照管商品，依据寄售人的指示推销商品并从中取得佣金，代售人有义务尽力推销寄售商品，但对商品能否售出并不负责，寄售期满有权退回未售出的部分，交易盈亏概由寄售人负担。

寄售和代理方式下的当事人双方都是委托与被委托的关系，但又有不同：寄售方式下的代销人有权以自己的名义与当地购货人签订合同，而代理人则是代表委托人签订合同。委托人与代销人之间的权利与义务由寄售协议确定。采用寄售的方式，不需要代销人垫付资金和承担各种风险，有利于调动代销人经营的积极性，利用其销售渠道扩大出口。同时寄售方式是凭实物买卖，便于国外买主就地看货成交，对买主较有吸引力，有利于促进成交。因此寄售方式对开拓新市场，扩大销路，推销新产品，处理滞销商品有积极作用。但是寄售对于委托人来说也有不利的一面，如承担的风险较大，费用较高，经常垫付和积压资金，不利于资金周转，同时寄售下收汇一般较缓慢，货物已出口不能直接控制，一旦代销人不守协议，可能遭到货款两空的危险。因此，采用寄售方式应对市场情况进行充分调查研究，严格选择资信较好的代销商，慎重选择作价方法，采用要求代销，有人提供银行保函等减少风险的办法。

二、汇款在国际贸易中运用的特点

1. 汇款方式建立在商业信用基础之上

利用汇款方式结算货款，银行只提供服务，不提供信用，货款能否结清，完全取决于进口商对出口商或出口商对进口商的信任；至于能否实现交易的预期目的，也完全取决于进口商或出口商的信用。因而汇款是一种商业信用。

2. 汇款方式风险较大

预付货款或货到付款依据的是商业信用。对于预付货款的买方及货到付款的卖方来说，一旦付了款或发了货就失去了制约对方的手段，他们能否收货或收款，完全依赖对方的信用,如果对方信用不好,很可能钱货两空。同时,对于预付货款的买方及货到付款的卖方来说,资金负担较重,整个交易过程中需要的资金,几乎全部由他们来提供。

因而汇款只在国际贸易结算的一些特殊场合和情况下使用。例如,在我国外贸实践中,汇款一般只用来支付订金货款尾数、佣金等项费用,不是一种主要的结算方式。在发达国家之间,由于大量的贸易是跨国公司的内部交易,如果外贸企业在国外有可靠的贸易伙伴和销售网络,可以将汇款作为主要的结算方式。

3. 汇款方式手续简便,费用少

汇款支付方式的手续是最简单的,就像一笔没有相对给付的非贸易业务,银行的手续费也最少,只有一笔数额很少的汇款手续费。因此在交易双方相互信任的情况下,或者在跨国公司的不同子公司之间,用汇款支付方式是最理想的。因此,汇款方式尽管有不足之处,但在国际贸易结算中还是有运用。

【思考训练题】

一、实务题

1. 假设汇入行在汇出行开立了美元账户,而且汇出汇款的币种是美元,那么汇出行在汇款拨付指示中应该如何表示?

2. 假设汇出行在汇入行开立了英镑账户,而且汇出汇款的币种是英镑,那么汇出行在汇款拨付指示中应该如何表示?

3. 假设汇入行和汇出行都在A银行开立了美元账户,而且汇出汇款的币种是美元,那么汇出行在汇款拨付指示中应该如何写?

4. 假设汇出行和汇入行之间没有开立往来账户,而且在第三家银行也没有开立往来账户,汇出行在一家银行A开立了账户,而汇入行在银行B开立了账户,那么汇出行在汇款拨付指示中应该如何表示?

二、翻译题

1. Remittance means that a bank, at the request of its customer, transfers a certain sum of money to its overseas branch or correspondent bank, instructing it to pay a named person domiciled in that country.

2. A remitter, also called the payer, is the person who requests his bank to remit funds to the payee or beneficiary in a foreign country.

3. In selecting demand draft, a remitter instructs the remitting bank to draw a demand draft on its affiliate bank, ordering the drawee bank to make payment at sight to the payee or beneficiary upon presentation.

4. When a foreign bank maintains a current account with a local bank, the account is perceived by the local bank as a vostro account. When a domestic bank holds a current account with a foreign bank, the account is perceived by the domestic bank as a

nostro account.

5. Under a consignment, an exporter(consignor) enters into a consignment agreement with a foreign distributor, by which the exporter ships the goods to the foreign distributor that will sell the goods for the exporter on its best effort basis.

附式 2-1：中国银行海外汇款申请书

①

致：中国银行

TO: BANK OF CHINA,

BR.

海 外 汇 款 申 请 书

APPLICATION FOR REMITTANCE TRANSFERS (OVERSEAS)

请用英文打字机填制

PLEASE FILL IN BLOCK LETTERS

日期 Date ________________

请按照贵行背页所列条款代办下列汇款：

Please effect the following remittance, subject to the conditions overleaf:

20: 本行编号 Our Ref. No.		汇款人开户行 Remitter's Bank	
32A 起息日 Value Date	如无特别要求，本栏由银行填写 Bank fill in this blank if not specified.	汇款币别及金额 Currency & Amount	
50: 汇款人名称及地址 Remitter's Name & Address	汇款人帐号 Remitter's A/C		
	名称 Name		
	地址 Address		
56A 收款银行的代理行名称及地址 Correspondent of Beneficiary's Banker Name & Address	名称 Name		
	地址 Address		
57: 收款人开户银行名称及地址 Beneficiary's Banker Name & Address	名称 Name		
	地址 Address		
	Swift No.		
59: 收款人名称及地址 Beneficiary's Name & Address	收款人帐号 Beneficiary's A/C No		
	名称 Name		
	地址 Address		
70: 汇款附言 Details of Payment	INV. Roc	71: 国外费用 All Bank's Charges outside China if any are to be borne by	□ 收款人 Beneficiary □ 汇款人 Remitter

银行专用栏 For Bank Use Only		申请人签章 Applicant's Signature	
牌价 Rate	@		为了防止客户资金因某些国家的制裁政策被冻结，我行将对涉及国外制裁名单的电汇业务采取特殊处理方式，如果因此对汇款造成延误，我行不承担责任。 Bank of China will adopt special measures to prevent your remittance from being blocked by some foreign countries or regions according to their own sanction policies. Bank of China will be free from any liability for the possible remittance delay caused thereby.
等值人民币 Yuan Equivalent			
手续费 Commission			
邮电费 Charges			
合计 Total		申请人姓名 Name of Applicant	申请人签字：Applicant's Signature
支付费用方式 In Payment of the Remittance	□ 现金 by Cash □ 支票 by Check □ 外汇户 from Account.	电话 Phone No.	日期 Date
核印 Sig. Ver.		经办 Maker	复核 Checker

附式 2－2：中国银行信汇委托书

中国银行 XXX 分行

BANK OF CHINA，×××BRANCH

下列汇款，请即照解，如有费用请内扣。
我已贷记你行账户。
Please advise and effect the following
Payment less you charges if any. In cover, we have
CREDITED your A/C with

日 期
X X X

此致
TO

No. of Mail transfer 信 汇 号 码	收 款 人 To be paid to	金 额 Amount

大写金额
Amount in Words:

汇款人
By order of

附 言
Message

中国银行 XXX 分行
FOR BANK OF CHINA，XXX BRANCH

附式 2－3：中国银行支付委托书

中国银行支付委托书

BANK OF CHINA

PAYMENT ORDER

X X X

致
TO

支付委托书号码 No. of payment order	收款人 To be paid or credited to	金 额 Amount

大写金额
Amount in words:______________________

汇款人
By order of

附言
Remarks

□You are authorized to debit
our account with you

□We have credited your A/C with us.

中国银行 XXX 分行

附式 2－4：中国银行票汇的汇票

Not Negotiable

BANK OF CHINA

NO.__________

This draft is valid for one
year from the date of issue

AMOUNT__________

TO:____________________ ____,____

PAY TO____

THE SUM OF____________________________________

PAY AGAINST THIS DRAFT TO THE
DEBIT OF OUR ACCOUNT

BANK OF CHINA, XXX

____

第三章 托 收

【本章提要】本章主要讲叙托收的概念、当事人及职责，托收的特点，托收的业务流程。

【本章难点】托收的种类。

【本章重点】跟单托收的业务流程。

【基本概念】托收 跟单托收 光票托收 直接托收

第一节 托收的概念

托收(Collection)是国际结算中历史最为悠久的结算方式之一。1958 年，为给办理托收业务的有关各方提供一套可循的共同规则，国际商会首次草拟了《商业单据托收统一规则》(Uniform Rules for Collection of Commercial Paper，即国际商会第 192 号出版物)，建议各国采用，以期成为托收各方共同遵守的“惯例”。随后，国际商会又于 1967 年修订并颁布了该规则(即国际商会第 254 号出版物)。在这一次修改中，国际商会根据实际业务的需要，将跟单托收与光票托收均纳入托收统一规则。1978 年，国际商会再次对上述规则进行了修订，并更名为《托收统一规则》(Uniform Rules for the Collections，即国际商会第 322 号出版物)。其后，为了确保国际商会规则符合不断变化的国际贸易做法，遵循其听取国际贸易实际业务人员及其他相关人士的意见的原则，国际商会银行委员会于 1993 年开始着手对原有《托收统一规则》的修订工作。本次修订涉及来自于 30 多个国家的大约 2 500 项建议的审查。最终修订稿于 1995 年 5 月由国际商会银行委员会一致通过，并定名为国际商会第 522 号出版物，最终成为现在各当事人进行托收业务的指南。

托收是债权人(出口商)签发汇票及/或单据委托银行通过它的分行或代理行向国外债务人(进口商)代为收款的一种结算方式。它是仅次于信用证结算方式的一种较为常用的国际结算方式。这里的单据分为两类：一类为金融单据，意指汇票、本票、支票，或其他用于获得货币付款相似的票据；另一类指商业单据，包括发票、运输单据、物权凭证，或其他相似单据，或不是金融单据的其他任何单据。在我国，为了把托收和信用证方式区别开来，习惯上把托收称之为无证托收，连同汇款结算业务统称为无证结算业务，而把信用证结算业务称为有证结算业务。

按是否随附单据的不同，托收分为光票托收、跟单托收和直接托收三种；按照交单条件的不同，跟单托收又可分为付款交单和承兑交单，其中付款托收又可分为即期付款交单和远期付款交单两种。

托收最大的特点就是“收妥付汇、实收实付”。在托收过程中，出口商委托银行向进口商收取货款，能否收到完全取决于买方信用。因此，托收完全属于商业信用的性质。这是因为，按照《托收统一规则》的规定，银行办理托收业务时，只是作为委托人的代理人身份行事，既无检查货运单据是否齐全或正确的义务，也无承担付款人必须付款的责任。如果进口方拒不赎单提货，除非事先约定，银行也无代为提货、存仓和保管货物的义务，因此，卖方仍须关心货物的安全，直到对方付清货款为止，所以，采用托收方式收取货款，对卖方来说有相当大的风险。

在付款交单条件下，买方在未付清货款之前，一般情况下取不到货运单据。拿不到提单这一代表货物所有权的运输单据，提不走货物，货物的所有权仍属于卖方，如买方到期拒不付款赎单，卖方除可与买方交涉外，还可以把货物另行处理或装运回来，但需承担额外费用、降价损失和其他风险。值得注意的是，在空运、国际铁路联运等运输方式下签发的运输单据（如空运单、铁路运单）不是物权凭证，即进口商不是凭空运单、铁路运单在目的地提货，而是凭航空公司、铁路部门向进口商签发的到货通知和有关身份证明提货。因此，出口商掌握空运单、铁路单等非物权凭证时，并不能控制货物。如以此类非物权凭证作为跟单托收的随附单据，进口商不用赎单即可提走货物，出口商利益得不到任何保证。海运方式下签发的海运单，邮寄方式下签发的邮包收据也为物权凭证。在上述情况下，出口商不宜采用托收方式，而应要求买方预付货款或凭后面讲到的信用证作为支付方式以确保自身利益。

至于在承兑交单条件下，买方只要在汇票上办妥承兑手续，即可取得货运单据，提取货物。卖方收款的保障只是承兑人（即买方）信用。一旦承兑人到期不履行付款责任，即使依照法律，卖方可向法院起诉，但在这种情况下，买方多半已陷入无力付款的境地，甚至破产倒闭，卖方便会遭到货、款全部落空的损失。

总之，对于托收这种结算方式而言，由于出口商与托收银行之间、托收银行与代收银行之间只是一种代理关系，无论是托收银行，还是代收银行，在跟单托收的方式中，只是对进出口货物的安全性、收汇的及时性负有道义上的责任，至于进口商能否按照规定的交单条件付款赎单，完全取决于其付款的能力和付款的愿望，银行并不承担付款的责任。因此，这种结算方式对进出口商双方来说，利益风险很不平衡。对出口商而言，其风险要更大一些。而对于进口方而言，则较有利。

除以上特点外，托收方式是逆汇方式即出票法，是出口方开出汇票，连同货运单据（即跟单汇票），委托银行要求进口方付款，进口方在收到货运单据经审单无误后通过银行向出口方付款。结算工具（汇票）的走向与货款的流向是逆向的。国际贸易项下的托收经常是跟单托收，即附有代表物权的货运单据的托收，有别于非贸易项下的光票托收。跟单托收属于商业信用，即商人间的信用，银行并不介入信用，称为无证托收。国际商业银行在托收业务中发挥委托代理的作用。出口方所委托的银行—托收行，是接受委托向国外收取货款，它承办的是对外托收业务，银行中称之为OC（Outward Collection)业务，也称为对外托收；受托行委托的国外银行—代收行，同样也是接受委托向本国进口方收取货款，是对内代收业务，银行中称之IC(Inward Collection)业务，也称之为对内代收。这两家银行的作用仅此而已，至于货款能否收妥，何时收妥，收多收少，两家银行概不负责也不能负责。当然，国际商业银行在接受托收业务和代收业务的同时也可能对其客户进出口双方提供资金融通的便利。然而，托收项下的融资显然已超越了银行托收业务的范畴。就跟单托收这项业务而言，银行的作用仅是委托代理和接受委托代理。

由于跟单托收方式纯属一种买卖双方的商业信用，银行只起结算中介作用，托收缺乏第三者对买卖之间交货和付款做出可靠的信用保证，因此，在以后贸易实践中逐渐产生了比托收更先进的信用证结算方式。

第二节　托收的当事人及其职责

一、托收的当事人

由于在托收这种国际结算方式中需要银行及其国外的联行或代理行的参与才能完成托收业务，因此，托收方式涉及的基本当事人有债权人、债务人、债权人所在地的银行和债务人所在地的银行。

1. 委托人(Principal)

委托人指的是委托一家银行办理托收业务的当事人，在托收业务中，特指签发汇票并委托银行代为收款的人。由于委托人通常开具汇票委托他的银行向国外债务人收款，所以通常也称为出票人(Drawer)。委托人还是出口方(Exporter)、卖方(Seller)、托运人(Consignor)。

2. 托收行(Remitting Bank)

也称寄单行，指接受委托人的委托，并通过国外联行或代理完成收款业务的银行。在托收业务中，托收行一般是债权人所在地的银行，当托收行把汇票寄给代收行时，须背书。

3. 代收行(Collecting Bank)

它是指接受托收行的委托，参与办理托收业务的一家银行。在托收业务中，代收行一般是付款人所在地的银行。因此，代收行也被称之为进口方银行。

在实际的操作中，托收行一般会根据委托人的指示，使用委托人指定的银行作为代收行。当委托人没有指定银行时，托收行将使用它自己的任何银行，或是在付款地所在的联行作为代收行。

4. 付款人(Drawee)

指汇票中指定的付款人，也就是银行向之提示汇票和单据的债务人。当汇票被提示给它时，如为即期汇票，它应见票即付；如为远期汇票，它应承兑汇票，到期日付款。同时，在托收业务中，付款人还是进口商(Importer)、买方(Buyer)。

以上四个是托收的主要当事人，在此基础之上，国际商会还规定了提示行和需要时的代理作为托收结算方式的当事人。

5. 提示行(Presenting Bank)

指的是在跟单托收结算方式下向债务人提示汇票和单据的银行。一般地，在实际操作过程中，提示行就是代收行。如果代收行与债务人没有往来关系，为了便利如期收款，代收行也可以主动或应付款人的要求，委托付款人的往来银行充当提示行。

6. 需要时的代理(Customer's Representative in Case of Need)

在托收业务中，如果发生付款人拒付，委托人可指定在付款地的代理人代为料理货物存仓、转售、运回等事宜。这个代理人叫做“需要时的代理”。按照国际惯例，委托人如拟指定需要时的代理人，必须在托收委托书上写明此项代理人的权限。如在委托书中对代理人的权限未做规定，代收行可以不受理代理人的任何指示。超过规定权限的指示，代收行也可不予受理。

二、托收当事人的职责

1. 委托人

委托人是国际贸易中的出口商。在托收业务中，他一方面与进口商建立买卖关系，另一方面与托收行建立委托代理关系。

作为出口商，委托人应履行的职责是：(1) 严格按照合同要求向进口商按质按量按时交运货物；(2) 向进口商提交符合合同要求的单据种类和单据内容。

作为委托人，出口商与托收行依据托收申请书(Collection Application)建立委托代理关系。托收申请书是委托人与托收银行之间关于该笔托收业务的契约性文件，也是银行进行该笔托收业务的依据。这时，他应履行的职责为明确托收申请书中的各项指示。具体而言，包括：

(1) 交单方式。在托收业务中，交单方式比较丰富，在托收申请书中，托收人应当指明，是付款交单还是承兑交单；是即期付款交单还是远期付款交单；是否可以分批付款，分批赎票；如是远期汇票提前付款可否给予进口商回扣或是利息；逾期付款应否追加利息等。

(2) 货款收妥后的处理方式。代收行在收妥货款并划入托收行的账户后，托收行会将货款付给委托人，但是，代收行在收妥货款后是使用哪种方式通知托收行，委托人则必须在托收申请书中明确指示，一般的方式有两种：电报或者是航函。

(3) 银行费用的处理。在托收业务中，托收行和代收行都将会收取一定的费用，一般来说，进口商和出口商各自负担本国银行的费用。如果在托收申请书中，出口商规定部分费用须由进口商缴纳，而进口商拒付费用时，根据国际惯例，代收行可以将自己应收的费用从应汇给托收行的货款中扣除。如果托收申请书明确规定不准豁免该项费用，则托收行、代收行、提示行对因此而产生的付款延迟或额外开支不负责任。

(4) 拒付时是否需作拒绝证书。当付款人拒绝付款或拒绝承兑时，委托人是否需要银行做成拒绝证书。根据惯例，在委托人没有指示必须做成拒绝证书时，银行没有义务在拒付时做拒绝证书。

(5) 拒付后的货物处理的方式。当付款人拒付后，出口商必须对已经到岸的货物采取一些处理方式。最理想的方式是出口商能在进口商所在地找到其他买主将货物售出；如果出口商在进口商所在地有可靠的代理人，即“需要时的代理”，他可以在汇票上记载预备付款人以应急；如果没有上述的两种可能，委托人应在托收申请书中明确指示银行，如发生拒付时，在货物到达进口地后立即办理货物的提货、存仓和保险。

(6) 选定国外代收行。如果委托人明确指示通过国外的某一代收行办理收款，如托收行与该代收行开有账户，则可按委托人的指示办理；否则，须征得委托人同意后，由托收行自行选择一家代收行。

除了明确托收申请书的指示以外，委托人还有两项职责。一是及时指示，即当银行将发生的一些意外情况通知委托人时，委托人必须及时指示，否则，因此而发生的损失由委托人自行负责。二是负担费用，委托人不但要向托收行支付手续费，而且应负担托收行为执行委托指示而支出的各种费用；即使托收行没有收到货款，委托人也必须支付这些费用。

2. 托收行

托收行在接受委托人的委托后，它的职责主要有：

(1) 执行委托人的指示。托收行在托收业务中完全处于代理人的地位。它必须根据委托人的指示办事。因此，对于托收行来说，它最主要的职责就是：它打印的“托收指示(Collection Instruction)”的内容必须与委托人的申请书中的指示严格相符。如果对委托人的有些要求无法执行，应向委托人解释，由他修改申请书的内容，托收行更改“托收指示”后再办理托收业务。可见，托收行根据托收申请书打印托收指示是托收行最重要的职责。

托收指示是寄送托收单据的面函(Covering Letter)，它是由托收行根据托收申请书缮制的、授权代收行处理单据的完全和准确的条款。过去称之为托收委托书(Collection Advice)，现在由国际商会正式更名为托收指示。在《托收统一规则》中，国际商会就银行与托收指示的关系阐述如下：

① 一切托收单据必须附有一项单独的托收指示书。

② 代收行必须仅依托收指示办事。

③ 银行将不从审核单据中获取托收指示。事实上，该规定要求任何单据中都不得载有托收指示，否则银行对单据中载有的托收指示将不予理会。例如，一笔托收业务的托收指示中未注明要求付款人应付利息，但托收单据中的汇票中却载有要求付款人支付有关利息的规定。对此，代收行对汇票上的该项规定将不予理会，即仅凭托收指示行事，而不要求付款人支付利息。

④ 除非托收指示中另有授权，银行对来自委托一方/银行之外的任何一方/银行的批示将不予理会。该项规定的目的在于消除所谓“全球托收(Global Collections)”给代收行带来的额外责任。“全球托收”在世界的某些地区颇为流行，这是指托收单据由一家银行(如远东的一家银行)寄往代收行，但该笔托收业务由另一家银行(如美国一家银行)监

控，代收行收到的托收指示/询问也来自后者，即美国一家银行。"全球托收"不仅给托收业务带来了混乱，而且还带来了另一问题，即要求寄单行的必要授权问题。为此，《托收统一规则》首次也明确规定，除非托收指示中另有授权，且代收行/提示行对此也同意照办，否则代收行/提示行仅对向其寄发托收单据的一方负责，而无义务执行、答复其他各方的指示或询问。

在实际操作中，托收指示应包括以下几项内容：

① 包括全称、邮政地址、电话号码等在内的寄单行、委托人、付款人及提示行的详情。

② 托收金额及货币种类。

③ 所寄单据的清单及每一种单据的份数。

④ 取得付款或承兑的条款和条件以及交单条件。

⑤ 应收到的费用，同时须注明该费用是否可以放弃。

⑥ 应收取的利息(如有)，同时也须注明是否可以放弃。

⑦ 付款方式和付款通知书的形式。

⑧ 发生不付款、不承兑和/或与其他指示不符时的指示。

(2) 对委托人提供的单据是否与买卖合同相符合不负责任。托收行没有审核单据内容的义务。托收行只需将收到的单据的种类和份数与托收申请书所列情况核对，如发现单据遗漏时，应立即通知委托人补交。在具体业务中，托收行一般会对委托人交来的主要单据重点核对，但这完全是银行对客户提供的服务，而不是应尽的责任。银行办理托收业务时，应与办理信用证业务一样，须善意和谨慎行事，这是一条基本的原则。

(3) 负担过失的责任。银行在受理托收时，向委托人收取手续费，因此必须善意和谨慎地行事，凡因未按照申请书的指示而产生的后果，银行应对其过失负责。

3. 代收行

代收行是托收行的代理人，代收行必须严格按照作为委托人的托收行所发出的托收指示办事。因此代收行的基本责任与前述托收行的责任大致相同，并负有一些特殊责任：

(1) 保管好单据。托收就是通过银行承兑交单或付款交单。进口商要取得单据，必须对汇票承兑或付款。因此代收行在进口商未承兑或未付款时，绝对不能把单据交给进口商。此外，在进口商拒绝承兑或拒绝付款时，代收行应立即通知托收银行，并且在通知中声明保管单据听候托收银行的指示。一般在发出这种通知后，如果在合理时间内未能收到托收银行的进一步指示时，应发电催复。

(2) 无义务对托收项下货物采取任何行动。按照银行的习惯做法，银行对跟单托收项下的货物，没有任何行动义务。但是，为了保护委托人的货物，不管有没有指示，如果银行采取了提货、存仓、保险等行动，则该银行对于货物的处理、货物的状况、对受托保管或保护该项货物的第三者所采取的行动或疏漏均不负责。不过代收银行必须将这些行动通知托收银行。银行对于货物因采取保护行动而发生费用和支出应由委托人负责。

(3) 托收情况的通知。按照银行的习惯做法，代收行应根据下列规则，通知托收情况。

① 代收行发给托收银行的所有通知或报道中必须列有合适的说明，其中必须列明托收行的托收指示的编号。

② 如果没有明确的指示，代收行必须用最快的邮件，将托收行情况的通知，包括付款通知、承兑通知、拒绝付款或拒绝承兑通知等，寄给托收行；如果代收行认为事情紧急，也可以用更快的通知方法，如电报、电传或电子通讯系统等，费用由委托人负担。

③ 代收行在提示托收单据而付款人拒绝付款、拒绝承兑时，应尽力查明理由并通知托收银行。

需要说明的是，代收行除了对托收行负有以上的责任外，对付款人只负有通知的义务，而无其他职责。

4. 付款人

付款人作为进口商所负的责任为：在出口商向他提交了足以证明出口商已经履行了合同义务的单据时，按合同规定汇款。如有违反合同规定致使对方造成损失时，违约方负责赔偿。当付款人收到代收行的付款提示时，由于代收行与付款人之间并不存在契约关系，所以，付款人对代收行是否付款，完全根据他与委托人之间所订立的契约义务而决定，即以委托人提供的单据足以证明委托人已履行了买卖合同义务为前提。

综上，托收当事人之间的关系可以用下图表示：

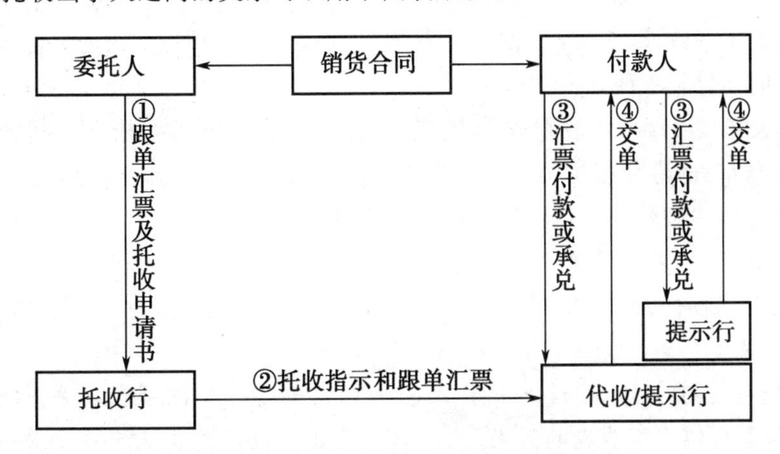

图 3-1 托收当事人之间的关系

第三节 托收的种类

一、跟单托收

1. 跟单托收的概念

跟单托收(Documentary Collection)是指附有包括货运单据在内的商业单据托收。跟单托收可以是带有金融单据(汇票)的跟单托收，也可以是不带有金融单据的跟单托收，即以发票代替汇票，连同有关的货运单据一起交给银行托收，以避免印花税负担。

按照向进口商交付货运单据的条件不同，跟单托收又可分为付款交单和承兑交单两种。

2. 跟单托收业务的程序

由于跟单托收附有商业票据，其业务程序也有其自身的特点，现将其归纳如下：

(1) 在办理托收结算之前，出口商与进口商首先要在双方签订的贸易合同中规定双方的结算方式是凭装运单据通过银行办理托收结算。出口商按双方的合同发货，并取得货运单据以后，按照合同规定制单。

(2) 出口商委托托收行办理托收。出口商严格按照格式给本地托收行填写一份托收申请书，并开具以进口商为付款人的商业汇票，连同全套规定的装运单据交与托收行。至此，委托人与托收行之间形成一个委托代理关系。

值得注意的是，出口商开出的商业汇票，在托收业务中，我们也将其称之为托收汇票(Collection Bill/Draft)，在实践中，托收汇票的收款人有三种填写方式：一种形式是将受益人填写为收款人，当它把跟单托收汇票提交托收行时，受益人应做成托收背书，给托收行；另一形式是将托收行作为收款人，汇票要注明托收出票条款，用以表明为了托收目的是将托收行做成汇票收款人，在将此汇票寄往代收行前，均应背书。最后一种形式是以代收行为收款人，代收行收到跟单汇票以前，该汇票不需要背书，但汇票要注明托收出票条款。

除收款人不一致外，托收汇票的期限也有区别，它分为即期汇票、远期汇票和固定日期以后一个时期付款三种方式。

(3) 托收行接受委托工作。作为代理人，托收行首先应对委托人填写的托收申请书进行编号与审查，然后根据委托人的要求和指示，缮制托收指示，托收指示必须保证与申请书完全的一致性，并且还应加列货款收妥后的处理办法。最后，托收行将托收指示以及托收汇票、装运单据一起寄往国外的联行或代收行，这个代收行可以是委托人自己指定的代收行，也可以是托收行自己选择的、在进行付款或承兑国家的任何一家银行。

《托收统一规则》规定，银行不承担文电、信件在寄送途中的延误及丢失所引起的后果，也不承担翻译错误所造成的后果。按此规定，如托收行用航空挂号一次将所有单据寄往代收行，单据在邮寄途中遗失，托收行可不承担委托人延迟收款的损失，同时银行也没有翻译的义务，而有不翻译的权利。如银行应客户要求进行翻译，属于银行提供的额外服务，如翻译有误，银行不负任何责任。

(4) 代收行接到托收指示后的工作。代收行在收到托收行的托收指示后，首先要做的是对各类单据进行审查，主要审查以下几项内容：① 托收指示所列项目是否齐全、清楚；② 所附单据与托收指示中列明的单据在数量上、品种上是否相符；③ 托收委托书或汇票上付款人的信息与其他单据所列是否相符；④ 交单条件是否清楚明了。但代收行对单据本身是否正确没有审核义务。其次，代收行应对托收指示进行编号，保管好单据，缮制代收通知书。最后，向进口商提示跟单汇票，以办理提示付款或承兑等工作。如果托收委托书中规定的是付款交单(D/P)，代收行应提示进口商付款，然后交出单据；如果是承兑交单(D/A),俟汇票到期提示对方付款。

(5) 进口商在验完单据后付款或承兑后取得单据,并持单据向承运人提货。而代收行则将收妥的款项收入托收行之账户并通知托收行。

(6) 托收行收到代收行的收款通知后,立即办理对出口商的结汇。至此,跟单托收业务完成,其结算程序可以用图 3-2 表示如下:

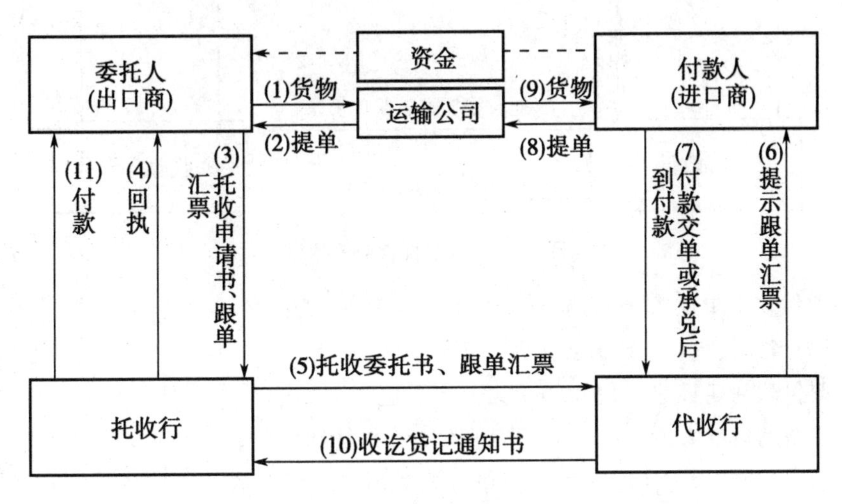

图 3-2　跟单托收业务程序

若在第 5 步时,付款人拒付,代收行要尽快通知托收银行,并尽量告诉对方拒付的理由。如果委托人有指示,代收行还可以做成拒绝证书,但费用由委托人负担。如果代收行出于保护货物的目的而办理存仓、保险或采取其他措施,费用亦由委托人承担。

进口商拒付即期汇票或拒绝承兑远期汇票与进口商拒付已承兑远期汇票不是一回事。在第一种情况下,出口商只能依据合同向进口商提出诉讼;而在第二种情况下,进口商除了对合同负法律责任外,还要对承兑汇票负法律责任。

3. 跟单托收的交单条件

按商业单据交单条件的不同,跟单托收可以分为两种,一种是承兑交单(Documents against Acceptance),简称 D/A;另一种是付款交单(Documents against Payment),简称 D/P。

(1) 付款交单。是指代收行/提示行必须凭付款人承付即期汇票或对托收单据付款而向付款人交单,由于代收行/提示行已按寄单行的指示行事,所以至此之后,它们对所交出的商业单据也不再承担任何责任或义务。这意味着只要进口方付清货款,代收行便可以将货运单据交给进口商,可见,是一方交款,一方交单。显然,这种交单方式给出口方提供了一定的保障。

在实践中,付款交单又分为两种:一种是即期付款交单,英语为 D/P at sight,即当跟单汇票寄达进口方所在国的代收行后,由代收行向进口方提示,经后者审单无误后即付款赎单,货款与货运单据随之易手,此项托收业务即告完成。其业务程序可以概括为图 3-3。

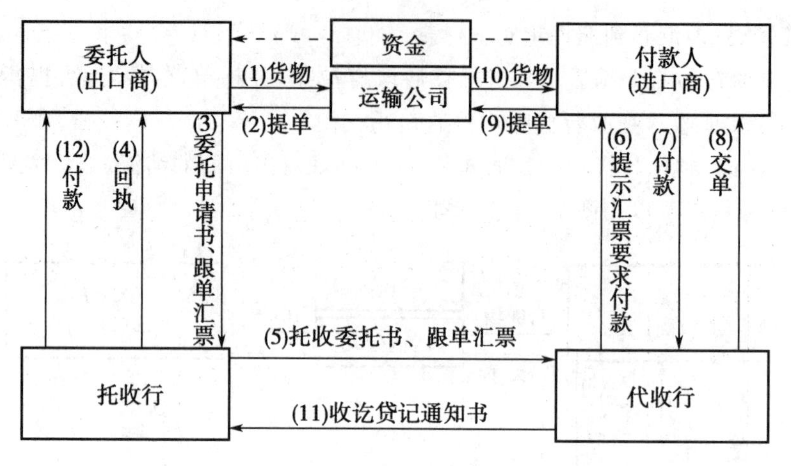

图 3－3　即期付款交单程序

另一种付款交单的方式被称之为远期付款交单,英语表述为 D/P at ×× days after sight,意思为当代收行向进口方提示跟单汇票时,后者无需立即付款,只要对远期汇票承兑,做出在汇票付款到期日保证付款的承诺。由于这项交易的基本条件是付款交单,所以,进口方作为汇票的付款人虽已承兑了汇票仍不能获得货运单据。而在付款之前,货运单据仍由代收行掌管。所以,这种远期付款交单方式对出口方仍具有一定的保障,但对进口方却并无实际意义,因为他对远期汇票做了承兑,承担了该汇票到期之日一定付款的责任,但与此同时,他却拿不到代表物权的货运单据。不仅如此,如果货物已经卸至码头或其他约定的提货地点,则处于风险之中,容易遭受损失或罚款,而代收行由于执行托收指示,不得不将单据延至付款后交出,它们对损失不负任何责任。因此,在实践中,远期付款交易并不经常使用,往往是由于某些国家外汇管制方面的要求或出自出口商自身的特殊要求而不得不使用。

远期付款交单程序可由图 3－4 来描述。

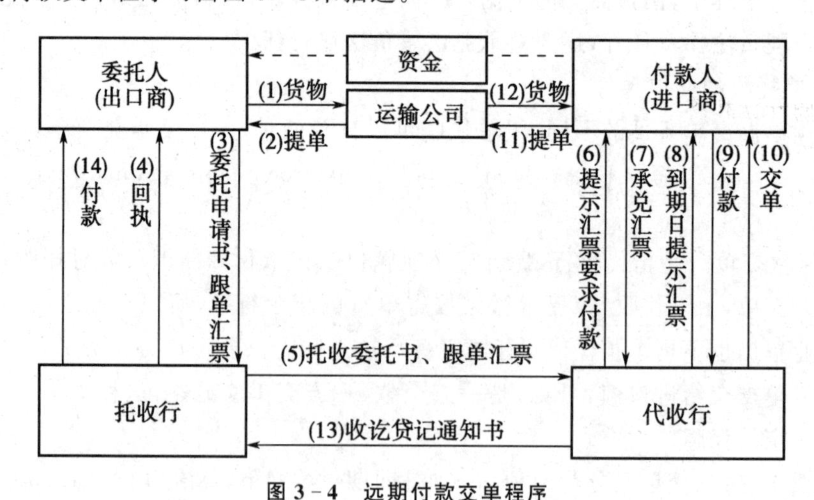

图 3－4　远期付款交单程序

(2) 承兑交单。承兑交单是指代收行/提示行仅凭付款人对远期汇票的承兑即交付商业单据,一俟已承兑汇票交单,代收行/提示行按寄单行的指示行事,所以至此之后,它们对所交出的商业单据也不再承担任何责任或义务,因为它们是遵照寄单行的指示行事的。毫无疑问,这种交单方式对进口方十分有利,也是对进口方提供了一定的商业信用。反过来说,这种交单条件对出口方却具有一定的风险。非属于信誉可靠的客户,出口方是不愿轻易采用承兑交单这样的条件的。承兑交单的交易程序可以概括为图 3－5。

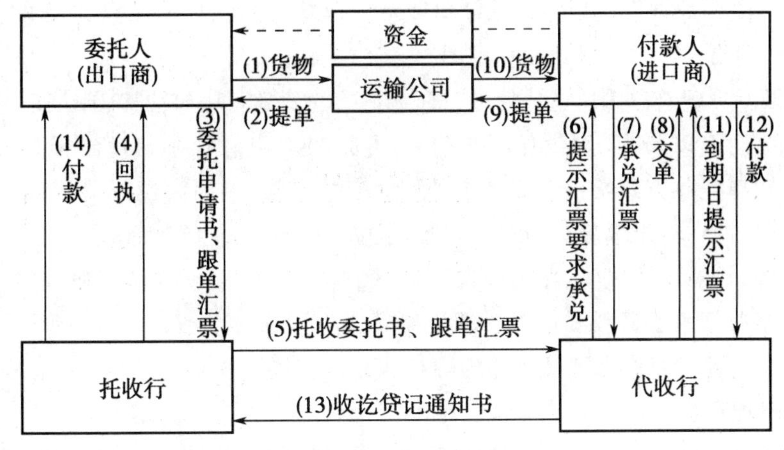

图 3－5　承兑付款交单程序

除以上两种最主要的交单方式外,在实践中还有一些变通的做法,如凭信托收据借单(Document against Trust Receipt,D/P 或者 D/R),意思是:在付款交单这个前提下,代收行允许进口方在付款前开立一张信托收据,凭此收据从代收行借出货运单据,凭以提货出售后再把货款偿还银行。显然,这是在付款交单的前提下的变通办法,是银行对进口方的融资便利。再如,分批部分付款(Partial payment),即整个货款的一部分即期付款其余部分承兑在将来日期付款的单独汇票而交单,这种交单方式实际上是介于付款交单与承兑交单之间的一种交单方式,它降低了出口商在承兑交单下所面临的风险。有时候,为了能够避税,即为了不交纳由于出口商开具汇票所引致的印花税,还有一种被称之为凭本票交单(Delivery of Documents against Promissory Note)的托收方式,进口商和出口商同意使用本票,本票是由进口商开立和签字的,且包含了进口商在约定的未来日期付款的承诺。

承兑交单与远期付款交单都是远期付款,但是交单条件不同。承兑交单仅凭付款人对远期汇票付款的承诺交单,而在远期付款交单的情况下,代收行必须在付款人对已承兑的远期汇票付款后才能交单。在实务中,远期付款交单使用不多,这主要是因为进口商无法从银行获得资金融通的便利,且有些国家和地区一直将远期付款交单作为承兑交单处理,这样将导致不同国家的银行可能由于对同一托收业务的理解及习惯做法的不同而引起不必要的纠纷。其次,从票据法来看,付款人既已承兑了一张远期汇票,就成为汇票的主债务人,承担到期必须付款的法律责任,如到期不付款,便要受票据法的惩处。但是,付款人在承兑汇票的同时没有取得对价,即物权单据,这有欠公平。

4. 跟单托收的风险防范

跟单托收是建立在商业信用基础上的,无论交单条件是 D/P 还是 D/A,总是出口商发货在先收取货款在后。出口商与托收行之间,托收行与代收行之间的关系,仅仅是委托和接受委托,代理和接受代理的关系。出口货款能否收妥,何时收妥,收多收少,两家银行概不负责，所以，一旦进口商由于某种原因，不按合同履行义务，出口商就将蒙受损失。这意味着，在托收业务中，出口商将承担较大的风险，其主要是：

(1) 进口商因破产倒闭而无力支付货款等。

(2) 进口商找种种借口拒绝付款赎单或承兑取单，造成的原因是多方面的，比如由于进口地的货价下跌，进口商感到无利可图等。

(3) 因政治或经济原因所造成的进口商无法支付货款。比如，进口国改变外贸政策、外汇管制方面的规定，以致进口商没有领到进口许可证，或是申请不到进口所需要的外汇等。

即便是跟单托收方式给出口商带来了如此多的风险，但因为当前国际市场出口竞争日益剧烈，出口商在急于求售的情况下，或者是货物本身质量的关系，有时不得不接受这种方式。因此，针对这些风险，作为出口商，最根本的一条，是重在调查研究，掌握进口商和进口国的某些第一手资料和情况，采取相应的防范措施和办法：

(1) 要了解进口商作为贸易伙伴的资信和经营作风。

(2) 及时把握出口商品在进口地的市场销售状况。

(3) 弄清进口国的外贸管制和外汇管制情况；弄清进口国的海关和卫生检疫当局的各项规章制度和对方要求提供的某些特殊的单据。

(4) 在结算方式上，出口商根据具体情况也可以先要求进口商预付一部分货款作为采用跟单托收方式的前提条件，有时也可以采用部分按信用证方式、部分按托收方式的办法，以便减少托收过程中可能产生的风险。此外，采用托收方式时，则应力争多做D/P，少做或不做D/A。

案例 1

某出口公司(A 公司)与中东地区进口商(B 公司)签订了一份合同，向其出售一批机电产品，付款条件为 D/P60 天。

自 1996 年 10 月至 1997 年 2 月，A 公司相继委托国内某托收行(A 银行)通过国外代理行(B 银行)代收货款，付款条件为 D/P 60 天，付款人为 B 公司，金额总计达：1 556 702 美元。托收委托书中列明："deliver documents against payment, due date/tenor 60 days sight"(付款交单，到期日/付款期限为见票后 60 天)，并有"Subject to Uniform Rules for Collection, ICC Publication No. 522"(根据《托收统一规则》，国际商会 522 号出版物)的字句。B 银行收到委托书后，陆续以承兑交单(D/A 60 天)的方式将单据放给了进口商。而到期时，承兑人一直未付款，使 A 公司蒙受损失，但代收行以当地习惯抗辩，称当地认为 D/P 远期与 D/A 性质相同，推诿放单责任，拒绝承担责任。

分析　国际商会颁布的 URC522 明确规定托收业务的两种交单方式，即承兑交单和付款交单，而且对即期远期汇票的票据处理程序做出了明确阐述。据此，托收行认为 B 银行作为国际商会的成员在该业务中未按托收行的指示办事，擅自将 D/P 远期当作 D/A 处理，应当是有过失的。但是 B 银行以所在国的当地法律为抗辩事由拒绝承担责任又有一定的合理性。URC522 规定：本规则如与一国、一州或当地必须遵守的法律/条件规定相抵触，则受当地法律制约。

二、光票托收

光票托收(Clean Collection)指金融单据的托收,一般不附有商业票据。但在实践中,又将光票托收分为三类:(1) 金融单据的托收;(2) 仅附有商业发票但不包括运输单据的托收;(3) 其他债务凭证的托收。其主要使用在国际贸易的小额交易、部分预付货款、分期支付货款以及贸易从属费用的收取、非贸易结算和私人托收业务中。

常见的金融单据有银行汇票、本票、支票、旅行支票和商业汇票等。有时候汇票仅附有非货运商业单据,如发票、垫款清单等,就是我们所说的第(2)类光票托收。

光票托收的程序和跟单托收并没有太大的区别。首先是由委托人填写托收申请书,开具托收汇票,做成空白背书,交给托收行;然后托收行依据托收申请书制作托收指示,将汇票做成记名背书,一并寄给代收行托收票款。光票托收的汇票可以是即期的,也可以是远期的。如果是即期汇票,代收行应于收到汇票后,立即向付款人提示要求付款,付款人如无拒付理由,应立即付款赎票。如果是远期汇票,代收行应在收到汇票后,向付款人提示要求承兑,以确定到期日付款的责任。付款人如无拒绝承兑的理由,应立即承兑。已承兑的汇票被代收行收回,于到期日再作提示要求付款,若付款人拒绝承兑或拒绝付款,除在托收指示中另有规定外,应由代收行在法定期限内,做成拒绝证书,并及时把拒付情况通知托收行,转知委托人,以便采取适当措施。

案例 2

1995 年 3 月 6 日,上海××房产开发部持一张美元支票向上海某银行要求办理托收。出票人为某"个人",付款银行为美国纽约的 Amerasia Bank,出票日为即日,支票金额为 6 800 000 美元。据客户告知,这是该公司收到其购房客户支付的购房款。根据上海该银行和美国费城(包括纽约)Corestates Bank N. A.(代收行)签订的代理托收协议,对一般的支票或汇票托收,以现金信贷或现款托收方式办理托收显然不可行,因为根据协议此类托收支票的金额不能太大,应在 25 000 美元以下,而且 Corestates Bank 在收到这类委托后当天即贷记委托行美元账户,但当日不起息,通常在贷记 3 天后才起息。若发生退票当在 15 天内给予通知并反方向借记委托人账户。上海该银行考虑到这笔委托金额巨大,为了谨慎,采取单独支票托收,在托收委托书中加注"款项最终收妥后贷记我行账户"。3 月 20 日上海寄票银行收到国外代收行的贷记报单,出于稳妥该行再次以电传向代收行查询是否已最终收妥,3 月 24 日对方来电称"账户已关闭特此退票"。从退回的支票上可以看出,付款行 Amerasia Bank New York 在其上所盖的退票理由戳记中选择的是"账户关闭"这一事由。上海的托收行及时通知受托人。这样,委托人非但收不到款项,反而承担托收费用和退汇费用。

三、直接托收

直接托收(Direct Collection)是指由出口商将从托收行获取的载有银行预先编号的托收表格(Collection Form)作为托收的基础,由出口商将托收单据及已填妥的托收表格直接寄给代收行，同时出口商将已填妥的托收表格副本送交托收行，告知托收行他已将单据直接寄至代收行，请其将此笔托收视同自己办理一样。

在国际商会第 522 号出版物上并没有提到直接托收，这是因为第 522 号是针对银行办理托收业务而制订的统一规则，而直接托收的委托人不经过托收行，自己把托收单据直接寄给代收行。但是，由于这种托收办法加快了日常文书工作速度，所以，在国际商会第 550 号出版物中明确指出：国际商会第 522 号出版物(URC522)适用于直接托收。但是，该出版物也同时要求，在出口商填写的托收表格中必须载明事项：

1. 该笔托收适用于国际商会第 522 号出版物《托收统一规则》；

2. 代收行将直接托收项下由出口商直寄的单据视同由寄单行寄出的单据，即直接托收视同完全由托收行处理的正常托收业务。

图 3-6 给出了一个承兑交单的直接托收流程图。

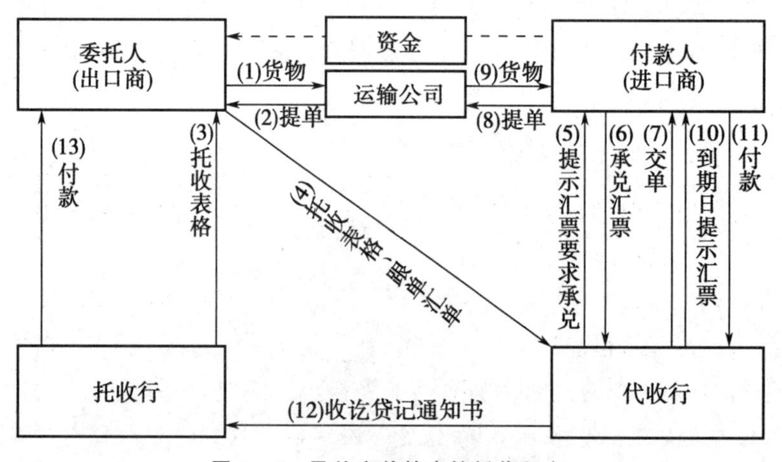

图 3-6　承兑交单的直接托收程序

专　栏

外汇托收应注意的事项

随着国际交往的增多，居民手中持有的私人外汇票据也越来越多。可不少居民在办理外币托收过程中常碰到托收时间长、托收金额不足的问题，为此，招商银行上海分行理财师对外币票据托收作了详细的解答：

优点何在

目前，工、农、中、建、交和招商银行等多家银行均开办了境外托收票据业务，由境外银行开出的汇票、旅行支票、私人支票、邮政支票、财政支票等均可收款。

从国外汇款人角度看，携带境外汇票、私人支票、旅行支票入境办理票据托收，相对直接电汇而言，具有节省费用且使用灵活的优点。由于采用电汇方式汇款需缴纳较高的手续费(国外银行的电汇手续费通常比较高)及邮电费，因此在汇款人对收汇时间要求不高的前提下，采用票据托收方式可节省一定的汇款费用。

注意事项

票据托收需要时间。由于票据托收采用邮寄方式提示付款，出票人需要对票据进行确认，因此所需时间较长。根据境外出票银行和票据币种的不同，票据托收所需的时间有所差别。一般而言，美国地区出具的美元票据的托收需二周左右。小货币的托收所需时间更长。

外汇托收受监管。根据我国的外汇政策规定，居民托收的金额超过等值 2 000 美元，入账后需进行国际收支申报；托收成功后直接办理结汇的，等值 1 万美元以上 20 万美元以下的需提供收入来源证明。20 万美元以上需由个人自行到外汇管理局审批。

票据与证件姓名需一致。票据上收款人姓名必须与收款人有效证件上的姓名一致。票据收款人姓名为汉语拼音的，必须与证件名字相符，如不相符，为确保收款人利益，需有开具单位或街道办事处的证明或律师行、公证处的证明，确认收款人的真实姓名。

支付费用

不少客户常抱怨为什么在向托收行交付托收手续费后，还会出现收到的汇款少于票据面额。对此招行理财专家解释，这主要因为在托收途径中出票行及中转行往往会从汇款额中扣收一笔费用。

如果出票行与托收行有账户行关系，或汇款路径相对通畅，托收过程中就可以避免或减少托收过程中的相关扣费。一般而言，除美国开出的美元票据、香港地区开出的港币票据外，其他国家和地区的票据都有可能扣除相应的手续费。

http://waihui.yiji.com/postdetail_100392.html

【思考训练题】

案例分析

1. 在 FOB 术语下，因租船订舱由买方办理，这就为一些不法进口商与船方勾结骗取货物提供了可乘之机，我国曾发生了一起这样的案例：

国内某出口公司向韩国出口一万吨水泥，价值 40 万美金，FOB 术语成交，由韩国买方租用越南籍货轮从青岛港运至韩国某港口，支付方式议付信用证。后因我国货源紧张，请求韩国延迟派船，买方同意，但信用证不展期，付款方式按“随证托收”办理。我方对此并未表示反对。在信用证过期后，买方船到，我方装货后取得船长签发的提单并随附其他所要求单据送中国银行某分行向韩国进口商办理“随证托收”，但待单据寄至韩国开证行后，因提单日期晚于信用证日期，单证不符，信用证已失去银行保证作用，韩国银行只能向进口商按 D/P 方式代收货款。但此时，韩国进口商拒不付款赎单，并声称货物已失踪。经我方调查，韩国进口商在无提单情况下早已从船方手中提走了货物，而该船从此再也未到中国港口，致使我方不能据以申请法院采取扣船拍卖等补救措施，造成我方货款两空的重大损失。

试分析此案中受益人应接受的教训。

2. 我某出口公司在广交会上与一外商签订一笔出口合同，并凭外商在广交会上递交的以国外银行为付款人的金额5万美金的支票在2天后将合同货物装运出口。随后，我出口公司将支票通过我国内银行向国外付款行托收支票时，被告知该支票为空头支票，由此造成钱货两空的损失。

试分析该案中我出口公司应接受的教训。

附式 3－1：外币票据托收申请书

××银行

外币票据托收申请书

年　月　日

出 票 人		出票日期	
票据号码		金　　额	
付款银行		张　　数	

委托人（收款人）：

地址　　　　　　　　　　　　　　电话

证件名称及号码

上述票款收妥后，请按以下方式处理：

1、贷记我公司账户，账号：　　　　　　　　　　　　　　　　。

2、通知收款人。

3、转存定期　　　　　　　　　　　　。

注意事项：1、取款时必须携带收款人身份证及原留印鉴并交还此收据。

2、任何时候，如发生退票或追索等情况，银行有追索权，收款人保证如数退票款并负担全部费用。

委托人签章

银行经办员：

附式 3-2：跟单托收申请书

××　　BANk

跟单托收申请书

Application for Documentary collection

To：××Bank

We enclose the following draft(s)/documents as specified hereunder which please collect in accordance with the instruction indicated herein.

Date：__________

DRAWEE：付款人	Collecting bank 代收行

DELIVER DOCUMENTS AGAINST	DUE DATE/TENOR
DRAFT/INVOICE No.	AMOUNT

DOCUMENTS																
DRAFT	COMMERCIAL INVOICE	CUSTOMS INVOICE	PACKING/WEIGNT LIST	ORIGIN CERTIFICATE	GSP FORM A	QUANTITY QUALITY/CERTIFICATE	INSPECTION/ANALYSE CERTIFICATE	EXPORT LICENSE	INSURANCE POLICY/CERTIFICATE	BLADING/A.W.B/C.R.						

Special instruction: (See box marked "×")

☐All banking charges outside your bank are for account of drawee.

☐In case of a time bill, please advise us of acceptance giving maturity date.

☐In case of dishonour, please do not protest but advise us of non-payment/non-acceptance by telex, giving reasons.

☐Please collect interest from drawee at____ % per annual from date of _______to the date of

☐Others:

Disposal of proceeds upon collection:

联系人：　　　　电话：

附式 3－3：托收指示

XX BANK

Collection Instruction

ORIGINAL

To:

Date ____________

Our Ref No.________

Dear sir,

We send you herewith the under-mentioned item(s)/document for collection.

<table>
<tr><td colspan="6">Drawer:</td><td colspan="2">draft No.:
Date:</td><td colspan="2">Due Date/Tenor</td></tr>
<tr><td colspan="6">Drawee(s):</td><td colspan="4">amount:</td></tr>
<tr><td colspan="4">Goods:</td><td colspan="4">From</td><td>To</td><td></td></tr>
<tr><td colspan="4">By par</td><td colspan="6">On</td></tr>
<tr><td>Documents</td><td>Draft</td><td>Invoice</td><td>B/L</td><td>INS. Policy/cert.</td><td>W/M</td><td>C/O</td><td></td><td></td><td></td></tr>
<tr><td>1st</td><td></td><td></td><td></td><td></td><td></td><td></td><td></td><td></td><td></td></tr>
<tr><td>2nd</td><td></td><td></td><td></td><td></td><td></td><td></td><td></td><td></td><td></td></tr>
</table>

Please follow instructions marked "X":

☐Deliver documents against payment/acceptance.

☐Remit the proceeds by airmail/cable.

☐Airmail/cable advice of payment/acceptance.

☐Collect charges outside .... from drawer/drawee.

☐Collect interest for delay in payment .... days after sight at .....% P. A.

☐Airmail/cable advice of non-payment/non-acceptance with reasons.

☐Protest for non-payment/non-acceptance.

☐Protest waived.

☐When collected, please advise us giving due date.

☐When collected, please credit our account with ____________.

☐Please collect and remit proceeds to Bank for credit of our account with them under their advice to us.

☐Please collect proceeds and authorize us by airmail/cable to debit your account with us.

Special Instructions

For XX bank

This collection is subject to
Uniform Rules for Collection
(1995 Revision) ICC Publication No. 522

____

Authorized Signature(s)

附式 3－4：托收汇票

（1）即期汇票

Exchange of USD ××　　　　Date

①On demand pay this first bill of exchange

or ②At sight pay this first bill of exchange ××

or ③Pay this first bill of exchange

(second unpaid) to the order of ourselves the sum of USD XX.

To buyer/importer　　　　For seller/exporter

（2）固定日期以后一个时期付款的即期汇票

Exchange for ________　　　　Date

D/P　At________ sight of this First of Exchange (Second of the same tenor and date unpaid) pay to the order of

×× Bank　　　　the sum of

________________ Only

Drawn against shipment of bales from ______to______ for collection

To________Company,　　　　For:____________

address　　　　signature

（3）远期汇票

Exchange of USD××

At ____ days sight pay this first bill of exchange (second unpaid) to the order of ourselves the sum of USD××.

To buyer/importer　　　　　　　　For seller/exporter

（4）固定日期以后一个时期付款的远期汇票

Exchange for ___________　　　　　　　　Date

D/A　　At _________ days after sight of the First of Exchange (Second of the same tenor and date unpaid) pay to the order of

××Bank　　　　　　　　the sum of

________________________ Only

Drawn against shipment of bales from ______to______ for collection

To__________Company,　　　　　　For:_____________

address　　　　　　　　signature

第四章 信 用 证

【本章提要】信用证是一种银行有条件的付款承诺，是银行根据进口商的要求，对出口商发出的、授权出口商签发以银行或进口商为付款人的汇票，保证交来符合信用证规定的汇票和单据必定承兑和付款的保证文件。信用证具有三方面的特点：信用证是一种银行信用，开证行承担第一性付款责任；信用证是自足文件，具有独立性；信用证业务的处理对象是单据。信用证的上述特点支持信用证在贸易结算领域中的运用，使信用证成为目前最重要的贸易结算方式。本章介绍了信用证的定义、特点、内容、业务程序、种类及信用证下条款的规定、信用证项下关于单据的规定等相关内容。

【本章重点】信用证的业务程序；信用证项下主要条款的规定。

【本章难点】信用证项下关于单据的规定。

【基本概念】信用证　受益人　通知行　保兑行　议付　循环信用证　背对信用证

第一节　信用证的概念及其特点

众所周知，进出口双方当事人身居不同国家，彼此之间不熟悉。一笔交易从谈判一直到进口商提货、出口商收款要经历很长时间。在交易中，进出口双方会面对商业信用风险、国家信用风险、外汇风险等，而其中最主要的是信用风险。卖方担心货物出运后，买方能否按期付款，买方国家的外汇管制以及外汇资源如何；买方则担心卖方是否按期交货以及货物的质量问题。买卖双方需要更高一级的信用保证来消除彼此间的疑虑，因此银行信用作为更高层次的信用，有介入贸易结算的必要。而与此同时，物权单据化的概念得到进一步的接受，单据的买卖代表货物的买卖，这为银行提供贸易结算的信用支持提供了可能。信用证的产生便满足了这种需要。开证行以自己的银行信用替代进口商的商业信用，在出口商提交与信用证条款相符的单据时，保证出口商收取货款，同时保证进口商在付款时，被提示的单据完全与跟单信用证的条款相符合。信用证通过银行信用的提供以及付款时间与交货时间的合理搭配，使进出口双方的利益之间达成双方可接受的折中方法，从而促进国际贸易的进一步发展。

至今，信用证是国际结算的重要组成部分，尤其是跟单信用证在国际贸易结算中有着其他结算方式无法替代的功能。信用证业务集结算和融资为一体，为国际贸易提供综合服务，它每天处理着世界各地千万笔交易和千亿元的支付，是国际商业银行的传统业务。下面，就让我们深入研究信用证的相关知识。

一、信用证的起源

信用证支付方式有着悠久的历史，国外书籍介绍信用证起源于古罗马时代，国内书籍讲在封建社会末期。国内外对信用证产生的原因看法一致，即由于经济的发展，商品交换的增加，在结算中开始出现了以汇票结算为基础的"商业信用证"，或称"购买人信用证"(Buyers Credit)，这就是今天国际结算中所使用的银行跟单信用证的前身。

以后，随着资本主义生产方式在西欧发达国家的普遍建立和发展，国际金融业、航运业、保险业也都随之出现，并逐渐有了明确的分工。19 世纪 70 年代，国际贸易迅猛发展，特别是航运业的发展和巨型船舶的出现、定期航线的开辟、提单条款的定型化，提单从一般收据变为经过背书可自由转让的物权凭证，从而继票据结算方式代替了原始的现金结算方式之后，商品买卖发展为单据买卖，"凭货付款"交易发展为"凭单付款"即"实际交货"变为"推定交货"。同时，FOB、CIF 价格条件也相继出现，特别是到了垄断资本主义时代，资本主义国家的经济危机和信用危机日益频繁，使银行作为"万能者"的作用日益加强，因此以银行信用为特征的跟单信用证支付方式取代商业信用证得到了重视，并迅速发展。

上世纪初，国际贸易大发展，信用证结算占据重要地位，特别是第一次世界大战以后，物价暴跌，汇率波动，信用证交易的纠纷越来越多，所以国际商会从 1919 年创立伊始就开始致力于"跟单信用证统一惯例"(Uniform Customs and Practice for Documentary Credits，简称 UCP)及有关惯例的研究制定。但顾名思义，UCP 不是法律，仅仅是惯例。故到目前为止，除美国《统一商法典》第 5 篇有对信用证有法律规定外，其他国家尚无成文法。

二、信用证的定义

什么叫信用证？信用证的基本概念国际上大约有以下几种解释：

1. 美国的职业英语教科书的两种解释

(1) A L/C is a document issued by a bank，usually in connection with international trade，whereby the bank replaces the buyer as the paying bank.（信用证是银行开立的以自己作为付款行代替买方付款的文件，通常与国际贸易有关。）

(2) A bank issuing a L/C furnishes its credit，which is both good and well known instead of buyers credit，which may be good but not well known.（银行信用证提供了银行良好的和著名的信誉，并以此代替买方良好的但不一定是著名的信誉。）

这两种理解都讲到以银行信用代替商业信用，但没有谈到信用证的本质。

2.《货币和银行》一书对信用证的解释

It's a catalyst that provides the buyer and the seller with mutual protection in dealing each other.（信用证是提供给买卖双方进行互利交易的催化剂。）

3. 国际商会"跟单信用证业务指南"对信用证的定义

In simple terms：a documentary credit is a conditional bank undertaking of payment. Expressed more fully：It's a written undertaking by a bank (issuing bank) given to the seller (beneficiary) at the request, and in accordance with the instructions, of the buyer (applicant) to effect payment (that is, by making a payment, of by accepting or negotiating bells of exchange) up to a stated sum of money, within a prescribed time limit and against stipulated documents.(简言之:“跟单信用证是银行有条件的付款承诺”。更进一步解释为:“信用证是开证银行根据申请人的要求和指示,向受益人开立的,有一定金额的,在一定期限内,凭规定的单据在指定的地点支付(即付款、承兑或议付汇票)的书面保证。”)

该定义比较清楚、全面,但有个别词需要改变,如卖方、买方、议付汇票等,现在都发展了,早已超出了这个范围。

4.《跟单信用证统一惯例》(“UCP500”)给信用证下的定义

就本惯例而言,“跟单信用证”和“备用信用证”意指一项约定,不论其如何命名或描述,系指一家银行(开证行)应客户(申请人)的要求和指示或以其自身的名义,在与信用证条款相符的条件下,凭规定的单据:

(1) 向第三者(受益人)或其指定人付款,或承兑并支付受益人出具的汇票;或

(2) 授权另一家银行付款,或承兑并支付该汇票;或

(3) 授权另一家银行议付。(英文见“UCP500”第二条)

该定义有三点改变:

(1) 信用证有以银行自身名义开出的,即信用证申请人和开证人都是开证行自己,主要用于融通资金;

(2) 增加了备用信用证;

(3) 强调了信用证的付款方式,因为信用证有“付款”、“承兑”“延期付款”和“议付”之别,所以开证行对信用证的义务是付款;或承兑并付款;或请另一银行代付款或承兑并付款;或授权另一银行议付。

5. 1994年1月1日出版的《跟单信用证业务指南》(ICC Guide to Documentary Credit Operation)给信用证的定义

The Documentary Credit or letter of credit is an undertaking issued by a bank for the account of the buyer (the applicant) or for its own account, to pay the beneficiary the value of the draft and/or documents provided that the terms and conditions of the Documentary Credit are complied with.(跟单信用证或信用证是开证行代买方或开证行自己开立的,保证对受益人提交的与信用证条款和条件相符的汇票或单据金额进行付款的承诺。)

该定义主要强调了信用证有以银行自己为申请人开立的情况,即信用证是有条件的付款承诺,条件是所提交的单据必须与信用证的条款和条件相符合。

6.《跟单信用证统一惯例》“UCP600”给信用证下的定义

UCP自上世纪30年代问世,先后经历了六次修订。然而,不论哪一个版本,均未对诸如开证行、申请人、受益人等相关当事人及保兑、议付和交单等相关行为进行定义。对这些概念,只能通过上下文及实务中形成的习惯认识来理解。针对同一个概念,由于语言、文化、案例乃至价值取向的不同,不同国家、不同当事人甚至不同法院往往会有不同

的解释，因此就会造成对UCP条款的曲解与误用，出现惯例统一而标准相异的现象。对众多概念进行定义，是一项复杂而又系统的工程，它不仅涉及概念本身，更重要的是涉及各概念之间的相互联系。统一实务中形成的不同观点，建立一套既与ICC以往观点不相矛盾又能经得起实践和时间检验的清晰标准是非常有意义的。

UCP600在这方面迈出了关键性的一步，第一次系统地对有关信用证的14个概念进行了定义，这14个概念是：Advising bank；Applicant；Banking day；Beneficiary；Complying presentation；Confirmation；Confirming bank；Credit；Honour；Issuing bank；Negotiation；Nominated bank；Presentation；Presenter.

UCP600是这样给出定义的：

Article 2　Definitions

（第二条　定义）

For the purpose of these rules：

（就本惯例而言：）

Advising bank means the bank that advises the credit at the request of the issuing bank.

（通知行　意指应开证行要求通知信用证的银行。）

Applicant means the party on whose request the credit is issued.

（申请人　意指发出开立信用证申请的一方。）

Banking day means a day on which a bank is regularly open at the place at which an act subject to these rules is to be performed.

（银行日　意指银行在其营业地正常营业，按照本惯例行事的行为得以在银行履行的日子。）

Beneficiary means the party in whose favour a credit is issued.

（受益人　意指信用证中受益的一方。）

Complying presentation means a presentation that is in accordance with the terms and conditions of the credit，the applicable provisions of these rules and international standard banking practice.

（相符提示　意指与信用证中的条款及条件、本惯例中所适用的规定及国际标准银行实务相一致的提示。）

Confirmation means a definite undertaking of the confirming bank，in addition to that of the issuing bank，to honour or negotiate a complying presentation.

（保兑　意指保兑行在开证行之外对于相符提示做出兑付或议付的确定承诺。）

Confirming bank means the bank that adds its confirmation to a credit upon the issuing bank's authorization or request.

（保兑行　意指应开证行的授权或请求对信用证加具保兑的银行。）

Credit means any arrangement, however named or described, that is irrevocable and thereby constitutes a definite undertaking of the issuing bank to honour a complying presentation.

(信用证　意指一项约定,无论其如何命名或描述,该约定不可撤销并因此构成开证行对于相符提示予以兑付的确定承诺。)

Honour means:

a. to pay at sight if the credit is available by sight payment.

b. to incur a deferred payment undertaking and pay at maturity if the credit is available by deferred payment.

c. to accept a bill of exchange ("draft") drawn by the beneficiary and pay at maturity if the credit is available by acceptance.

(兑付　意指:

a. 对于即期付款信用证即期付款。

b. 对于延期付款信用证发出延期付款承诺并到期付款。

c. 对于承兑信用证承兑由受益人出具的汇票并到期付款。)

Issuing bank means the bank that issues a credit at the request of an applicant or on its own behalf.

(开证行　意指应申请人要求或代表其自身开立信用证的银行。)

Negotiation means the purchase by the nominated bank of drafts (drawn on a bank other than the nominated bank) and/or documents under a complying presentation, by advancing or agreeing to advance funds to the beneficiary on or before the banking day on which reimbursement is due to(to be paid the nominated bank).

(议付　意指被指定银行在其应获得偿付的银行日或在此之前,通过向受益人预付或者同意向受益人预付款项的方式购买相符提示项下的汇票(汇票付款人为被指定银行以外的银行)及/或单据。)

Nominated bank means the bank with which the credit is available or any bank in the case of a credit available with any bank.

(被指定银行　意指有权使用信用证的银行,对于可供任何银行使用的信用证而言,任何银行均为被指定银行。)

Presentation means either the delivery of documents under a credit to the issuing bank or nominated bank or the documents so delivered.

(提示　意指信用证项下单据被提交至开证行或被指定银行,抑或按此方式提交的单据。)

Presenter means a beneficiary, bank or other party that makes a presentation.

(提示人　意指做出提示的受益人、银行或其他一方。)

概括而言，信用证是一种银行有条件的付款承诺，是银行根据进口商的要求，对出口商发出的、授权出口商签发以银行或进口商为付款人的汇票，保证交来符合信用证规定的汇票和单据必定承兑和付款的保证文件。

三、信用证的特点

1. 信用证是一种银行信用，开证行承担第一性的付款责任

所谓银行信用，是指银行或其他金融机构以货币形式提供的信用。信用证支付方式是一种银行信用，由开证行以自己的信用做出付款的保证。开证行一开出信用证，它就承担了付款义务，它不仅向受益人以自己的信用保证付款，而且对它所指定授权的所有当事人（议付行、偿付行、付款行）保证，凭表面与信用证条款相符的单据办理付款，承兑汇票或议付，保证依据《跟单信用证统一惯例》予以偿付。信用证是开给受益人的，对于出口人来说，开证行承担的是第一付款人的责任。这里的第一付款人是指不要求以实际责任方先承担责任为前提，在信用证业务中，受益人可以直接要求开证行或保兑行（如有的话）承担付款的责任。

《跟单信用证统一惯例》规定，信用证是一项约定，按此约定，根据规定的单据在符合信用证条件的情况下，开证银行向受益人或其指定人进行付款、承兑或议付。信用证是开证行的付款承诺。因此，开证银行是首先付款人。在信用证业务中，开证银行对受益人的责任是一种独立的责任。

2. 信用证是自足文件

信用证的基础首先是买卖合同（the sales contract between buyer and seller）；第二是买方（申请人）与开证行的申请书和担保协议（the"Application and Security Agreement" or the"Reimbursing Agreement"between the buyer(the Applicant)and the issuer(the Issuing Bank)）；第三，在这两个文件的基础上开证行才向受益人开立信用证（the Documentary Credit between the Issuing Bank and the Beneficiary）。但是这些文件是相互独立的，每个文件只能约束有关当事人（Each contract is independent and controls the respective relationship between the parties）。正如《惯例》指出，信用证的特点就是独立于合同，并不受合同的限制（credits, by their nature are separate transactions from the contracts on which they may be based and back are in no way concerned with or bound by contracts）。虽然信用证条款中出现了合同号，但银行并不对合同负责。是否有合同，合同条款是否与信用证条款一致，所交单据是否符合合同要求等，银行一律不过问。另外，受益人也不能利用银行之间以及申请人和开证行之间的上述契约关系（"A Beneficiary can in no case avail himself of the contractual relationships existing between the banks or between the Applicant and the Issuing Bank."）。以上摘自 UCP500 第三条 b 款。

关于这一点，UCP600 也有同样的规定，见 UCP600 的第四条：

信用证与合同

a. A credit by its nature is a separate transaction from the sale or other contract on which it may be based. Banks are in no way concerned with or bound by such contract, even if any reference whatsoever to it is included in the credit. Consequently, the undertaking of a bank to honour, to negotiate or to fulfil any other obligation under the credit is not subject to claims or defences by the applicant resulting from its relationships with the issuing bank or the beneficiary.

A beneficiary can in no case avail itself of the contractual relationships existing between banks or between the applicant and the issuing bank.

(a. 就性质而言,信用证与可能作为其依据的销售合同或其他合同,是相互独立的交易。即使信用证中提及该合同,银行亦与该合同完全无关,且不受其约束。因此,一家银行作出兑付、议付或履行信用证项下其他义务的承诺,并不受申请人与开证行之间或与受益人之间在已有关系下产生的索偿或抗辩的制约。)

受益人在任何情况下,不得利用银行之间或申请人与开证行之间的契约关系。

b. An issuing bank should discourage any attempt by the applicant to include, as an integral part of the credit, copies of the underlying contract, proforma invoice and the like.

(b. 开证行应劝阻申请人将基础合同、形式发票或其他类似文件的副本作为信用证整体组成部分的做法。)

从以上我们可以看出,信用证是独立于买卖合同或任何其他合同之外的交易,开立信用证的基础是买卖合同,但银行与买卖合同无关,也不受其约束,即信用证是一项自足的文件。

案例 1

国内某出口公司收到由香港某银行所开立的不可撤销跟单信用证,开证申请人为香港某进口公司。信用证内容中关于货物的包装条款与销售合约有不同之处。销售合约规定,货物包装条款为:"均以三夹板盛放,每箱净重 10 公斤,2 箱一捆,外套麻袋";而信用证却规定:"均以三夹板盛放,每箱净重 10 公斤,2 箱一捆"。与合约不同的是,在信用证中没有要求在包装货物时外套麻袋。受益人在包装货物时,完全按照信用证条款的规定,即没有外套麻袋。货抵达香港后,香港进口商称货物未套麻袋而拒绝付款。

在该交易背景下,开证行的付款责任独立于进口商的付款责任,因为信用证与销售合约互相独立,开证行不受销售合约的约束。因此,当受益人在信用证效期内提交严格符合信用证条款的单据,开证行就确立其第一性的付款责任,即使受益人未完全履行在销售合约项下作为出口商的义务。

3. 信用证是一种单据的买卖

在信用证方式之下,实行的是凭单付款的原则。《跟单信用证统一惯例》规定:"在信用证业务中,各有关方面处理的是单据,而不是与单据有关的货物、服务及/或其他行为。"所以,信用证业务是一种纯粹的单据业务。银行虽有义务"合理小心地审核一切单据",但这种审核,只是用以确定单据表面上是否符合信用证条款,开证银行只根据表面上符合信用证条款的单据付款。因此,"银行对任何单据的形式、完整性、准确性、真实性，以及伪造或法律效力，或单据上规定的或附加的一般和/或特殊条件，概不负责”。所以在信用证条件下，实行所谓“严格符合的原则”。“严格符合的原则”不仅要做到“单证一致”，即受益人提交的单据在表面上与信用证规定的条款一致；还要做到“单单一致”，即受益人提交的各种单据之间表面上一致。关于这一点，我们再看以下案例：

案例 2

1942 年，一进口人为购买花生，向亨勃罗斯银行申请开立了一份信用证，规定的商品名称为“Groundnut”，而出口人在装运货物后开出的发票却使用了“Peanut”的货名，遭到银行拒付。出口人便以韦氏(Webster)字典为证，其上对两个字的解释一字不差，但银行说：“可能字典有误。”，出口人又请油籽公会(当地权威公证机构)出证明，说明两者相同，但银行仍然拒付。出口人不得不上告法院。法院最后判决银行拒付有理。其理由是：各行业的商品众多，银行职员不可能懂得各行业的商品知识。虽然“Groundnut”和“Peanut”一般都能解释为花生，但在特定的行业中可能有特定的解释，不同的商品名称可能有不同的品质，银行职员并非万宝全书，他无法判定不同的商品名称是否具有同样的用途、同样的品质。如果确实在品质上相同，那么出口人就不该用“Peanut”来代替“Groundnut”。由此可见，“在信用证业务中，银行处理的是单据，而不是单据所涉及的货物、服务或其他行为。”

(引自 UCP600 第五条)

综上所述，在国际贸易中使用信用证方式结算的特点可以概括为“一个原则，两个‘只凭’”。一个原则，即：“严格符合原则”，是指受益人提交的单据必须与信用证条款严格相符。“两个‘只凭’”，即：只凭信用证条款办事，不受买卖合同的约束；只凭规定的单据行事，不问货物的实际情况。

四、信用证的作用

跟单信用证的使用解决了国际贸易中预付和迟付的矛盾，进口商可以不必先将货款付给出口商，出口商也不用担心进口商收到货物不付款。银行负第一性付款责任，出口商直接向银行交单并从开证行或偿付行收到款项。具体说来，跟单信用证的作用就是：

(1) 对于出口商来说，信用证是开证行作出的付款凭证。只要出口商按信用证规定提交合格的单据，凭开证行的资信，一般能安全收款，即使进口商有违约现象或破产倒闭等，也不影响出口商收汇的安全性。而且，只要单据合格，出口地银行也愿意垫款买入单据，从而使出口商能尽早收汇。此外，大多数国家为了推动出口贸易，往往鼓励银行对出口商提供信用证项下的打包贷款，贷款利率较优惠，并通过对出口商的议付款项扣还打包贷款，所以出口商利用信用证还可以获得货物出运前的融资，减少本身的资金负担。

(2) 对于进口商来说，虽然在申请开证时一般要缴存一笔开证押金，但押金比例往往只占信用证金额的一小部分，比起过去申请开立委付购买证(Authority of Purchase)时百分之百缴存押金的情况，资金负担已大为减轻。如果进口商获得银行的开证授信额度，或者能提供其他可被开证行接受的担保或抵押，进口商甚至可以不交押金而开出信用证。而且，进口商可以通过信用证条款控制出口商交货的各个环节，如质量标准、数量、运输、保险、商检等，从而尽可能最大限度地降低出口商交货违约的风险。另外，一旦进口商付款，就肯定可以获得符合信用证要求或符合进口商本人要求的物权单据，从而控制货物所有权。如果进口商希望在付款前获得融资，他可以要求开证行提供进口押汇便利，或允许进口商凭信托收据借单。

(3) 对于开证行来说，信用证开立时银行并不垫出资金，只是出借自身的良好信用，但可取得开证手续费收入及开证押金。只有当合格的单据向开证行提示时，银行才须支付货款，但可立即获得商业单据，享受物权的保障。开证行会立即要求进口商付款赎单，从而回笼资金。如果进口商提货时发现问题，只能凭合同与出口商交涉，不能将开证行牵涉进去。如果进口商无理拒付或无力清偿货款，开证行可以没收押金，并通过变卖货物或处理单据来收回其余款项，若押金加货款仍不足以弥补开证行垫款及有关利息、费用，就差额部分开证行仍可以债权人身份向进口商索赔或参与其破产清理并优先受偿。

(4) 对于其他参与信用证业务的银行来说，如果该银行只负责通知信用证，则并不承担垫款的风险，而只是根据通知服务收取通知费。如果该银行根据开证行的授权或邀请，对符合信用证要求的合格单据垫付了资金，则该银行可以凭信用证从开证行或其指定偿付处获得偿付，同时在垫款时可以预扣垫款利息及手续费。由于此项垫款凭合格单据作出，开证行要负首要付款责任，因此收回垫款的安全性高。

从以上我们可以看出，信用证是较完善的结算方式。但是，需提请我们注意的是，信用证给进出口双方的保障只是相对的、一定程度的。正如国际商会的看法，"Documentary credit offers both parties to transaction a degree of security"。另外，信用证业务手续复杂，费用较高，有一些长期贸易合作伙伴或跨国公司之间的贸易更愿采用商业信用结算方式，特别是在欧盟国家之间的贸易结算，多使用托收和预付 (A/P)、赊销(O/A)方式加保理(Factoring)。所以欧洲有的教科书称信用证业务是夕阳业务(dead business)，但是从全球的角度来看，信用证结算方式还将长期起着举足轻重的作用，这是不以人的意志为转移的。

信用证结算方式也会遇到一些风险和问题，如进口商开不出信用证或开出的信用证与合同不符，或在信用证条款里做埋伏，出口商用假单据欺骗等。近年还出现了一些假信用证(Fraudulent L/C)，有的是由一个根本不存在的银行(Non Existing Bank)开出，有的以本行分支行名义开出，但签字人是伪造的假签名，还有的是假银行、假签名，并造出假格式、假密押等，增加了信用证业务的风险，需要谨慎处理。

第二节　信用证的当事人

一、信用证业务的当事人

信用证业务的当事人，包括：Advising bank(通知行)、Applicant(申请人)、Beneficiary(受益人)、Confirming bank(保兑行)、Issuing bank(开证行)、Nominated bank(被指定银行)、Presenter(提示人)、Paying bank(付款行)、Accepting bank(承兑银行)、Reimbursing bank(偿付银行)。

1. 信用证申请人(Applicant or Opener)

UCP600 对申请人的定义是这样的:

Applicant means the party on whose request the credit is issued.(申请人意指发出开立信用证申请的一方。)

信用证申请人(Applicant or Opener),是向开证行申请开立信用证的人,如开证银行接受了申请人的请求,为其开出信用证,开证申请人就要承担开证行执行其指示所产生的一切费用和凭与信用证所规定的条款和条件相符合的单据付款的义务。

信用证申请人在商品交易中是买方或进口商(Buyer/Purchaser or Importer),有时是买方的代理人或中间商。信用证申请人的英文表达法还有(Accountee Party,Holder,Orderer,Customer)。申请人在货运单据上是收货人或被通知人或被背书人(Consignee or Notify Party),在发票和单据上是抬头人(Addressee)。

开证申请人受两个合同的约束:一是与出口商所签订的进出口贸易合同;二是申请开证时与开证行签订的业务代理合同,即开证申请书。开证申请人首先要对贸易合同负责,因此他必须根据合同的规定及时地申请开立符合合同条款的信用证,并保证信用证应在合同规定的装运期前及时送达出口商,以便使后者能有合理时间备货、发运。另外,由于信用证是独立于合同的文件,开立信用证并不能解除进口商在合同项下的付款责任,除非合同双方同意并明确规定:信用证是绝对、唯一的付款手段,一旦合格的信用证开出,进口商对合同的责任即告解除。这种做法在实务中是极其罕见的,出口商也不可能接受这一观点。因此,如果开证行拒付,出口商仍可以凭合同要求进口商支付,当然,进口商也有权凭合同提出合理的抗辩。

作为开证申请人,必须遵守开证申请书的约定,享有并承担相应的权利与义务:

(1) 合理指示开证。为了提高信用证业务的效率,申请人在申请书中的措辞必须明确(Certain)、简洁(Concise)、前后一致(Consistence),以避免开证行和申请人对信用证内容在理解上有出入,致使信用证内容无法执行。

(2) 提供开证担保。信用证是开证行对出口商的付款承诺,是对进口商的授信,开证行为了避免风险通常要求申请人提供一定形式的担保,可以是现金、动产或不动产,也可以是第三者提供的保证。现金保证就是开证押金,可以高达开证金额的 100%,也可以为 0,开证押金的多少与申请人的资信状况直接有关。

(3) 及时赎单付款。开证申请书就是申请人对开证行的付款代理合同。开证行只是付款代理人,而申请人应当是承担付款责任的委托人。开证行履行其付款义务后,进口商应及时偿付货款向开证行赎取单据。当然,根据付款代理合同,对与信用证条款不符之单据,申请人有拒绝付款赎单的权利,有权拒付并收回押金或担保或抵押品;若单据合格但被银行错误地对外拒付,有权提出异议并要求银行赔偿相应的损失。进口商赎单提货后,若发现货物规格、质量、数量等方面与单据不符,即单货不符,进口商无权要求开证行赔付，而只能根据过失的责任，向出口商、运输公司或者保险公司追究责任。

2. 开证行(Issuing bank)

UCP600 对开证行的定义是这样的：

Issuing bank means the bank that issues a credit at the request of an applicant or on its own behalf.（开证行意指应申请人要求或代表其自身开立信用证的银行。）

开证行(Issuing bank)，是开出信用证的银行。通常是进口商所在地银行，接受申请人的要求，并根据其委托，开立自身承担付款义务的信用证。

开证银行是信用证业务中最重要的一方，开证银行的信誉、业务经验是其他当事人参与信用证业务与否的主要考虑依据。

开证行受 3 个合同的约束：与申请人之间付款代理合同、与受益人之间的信用证、与通知行或议付行之间的代理协议。因此，开证行的权利义务如下：

(1) 根据申请书内容，按照跟单信用证统一惯例要求开证。开证行作为申请人的付款代理人，应当根据申请人的指示行事，按跟单信用证统一惯例处理业务。

(2) 取得质押的权利。进口商被通知付款赎单，若无能力付款，开证行可以取得对货物的质押权。开证行取得对货物的质押，通常通过要求申请人在申请开证时出具总质押书或者赔偿保证书来获得。在申请人无力支付货款时，由开证行自由处理货物，开证行可以出售货物用以抵偿自己的垫款，若销售款不足以弥补垫款，则开证行有权向进口商追索其不足部分。

(3) 第一性付款责任。开证行对受益人的权责受信用证条款及 UCP 的约束。信用证是开证行对受益人的付款保证，它取代了申请人在合同中作出的付款保证而成为首要的付款方式，即以银行信用取代了商业信用。开证行对受益人的责任就是承诺凭后者提供的合格单据作出付款，而且对于占信用证总数绝大部分的不可撤销信用证来说，开证行的承诺是绝对的、确定的。开证行必须以合理谨慎的态度审查单据，并仅仅依据单据表面状况来判断是否符合信用证要求，如果系合格单据，则开证行必须承担付款责任，无论申请人是否有能力履行其对于银行的责任，也不管申请人与受益人之间是否存在关于合同的争议或抗辩，而且开证行一经付款即成为信用证的终局性付款，开证行不能再以任何理由向受益人追索。当然，如果系不合格单据，则开证行完全有权利拒付。尽管有时开证行在申请人作出放弃不符点的保证并承诺付款赎单的情况下仍可对不合格单据支付，但这并不意味着开证行放弃了拒付权利。

案例 3

国内某出口公司收到韩国开来的不可撤销跟单信用证。信用证规定：L/C 金额为 800 000 美元，根据发票金额 80%的货款即期支付，20%的货款在货到后 30 天支付。在规定期限内出口公司向议付行交单，单证相符，议付行向开证行提交单据。该单据到开证行后，开证行即付 80%的货款，即 640 000 美元，但货到 30 天时，开证行电称因申请人声称货物品质欠佳而拒绝支付 20%的余款。

根据上述规定，我们可确定，不可撤销信用证在受益人提交所规定的单证相符单据时，就构成开证行的第一性的付款承诺。若为即期付款方式，则开证行应立即付款；若为远期付款方式，则开证行应在规定的到期日付款。开证行业务处理的对象是单据，付款责任确立的依据也是单据。既然单据满足信用证的规定，开证行就不能凭开证申请人对货物品质的不满而拒付20%的余款。

开证行的第一性的付款责任是在单证相符的情况下才构成的，而且银行确定的付款承诺是建立在开证行相信符合信用证条款的所有单据都是真实的。

3. 受益人(Beneficiary)

UCP600 对受益人是这样规定的：Beneficiary means the party in whose favour a credit is issued.(受益人意指信用证中受益的一方。)

受益人(Beneficiary)是信用证利益的享受者或信用证权力的使用者(Beneficiary or User)。受益人是开证银行保证付款的对象，也是信用证的抬头人或收件人(Addressee)。

受益人在信用证项下的权利，就是有权按信用证规定办理货物的出运，并有权凭符合信用证要求的单据，要求开证行承担付款责任。简言之，受益人的权利就是使用信用证并支取款项。

受益人既然是贸易合同的当事人，必须对合同承担责任，即所交货物应符合合同的规定，且单据真实准确地反映了货物的实际状况。当信用证条款与合同规定有出入时，受益人的履约就会受到挑战，因为他无法严格地同时符合上述两项要求，如果他试图做到这两点，则单据肯定不符合信用证要求，因而面临开证行拒付的风险。所以受益人应坚持得到一份与合同相吻合的信用证，如果得不到，可以凭合同向进口商索赔，或者按信用证规定办理。在后一种做法下，如果进口商以货物不符合合同为由提出争议，则出口商可以提出进口商未按合同规定提供支付工具作为对抗。

从以上可以看出，受益人作为出口商，必须履行贸易合同的义务，按合同要求发货并提交符合合同要求、与货物相符的单据，即做到货约一致、单货一致。另一方面，受益人作为可以支取信用证金额的权利人，其权利的兑现是以提交正确的单据为前提的。受益人必须在信用证规定的装船期限内装运货物，并在信用证有效期内和交单期限内向指定银行交单，做到单证相符。因此，出口商要履行合同义务并取得信用证项下的货款，必须做到三个相符：货约相符、单证相符、单货相符。但是同时做到三个相符是以信用证与合同条款一致为条件的，因此在收到信用证后，受益人应及时与合同核对，若信用证条款与合同不符，应当尽早提出修改或者拒绝接受。出口商交单后，若开证行无支付的意愿或者能力，出口商就可以向进口商直接交单要求付款。

案例 4

某制造商缔结了一项安特卫普船边交货(FAS)为贸易术语的提供重型机械的巨额合同，由保兑跟单信用证付款，信用证规定须提供商业发票及买方签发的已在安特卫普提货的证明。

货物及时备妥装运，但到达安特卫普后买方却不提货，由于卖方未收到买方的证明，无法根据信用证收到货款。经过长达一年的交涉，卖方虽然得到赔偿但仍受到巨大损失。

试分析该案例中受益人应接受的教训。

分析：根据UCP600的规定，卖方确实可由保兑跟单信用证得到最好的保护。但同时，信用证的付款保证取决于受益人提交信用证规定的合格单据的能力。因此，如果卖方同意接受的信用证中规定要提供如下一份或数份要由买方或其代理人签发的单据，则卖方就要冒无法提供诸如以下合格单据的风险：

a. 买方签署的收货证明；

b. 运输行代买方收到货物的证明；

c. 由买方会签的商检证书。

由于跟单信用证中允许买卖双方自行商定信用证所要求的单据种类及份数，因此，卖方应尽早确定（无论如何不能迟于收到信用证时）信用证中规定的单据的签发、细节或格式均不能由买方控制，以免卖方发货后不能获得信用证所需由买方签发的单据，从而造成失去信用证付款保证的困境。

案例5

辽宁某贸易公司与美国金华企业签订了销往香港的5万立方米花岗岩合同，总金额高达1 950万美元，买方通过香港某银行开出了上述合同下的第一笔信用证，金额为1 950万美元。信用证规定："货物只能待收到申请人指定船名的装运通知后装运，而该装运通知将由开证行随后经信用证修改书方式发出"(SHIPMENT CAN ONLY BE EFFECTED UPON RECEIPT OF APPLIANT`S; SHIPPING INSTRUCTIONS THROUGH L/ C OPENING BANK NOMINTING THE NAME OF CARRYING VESSEL BY MEANS OF SUBSEQUENT CREDIT AMENDMENT)。该贸易公司收到来证后，即将质保金260万元人民币付给了买方指定代表，装船前，买方代表来产地验货，以货物质量不合格为由，拒绝签发"装运通知"，致使货物滞留产地，中方公司根本无法发货收汇，损失十分惨重。

4. 通知银行(Advising bank)

UCP600对通知银行是这样规定的：

Advising bank means the bank that advises the credit at the request of the issuing bank.（通知行意指应开证行要求通知信用证的银行。）

通知银行(Advising bank)是受开证行委托将信用证内容通知给受益人的银行。它是开证行在受益人所在地的分行或代理行。通知行的义务是：依据它与开证行的委托代理合同，把开证行开出的信用证通知受益人。通知行除了对所通知的信用证的表面真实性负责之外，并不承担诸如信用证项下的权利和责任能否实现等其他任何义务。

通知行须合理谨慎地核验信用证的表面真实性。

（1）“合理谨慎”可以解释为一个具备办理该项业务专业知识及能力的人，在办理该项业务时所应做到的，或者一般人所期望他应做到的注意和谨慎。

（2）表面真实性。通知行应持有开证行签字样本，以便核验信开信用证之表面真实性。电开时，用密押或SWIFT技术进行检验。如果无法核验（国际商会此处所说的无法核验，就是通知行没有开证行的签字样本或密押），通知行应通过其他方式来确保信用证的表面真实性，例如开证行的代理行用加押电报予以证实。既然通知行只负责核对信用证的表面真实性，自然它对信用证内容的真实性不承担任何责任。有的通知行在传递信用证时，不对签字和密押作必要的检验与核实，致使自己和受益人处于十分危险的境地。通知行如果因疏忽而未对所通知的信用证进行核实以致受益人造成损失的，须承担赔偿责任。

通知行通知信用证的责任只是向受益人证实该信用证的表面真实性，但是当通知行无法确定该证的表面真实性时，通知行有两种可供选择的办法：一是毫不迟延地通知开证行，说明它无法鉴别（即不予通知）；二是如通知行仍愿意通知，则必须告知受益人它未能鉴别该证的真实性。这就可以防止开证行不能及时了解通知行因无法鉴别表面真实性而不通知信用证时耽误了正常的交易，也可以防止受益人误认为凡是通知行通知的信用证总是经其审核无误后才能通知的，从而免除受益人遭受收到伪证的风险损失。另外，通知行在时间上必须毫不延迟地通知开证行它不能证实信用证的真实性。

通知行可以拒绝开证行的委托，不承担通知信用证的责任，此时通知行应以电讯或其他最快捷方式毫不延迟地将这一拒绝通报给开证行，以使后者能及时地另寻通知行。但绝大多数情况下通知行将负责通知信用证，因为银行可收取通知费，而承担的唯一责任就是在验定信用证真实性后通知受益人而已，并不承担其他责任，也不承受任何风险。

案例6

2001年，中国银行某分行收到140万美元的信用证，该证由纽约C银行转递。虽然C银行在转证时说明已经核准开证行与纽约C银行之间的密押，但是未加列纽约C银行与中国银行该分行之间的密押。这引起中国银行的注意。在收到信用证当天，受益人得到信息前来查证，并要求尽早正式通知。中国银行该分行通过多种手段查询，获悉开证行从未开立这样的信用证。中国银行最后通知受益人该信用证纯属伪造。

对开证行的电开信用证应当核对密押，对于转递行转递的电开信用证应当要求转递行加押并核对其密押，这都是确保信用证真实性的有效手段。通知行的行为可以在一定程度上防范利用假信用证的诈骗活动。

5. 保兑银行（Confirming bank）

UCP600对保兑行是这样规定的：Confirming bank means the bank that adds its confirmation to a credit upon the issuing bank's authorization or request.（保兑行意指应开证行的授权或请求对信用证加具保兑的银行。）

保兑银行（Confirming bank）是接受开证行的委托和要求，对开证银行开出的信用证的付款责任以本行的名义实行保付的银行。保兑银行（另一家银行）对不可撤销信用证根据开证银行要求加具保兑后就构成其对信用证在开证行以外的确定付款责任。(A confirmation of an irrevocable credit by another bank upon the authorization or request of the issuing bank constitutes a definite undertaking of the confirming bank, in addition to that of the issuing bank. UCP500 号第 9 条 b 款。)

开证行可以授权或要求通知行或者其他银行对不可撤销信用证加具保兑(Add Confirmation),若该银行加具保兑即为保兑行。当受益人向保兑行提交单据时,在单证相符的情况下,就构成保兑行在开证行之外的确定付款承诺。对于受益人或者其指定人,保兑行承担与开证行相同的付款责任。保兑行付款后只能向开证行索偿,若开证行无能力或者无理拒付,则保兑行无权向受益人或者其他前手银行追索。

由于保兑构成不可撤销的付款承诺,因此为了降低潜在风险,被授权加具保兑的银行一般要对开证行的资信状况以及信用证条款进行严格的审核,然后才能决定是否加具保兑,除非两个银行之间的代理协议有硬性规定。

保兑行一般是与开证行有密切联系的分行或代理行,可能就是通知行,也可能是另一家银行。保兑行可以只在原信用证上签字声明给予保兑,也可以按信用证内容以保兑行自己的格式与名义重开信用证,此时它就成了代开行或重开行(Re-opening bank),受益人将凭保兑行重开的信用证发货、交单并取款,对于原开证行已不能直接行使权利。在大多数情况下,保兑行不重开信用证,因此受益人对开证行或保兑行都可以直接行使权利。不管受益人向这两家银行中的哪一家交单,只要单据合格,接受交单的银行都必须独立地承担付款责任。尤其是保兑行的付款责任,不仅独立于合同或其他协议,而且独立于开证行的付款责任。无论开证行是否具有清偿能力,保兑行必须对向它提示合格单据的受益人或其指定人支付信用证款项,而且此项付款亦是终局性付款,不能再对受益人追索。当然,被要求加具保兑的银行可以拒绝这项要求,只需毫不延迟地通知开证行即可。

6. 被指定银行(Nominated bank)

UCP600 是这样对被指定银行作出规定的:

Negotiation means the purchase by the nominated bank of drafts (drawn on a bank other than the nominated bank) and/or documents under a complying presentation, by advancing or agreeing to advance funds to the beneficiary on or before the banking day on which reimbursement is due to(be paid the nominated bank). [议付意指被指定银行在其应获得偿付的银行日或在此之前,通过向受益人预付或者同意向受益人预付款项的方式购买相符提示项下的汇票(汇票付款人为被指定银行以外的银行)及/或单据。]

Nominated bank means the bank with which the credit is available or any bank in the case of a credit available with any bank. (被指定银行意指有权使用信用证的银行,对于可供任何银行使用的信用证而言,任何银行均为被指定银行。)

被指定银行是开证行指定的或自由议付信用证项下受益人请求的、对信用证项下汇票及单据承担议付或贴现义务的银行。

被指定银行议付单据后,有权向开证行索偿,开证行有责任对已议付的指定银行予以偿付。若开证行资信不佳或者破产倒闭,则议付行议付就有风险。被授权议付的指定银行为了降低来自开证行的信用风险,对于资信不佳的开证行的信用证可以拒绝议付。若仍决定议付,则被授权议付的指定银行有权要求受益人提交总质押书,并由受益人声明,在发生意外时,议付行有权处理单据,甚至变卖货物,以减少议付行议付单据的风险。

被指定银行向开证行行使索偿的权利是以提交正确的单据为前提的。若单据与信用证条款不符,则开证行可以拒绝付款。因此,议付行应当严格审单,坚持单证严格相符原则,以降低议付的风险。若单证相符,但是开证行破产无力偿付,则议付行还可以对受益人追索。议付行的权利相当于汇票善意持票人的权利。

案例 7

香港开证行 A 开立以国内某公司为受益人的信用证,金额为 22 万美元,由国内 C 银行通知。受益人交单,C 银行议付单据。但是 C 银行在审单时未注意信用证下列条款的特殊性:商品检验证书须由中国商检局签发,并由开证申请人对其进行会签及背书,开证申请人的签字与开证行留存签字样本一致。议付的被指定银行在没有确定检验证书上开证申请人的签字是否与开证行留存签字样本一致的情况下,对受益人垫了款。之后,单据抵达香港,开证行以检验证书上签字与签字样本不符为由拒付,退单。

单证相符是被指定银行索偿的必要条件。若开证行资信不佳或者其信用证内容存在软条款,如上述商品检验证书的特殊要求,则被指定银行垫款的风险很大。所以,只有认真审证、审单,做到单证严格相符,才能有效降低风险。上述案例中,被指定银行未严格审证,没有要求开证行将签字样本传真过来核对商品检验证书,因此遭到开证行的拒付。虽然被指定银行仍保留对受益人的追索权,但是由于受益人没有充足的清偿能力,因此被指定银行最终遭受严重损失。

7. 付款行(Paying bank)

付款行(Paying bank) 是承担信用证最终付款的银行,通常是开证行本身或开证行指定的另一家付款代理行。付款银行通常对受益人所签发的汇票予以付款,所以亦称为 Drawee bank,但也有根据信用证条件付款称为 Paying bank。

跟单信用证规定"所有信用证都必须明确是即期付款、延期付款、承兑或议付信用证"。其中即期付款和延期付款信用证都必须指定付款银行(Nominating paying bank),当然也可以指定开证行本身为付款行。适用于即期付款或者延期付款的信用证,开证行授权另一家银行依据表面符合信用证条款的单据付款或者承担延期付款责任时,该银行即为付款行。即期付款信用证规定受益人提交汇票的,上述被指定的银行就是汇票的受票行(Drawee bank);若不要求提交汇票,上述被指定的银行就是付款行(Paying bank)。延期付款信用证不需要提交汇票,只有付款行,没有受票行。

付款行是开证行的代理付款人,被指定的付款行,一经接受开证行的授权,就承担凭单付款的责任。付款行付款,可以向开证行索偿。但是,即使开证行无力支付或者无付款意愿,付款行都不享有对受益人的追索权。因此,在开证行资信较差的情况下,被指定的付款行可以不接受开证行的授权,拒绝付款。

8. 承兑银行(Accepting bank)

承兑银行(Accepting bank)是对受益人所签发的远期汇票予以承兑,并到期付款的银行。承兑银行承担承兑和到期付款责任是根据开证银行的指定和请求,通常两家银行在双方代理协议中有相互提供此项服务之规定。开证行如开立承兑信用证,该信用证的汇票付款人(Drawee)必须是银行,而不能是开证申请人。该付款人一般是开证行本身或其指定的一家银行。受益人必须向指定的承兑银行提交单据,承兑银行审核无误后承兑汇票,即在汇票正面加注“已承兑”字样,加注日期并加签。这时该承兑银行就变为汇票的主债务人,承担到期必须付款的责任。无论开证银行倒闭或发生支付困难,承兑银行都要履行到期付款义务。所以银行在被要求担当承兑银行时都非常慎重。通常承兑行是开证行在汇票货币清偿地的分支机构或存款行。

9. 偿付银行(Reimbursing bank)

偿付银行(Reimbursing bank)是根据开证银行的要求,为开证行偿还议付行索偿的银行,亦称清算银行(Clearing bank)。偿付行仅凭信用证指定的议付行或任何自由议付银行开出的索汇函或电付款,而不过问单证是否相符。偿付行可以就是开证行本身,也可以是开证行另行指定的银行。若系开证行另行指定,则必为开证行的账户行,而且开证行在偿付行的存款货币正是信用证的计价货币。

如在一笔跟单信用证业务中,开证行和议付的被指定银行之间没有相应货币的账户关系,对被指定银行来讲,最好的偿付路线是开证行授权议付行在议付后向货币清偿地一家银行索偿。开证行如使用偿付行应及时通知偿付行,一般做法是将信用证副本抄送偿付行。如开证行通知不及时,偿付行不负责任。偿付银行的费用应由开证银行承担,除非信用证中有相反规定。偿付行在收到开证行关于就某份信用证进行偿付的指示后,就可以向前来索取头寸的保兑行或指定银行(统称索偿行)划拨资金头寸,只要索偿行提供的信用证号码、开证行名称和账户,以及索偿金额等事项符合开证行的偿付授权书(Reimbursement Authorization)的规定即可。由于偿付行只提供银行间的偿付服务,既不要求信用证,也不要求单据,所以与具体的信用证业务无关。偿付行无权要求索偿行保证单据符合信用证规定或提供有关证明,索偿行也无义务提供单证相符的保证或证明。偿付行所要做的就是将开证行账户中相当于信用证金额的一笔存款划拨到索偿行指定的账户上,如果索偿行与开证行关于单据的合格与否产生争议,也与偿付行无涉。当然,偿付行可以拒绝执行。开证行的偿付指示,此时应由开证行直接承担偿付之责,除非单据有不符点而导致开证行拒付。

二、信用证主要当事人间的法律关系

信用证主要当事人之间存在下列法律关系:

(1) 开证申请人——受益人是契约关系。出口商和进口商之间成交贸易业务的法律基础是买卖合同。如合同规定用跟单信用证支付,进口商委托他的往来行开立以出口商为受益人的信用证;委托他的往来银行向出口商所在地的银行指示、通知及/或保兑信用证并办理有关的付款或议付;受益人要按信用证规定发货交单。如果哪一方违背了合同，就负法律责任。一般合同中都规定索赔条款、违约、毁约条款、仲裁条款及适应法律等。

(2) 开证申请人——开证行的关系是契约关系。这个契约包括总质权书、开证申请书等文件，也可称为业务代理合同。根据业务代理合同，开证银行的义务是：根据申请人的委托书，开立信用证并按规定的方式通知受益人；同时还要注意选择付款银行；以及委托通知银行保兑信用证。

(3) 开证行——通知行是委托代理关系。根据业务代理协议，通知银行的义务是把开证银行开出的信用证通知受益人。如果通知银行同时又是付款银行的话，在接受受益人交来的单据时，应仔细审查单据是否符合信用证条款。如果符合，则应立即付款。如果开证行委托通知行加保兑，通知行不愿加时，要马上通知开证行。开证行的义务是偿付通知行在其信用证项下的付款。但有一个前提，即通知行接受的单据，必须符合信用证条件。

(4) 开证行——受益人是事实上的契约关系。信用证的开立，表示开证行对受益人负有不能撤销的责任，在法律上则表现为确定的付款承诺。开证行只管单据，而不管信用证的基础——货物买卖。开证行的义务与买卖双方的权利义务是完全独立的。开证行的义务仅建立在信用证条款的基础上，只要受益人在信用证有效期内，能交出符合信用证条款的单据，开证行必须支付信用证金额。开证申请人对货物如有异议，开证行不予过问。

(5) 通知行——受益人无法律关系(不保兑信用证)。通知行只是受托通知信用证，只要将信用证及时通知受益人就可以向其收取通知费，而后无需负任何责任。鉴于通知银行这一职能，也就不一定在通知行和受益人之间产生法律关系。如果开立的是保兑的信用证就等于抽象的付款承诺。通知银行保兑信用证则意味着他对信用证受益人承诺了不可撤销的付款义务。

(6) 保兑行——受益人的关系是事实上的契约关系，这个关系的确立仅凭保兑行在开证行开立的信用证上加注保兑字样。保兑行对受益人负保证付款责任，验单不是帮助受益人，而是为自己验单，在开证行拒付时无权向出口商追索。保兑行加保是根据同开证行的代理合同。与受益人的关系不是开证行代理身份，而是两个独立的法人，对出口商来说保兑行和开证行的责任相同。

(7) 开证申请人——通知行无法律关系。开证申请人和通知行之间没有直接业务的关系，自然也就不存在法律关系。

(8) 被指定银行——受益人是帮助审单，议付后有追索权，受益人凭单到议付行议付是商业银行押汇业务的常规做法，议付行需做出口押汇、买单要垫付资金，只审单不垫付资金不叫议付。议付行帮助受益人验单，对受益人有追索权，无法律关系。但押汇后应按总质权书办理。

(9) 保兑行——开证行的关系是根据代理合同参加保兑。

(10) 代理行——开证行是付款代理关系，根据两行代理合同承担代付款责任。审单付款，可以拒付；但一旦验单付款后无权向受益人追索，理由是代表开证行验单与议付行帮助受益人验单不同。

(11) 偿付行——开证行是代理关系。偿付行是开证行的代理,代开证行偿还议付行垫款的第三国银行,通常是在货币清偿地的开证行的存款银行或约定的付款代理,凭议付行的索汇涵/电付款,而不管单证是否相符。

关于信用证的法律并不多,特别是成文法。信用证业务当事人之间的业务纠纷多用UCP惯例为依据来解释,有很多纠纷也会诉讼至法院或国际商会来裁决。

了解信用证当事人的权利义务是处理信用证业务,合理使用信用证结算方式,及处理信用证纠纷所必须掌握的。

第三节　跟单信用证的操作过程

进出口贸易中使用的跟单信用证,其业务流程用下图简明表示:

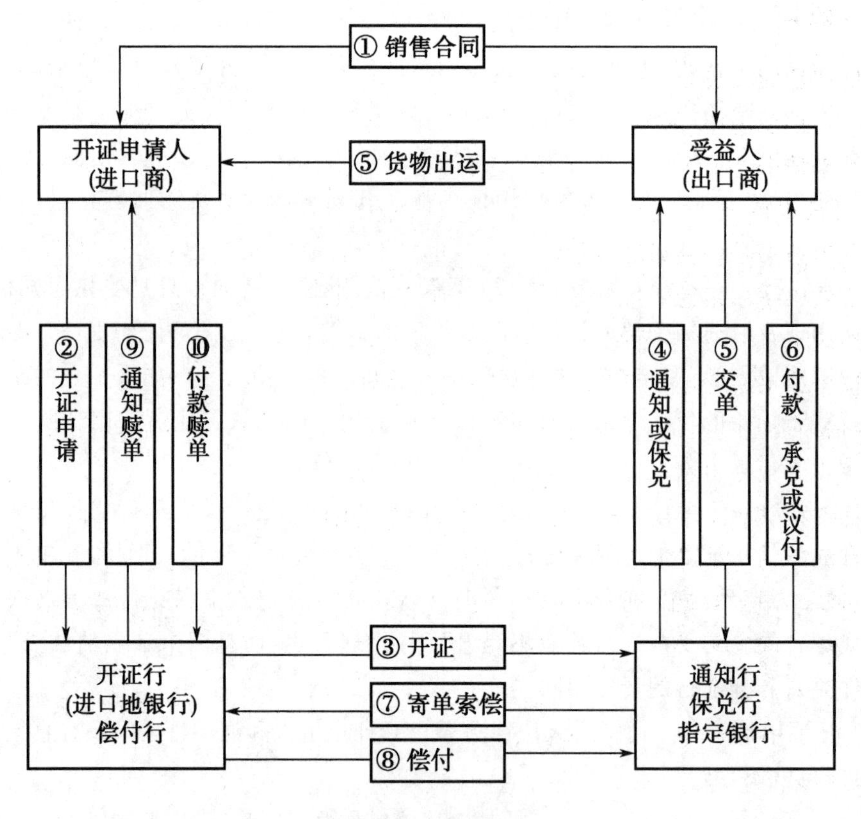

跟单信用证业务流程

如果不考虑货物的因素,这一流程图也适用于以担保为目的的备用信用证。现将信用证流程详述如下:

一、订立国际货物买卖合同

在货物进出口贸易中,信用证业务是以国际货物买卖合同为基础的,因此一笔信用证业务必须先由开证申请人和受益人(即进口人和出口人)就进出口货物的交易条件进行磋商,达成协议后订立国际货物买卖合同。在合同中,明确规定买方以开立信用证方式支付货款,其中一般还应规定开证行的资信、信用证的种类、金额、付款期限、到期日、到期地点、开证日期等。以下是一例:

案例 8

"买方应通过卖方可接受的银行于装运月份前 XX 天开立并送达卖方全部发票金额的不可撤销即期信用证,有效至装运月份后第 15 天在中国议付。"(The buyers should open through a bank acceptable to the Sellers a 100% invoice value Irrevocable Sight Letter Of Credit to reach the Sellers... days before the month of shipment, valid for negotiation in China until the 15th day after the month Of shipment.)

二、进口商提出开证申请

以信用证为支付方式的贸易合同签订后,进口方必须在合同规定的期限内,或合同签订后的合理期限内,向本地信誉良好的银行申请开立信用证。申请开证,进口商应当填写开证申请书(Application for L/C Issuing)及开证担保书。

1. 开证申请书

开证申请书是一种意思表示,是开证申请人以订立委托代理契约为目的的要约,申请人在要约中请求银行于特定条件下代付货款、收取单据。当开证行接受了申请书、承诺了要约的请求,开证申请书便成为开证申请人与开证行之间的契约文件,具有法律效力。开证申请书是开证银行开立信用证的依据,其内容的完整、明确非常重要,故国际商会《跟单信用证统一惯例》要求"信用证的开证指示、信用证本身和信用证的修改指示和修改书本身必须完整和准确"。信用证的开证指示即开证申请书。

开证申请书是进口商对开证行的详细的开证指示,即规定信用证应该列出的内容,其基本内容也就是能体现买卖合同要求的单据条款,即受益人应提交哪些符合买卖合同规定的单据的条款。这些条款也是开证行凭以向受益人或其指定人例如议付行付款的主要依据。这一部分内容将开证行抄录到信用证上,从而构成信用证内容并对出口商形成约束。

开证指示应明确、完整,避免出现歧义、误解。例如,要求受益人提交"Lloyd's standard vessel certificate"。这到底是"Lloyd's standard vessel-certificate"(劳氏船级社出具的标准船级证明),还是"Lloyd's standard-vessel certificate"(证明船舶符合劳氏船级的船舶证书)呢?对于此类不明确、不完整指示所造成的理解上的混乱及其后果,银行概不负责。开证指示还应简洁扼要,不应加列过多的细节,否则既增加受益人制单的麻烦,又增加银行审单的工作量。例如,某个进口商在申请一份用于木材交易的信用证时,要求受益人提供的发票除记载总立方数外,还应记载原木的根数及每根原木的立方数,这一企图被银行劝阻。其实进口商的意图无非是想详细的要求能防范出口商欺骗,但这于事无补,因为出口商仍可以依葫芦画瓢地详细列出指定内容,照样进行欺诈。所以防范欺诈的方法应是避免同信誉不良的卖方成交,而不是在信用证中罗列过多细节。此外,开证指示应尽可能单据化，以便对出口商真正构成约束，并使银行具有核查的依据。如果出现非单据化条款，银行将视其为无记载而忽略掉，从而使出口商的要求无法落实到出口商身上。

2. 开证担保书

这是申请人与开证行达成的偿付协议，主要规定双方的权利与义务。由于开证申请书的格式是由开证行提供的，上面一般只记载申请人的义务与开证行的权利及免责事项，至于申请人的权利与开证行的义务则并不列明。主要内容有：

(1) 申请人承认在其付清货款前，开证行对单据及其所代表的货物拥有所有权，必要时开证行可以出售货物以抵付申请人的欠款；

(2) 申请人承诺支付信用证项下的各项费用；

(3) 申请人明确遵循国际商会 UCP600 的开证要求；

(4) 申请人承诺在单据表面符合信用证规定的前提条件下，在规定期限内付款赎单。

三、开证行开出信用证

1. 开立信用证前的审查和检验

银行在收到进口商的开证申请后，首先要做出审查。一是审查申请人的资信，是否为本银行客户，有无授信额度等，从而确定开证的风险程度以及应收取的押金的比例；二是审查该进口交易是否符合国家关于外贸、外汇管制的规定，是否获得了有效的进口许可证、外汇额度批文等文件；三是审查开证申请书和开证担保书的内容，这是最主要的审查项目。主要审查开证指示是否完整、明确、简洁，是否有非单据化条款，内容是否自相矛盾之处，等等；四是落实开证保证金。开立信用证是开证行对开证申请人所作的付款保证。开证行为了防范开证申请人无力付款赎单的风险，要求不同的开证申请人提供某种形式的保证，或现金，或抵押品及质押品，或第三者出具担保书。现金保证即为保证金，可以以提交现款的形式，也可以通过存款账户扣存备付的形式。一般来说，资信较好或拥有开证持授信额度的申请人可以免交或少交保证金；反之，则应多交直至交足信用证金额的保证金。如果申请人同时也是另一份信用证的受益人，则可以要求用出口信用证项下的权益代替押金。银行如果觉得出口信用证项下的收汇有把握，而且金额超过申请开立的用于进口的信用证金额，也可以接受申请人要求，以正本出口信用证作抵押。此外，如果申请人提供其他银行的有效保函，保证承担因开证而引起的各项义务，则开证行也可以免除保证金的要求，因为收取保证金的目的无非是减少风险，督促申请人履行开证义务。

2. 开立信用证

信用证的开证方式有信开(Open by Airmail)和电开(Open by Telecommunication)两种。信开方式是指开证时开立正本一份和副本若干份，航寄通知行。如另指定代付行或偿付行，则还须向代付行和/或偿付行邮寄授权书；电开方式是指由开证行将信用证内容加注密押后用电报或电传或通过 SWIFT 等电讯工具通知受益人所在地的代理行即通知行，请其转递或通知受益人。这种开证方法习称“全电开证”(Full Cable)，这种信用证往往有“此证有效”(This is an operative instrument)或类似字样。在使用电讯方式开立信用证时，还需要注意以下三个可能出现的问题：

(1) 电讯文件的有效性以及邮寄证实书的必要性问题。在过去多以加押电报开证情况下，为防止电文遗失或出错，开证行一般都随寄证实书(Mail Confirmation)并以证实书为准，但在目前普遍采用电传或 SWIFT 系统开证的情况下，邮寄证实书已无明显必要。因此 UCP 明确规定，只要电讯文件中没有提到“详情后告”(Full Details to Follow)或类似文字，也没有说明以邮寄证实书为有效信用工具(Operative Credit Instrument)，则电讯文件本身就是有效的信用证，开证行无需寄出证实书。但若电讯文件明确规定详情后告或以邮寄证实书为准，则电讯文件不是有效信用工具，开证行必须毫不延迟地发出有效信用工具或邮寄证实书。此项规定同样适用于以电讯方式发出的修改(Amendment)。

(2) 关于预通知的问题。有时候申请人为赶上合同规定的开证期限或为了使受益人尽早了解信用证开立情况，能尽早备货和安排装运，要求银行将同意开立的信用证的简要内容以电讯方式发出预通知(Preliminary Advice，或 Pre-Advice)。此类预通知一般只列明受益人名称、信用证号码、合同号、金额、商品名称等几项主要内容，因此也称为简电通知(Brief Cable Advice)。除非另有约定，开证行承担及时开出与预通知不矛盾的完整信用证的不可撤销的责任。

(3) 关于套证的问题。有些申请人在重复订购货物时，为节省开证费用，要求开证行套用或援引前已开立过类似信用证的条款，即在开立新的信用证时仅将不同于前证的编号、金额、货物数量、装运费、有效期及其他条款列明，其余条款参照前述某号信用证(Other Terms Similar to L/C NO. ×××)，这就构成了套证(Similar Credit)。套证的做法很容易造成遗漏与误解，尤其是所套用的前证曾受到修改，而受益人接受或拒绝了该修改，则情况将更为复杂。因此 UCP 明确规定银行应劝阻开立套证的做法。

四、通知受益人

1. 通知信用证

信用证可经由另一银行(通知行)通知受益人，而该通知行毋需承担责任，但如该行愿意通知，则应合理审慎地鉴别通知的信用证的表面真实性，如该行不愿通知，则必须毫不迟延地告知开证行；如通知行无法鉴别信用证的表面真实性，它必须毫不迟延地通知开证行，说明它无法鉴别。如通知行仍决定通知受益人，则必须告知受益人它未能鉴别该证的真实性。

通知行在通知信用证时，为了受益人的利益，要对信用证进行审核。这一点要根据通知行与受益人的关系而定，各行做法不一致。例如欧洲某大银行还帮助分析信用证条款，以确定是否符合买方的条件(Once the advising bank receives the credit, it is in the beneficiary's interest to analyze the clause of the documentary credit in detail to see whether they comply with the conditions agreed with the purchaser.)。这点意义很深，其意在于通知行为受益人的利益而分析信用证条款是否符合买方的条件。

2. 通知加保兑信用证

关于信用证的保兑，可能是因受益人对开证行资信不满意而引起，也可能是因开证行主动要求而引起，但无论在何种情况下，都只有开证行才有权指示另一银行对信用证加具保兑。收到保兑邀请的银行应根据开证行的资信、与本银行的关系等因素决定是否保兑，就要对受益人承担与开证行完全一样的首要付款责任，而且不带有追索权。如果保兑行无法从开证行获得偿付，就会处于非常被动、不利的局面。因为保兑行与开证申请人并无合同关系，无法强制申请人付款赎单，因此保兑行只能处理单据及货物，或者作为开证行的债权人对其提出清偿要求。所以，银行一般只对与自己的良好业务关系的联行或代理行开立的信用证提供保兑。

3. 通知修改书

信用证开立之后，开证申请人或者受益人若需要对其中某些条款予以修改，但不管由谁提议，在现在普遍使用的不可撤销信用证的情况下，每一项修改都须得到开证行、受益人、申请人以及保兑行(如有的话)的一致同意才能生效。如果开证行不同意修改信用证，就会拒绝发出修改书(Amendment)，但一经同意并发出修改书后，则受其约束。另外，开证行还必须通过原通知行通知信用证的修改，经受益人接受后，修改书生效；若受益人拒绝接受，对修改书无效。例如，汇丰银行通过中国银行大连分行通知信用证给受益人，后因急于传递修改书，通过汇丰银行大连办理通知修改，但该办理因未查到该修改属于哪一份信用证而未及时通知受益人，致使开证行最终拒付按信用证原条款制作的单据。此例中开证行拒付当属无理，因为修改未经受益人同意不生效力，开证行仍须按原证条款承担责任；开证行未利用原通知行传递修改书，违反了 UCP 的规定，应自负其责。

如果信用证得到了保兑，而保兑行并非通知行，则开证行还须将修改通报给保兑行。保兑行如果同意修改，就是将其保兑责任扩展到修改书，并像开证行一样，做好按原条款或修改后的新条款承担责任的两种准备。如果保兑行不同意修改，应立即通知开证行与受益人，则保兑行不受修改书内容的约束，如果受益人想继续享受保兑的保障，就必须按原条款办理信用证业务。

五、受益人审证、交单

1. 受益人审证发货

信用证与贸易合同既相互独立又存在统一。为了保证受益人同时完成信用证以及贸易合同下的义务，受益人接到信用证通知书后，必须严格根据合同审证，以确定来证与合同一致后再开始发货。如来证与合同不符，必须立即联系他的贸易伙伴申请人要求修改信用证。作为受益人，应审核下列内容：

(1) 信用证是否属通知行正式通知的有效信用证；

(2) 信用证有无保兑。信用证有第三者加具保兑，即在开证行的责任上，加上另一家银行的保证，其可靠程度要比一般信用证高；

(3) 申请人、受益人名称、地址是否正确；

(4) 货币符号和单价金额是否与合同一致；

(5) 付款期限是否与合同一致或者可接受；

(6) 货物描述、规格、数量等是否与合同一致；所引用的参考文件号码(如合同、订单)

是否正确；

(7) 运输条款是否与合同一致或可接受，包括起运港、目的港、运输方式、工具、路线、对运输工具的要求等；

(8) 分批、转运条款是否与合同一致或可接受；

(9) 保险条款；

(10) 有无佣金以及银行费用条款；可否接受；

(11) 特别条款中是否包含软条款，使表面具有不可撤销性质的信用证变相成为可撤销的信用证。

2. 受益人交单

为确保安全收汇，受益人应努力使单据符合信用证的规定，因此单据的种类、名称、份数、内容、出单时间、出单人身份等都应和信用证条款相吻合。如果单据内容有修改，应在修改处加盖修正章并由出单人签字或简签。

受益人交单应在合理时间内为之。这一合理时间的截止期限应是信用证到期日与最迟交单日两者中先到的日期，但若由此确定的交单截止日期恰逢银行正常的非营业日，则可顺延至下一个营业日，但接受单据提示的银行应证明这一顺延。然而，如果交单时银行因不可抗力事件而营业中断，而营业恢复后已经超过最迟交单期或信用证有效期，则银行没有义务再接受单据的提示或再承担付款责任，除非申请人授权银行这样做。

受益人交单还须在指定地点进行。除非信用证明确规定仅在开证行办理付款，否则交单的指定地点必定是信用证规定的指定银行。当然，受益人向开证行或保兑行(如有的话)直接交单总是允许的，但开证行或保兑行应采取措施防止第二套相同单据向指定银行提示，防止重复付款、承兑或议付。

另外，受益人交单时还应交出正本信用证及所有修改书，以便银行审查核对。

六、银行审单、寄单并索偿

1. 审单、寄单

UCP600 规定，银行必须合理、小心地审核一切单据，以确定其表面是否符合信用证条款和条件的要求，确定信用证规定的单据表面上符合信用证条款要求的依据是根据 UCP 条文所述的国际标准银行惯例。各种单据之间表面上的不符将被视为表面上与信用证条款不相符。银行对单据必须执行严格相符原则(the doctrine of strict compliance)。

(1) 信用证项下不符点的处理。不符点是指信用证项下所提交的单据表面上有一处或多处不符合信用证条款和条件。当信用证项下所提交的单据中有不符点时，就大大地失去了信用证的保证付款作用。因为信用证是有条件的付款承诺，开证行保证付款的条件就是所提交的单据表面上与信用证条款和条件相一致。

不符点发现的时间有三种，其一是提交单据之前已经形成的不符点事实，如超装，或运输单据签发日超过了信用证最迟装运日等；其二，在议付行审单时发现受益人制单时的疏忽；其三，单据寄到开证行才发现。如是第一种情况，受益人应尽早与开证申请人联系，请其接受不符点或修改信用证，或得到开证申请人的同意，做保留付款，以避免损失；如是第二种情况，可以由受益人修改单据或重新缮制单据；如是第三种情况，在时间容许的情况下，受益人也可以改换单据，但多数是要付出代价的。

根据不符点的大小、轻重和发现的银行和时间的不同，一般有以下几种处理方法：

① 议付的被指定银行发现不符点（在议付之前），尽量由受益人修改单据，如果是无权修改的单据，并且事前已经征得开证申请人同意接受，可采用以下两种方法：其一，要求银行做保留付款（Payment Under Reserve），做法是受益人凭自身担保（Indemnity）或其他人为其出具的还款保函（Guarantee Repayment on First Demand），要求议付行担保议付，如议付行同意，就议付单据，并向开证行声明。如开证行拒付，议付行马上向受益人追索已付款项并加利息。因为该项保留追索或担保仅仅是交单银行与受益人或提供担保的一方与被担保的一方之间的关系。其二，若议付的被指定银行不同意保留付款，受益人可要求议付的被指定银行用电传或 SWIFT 向开证行通告不符点内容，请开证行授权付款/议付/承兑，银行术语为“电提”。电文内容“Yours credit No XX，in favour of XX documents for USDXX presented with the following discrepancies XXXXXX may we negotiate?” 等接到开证行可以议付（you may negotiate）的回电后，才能议付。其三，改做托收处理，术语也叫“表提”，就是银行将单据直接寄开证行，在单据面函上说明不符点，请开证行征得申请人同意后付款，议付行在收妥款项后才能对受益人付款。

② 开证行发现不符点（在付款前），可采取拒付；开证行自行决定同申请人联系放弃不符点。但要注意，开证行最后做出付款或拒付的决定，必须在接到单据后的 7 个工作日内做出，并通知寄单行。如开证行接到寄单行的“电提”通知或“表提”单据，应马上联系开证申请人，如申请人同意放弃不符点，必须马上通知寄单行，并开始履行开证行在信用证项下应当承担的义务。如申请人不同意放弃不符点，亦应马上通知寄单行，对“表提”单据不能交给申请人提货和出具提货担保（Shipping Guarantee）让申请人提货。

(2) 付款、议付或者承兑。根据开证申请书，信用证项下的支付可以是付款、议付或者承兑。与之相对应，所指定银行可以是付款行、议付行或者承兑行。

受益人若向指定保兑行或者付款行交单，后者则需审单，单证相符后，就对受益人付款。该银行付款后不具有对受益人的追索权。

受益人向议付行交单，无论是信用证指定的议付行还是受益人自己确定的议付行，受益人得到的只是凭单据抵押的银行融资或垫款，即称作议付。议付行对受益人的垫款是有追索权的，开证行若拒付，议付行就可向受益人追索。

受益人向指定的承兑行交单，承兑行承兑后将已获承兑的汇票退还受益人。开证行一般会指定自己或者出口地某银行作承兑行。汇票到期，承兑行进行无追索权付款，但是为了保证受益人的利益，不管谁承兑，开证行都承担到期付款的责任。

七、索偿

索偿就是指议付行办理议付后，根据信用证规定将单据连同汇票和索偿证明分次以航邮寄给开证行，同时向开证行或其指定的偿付行请求偿付的行为。

凡信用证规定有电汇索偿条款的，议付行就需用电讯方式向开证行或偿付行进行索偿。

如果信用证规定一次性寄单，则一次性寄出全套单据；如果信用证规定分两次寄单，如写明“by two consecutive registered airmail”（以两个连续挂号航空信寄出），则须按信用证注明的每批单据种类及份数两次寄出。分批寄单的好处是万一某一批单据被耽误或遗失，另一批单据仍能安全寄达开证行。

指定银行的索偿指示应向开证行发出，如信用证中另行规定了偿付行，则应首先向偿付行索偿。索偿方法符合信用证规定，并应写明偿付行应向哪家银行的哪个账户划出资金头寸。如果偿付行未能提供偿付，则可以立即向开证行索偿，并要求追加因延迟偿付而产生的利息。

八、偿付

议付信用证业务中，偿付（Reimbursement）是指开证行或被指定的偿付行向议付行进行付款的行为。

1. 开证行的偿付

开证行收到议付行寄来的汇票和单据后，经审核认为与信用证规定相符，应即将票款偿付给议付行。偿付的方法按信用证的规定和议付行在索偿时的指示。如开证行在审单时发现单据与信用证规定不符，它可以自行决定是否同申请人联系以要求申请人放弃（Waive）不符点，但是这一联系应在自银行收到单据后的7个工作日内完成，开证行不能以正在要求申请人放弃不符点为由而违反审单的合理时间的限制。也就是说，在第七个工作日结束前仍未得到申请人放弃不符点并同意付款的回复，开证行必须对外提出拒付。开证行提出拒付时，应该注意以下几点：

第一，开证行应在收到单据后的第七个银行工作日结束之前，对寄单行或受益人（例如由受益人直接交单）发出拒付通知。

第二，拒付通知应以电讯方式发出。如果没有电讯工具，可以使用其他最快捷的通讯方式。

第三，拒付通知中应一次性提出全部的不符点。凡在拒付通知中未提的不符点，以后不能再提出，而是作为被开证行默认接受处理。如发生拖延付款的，应加付利息。

第四，拒付通知中应说明单据将退回寄单行或受益人，或保留在开证行手中听候寄单行或受益人的进一步指示。

第五，和汇票付款人一经付款对收款人无追索权一样，信用证的开证行在付款后，即使发现单据有误，也不能要求议付行退款

上述五点注意事项对保兑行同样适用。

有时候指定银行在审单时已发现了不符点，但凭受益人的赔偿担保作了有保留的付款、承兑或议付，并在向开证行寄单索偿时指出了单据中的不符点以及凭保支付的事实。但是开证行以及保兑行并不因此而解除关于上述四点注意事项的责任，而是应该像没有这回事情一样独立、认真地审核单据，并按上述四项规定的要求发出拒付通知，否则就无

权宣称单据有不符点，亦无权拒付。

下面的案例很好地说明了开证行遵守或违反上述规定时面临的不同结果。

案例 9

开证行因单据有不符点而及时发出了拒付通知，并注明开证行保留单据听候议付行指示。受益人承认了不符点，并指示议付行致电开证行要求其保留单据。后来因信用证项下商品行情看涨，受益人很快以更高的价格将商品转售他人，并通过议付行指示开证行将单据交给新的买主。但开证行回电称，申请人后来又放弃了不符点，并付款赎取了单据。受益人提出异议，但开证行又指出：按跟单信用证统一惯例的规定，信用证项下的单据已被正式拒绝，但考虑到受益人的利益，就按托收方式处理了单据，由原来的进口商采取了付款放单的方式赎单。国际商会的意见是，开证行违背了"保留单据听候指示"的承诺，未经议付行进一步授权就擅自交出了单据，而且开证行做出"该业务应按托收处理"的推论是缺乏依据的，因为议付行及受益人从未明示或暗示地认可这一做法。此案最后由开证行与申请人分摊了受益人的损失而了结。

2. 偿付行的偿付

当开证行在信用证中指定第三家为偿付行，要求议付的被指定银行向偿付行索偿时，根据跟单信用证统一惯例的规定，如开证行意欲使索偿行向第三家偿付行取得其应得的款项时，开证行须及时向偿付行提供适当的指示或授权。据此，开证行应在开出信用证后立即向偿付行发出偿付授权书(Reimbursement Authorization)，通知授权偿付的金额、有关信用证的号码、偿付费用由何方承担等内容。议付的被指定银行在办理议付后，一方面把单据分次直接寄给开证行，一方面向偿付行发出索偿书(Reimbursement Claim)，说明有关信用证的开证行名称和信用证号码，声明已按信用证规定进行议付，并请求按指定的方法进行偿付。按跟单信用证统一惯例的规定，开证行不应要求索偿行向偿付行提供单据与信用证条款相符的证明。因此，偿付行收到索偿书后，只要索偿金额不超过授权书金额，就应立即根据索偿书的指示向议付行付款。如果索偿行未得到偿付行的偿付，开证行须承担自身的最终偿付责任；再有，如偿付行未能及时偿付，开证行应对索偿行的任何利息损失负责；偿付行的费用应由开证行负担。

如果偿付行收到索偿指示但不准备履行偿付时，它必须毫不迟延地以电讯方式(如不可能，则以其他快捷方式)通知这一事实。该项通知应发送给索偿行和开证行。如有偿付保证时必须告知不履行偿付的原因；偿付行在收到索偿指示后三个工作日内办理偿付，如果在营业时间外收到索偿指示，视为第二个营业日收到处理；在偿付行未签发偿付保证而偿付将在未来到期的情况下，索偿指示必须规定预计的偿付到期日；索偿指示不得早于该偿付到期日十天到达偿付行；如果索偿指示早于预计偿付到期日十天到达，偿付行可以不予置理，但必须以电讯或其他快捷方式通知索偿行。如果索偿书早于预定偿付到期日三天以上到达，偿付行无须通知索偿行，待到期日偿付即可；开证行如果要求偿付行发出借记前通知，应在信用证中作出规定，则偿付行应向开证行发出借记前通知；偿付行偿付款项时，对于索偿书中载有“担保议付或担保付款或承兑”之类的批注不予负责，也不予置理。

九、开证申请人向开证行付款赎单(Retirement of Documents)

申请人收到开证行的通知后应及时到开证行验收单据。若单据合格，申请人不能无理拒付，否则应赔偿开证行的垫款损失。若单据不合格，申请人有权拒付，并在信用证到期时收回押金；申请人也可以放弃不符点，授权开证行对外支付，但应注意不要超过开证行审单时效。

一般情况下申请人只有足额付款才能拿到单据，但若进口商想获得资金融通，也可以向开证行申请凭信托收据借单提货。很显然这一融资与受益人毫无关系，一切风险均由开证行自负。

开证申请人提取货物后，如发现货物的质量、数量或包装等与买卖合同或信用证的规定不符，不能向开证行提出赔偿要求，而只能针对不同情况向责任方即受益人(出口人)、承运人或保险公司交涉索赔，必要时可提请仲裁或向法院起诉。在由于货物不符而引起的仲裁和诉讼案件中，银行(包括开证行和议付行)均不涉及，因为这类争议案件是属于买卖合同、运输合同或保险合同的履行问题，与是否正确履行信用证无关。

第四节　信用证的内容

要了解信用证的主要内容，我们必须先了解一下信用证的格式。

一、信用证格式总体情况

信用证虽有漫长的历史，但被世界范围内广泛应用却是近百年的事，特别是新式信用证的使用，应该说是始于 20 世纪。关于信用证格式，世界各国都有自己的一套信用证格式，但内容大致相同，主要受以下几个惯例的影响，而且正逐步趋于统一。

(1) 1922 年美国“纽约银行信用证会议”制定了一套标准格式，称为 Commercial Credit Conference Form(商业信用协商格式)。美国商人承认并劝说美国银行采用。

(2) 国际商会“银行技术与实务委员会”(Commission on Banking Technique and Practice)一直致力于“跟单信用证统一惯例”的制定和“标准跟单信用证”的推广。1951 年国际商会第 13 次大会通过了该委员会拟定的标准信用证格式(国际商会第 159 号出版物)。该格式着重统一银行间函电用语，对信用证本身无具体规定，但为国际银行统一信用证格式奠定了基础。

(3) 国际商会 1962 年修订的“跟单信用证统一惯例”第 222 号出版物被世界上大部分国家的银行所采用。根据“222”的原则银行委员会研究制定了“跟单信用证开立的标准格式”(Standard Forms for the Issuing of Documentary Credit)(国际商会第 268 号出版物)，即所谓的 70 年代标准格式。该格式共有 6 种为世界绝大多数国家采用。

(4) 1974 年“跟单信用证统一惯例”经过大幅度的修改，国际商会为了配合新修订的惯例,即国际商会第290号出版物的执行,于1987年以323号出版物公布了新的"标准跟单信用证格式"。该格式适用于3种不可撤销的跟单信用证的任何一种,包括付款信用证、承兑信用证、议付信用证。

(5) 1983年"跟单信用证统一惯例"进行了第5次修改,即国际商会第400号出版物。世界上绝大多数信用证都注明"Subject to UCP No. 400 of ICC publication"。不注名根据"400"开出的信用证,很不容易被接受。为了适应"400"的修改,1986年国际商会又以第416号出版物推出"标准跟单信用证格式"。"416"格式使用世界共同语言,即"400"语言。

(6) 1994年1月,500号惯例取代了400号惯例,国际商会又制定了使用500条款的"最新国际商会标准跟单信用证格式"(The New ICC standard Documentary Credit Forms),简称"516"格式。

目前世界各国银行开出的信用证有采用"416"格式的,有对"416"格式略加修改后采用的,也有仍然使用70年代标准格式"268"或"323"标准格式的。但由于信用证注明是根据"500"开出的,应采用"516"格式为最正规。

516格式,即最新标准信用证格式,使用了近年在国际贸易文件中被广泛采用的联合国标准代码(UN Layout Key)ISO;标准格式与申请书设计一致,为申请人向开证行申请开证提供了完整的指示,可以大大减少申请中常出现的不完整或错误;新格式使用UCP500语言,使信用证条款和条件与惯例条文紧密结合,可避免差错和误解;标准格式对统一和简化国际跟单信用证程序起了决定性作用;"516"推荐的标准开证申请书(Irrevocable Documentary Credit Application Form)根据UCP500第2,5,12和20条的内容规定了完整的和明确的开证指示;标准信用证格式分为给受益人的通知(Advice for Beneficiary)和给通知银行的通知(for The Advising bank);标准格式避免了不必要的细节和复杂的规定。总之,"516"格式的开立和操作,既考虑申请人与受益人的利益,便利了国际商界的沟通,又考虑到银行的利益,方便国际银行界的沟通。

国际商会第516号出版物包括以下标准格式:标准跟单信用证申请书格式、标准跟单信用证开证格式、标准跟单信用证连续格式、标准跟单信用证修改格式及标准跟单信用证通知格式。由于银行与开证人之间的契约是开证申请书,且开证行须按照开证申请书的内容向受益人开立信用证,即开证申请书格式为上述开证格式等的基础。因此,本章着重介绍跟单信用证申请书格式及其内容。

二、标准跟单信用证申请书格式及其内容

1. 申请人(Applicant)

申请人(Applicant)或称开证人(Opener),指向银行申请开立信用证的人,一般即为进口商。此处应填申请人的准确名称和详细地址,如街道、邮编等。

2. 开证行(Issuing bank)

开证行(Issuing bank)指接受开证人的委托,开立信用证的银行,一般是进口商所在地的银行。它承担按信用证条款保证付款的责任。

为方便起见，开证行可将其名称及地址预先印在此处。

3. 申请书的日期(Date of Application)

此处指填写标准跟单信用证申请书的日期。

4. 到期日和交单地点(Expiry Date and Place for Presentation of Documents)

该点是信用证审核的重点。

(1) 所有信用证均须规定一个到期日及一个付款、承兑的交单地点。对议付信用证尚需规定一个议付交单地点，但自由议付信用证除外。除跟单信用证规定的对到期日的顺延情况外，到期日应视为提交单据的到期日。

(2) 大多数信用证都明确规定到期日(Expiry Date)为某年某月某日，但有些信用证只规定有效期长短而不明确说明到期日，这需要从开证日期起推算。信用证有效期(Validity)的长度应能使受益人合理地安排货物出运。如果有效期太短，装运期就会更紧张，从而容易导致单据不严格符合信用证规定，为进口商拒付埋下伏笔。有些进口商就故意设置这一陷局，届时迫使出口商因单据有不符点而让步。

(3) 信用证到期地点的规定有三种方式。第一种是在受益人所在地或国家到期，受益人只要在到期日当天或之前将合格单据交当地银行(例如议付的被指定银行)，即可满足要求，无需将当地银行寄单至开证行的时间考虑在内，因此受益人可支配的时间有保证。第二种是在开证行柜面到期。第三种是在位于第三国的指定银行到期。后两种方式对受益人不太有利，因为他必须提前若干天寄出单据，可支配时间相应就减少了若干天，而且要冒单据在传递中延误或遗失的风险。目前，大多数信用证都按第一种方式到期。

(4) 信用证项下的交单，除了不能突破信用证有效期外，还不能超过交单期。交单截止期限可以规定为某一确定日期，也可以规定为装运日期后的若干天，但不得超过信用证有效期。如果信用证对此未作规定，则以装运日期后第二十一天与信用证到期日两个日期先到者为最迟交单日。

5. 受益人(Beneficiary)

受益人即指有权使用信用证之人，该受益人为收取信用证项下款项，须提交符合信用证条款和条件的单据。此处应填写受益人的完整名称和详细地址。通常，信用证中的受益人就是货物的卖方，但经当事人同意，信用证可以下述第三者为受益人：

(1) 卖方公司中的一个子公司，一个部门或一个附属机构；

(2) 卖方的商业合伙人；

(3) 货物及/或服务的最终供应者。

6. 航空邮寄开证(Issued by (air)mail)

通常以时间和费用因素决定是否采用航空邮寄开证。

7. 简电通知(With brief advice by teletransmission)

简电通知(预先通知)的作用是确保受益人在开证前预先获知开证及信用证的主要内容，但有效的信用证将是随后寄出的正式信用证文本。

8. 电讯开证(Issued by teletransmission)

电讯开证包括以电报、电传、传真及数据传送网络(如 SWIFT)等方式传送信用证。

除非传递信息中另有规定，该电讯将视为完全有效的信用证文本(operative instrument)。

通常由开证行决定采用何种电讯传递方式，如申请人欲使用特定的电讯方式，则应在“附加指示”中予以声明。如申请人不愿使用电讯作为有效的信用证文本，则应在“附加指示”中予以注明。

9. 可转让信用证(Transferable Credit)

只有明确注明“可转让”的信用证方可转让。

10. 保兑(Confirmation of The Credit)

信用证是否须由另一银行加具保兑须由申请人与受益人之间的协议决定。如申请人在“要求保兑”(requested)的空格内加以标注，则表明其欲请开证行授权或要求另一银行向受益人保兑该信用证。如申请人在“如受益人要求时，授权保兑”(authorized if requested by Beneficiary)空格内加具标注，则表明其欲请开证行指示被指定银行在向受益人通知信用证时不要加具保兑，但如随后受益人要求信用证予以保兑时，则被指定银行已被授权对该信用证加具保兑。

11. 金额(Amount)

信用证金额应分别以大小写表示。货币名称应使用国际标准化组织制定的货币代号表示，如USD(美元)，GBP(英镑)，EUR(欧元)等。

按UCP600第30条的规定，在金额前加上“约”(about)、“近似”(approximately)、“大约”(circa)或类似的词语时，金额即有10%的增减幅度。

12. 使用信用证的银行(被指定银行)

(1) 被指定银行的选定。如申请人不知道受益人愿意选择哪家银行使用信用证，他可以：

① 加注“由你们选择的银行”；

② 或留着空格不填，此时开证行将选择一家被指定银行；

③ 如受益人指明了被指定银行，则申请人应相应地通知开证行。然而，申请人应警惕：受益人的请求中的任何使申请人感到不寻常的事情都可能是潜在诈骗的危险信号。

(2) 信用证可适用的方式。如前所述，按兑现方式的不同，信用证可分为四种：即期付款信用证、XX天后延期付款信用证、承兑后XX天付款及议付信用证。

13. 分批/分期装运

(1) 分批装运。跟单信用证统一惯例规定，除非信用证另有规定，允许分批支款及/或分批装运。尽管如此，还是建议申请人在申请书中明确表明是否允许分批装运。

(2) 分期装运。分期装运是指在信用证指定的不同期限内分期装运，如：“1.2万公吨山东一级滑石块自2001年1月起分12个月等量装运，即每月装运1 000公吨。”

UCP600第32条规定，除非另有规定，分期装运下，如其中任何一期未按信用证所规定的期限及时装运，则信用证对该期及以后各期均视为无效。

14. 转运

在申请人决定是否允许转运前，应首先明确所采用的运输方式。

15. 申请人投保

如保险事宜由申请人办理，则申请人须在此注明。

16. 运输细节

信用证应明确、完整地规定装运地和目的地，并应在“不得迟于”(not later than)后规定一最迟装运期，否则，信用证的有效期将视为最迟装运期，此类信用证称为“双到期”信用证。

17. 货物描述

货物描述应简短，力戒列举过多细节。UCP600 第 30 条规定，凡“约”(about)、“大概”(approximately)或类似词语用于信用证金额、数量和单价时，应解释为有关金额的数量或单价有不超过 10%的增减幅度。

18. 贸易术语

此处填 CIF ROTTERDAM，FOB QINGDAO 等。

19. 规定之单据

UCP600 中有关单据的正、副本的规定有以下几点：

(1) 除非信用证另有规定，只要单据注明为正本，如必要时，已加签字，银行也将接受下列方法制作或看来是按该方法制作的单据作为正本单据：影印、自动或电脑处理；复写。

(2) 除非信用证另有规定，银行将接受标明副本字样或没有标明正本字样的单据作为副本单据，副本单据无须签字。

(3) 如信用证要求多份单据，诸如“一式两份”、“两张”等，受益人可提交一份正本，其余份数以副本来满足，但单据本身另有显示者除外。

20. 商业发票

如申请人要求对发票予以证明、签证或其他类似要求及/或要求发票表明任何特定细节、资料、声明时，申请人应准确指明证明、签证人及/或如何在发票中写出任何特定细节、资料、声明。

21. 运输单据

申请人应根据运输方式的不同合理选择各种运输单据。在规定运输单据时，申请人应注意以下几点问题：

(1) 清洁单据。除非信用证另有规定，银行将拒受不清洁单据。所谓“不清洁运输单据”，是指载有明确宣称货物及/或包装状况有缺陷的条款或批注的运输单据。不清洁条款示例如下：

××包撕破(×× bales torn)；

××辆汽车车体表面擦刮/凹痕(car body surfaces scratched/dented)

在某些贸易中，某些不清洁条款是可接受的，为此，申请人应明确指明哪种不清洁条款是可接受的。如在钢材贸易中，各类“生锈条款”(Rust clause)，且对受益人来讲可接受。因而，申请书中应明确规定：“生锈条款可接受”。

(2) 租船合约提单。在采用海运或包括一段海运航程的多式运输方式下，如申请人允许运输单据中注明受租船合约约束,则应在信用证申请书中作出如此特别指示。

(3) 航空运输单据。当采用空运方式时,申请书中应明确规定采用何种航空运输单据,如空运单、航空货运单等。由于航空运输单据不是物权凭证,且不可流通转让,因此,申请人应指明航空运输单据中的特定收货人的名称及地址,不应要求“凭指定”(to order)的航空运输单据。另有,国际航空运输协会(IATA)对每批托运货物签有3份正本及9份副本空运单,这3份正本空运单分别为:

×第一张正本空运单(交承运人);

×第二张正本空运单(交收货人);

×第三张正本空运单(交发货人)。

由上可见,只有发货人才能取得第三张正本空运单,故不应在申请书中要求受益人提交多于一张的正本空运单据,也不应要求“全套正本空运单或航空货运单”。

(4) 货装舱面。跟单信用证统一惯例规定,银行不接受注明货物已装或将装于舱面的运输单据(集装箱除外)。因此,如货物的性质使得有必要将货物装于舱面时,申请人应在申请书中特别注明允许货装舱面。

(5) 帆船。如申请人允许货装帆船,则应在申请书中明确注明。否则,银行将拒受注明载货船仅以风帆为动力的运输单据。

22. 保险单据

申请人在规定保险单据时应注意以下几点:

(1) 在买卖双方选择由买方自己负责办理保险事宜的贸易术语(如FOB、CFR等)时,申请人仍可在申请书中要求受益人提供以下单据:

×发致申请人的列有装运详情的电传副本,以使申请人凭以向保险公司作出有关保险声明。

×发致信用证中指定保险公司的声明书,宣称货物已在申请人的保险单下保险。

(2) 申请人在规定保险单据时,应明确规定要求投保的险别及附加险,避免使用诸如“通常险别”等意义不明确的条文。

(3) 如信用证规定“投保一切险”时,银行将接受含有任何“一切险”批注或条款的保险单据,不论其有无“一切险”标题,甚至表明不包括某种险别。银行对未经投保的任何险别不予负责。

(4) 如申请人要求投保无免赔率的保险,则应在申请书中对此予以明确注明。

23. 其他单据

在要求除运输单据、保险单据和商业发票以外的任何单据时,申请人应对此类单据的出单人、措辞及其内容予以明确规定。

24. 交单期

除规定一个信用证有效期外,凡提交运输单据的信用证,还须规定一个在装运日后按信用证规定必须交单的特定期限。如未规定该期限,银行将不予接受迟于装运日期后21天提交的单据。但无论如何,提交单据不得迟于信用证的到期日。

在规定交单期时,申请人应考虑受益人备单及向指定银行提交单据所需的时间。

25. 附加指示

此处用来填写需要时的附加指示。

26. 结算

(1) 通常,在申请书中预先印就授权借记申请人账户的条文。

(2) 如采用其他结算方式,则应在此处注明如何办理结算。

(3) 如申请人的账号尚未填写在“申请人”栏内,则应在此处将申请人账号给出。

27. 签字

申请书应在此处由申请人签字并加列日期。

三、信用证的一般内容

上面列出了标准跟单信用证申请书格式。国际上各银行的信用证没有统一的格式,但其内容基本相同,一般包括以下几个方面。

1. 关于信用证格式的项目

(1) 信用证的形式。

(2) 信用证的号码。

(3) 当事人的名称和地址,如:

开证行名称;

受益人;

开证申请人;

通知行。

(4) 信用证金额与币种。信用证金额是开证行承担付款责任的最高限额,如果超过该金额就构成不符点,开证行必会拒付。有些信用证在规定金额时带有表示估计的词语,如“about(约)”;“circa(大致)”、“approximately(近似)”等,这表明实际支用额可以在规定金额上下10%的范围内浮动。

(5) 到期日与地点。

(6) 支用方式。信用证的支用方式有四种:即期付款、延期付款、承兑与议付。除承兑方式必定要求有汇票外,其余三种方式可以使用汇票,也可以不使用。如果信用证要求受益人提供汇票,则需注明汇票的付款期限(例如见票后若干天)、金额(例如100%发票金额)、付款人(例如开证行)等要件。另外,信用证还需规定在哪家银行支用信用证款项,若非在开证行支用,则必须说明指定银行(Nominated bank),除了在公开议付信用证中可以规定由任何银行充当指定银行外,其他信用证的指定银行必须在证中予以确定。

2. 关于商品的描述

(1) 一般应包括品名、规格、数量、单价、价格条件、包装和唛头(Shipping)。

(2) 货物描述应尽可能简短,货物描述不应罗列过多细节。

(3) 应避免在信用证中所要求的单据无法获得,或规定的细节不能在一种或几种单据中实现。

(4) 在表明数量及/或单价时,开证行应了解UCP600第30条的规定:

A. 当信用证中使用“约”、“近似于”、“大约”或类似词语描述信用证金额、数量和单价时，应解释为允许有关金额、数量或单价有不超过10%的增减幅度。

B. 除非信用证规定，所列货物的数量不得增减，只要支用的金额不超过信用证金额，货物数量可以有5%的增减幅度。但是，当信用证规定货物以包装单位或个数计数时，此项增减幅度不适用。

(5)《国际贸易术语解释通则》(INCOTERMS)及其指导相关的贸易术语，例如：CIF Rotterdam，CFR NewYork，FOB Hamburg 应作为信用证条款和条件的一部分加以规定，且最好包括在货物描述中。

3. 关于运输的规定

(1) 有关港口的名称。注意：

① 信用证应规定装货港(Port of Loading)与卸货港(Port of Discharge)的名称。

② 避免模糊用语。如 Main Ports，West European Ports，Middle East Ports，Gulf of Mexico Ports 等类似词语不应使用。

③ 避免缩写。应使用全称，因为不是每个人都知道 E. C，P. R. C，U. K，及类似缩写的。

④ 卸货港一定要准确。有些信用证为方便受益人在组织货源后就近发运，并不限定具体的装货港，而只是宽泛地规定受益人所在国家的港口，这种装货港不明确的情况并不会给信用证及合同的履行造成困难。但是卸货港必须明确，否则会使交货发生实际困难。例如，装货港规定为“广州或上海”，则具体以哪一个港口为装货港，出口商可以根据船运情况灵活选择，因而这一规定可以接受；但若卸货港规定为“广州或上海”，则具体在哪一个港口卸货就交代不清，使出口商在安排货运时面临实际困难。此外，有些信用证还规定了其他一些港口或地点，例如转运港(Port of Transhipment)、接受监管地(Place Taking in Charge)、最终目的地(Final Destination)。在以集装箱、托盘等成组化方式运输货物时，或者使用联合运输单据时，常常会出现多处地名的情况。

(2) 转运与分批装运。信用证应明确规定是否允许转运(Transhipment)。若允许转运，或不作规定，则表明货物可以转运，但必须以同一运输单据包括全程运输为条件。若禁止转运，银行仍可以接受表明货物将发生转运的运输单据，前提条件是该批货物以集装箱、托盘、子母船等成组化方式运输，并且同一运输单据包括全程运输。另外，无论信用证是否允许转运，银行都将接受带有承运人有权转让条款的运输单据。信用证同样应明确规定是否允许分批装运(Partial Shipment)。如果未作规定，应理解为允许分批装运。

(3) 最迟装运日(Latest Date of Shipment)。装运日是指装运完毕的截止日期，而非开始装运的日期，通常以运输单据的出立日为装运日，有些情况下还应以运输单据中批注的装运日期为准。

(4) 关于单据的要求。注意：

① 基本商业单据，如：

A. 商业发票。主要是说明其份数，是否要受益人签字，注明所列商品的名称、规格、数量、价格条件等，如果对发票抬头人有特殊要求也应说明。

B. 运输单据。要视运输方式及使用单据而定。常见的运输单据有海运提单、空运单、公路货运收据、铁路运单、邮包收据以及快邮收据等，其中最常用及最重要的是海运提单。对海运提单的要求通常是：全套正本，清洁，已装船，注明运费支付情况，并说明对收货人抬头与背书的要求等。

C. 保险单据。如装运使用CIF或CIP术语，信用证将要求提交由保险公司或承保人或其代理人签发的保险单、预签的预保单项下的保险证明或保险声明。

② 其他商业单据，如装箱单、磅码单、商检证书、产地证、受益人证明、海关发票。

(5) 其他事项。主要有：

① 对中介银行的指示。中介银行是指由开证行委托或指定进行信用证有关业务的银行，包括通知行与指定银行，后者按其业务性质又分为付款行、承兑行及议付行。对通知行的指示主要是说明该行是否被要求对信用证给予保兑(Confirmation)。对指定银行的指示可能包括：A. 关于背批的指示，即要求指定银行将付款、承兑或议付的金额在正本信用证背面作必要的记录，以防止超额支用、重复支用；B. 关于寄单的指示，即应一次寄单还是分两批寄单，若分批寄单，每批寄单的种类及份数；C. 关于索偿的指示，即应向哪家银行索偿以及采用航索还是电索。

② 特别条款。信用证特别条款是相对于信用证一般条款而言的。这里所指的信用证特别条款是广义上的，即有些信用证特别条款是包括在国际商会《跟单信用证统一惯例》第600号出版物的范围之内的。有些是由于开证申请人和开证行为了自身的利益和贸易的方便，又另外在信用证内附加各种“保留”、“限制”条款，以减轻其应承担的责任。具体来说，主要包括以下条款：

A. 递送议付单据方法、次数和规定时间条款；

B. 让进口商从议付行拿取所有装船单据条款；

C. 汇率条款；

D. 利率和利息条款；

E. 生效和未生效条款；

F. “软条款”。是开证行或进口商为解除其责任而故意设置的，带有恶意与欺骗性，通常称为“陷阱条款”。另外，软条款或陷阱条款还可以包括那些出口商无法满足的单据要求。例如，中国银行辽宁省分行收到香港某银行的信用证中一条款：THE GOODS WILL BE SHIPPED UPON RECEIPT OF SHIPPING ADVICE ISSUED BY OPENER OF L/C APPOINTING THE NAME OF VESSEL, WHICH WILL BE ISSUED BY WAY OF AN AMENDMENT TO THIS CREDIT BY THIE ISSUING BANK.(货物只能待收到开证人指定船名的装运通知后装运，而该装运通知将由开证行以信用证修改书的方式发出。)

不难看出，这种条款对出口商非常不利。如果进口商拒不指定船只，则信用证永远也无法被支用。

G. 自动延期条款。例如：IN CASE SHIPMENT IS NOT EFFECTED IN TIME

STIPULATED, AN AUTOMATIC EXTENSION OF THE DATE OF SHIPMENT AND VALIDITY FOR 10 DAYS IS ACCEPTABLE.（货物如不能在规定期限内装运，装运期及有效期均可接受自动延长10天。）

H. 不符点费用条款。例如：IF DOCUMENTS CONTAIN DISCREPANCIES, A SPECIAL DISCREPANCY HANDLING FEE OF HKD 200.00 WILL BE CHARGED.（如果单据存在不符点，将负担特别的不符点处理费200港元。）

I. 电索条款。例如：UPON RECEIPT OF YOUR TESTED TELEX CERTIFYING THAT THE SHIPPING DOCUMENTS ARE STRICTLY IN COMPLIANCE WITH L/C TERMS, WE SHALL EFFECT PAYMENT BY T/T SAME WORKING DAY.（一接到你们的证实电传证明装船单据与信用证条款严格相符，我们将在同一工作日通过电汇实施付款。）

J. 注销信用证条款。

K. 不接受凭保函议付条款。例如：NEGOTIATION OF DOCUMENTS WITH DISCREPANCIES BY LETTER OF INDEMNITY IS NOT ACCEPTABLE.（单据有不符点凭保函议付不予接受）

L. 选择港条款。

M. 溢短装。

N. 佣金和折扣条款。

③ 负责条款。开证行必须作出负责支付的承诺，如果信用证获得保兑，则保兑行也须注明保兑并负责支付的承诺。

④ UCP的适用条款。

第五节　信用证的种类

信用证的种类有很多，主要用于贸易结算。常见的信用证按其用途、性质、付款期限及流通方式等，可以分为如下9种类型：

一、按用途及是否跟附单据分为光票信用证和跟单信用证(Cash/Clean Credit & Documentary Credit)

1. 光票信用证

是指仅凭汇票而不随付商业单据付款的信用证。光票信用证可以用于贸易结算与非贸易结算两个领域。在贸易结算中，受益人不需要商业单据，尤其是不需要与物权有关的运输与保险单据，而凭开立的汇票，或者再加上诸如发票、垫款清单、受益人声明等文件而支取款项。

光票信用证主要用于旅游、使领馆经费和个人消费。目前已有被旅行支票和信用卡完全取代之势，但光票信用证的使用早于跟单信用证好多年，在历史上发挥过很大作用。光票信用证的受益人可在信用证有效期内，在信用证总金额的范围内，一次或数次向指定银行凭汇票或支取收据支取现金。主要业务程序：

（1）开证。申请人申请开立信用证，交押金（Margin），留印鉴，开证银行开出信用证。

（2）兑付。取现时受益人出示信用证，印鉴卡，填写支款收据或汇票。议付行核对信用证印鉴，核对受益人签字后，用买入外汇汇价折算，减去贴息后付受益人现金。信用证金额如未使用完毕，议付行背批后交还受益人自存；如信用证已过效期或金额已用完就不再退受益人。议付行议付后根据信用证偿付条款向开证行索偿。

（3）挂失。受益人如将信用证丢失可直接向开证银行挂失，也可通过议付行向开证行挂失，由开证银行通报所有议付行止付。

该种信用证只能由信用证指定银行兑付，不如旅行支票方便，支付手续也不如旅行支票和信用卡简便、严密。

2. 跟单信用证

是指凭附有货运单据的跟单汇票或仅凭货运单据进行付款的信用证。国际贸易结算中使用的信用证绝大多数都是跟单信用证。跟单信用证的关键是要有代表物权或证明货物已经装运的商业单据，汇票则是可有可无的。单据，作为货物所有权或证明货物已经装运的凭证，使银行能通过对物权单据的控制来控制货物所有权；通过转移物权单据来转移货物所有权；根据单据提供信贷，担保付款。

二、按照信用证有没有另一银行加以保证兑付，可以分为保兑的和不保兑的信用证

1. 保兑信用证（Confirmed Credit）

是指另外一家银行接受开证行的要求，对其开出的信用证承担保证兑付的义务。经保证兑付的信用证叫做保兑信用证（Confirmed Credit），保兑信用证须获开证行同意，并由开证行要求另一银行或由受益人指定的银行办理保兑手续。保兑行在信用证上加具保兑后，未经一切有关方同意，不能自行修改或撤销保兑。

保兑信用证有双重付款保证，对出口商最为有利，但在大多数受益人看来，只要开证行资信好，能够承担付款责任，就没必要加保兑了。因为保兑行要收较高的保兑费，尤其是费用由受益人担负时，更要权衡考虑。开证银行一般也不愿对自己开出的信用证请另一银行加保兑，通知行也不轻易要求开证行开立保兑信用证。

一般需要保兑的信用证主要有以下几种情况：（1）信用证金额超过开证行的支付能力；（2）开证行与受益人所在国家的银行无代理行关系；（3）开证行所在国家外汇储备不足或有大量外债；（4）进口国政局动荡或对进出口交易实施严厉的外汇管制。在这些情况下，受益人要求由本国银行或国际著名大银行对信用证作保兑，可以转嫁由开证行或进口国引起的风险。例如，在80年代初，一家美国公司获得了向墨西哥出售大批计算机的订单，买方是墨西哥教育部，准备利用这些计算机来装备各所主要大学。买方通过墨西哥国民银行开出了信用证。美国出口商担心墨西哥的庞大外债可能会促使墨西哥政府禁止对外支付外汇，因此要求由一家美国银行保兑该信用证。在墨西哥国民银行的要

求下，一家美国大银行保兑了该信用证。就在出口商运出计算机后不久，墨西哥就爆发了震惊世界的债务危机，政府禁止墨西哥银行对外支付外汇，从而使上述信用证的款项不可能由开证行支付了。幸好有美国的保兑行，出口商凭合格的单据领取了足额货款，由于进口国债务危机引起的得不到付款的风险被全部转嫁给了保兑行。

保兑行对开证行的信用证加“保兑”字样后，其身份相当于开证行。UCP600 中指出，保兑行与开证行都负第一性付款责任。但只有当单据在到期日之前向保兑行提示，保兑行才履行第一性的付款责任。保兑行只对不可撤销信用证加保。保兑行一般是通知行，方法是通知行在通知信用证时加注“We hereby add our confirmation”（我行特在此信用证上加保兑）。

2. 不保兑信用证（Unconfirmed Credit）

指没有另外一家银行加保证兑付的信用证，即仅有开证行承担付款责任。在国际上使用的信用证中绝大多数是不保兑信用证，因为只要开证行信誉好，付款是有保证的。加保兑才是非正常情况下的变通做法。如没有加保兑，仅仅是通知的文句，则是“This is only an advice of credit issued by the above mentioned bank which conveys no engagement on the part of this bank”.（此仅为上述银行开立的信用证的通知书，该通知书未加具本银行的任何保证。）

新的标准信用证格式将通知行加与不加保兑直接注在信用证的固定部位，一目了然。实务中我国银行开出的信用证都是不保兑信用证。

三、根据受益人对信用证的权利是否可转让，可分为可转让和不可转让信用证（Transferable Credit and Nontransferable Credit）

1. 可转让信用证

UCP600 第 38 条指出：转让信用证意指明确表明其“可以转让”的信用证。根据受益人（“第一受益人”）的请求，转让信用证可以被全部或部分地转让给其他受益人（“第二受益人”）。

为什么会出现这种信用证呢？因为货物的卖主（受益人）不是货物的制造商，他要从制造商或供货人那里先买进货物，然后才能向买主交货。这个中间商买进货物需要一定的资金，但他手头并不始终掌握资金。如果实际供货人要求在交货时立即付款，而他又无法通过信贷途径取得货款时，他的资金周转就会出现困难。另外，中间商想通过这笔交易谋取利润，又不愿让实际供货人与进口商拉直关系。为了这个目的，中间商要求买方开立可转让的信用证，这种信用证使出口中间商能够把转售货物得来的货款中的大部分转让给实际供货人，货款中的另一部分是他的利润，无论实际供货人与中间商是否同城或同一个国家，只要信用证条款允许都可以转让。

开证行开立可转让信用证是根据开证申请人的指示，开证申请人开立这种信用证是因为他同意另一个供货人向他供货。因为他不认识这个供货人，所以需要依靠他原来的贸易伙伴作为供货的渠道。

作为第一受益人本身是个中间商，他既无多余资金，又无现成货物，既要谋求差额利润，又不想让供货人与进口商拉直关系，以免将来进口商与供货人直接交易丢掉自己的饭碗。对这类中间商最有利的办法，就是利用可转让信用证。但要注意的是UCP600规定，在可转让信用证项下，如果议付的被指定银行收到第二受益人交单后，通知第一受益人换发票，第一受益人在规定的时间没来，议付行有权将单据寄开证行，而不再对第一受益人负责。可转让信用证中供货人、中间人和买者的关系如下：

原供货人：第二受益人，亦信用证所规定某些利益被让予者，他的发票被中间商所持有，并以其金额较大的发票代之。

中间商人：第一受益人，由他通知付款、承兑或议付的银行转让部分或全部利益给一个或数个供货人，并更换发票，支取差额。

最终买者：开证申请人，为中间商的利益而开立可转让信用证，接受中间商所开立的发票。

可转让信用证在第一受益人要求转让时可以改变信用证的以下内容：

(1) 减少信用证金额；

(2) 减少单价；

(3) 提前信用证到期日和交单日，即提前效期和装期；

已转让信用证中装期和效期一般提前，交单期也缩短，这是为了在第二受益人交单后，第一受益人有充裕的时间换发票。

(4) 增加保险单投保比例；

已转让信用证中规定的投保比例一定高于原证，因为已转让信用证中的货物单价以及总额比原证少，只有提高投保比例，才能使保险金额达到原证的要求。

(5) 用第一受益人名称替代原申请人名称。

可转让信用证在转出前，第一受益人要向转让行明确，是否保留拒绝“允许转让行将所转让的信用证项下未来的修改书通知第二受益人的权利”，转让行在向第二受益人转让信用证时要将第一受益人的决定一并告之第二受益人。

对转让行转来的修改，第二受益人有权接受和拒受，其中一个第二受益人的接受不影响其他人的拒受。

UCP600中，转让信用证最大的变化在于明确了第二受益人的交单必须经过转让行。此条款主要是为了避免第二受益人绕过第一受益人直接交单给开证行，损害第一受益人的利益；同时，这条规定也与其他关于转让行操作的规定相匹配。有人或许会担心新的规定导致环节增多，特别是在我国很多第一受益人只是贸易代理或拥有进出口权的母公司的情况下，反而会引起不便，这种担心是不必要的。现实业务中，如果第一受益人要求全额转让，不需支取差价的话，可以要求进口商开立信用证时排除此条款，或在要求转让行进行转让时，明确告知开证行第一受益人放弃换单权利。

此外，UCP600相比UCP500还有一个重要的条款改变，旨在保护没有过错的第二受益人。鉴于围绕转让信用证的争议很多，国际商会发布过一份专门针对转让信用证的指南，其中包含这样的规定：当第二受益人提交的单据与转让后的信用证一致，而因第一受益人换单导致单据与原证出现不符时，或者简单说单据不符仅由第一受益人造成时，转让行有权直接提交第二受益人的单据给开证行。这项规定保护了正当发货制单的第二受益人利益，剥夺了不当作为的第一受益人赚取差价的权利。此次 UCP600 吸纳了这个条款，也就明确了此类业务的处理方法，需要引起进出口各方的特别注意。

2. 不可转让信用证(Non-Transferable Credit)

其利益只能是受益人本人享有，如受益人不能执行信用证条件，信用证只能过期作废。凡信用证上未注明可转让字样(This credit is transferable)的信用证都是不可转让信用证。在实务中如被要求开立可转让信用证，一定要了解第二受益人的情况，为了安全起见，信用证可用特别条款限制第二受益人，如注明本信用证只能转让给某国、某商人或只能在哪个范围内转让等。

四、背对背信用证(Back to Back Credit)

如果信用证不允许转让，或者实际供货人不接受买方国家银行信用证作为收款保障时，出口中间商则可用以他为受益人的、并以他的往来银行付款的外国开立的信用证作为抵押品，要求他的往来银行开立以实际供货人为受益人的信用证，这种信用证叫“背对背信用证”或从属信用证(Subsidiary Credit of Secondary Credit)，也有的国家称其为抵押信用证(Counter Credit)。

背对背信用证和可转让信用证都有中间商和第二受益人，费用都由第一受益人支付，中间商都可以改变信用证金额、单价、装期和有效期。但这两种信用证的区别是：

背对背信用证是两个独立的信用证，二者并存；可转让信用证是根据原证换开，新老证有直接关系；背对背信用证是在原证基础上开给新受益人，新证开出后原证仍然有效。可转让信用证要得到开证行、开证申请人允许方可转让，原证要注明 Transferable 字样，第一、第二受益人享有同等保证；背对背信用证的受益人只能得到开证行的付款保证。

五、循环信用证(Revolving Credit)

以上谈到的五种信用证，当金额使用完毕后无论有效期是否已到就自动失效了。循环信用证可多次反复使用，直到规定的次数或总金额被用完为止。循环信用证的作用在于买卖双方订立长期合同，并均衡地分批交货的情况下，进口方开出此种信用证可节省手续费、保证金，出口方也可省去等待开证或催证的麻烦。但由于国际电讯的发达和费用的降低，循环信用证已不多见。

开立循环证要注意说明以下几个问题：

(1) 循环条件：是按金额还是按时间循环；

(2) 循环金额：是积累还是不积累；

(3) 循环方式：是自动循环，半自动循环，还是非自动循环。

六、根据信用证的流通方式、付款地点可分为即期付款、承兑、议付和延期付款信用证

1. 即期付款信用证

即期付款信用证是开证行指定一家银行凭受益人提交的单证相符的单据立即付款的信用证。这类信用证中有类似下列条款：

"This credit is available with the advising bank by sight payment against the documents detailed herein."(此信用证适用于通知行凭此处所指定之单据即期付款。)

即期付款信用证的特点是：

(1) 只要受益人提交合格的单据，开证行或其指定的付款行或保兑行(如有的话)就必须立即支付现款，因而也有称为现金信用证(Cash Credit)的。

(2) 即期付款信用证可以不要求汇票，直接凭单据付款，也可以要求受益人提交即期汇票，该汇票以开证行、保兑行或指定银行为付款人，但出于免交印花税的考虑，不要求汇票的做法已日益普遍。

(3) 即期付款信用证若规定由开证行付款或充当汇票的付款人，则在开证行柜面到期；若规定以货币清算地的第三国银行为付款人，则在付款行到期，这两种情况下受益人必须考虑到邮程时间，提前寄单；若规定由通知行或其他位于出口国的银行为付款人，则在受益人本国到期，对受益人较有利。

(4) 若所指定的付款行不是开证行，则付款行在付款后向开证行寄单索偿或按照规定的方式索偿。付款行一般是主动借记开证行账户，而不垫款。付款行审单付款后，对受益人无追索权，而且承担证实单证相符的责任，若开证行提出不符点，则付款行就应当退款给开证行，自行承担风险。

即期付款信用证对当事人的利弊：

(1) 对受益人来说，可以马上得到货款，并且是无追索权的。

(2) 对开证申请人和开证行不利之处是在见到单据之前，已经付了款。

(3) 对付款行或保兑行来讲，他们承担了证实"单证相符、单单相符"之责任，如开证行提出不符点，付款行就应向开证行退款而承担风险。

(4) 开证行承担了单据邮寄过程中丢失的风险(Documents are travelling at risk of the issuing bank)。如是议付信用证，开证行不见单不付款，单据丢失的风险由受益人承担。

即期付款信用证近年来被广泛使用，原因是它能使受益人马上得到现金(It ensures the beneficiary to be paid cash)，这一点在今天的社会非常重要。

2. 延期付款信用证

延期付款信用证是指指定银行或开证行在收到合格单据后，约定按信用证规定在一个确定或可确定的将来时间承担付款责任的信用证。例如，信用证规定在交单后30天付款等。

延期付款信用证的特点是：

(1) 受益人交单时，只要"单证相符、单单相符"，由指定银行寄开证行，并通知受益人付款到期日(Maturity Date)；

(2) 在到期日之前，指定银行根据信用证偿付指示进行索偿，以保证在到期日收到款项；

(3) 如该指定银行为延期付款信用证加具了保兑，到期日时不管是否从开证行得到索偿资金，都要保证向受益人付款，所以该种信用证100%是保兑信用证；若付款行未对信用证加具保兑，虽然最终由开证行承担到期付款的责任，但是受益人还是缺乏直接的付款保证。因此，受益人为了收款顺利，更倾向于对延期付款加保兑的信用证。

延期付款信用证对各当事人利弊：

(1) 出口商要求本地银行对延期付款信用证加保兑，收款就有保障，出口商还可以申请出口信贷或将债权卖给银行，立即得到现金；

(2) 进口商和开证行在付款前先收到单据并得到货物，可以安装、调试或进行生产。

3. 承兑信用证

开证行或付款行在收到符合信用证条款的跟单汇票后予以承兑，于汇票到期日再付款的信用证。

承兑信用证与延期付款信用证一样都属于远期信用证(Usance Credit)，都是由银行保证在将来时间支付。区别在于承兑信用证必定要求一份以开证行或指定银行为付款人的远期汇票，付款期限由信用证规定，例如见票后90天等。当受益人提交包括远期汇票在内的全套合格单据时，由汇票的付款银行承兑，并由承兑行到期支付。受益人以承兑交单(D/A)的方式将单据交给指定银行，收回承兑汇票，以备到期提示取款。此时该汇票与货运单据脱离，成了一张光票。受益人也可以将承兑汇票在承兑行或其他银行贴现，提前收回扣除贴现利息、费用及承兑费用后的货款净值。如果贴现银行并非承兑行，而到期提示时承兑行因破产或其他原因拒付，则受益人可能面临贴现行的追索。开证行在收到单据后，一般以付款交单(D/P)方式向申请人放单，但有时可能凭申请人的信托收据(Trust Receipt)借出单据，以此对申请人提供融资。

一般情况下，受益人若想获得提前付款，可以贴现经付款银行承兑的汇票，但需承担贴现利息与费用，这种信用证称为卖方远期信用证(Seller's Usance Credit)，俗称真远期信用证，即建立在远期销售合约基础上的承兑信用证。但是有些承兑信用证规定，付款行在收到合格单据并承兑远期汇票的时候，可以立即按票面金额对受益人支付，承兑费用、贴现费用以及贴现利息均由申请人支付，这是一种即期支付的远期信用证(Usance Credit Payable at Sight)，又称为买方远期信用证(Buyer's Usance Credit)。在这类信用证中常见下列一些条款：

"The usance drafts are payable on a sight－basis, discount charges and acceptance commission are for buyer's account."(远期汇票按即期付款，贴现利息和承兑手续费由买方承担。)

"Drawer bank's discount or interest charges, stamp duty and acceptance commission are for account of the applicant and therefore the beneficiary is to receive value for term draft as if drawn at sight."(出票行的贴现或者利息费用、印花税以及承兑手续费由开证申请人承担，因此受益人可以像收到即期汇票那样及时获得远期汇票的面值金额。)

4. 议付信用证

议付信用证是指开证行指定某一银行或者任何银行买入受益人提交的相符单据的信用证。受益人交单后，议付行审核单据无误，可以购买汇票、单据，根据票款扣除议付手续费以及贴息后，将净额支付给受益人。议付行按照信用证规定向开证行寄单索偿。议付行对受益人的议付有追索权，除非议付行同时是保兑行。

UCP500 规定，除非信用证规定由开证行办理，否则议付信用证应授权一家银行议付，若信用证中没有表示限定某家特定银行议付，则任何一家自动承担议付的银行就成为指定银行。据此，议付信用证可分为限制议付信用证和自由议付信用证。

(1) 限制议付信用证(Restricted Negotiable Credit)。限制议付信用证是指只准许指定银行进行议付的信用证。这类信用证一般注明下列一些条款：

"This credit is available with advising bank by negotiation."(此信用证适用于通知行议付。)

"Negotiation under this credit is restricted to advising bank."(此信用证的议付限于通知行。)

(2) 自由议付信用证(Freely Negotiable Credit)。自由议付信用证，是指开证行授权任何一家银行都可以议付，它对任何一家议付行的索偿都承担责任，此时指定银行就是任意银行，最终由受益人确定。这种信用证对受益人的好处是他可以选择议付条件(例如利率、费用、汇率等)最优惠的银行进行议付。自由议付信用证的有效地点是出口地，这对受益人比较有利。该类信用证常出现以下说法：

"This credit is available with any bank by negotiation."(此信用证适用于任何银行议付。)

以及开证行的保证文句：

"We hereby agree with the drawers, endorsers and bona fide holders Of drafts drawn under and in compliance with the terms of this credit that such drafts will be duly honored On due presentation of the drawees if negotiated on or before the expiration date or presented to the drawees together with this letter on or before that date."(我行特向出票人、背书人和善意持票人保证，按此信用证条款开出的汇票，若于到期日或之前议付的，或者于到期日或之前连同此信用证直接向付款人提示的，在提示我行时我行将及时予以承付。)

(3) 不可议付信用证(Straight Credit)。不可议付信用证是指以开证行本身为付款人的信用证，或称作直接信用证，表示受益人应将单据直接寄给开证行，不能交给其他银行议付，而开证行只对受益人负责。不可议付信用证的有效地点是开证行所在地，所有单据必须在效期内全部到达开证行。这类信用证常有下列说法：

"We hereby engage with you(beneficiary) that all drafts and documents verified in compliance with the terms of this credit will be duly honored on delivery and presentation to us."(我行向你(受益人)保证，当所有与信用证条款相符的汇票和单据经证实已交付和已提示我行时，我行将及时予以承付。)

UCP600 对于议付的定义有别于 UCP500，也与 ICC 关于“议付”的专门意见书有所不同。在新的定义中，明确了议付是对票据及单据的一种买入行为，并且明确是对受益人的融资——预付或承诺预付。定义上的改变承认了有一定争议的远期议付信用证的存在，同时也将议付行对受益人的融资纳入了受惯例保护的范围。议付的概念一直处于面临多种解释的尴尬境地，现在的规定可能仍难以在所有银行中达成统一意见，但对于受益人而言，获得支付或融资才是最终目的，因此，这一条款倒也简单明了。在明确了议付信用证的融资功能以后，是否要求提交汇票的争议恐怕会迎来新的高峰。

专　栏

使用信用证的风险

信用证方式虽比较能为买卖双方所共同接受，但由于它所固有的独特的性质（特别是它的机械的“严格一致”原则）常为不法商人行骗假冒所利用，客观上也存在一系列的风险，从出口贸易业务的角度分析，出口方的风险主要有以下几个方面：

一、进口商不依合同开证

其条款应与买卖合同严格一致，但实际上由于多种原因，进口商不依照合同开证，从而使合同的执行发生困难，或者使出口商招致额外的损失。最常见的是：进口商不按期开证或不开证（如在市场变化和外汇、进口管制严格的情形下）；进口商在信用证中增添一些对其有利的附加条款（如单方面提高保险险别、金额、变换目的港、更改包装等），以达到企图变更合同的目的；进口商在信用证中作出许多限制性的规定等。

二、进口商故设障碍

进口商往往利用信用证“严格一致”的原则，蓄意在信用证中增添一些难以履行的条件，或设置一些陷阱。如规定不确定，有字误以及条款内容相互矛盾的信用证。

信用证上存在字误，如受益人名称、地址、装运船、地址、有效期限等打错字，不要以为是小瑕疵，它们将直接影响要求提示的单据，有可能成为开证行拒付的理由。此外，信用证中规定禁止分批装运却又限定每批交货的期限，或既允许提示联运提单却又禁止转船，或者要求的保险的种类相互重叠等，这些无疑是相互矛盾的。

三、进口商伪造信用证

伪造信用证，或窃取其他银行已印好的空白格式信用证，或与已倒闭或濒临破产的银行的职员恶意串通开出信用证等，若未察觉，出口商将导致货款两空的损失。

例如：某省外贸公司曾收到一份以英国标准麦加利银行伯明翰分行（STANDARD CHARTERED BANK ITD. BIRMINGHAM BRANCH. ENGLAND）名义开立的跟单信用证，金额为 USD 3 720 000 元，通知行为伦敦国民西敏寺银行（NATIONAL WESTMINSTER BANK LTD. LONDON）。因该证没有像往常一样经受益人当地银行通知，真实性未能确定，故该公司在发货前拿该证到某中行要求鉴别真伪。经银行专业人员审核，发现几点可疑之处：

1. 信用证的格式很陈旧，信封无寄件人地址，且邮戳模糊不清，无法辨认从何地寄出；

2. 信用证限制通知行——伦敦国民西敏寺银行议付，有违常规；

3. 收单行的详细地址在银行年鉴上查无；

4. 信用证的签名为印刷体，而非手签，且无法核对；信用证要求货物空运至尼日利亚，而该国为诈骗案多发地。

根据以上几点，银行初步判定该证为伪造信用证，后经与开证行总行联系查实，确是如此，从而避免了一起伪造信用证诈骗。

四、进口商规定要求不易获得的单据的信用证

如某特定人签字的单据，或注明货物配船部位或装在船舱内的货柜提单，或明确要求 FOB 可 CFR 条件下凭保险公司回执申请议付，这些对作为受益人的卖方来说根本无法履行或非卖方所能控制。

如：信用证规定，要求受益人提供由商检局出具品质和数量及价格检验证明的条款，根据中国商品检验局的规定，商检局只能出具品质和数量的检验证明，但不能出具价格的检验证明。因此，非卖方所能获得，应及时要求买方通过银行修改，取消有关价格检验的词句。又如：我国对国外出口的陶瓷、散装矿石等，信用证规定瓷管需装单舱、散装矿石要求装单舱或不准装深柜，必须在提单上加注“不准装深柜”。在实际工作中固然应适当考虑收货人的要求，但不能作为一条规定列入信用证内，因为：(1) 配舱是属船方的权力范围，只要承运人对货物不违反适当地、谨慎地装船配载原则，货主是不能干涉的；(2) 船方配货是根据全船货物全盘考虑的，不可能由货主分别指定部位装船。

http://cchywl.58.com.cn/articles/1c0/1252234427672.shtml

【思考训练题】

翻译下列文句：

1. This credit is confirmed by us.

2. This credit bear our confirmation and we undertake that documents presented for payment in conformity with the terms of this credit will be duly paid on presentation.

3. This is merely an advice of credit issued by the above mentioned bank which conveys no engagement on the part of this bank.

4. This credit is available with advising bank by sight payment against the documents detailed herein.

5. The words “about”、“approximately”、“circa” or similar expressions used in connection with the amount of the Credit or the quantity or the unit price stated in the Credit are to be construed as allowing a difference not to exceed 10% more or 10% less

than the amount or the quantity or the unit price to which they refer.

6. If drawings and/or shipments by installments within given periods are stipulated in the credit and any instalments is not drawn and/or shipped within the period allowed for that instalment, the Credit ceases to be available for that and any subsequent installments, unless otherwise stipulated in the Credit.

7. If an issuing bank states that the Credit is to be available "for one month", "for six months", or the like, but does not specify the date from which the time is to run, the date of issuance of the Credit by the issuing bank will be deemed to be the first day from which such time is to run, Banks should discourage indication of the expiry date of the Credit in this manner.

8. This credit is available with advising bank by negotiation.

9. We hereby engage with you(beneficiary) that all drafts and documents verified in compliance with the terms of this credit will be duly honored on delivery and presentation to us.

10. Amount of this credit USD100 000, revolving 5 times to maximum USD600 000.

11. Documents with discrepancies or payment under reserve is not permitted without prior approval of Union Bank Of Switzerland, Zurich.

12. Upon receipt of your tested telex certifying that the shipping documents are strictly in compliance with L/C terms, we shall effect shipment by T/T same working day.

13. A fee of HKD 200.00 will be deducted from the reimbursement claim for each presentation of discrepant documents under this credit.

14. This L/C is not operative until we advise price, name of vessel, destination and final documentary requirements by way of amendment.

15. Bank of China-Beihai Branch, China is authorized to released documents, once negotiated by themselves under and in strict compliance with term and conditions of the present letter of credit to Miss xxx(representative of Messrs. xxx from their Hongkong office).

附式 4－1：信用证样本

Status：MESSAGE DEI. IVERED

Station：BEGINNING OF MESSAGE

FIN/SESSION/OSN：F01 2391 750752

OWN ADDRESS：　X X X X X X

Output Message Type：700 ISSUE OF A DOCUMENTARY CREDIT

Input Time：　X X X X

MIR：

Sent by：　CHINA MINGSHENG BANKING CORP. ,LTD.

Output Date/Time：　04/12/22

Priority：　Normal

2'7/ SEQUENCE OF TOTAl.　1/1

40A/ FORM OF DOCUMENTARY CREDIT IRREVOCABLE

20/ DOCUMENTARY CREDIT NUMBER X XX X X X

31C/ DATE OF ISSUE　04/12/22

31D/EXPIRE AND PLACE　05/ 02/20 CHINA

50/APPI. ICANT　X X X X，JAPAN

59/BENEFICIARY　X X X,CHINA

32B/CURRENCY CODE AMOUNT　USD 50 000. 00

39A/AMT MORE OR LESS　05/05

41D/AVAIIABLE W！ TH\BY　ANY BANK BY NEGOTIATION

42C/DRAFTS. AT...　DRAFT AT SIGHT
FOR FULL INVOICE VALUE

42D/DRAWEE　XXXXXX

43P/PARTIAl. SHIPMENTS　PROHIBITED

43T/TRANSSHIPMENT　PROHIBITED

44A/LOADING ON BOARD/　CHINA PORT

44B/FOR TRANSPORTAT ION/　NAGOYA，JAPAN

44C/LATEST DATE OF SHIPMENT/　05/02/05

45A/GOODS DESCRIPTION /　GLASSWARE AS PER S/C NO. XXX
FOB CHINA

46A/DOCUMENTS REQUIRED/

＋SIGNED COMMERCIAL INVOICE IN TRIPLICATE

＋FULL SET OF CLEAN ON BOARD OCEAN B/L MADE OUT TO ORDER OF SHIPPER AND EDORSED IN BLANK MARKED FREIGHT COLLECT，NOTIFY APPLICANT

＋PACKING LIST IN TRIPLICATE

＋ G. S. P. CERTIFICATE OF ORIGIN　FORM'A' IN ONE ORIGINAL

＋ BENEFICIARY'S CERTIFICATE STATING THAT ONE SET OF SHIPPING DOCUMENTS HAVE BEEN SENT BY FACSIMILE DIRECTLY TO THE APPLICANT IMMEDIATELY AFTER SHIPMENT.

＋BENEFICIARY'S CERTIFICATE STATING THAT ONE SET OF NON－NEGOTIABLE

SHIPPING DOCUMENTS INCLUDING ONE COPY OF ORIGINAL G. S. P. CERTIFICATE OF ORIGIN FORM A HAVE BEEN SENT BY COURIER DIRECTLY TO THE APPLICANT IMMEDIATELY AFTER SHIPMENT.

+BENEFICIARY'S CERTIFICATE STATING THAT ALL ITEMS ARE MARKED 'MADE IN CHINA'

47A/ADD CONDITIONS

+TT REIMBURSEMENT IS NOT ACCEPTABLE.

+ THIS LC IS NOT TRANSFERABLE.

+ INSURANCE TO BE EFFECTED BY APPLICANT

+ SAMPLE(S) COMBINED ACCEPTABLE.

71B/CHARGES/ ALL BANKING CHARGES OUTSIDE JAPAN ARE FOR ACCOUNT OF BENEFICIARY

48/PERIOD FOR PRESENT/ DOCUMENTS MUST BE PRESENTED WITHIN 15 DAYS AFTER THE DATE OF SHIPMENT BUT WITHIN THE CREDIT EXPIRY.

49/CONFIRMATION/ WITHOUT

78/INSTRUCTIONS/

NEGOTIATIONS BANK MUST FORWARD BENEFICIARY'S DRAFTS AND DOCUMENTS TO ISSUING BANK IN TWO CONSECUTIVE REGISTERED AIRMAIL. REIMBURSEMENT CLAIM MUST BE SENT TO REIMBURSING BANK.

57D/ ADVISING THROUGH BANK CHINA MINGSHENG BANKING CORP. ,LTD.

72/BANK TO BANK INFO/ THIS CREDIT IS OPERATIVE AND APPLY UNIFORM CUSTOMS 1993 REVISION PUBLICATION 500.

第五章 银行保函和备用信用证

【本章提要】 在国际经济交易中，交易的双方由于地处不同的国家和地区，都希望银行能更多地介入其中为买卖双方提供保证，以增进双方的了解和信任，而银行保函和备用信用证作为银行提供的两种金融信用工具，正好满足这一要求。本章将对银行保函和备用信用证的基本内容进行介绍，以便大家在实务中应用。

【本章重点】 银行保函业务的基本特点；银行保函的作用；备用信用证的功能和内容。

【本章难点】 银行保函和备用信用证的比较。

【基本概念】 银行保函　备用信用证　关税保付保函　补偿贸易保函　承包保函

第一节　银行保函概述

为适应国际贸易的发展需要，银行保函作为一种重要的国际结算方式，通过银行信用补充和代替了商业信用，解决了商务合同中有关当事人互不信任的问题，它在贸易和融资领域发挥着日益重要的作用，促进了国际贸易和金融的发展。

一、银行保函的定义及作用

1．银行保函的定义

保函(Letter of Guarantee，简称 L/G)是指银行或其他金融机构应交易(贸易项下合约关系)一方当事人的要求，向交易的另一方开出的、为保证该当事人交易项下责任或义务的履行而做出的在一定期限内承担一定金额支付责任或经济赔偿责任的书面付款保证承诺。为区别于其他金融机构，如保险公司、保证公司、信托公司、金融公司等所开的保函，由银行所开立的保函，称为银行保函(Banker's Letter of Guarantee)。由于目前国际经济往来中使用最多的是银行保函，所以我们主要介绍银行保函的运作实务。

由于委托人未尽其义务或违约、过失，担保人应承担的付款或赔款责任，有时是第一性偿付责任，有时是第二性偿付责任。第一性偿付责任(Primary Obligation)又叫独立的付款承诺(Independent Undertaking of Payment)，即担保人的偿付责任独立于委托人在交易合同项下的责任义务。只要保函规定的偿付条件已经具备，担保人便应偿付受益人的索偿。第二性偿付责任(Secondary Obligation)也称从属的偿付责任，如果委托人业已履行合同项下的责任义务，或委托人根据交易合同条款，经权力机构裁决，业已被解除了交易合同项下的责任义务，担保人也随之免除了对受益人的偿付责任。目前国际上很少使用第二性偿付责任银行保函，比较通行担保人负第一性偿付责任的银行保函。

日常业务中，保函与担保这两个概念是有区别的。第一，保函是书面的付款保证承诺，而担保既可以是书面的形式做出也可以是口头的承诺。第二，保函是第三者以自己的信用来保证他人的行为或不行为，并承诺一旦出现相反情况，保证进行某种支付，而担保既可以是担保人对他人行为或不行为的保证，也可以是担保人对自己的行为或不行为的保证承诺。第三，担保的范畴大于保函，除保函业务外，担保还包括票据的保付、信用证的保兑等业务，保函只是担保的一种形式。

2. 保函业务的基本特点

保函业务不同于自我赔偿保证、跟单信用证及保险等业务，有其自身的特点：

(1) 保函是作为对他人信用不足的辅助或补充的以银行信用为基础的信用工具或结算工具，这一点不同于自我赔偿保证书，后者只是基于自身信用。

(2) 保函有三方基本当事人，是银行(担保方)以自身信誉为他人(委托人)债务/责任的偿付/履行而向第三者(受益人)出具的支付/赔偿保证文件，这一点既不同于自我赔偿保证，又不同于保险，后二者分别是只有两方当事人或只有两方基本当事人。

(3) 保函的担保方未必负有第一性的付款责任(其担保方的付款责任有时可以是第二性的)，这一点又与跟单信用证、自我赔偿保证及保险均不相同，后三者的开证行、保证人及保险人都是必须承担第一性付款责任的。

(4) 保函项下的支付具有“或然性”，这一点同跟单信用证有区别，后者在正常情况下必然发生支付。另外，保函的受益人权益是不允许转让的，这一点也不同于跟单信用证，后者必要时允许开立可转让信用证。

3. 银行保函的作用

在现代国际经济交易中银行保函具有非常重要的作用，表现在：

第一，它对合同价款的支付起保证作用，改革开放以来，许多外国企业和金融机构来华投资、融资。银行通过出具借款保函和其他融资保函，使外商增强了投资信心和安全感，改善了投资环境，有助于为我国企业争取到较为有利的对外融资条件。

第二，它对合同义务的履行起担保作用，随着国际贸易竞争的加剧，贸易各方都力求在合作中寻求最大的利益和最小的风险，银行通过办理投标、履约、预付款等保函，为我国企业积极参与国际竞争提供融资支持，推动了我国外贸事业的发展。

第三，有利于减少资金占用。国际贸易中为使业务顺利进行，有时需要支付一定资金作为保证，如：在国际承包工程中，出口商将施工设备运往工程所在国时，须向当地海关支付一笔关税作为押金，待工程完毕，设备运回时再退押金。承包商为了减少资金占用可向银行申请办理关税保函，保证施工设备日后一定运回本国，否则银行负责支付所欠关税，有了运回的保证，承包商就可免交这笔押金。

二、银行保函的基本当事人

在一笔保函业务中通常涉及以下几个当事人：

1. 委托人(Principal)

委托人或申请人(Applicant),是向担保行申请开立保函的人。在保函项下主要负有以下责任和义务:(1) 负担保函项下的手续费、利息及所有其他费用。(2) 如果发生保函项下的支付/赔偿,应立即偿还担保行的所有支付/赔偿。(3) 如担保行认为需要,须为之提供反担保人或者是一定押金或质押品。

2. 受益人(Beneficiary)

受益人是保函业务项下担保权利的享受者,以及依据保函及其有关条款有权向开立保函的银行提出索赔的当事人。如在投标保函项下,受益人通常为招标方;在承包工程的履约和预付款保函项下,通常为工程的业主。受益人在保函项下主要有以下权利和义务:(1) 有权按照保函的规定向担保行提出索偿/索赔。(2) 只能在保函的有效期限(保函的有效期限一般是针对担保行所在地而言,这点应特别予以注意)和规定金额内提出索偿/索赔。(3) 如果保函规定了索偿/索赔时所须提供的单据、基础和约的履约情况凭证,则在索偿/索赔时必须按要求予以提供。

3. 担保行(Guarantor bank)

担保行接受委托人的申请为其开立保函并由此向保函的受益人承担了有条件或无条件付款保证责任的银行,它的责任包括:(1) 一旦接受开立保函申请书,就有责任按照申请书开出保函。(2) 保函一经开出就有责任按照保函承诺条件,受理受益人的索偿/索赔。(3) 在处理受益人的索偿/索赔时,必须认真审核其是否符合保函的效期规定和金额规定,如果保函规定有单据要求的话,还须认真审核受益人所提交的单据是否在表面上符合保函的规定以及单据之间是否保持一致,对于从属性保函,还必须取得其基础和约履行情况的规定凭证,一般来说,担保行对受益人所提示单据的真伪或法律效力不负责任,对于第三者行为所造成的寄单延误、损失或差错等也不负责任。(4) 如果发生保函项下的支付/赔偿,担保行有权向委托人/反担保人索偿,若委托人不能在规定时间内偿还索偿款项,则担保行有权处置其押金或质押品,并有权进一步追索不足抵偿部分。(5) 有权根据担保金额和风险的大小向委托人收取手续费,并有权向委托人收取保函项下的利息及所有其他费用。

4. 反担保人(Counter Guarantor)

在国际经济交易中,委托人和受益人通常位于不同的国家或地区,由于受益人所在国法律的限制或其他原因,受益人只接受本国银行所开立的保函。这样,委托人为达成交易不得不请求当地的一家银行转托受益人所在国的一家银行开出保函。在这种情况下,受益人所在国的这家银行为担保人,而接受委托人的请求向受益人所在国的银行发出开立保函的委托指示同时保证在担保人遭到索赔时立即予以偿付的银行即为反担保人。反担保人又称指示方(Instructing Part),他在反担保函项下有以下权利和义务:(1) 有权要求申请人提供一定押金或质押品,也有权拒绝做反担保。(2) 一旦开出反担保函,就有义务按其承诺的条款受理担保行的索偿。(3) 在处理担保行的索偿时,必须认真审核其是否符合反担保函的效期规定和金额规定,如果反担保函规定有单据要求的话,还须认真审核担保行所提交的单据是否在表面上符合反担保函的规定以及单据之间是否保持一致。(4) 如果发生反担保函项下的赔偿,则有权向委托人追偿,若委托人不能在规定时间内偿还应付款项,则有权处置其押金或质押品,并有权进一步追索不足抵偿部分。(5) 有权不直接受理保函项下受益人提出的任何索偿/索赔要求。

5. 通知行(Advising bank)

通知行又称为转递行(Transmitting bank),是受担保行之托,代为转递保函给受益人的银行。在国际经济交易中,由于担保银行和受益人通常位于不同的国家或地区,担保银行在开出保函之后通常选择受益人所在地的一家银行代为通知或转递,这家银行即为通知行。通知行在保函项下主要有以下权利和义务:(1) 按担保人的指示及时将保函转递给受益人。(2) 若因故无法及时将保函转递给受益人,则应及时将此情况通报给担保人。(3) 有权按照保函的规定向受益人/担保行收取通知费。一般来说,对于保函内容的正确与否,以及在邮递过程中的延误、损毁或遗失等通知行均不负责任。

6. 保兑行(Confirming bank)

在保函业务中,有时受益人担心担保银行的清偿能力不足或由于受益人所在国法律的规定,要求担保人对其所开立的保函而邀请其他银行加具保兑,保证在担保人拒绝履行赔付责任时由其承担付款责任,这个为保函加具保兑并承担付款责任的银行即为保兑行。保兑行付款后有权根据担保函以及担保人要求其加具保兑的书面指示向担保行进行索赔。保兑行通常为受益人所在地的大银行。

三、银行保函的主要内容和开立方式

在实际业务中使用的银行保函种类很多,但不同类别的保函具有一些基本相同的内容。银行保函主要包括以下几个方面的内容:(1) 保函受益人的名称和地址;(2) 保函申请人的名称和地址;(3) 担保人的名称、国别和地址;(4) 保函的种类及保函的担保目的;(5) 与保函有关的基础交易合同、协议,标书的编号、日期,供应货物的名称、数量,工程项目名称等;(6) 保函的担保金额和所采用的货币;(7) 保函的有效期;(8) 索款办法,指受益人向担保行提出索偿的方式(如信索或电索)和路线(是否通过通知行)等;(9) 承诺条款,又称责任条款,表明担保行负责在何种条件下,凭受益人提交何种单据、证件向受益人付款;(10) 其他,如保函金额随申请人履约进度递减的规定等。

开立银行保函的方式通常有直开和转开两种。

1. 直开

直开是指担保银行应合同一方当事人的申请,直接向合同的另一方当事人开立以其为受益人的保函。在这种方式下,担保银行直接向受益人承担担保责任。担保银行开出保函后,可采取直交或转递两种传递方式。直交即担保银行直接交给受益人或由申请人交给受益人,转递是通过受益人所在地的一家银行即通知行转交给受益人。在实际运作中,有些国家还要求对外国银行所开立的保函必须经由受益人所在国的银行加保。

2. 转开

转开是指申请人所在地的银行应其客户的要求委托另一家银行(通常为受益人所在地的一家银行)开立保函,并由后者对受益人承担付款责任的一种行为。在这种方式下,真正的担保人是受益人所在地的银行,而委托人所在地的银行只是反担保人。反担保人只对担保人负责,而不向受益人承担任何直接责任。担保人凭借反担保人的反担保向受益人开立保函,受益人只能向担保人提出索赔,不能越过担保人直接向反担保人提出索赔。

四、银行保函的业务程序

一笔银行保函业务从开立到结束一般需经过以下几个环节:

(1) 委托人申请开立保函。委托人向银行申请开立保函时,须填写保函申请书,与担保行签订委托担保协议书、提交保证金或其他反担保及有关的业务参考文件。

(2) 担保行开出保函。银行在开出保函以前通常要认真审查申请人的资格、保函申请书及委托担保协议书、有关的业务文件如合同标书、抵押或其他反担保形式等内容。

(3) 保函的通知或转开。银行开出保函以后通常可委托受益人所在地的银行通知受益人,也可由委托人直接通知受益人。

(4) 保函的索赔和理赔。如果受益人未得到款项,受益人须提供书面索赔书,交给担保人,经其审核相符即应付款给受益人。

(5) 担保行对委托人进行追偿。担保行在向受益人付款后可向委托人追偿,如委托人无力支付,担保行可变现委托人事先抵押的财物、票据或其他担保品。

(6) 保函的注销。一般来讲,保函一旦到期即可注销,担保行将不再对任何索赔承担责任,担保行的担保责任即可解除,保函业务宣告结束。

中国银行办理银行保函的一般手续是:(1) 申请人需填写开立保函申请书并签章;(2) 提交保函的背景资料,包括合同、有关部门的批准文件等;(3) 提供相关的保函格式并加盖公章;(4) 提供企业近期财务报表和其他有关证明文件;(5) 落实银行接受的担保,包括缴纳保证金、质押、抵押或第三者信用担保等;(6) 由银行审核申请人资信情况、履约能力、项目可行性、保函条款及担保、抵押情况后,可对外开出保函。办理银行保函需要向银行交纳的费用见表 5-1。

表 5-1 中国银行的银行担保业务费率

货币种类	美元	英镑	日元	人民币
进口付款保函	开出保函时一次收取,效期三个月以上每三个月增收 0.05%,收足保证金者不再加收			200≤0.15%
投标保函	按季计收			300≤0.05%
履约保函	按季计收			500≤0.1%
预付款保函	按季计收			500≤0.1%
特殊贸易保函	按季计收			600≤0.125%
借款保函	按季计收			1 000≤0.2%
透支保函	按季计收			1 000≤0.2%
租赁保函	按季计收			1 000≤0.05%-0.2%

续表

<table>
<tr><th colspan="2">货币种类</th><th>美元</th><th>英镑</th><th>日元</th><th>人民币</th></tr>
<tr><td colspan="2">飞机租赁保函</td><td>按年计算,每半年计算一次</td><td></td><td></td><td>3%—4%</td></tr>
<tr><td colspan="2">其他保函</td><td>按季计收,其他保函根据其性质及中国银行风险大小按季在保函金额的0.05%—0.2%幅度内确定费率</td><td></td><td></td><td>300≤0.05%—0.2%</td></tr>
<tr><td colspan="2">保函通知</td><td></td><td></td><td></td><td>200/笔</td></tr>
<tr><td colspan="2">保函修改注销</td><td>修改增额按开立保函费率计收,减额按修改费率计收</td><td></td><td></td><td>100/笔</td></tr>
<tr><td colspan="2">提货担保</td><td>收足保证金者每笔按减免的比率收取,减收或免收保证金部分按减免的比率收取。对签发三个月仍未退回提货担保者每三个月收取一期费用,直至收回或受益人(船公司)出具证明,免除我行该担保函项下一切责任为止。该担保函如系船公司已退或申请人遗失,须至申请人出具证明,证明上述情况并由船公司盖章确认,同时申请人书面保证承担并免除中国银行该担保函项下一切责任为止</td><td></td><td></td><td>300≤0.05%</td></tr>
<tr><td colspan="2">索赔手续费</td><td>受益人委托中国银行办理非中国银行转开保函的索赔,收取索赔手续费及邮电费,中国银行转开保函的索赔,收取邮电费不收手续费</td><td></td><td></td><td>520≤0.08%≤5 500</td></tr>
<tr><td rowspan="5">电开证保函</td><td>国内</td><td rowspan="5">根据保函内容的篇幅酌情收取电报费</td><td></td><td></td><td>10/笔</td></tr>
<tr><td>港澳地区</td><td></td><td></td><td>80/笔</td></tr>
<tr><td>全电保函</td><td></td><td></td><td>300/笔</td></tr>
<tr><td>国外</td><td></td><td></td><td>600/笔</td></tr>
<tr><td>快邮费</td><td></td><td></td><td>按照邮局收取</td></tr>
</table>

五、银行保函和跟单信用证的比较

1. 银行保函和跟单信用证的相同点

表 5-2

比较项目	跟单信用证	银行保函
性质	是银行应申请人的要求,向受益人开立的有条件的付款承诺	是银行应委托人的要求向受益人开立的有条件的支付担保

续表

比较项目	跟单信用证	银行保函
信用基础	用银行信用代替商业信用,使受益人避免申请人不履行支付货款的风险	用银行信用代替或补充商业信用,使受益人避免或减少因委托人不履约而遭受损失的风险
银行对单据的有限责任	银行对于单据真伪及其法律效力,寄递中遗失等不负责任	担保行对单据真伪及其法律效力,寄递中遗失等不负责任

2. 银行保函和跟单信用证的不同点

表 5-3

比较项目	跟单信用证	银行保函
保证的对象	为进口方应有的付款责任作结算保证	可为进口方应有的付款责任,或借款人应有的还款责任作结算保证,也可为出口方或债务人或有的赔款责任作结算保证
银行的付款责任	开证银行负第一性付款责任	担保行担负第一性付款责任,有时负第二性付款责任,如合同项下责任义务已经履行,则担保行随之免除付款责任
付款是否必然性	每笔信用证一经开出,开证银行必须凭单付款	保函一经开出,担保行并非每次必须付款。倘若债务人尽到责任,担保行不须付款
受益人索款对象	受益人凭单向指定银行或开证银行索取货款,毋需向申请人索款	在从属性付款责任的保函下面受益人应先向委托人索款,当委托人无力付款时,再向担保行索款
是否存在指定银行	受益人与开证银行之间有一家被授权的指定银行	受益人与担保行之间没有另一家指定银行
单据的提交途径	受益人多是把单据交给指定银行,再由它把单据转递给开证行	受益人把索赔书和违约声明交到保函开立地点交给担保行
是否提供融资	对受益人的融资作用很明显,如申请打包放款、出口押汇、议付买单、汇票贴现等	对受益人没有融资业务
权利的可转让性	可转让信用证项下受益人使用信用证权利可以转让	除非保函有特殊规定,一般情况下受益人在保函项下索赔权利是不可转让的
费用	开证银行掌握物权单据遭受损失的风险较小,因而收取的手续费比保函要少	担保行只凭索赔书和违约声明等单据符合保函条款即付款,不了解单据与事实情况是否相符,常会遇到纠纷,付款带有风险,所以保函手续费比信用证要高

六、《见索即付保函统一规则》综述

长期以来，由于世界各国法律对保函属性认识上的不同和保函业务实践上的差异，在保函业务中至今未能形成一个像跟单信用证那样的能够得到国际公认和广泛采用的统一惯例。

1. 关于《合约保函统一规则》和《见索即付保函统一规则》

随着银行保函在国际经济交易中日益广泛的应用，各国关于保函业务习惯做法的差异与立法冲突也越来越成为引起纠纷与争议的原因。为了协调各国各地区的做法，确保对保函理解与做法的一致性和进一步推广，迫切需要制定关于保函业务的国际性规则。

虽然国际商会曾于1978年颁布了一个《合约保函统一规则》，被称为国际商会第325号出版物(ICC Publication No. 325)，但由于它过于全面地谋求各类保函的各方当事人之间的"利益均衡"，以至于对保函的法律属性都缺乏明确界定，所以始终未能得到广泛的接受和采用。后来，国际商会组织了大批专家共同制定了有关银行保函的国际规则，国际商会又经过长期的研究和讨论于1992年又颁布了一个《见索即付保函统一规则》(The Uniform Rules for Demand Guarantee，简称 URDG)，被称为国际商会第458号出版物(ICC Publication No. 458)；国际商会几经修订，现行版本是"URDG 758"(2010年修订)。这一新的规则采取了侧重于强调一些国际常用保函(比如招投标贸易中的各种保函)的各方当事人之间的"法律权益均衡"原则，从而得以明确界定了此类保函具有独立于基础合同的法律属性，由于它较好反映了广大金融界和商业界对当前国际间常用保函属性的普遍看法和观点，所以得到较多国家的银行界和法律界的接受和采纳。

2.《见索即付保函统一规则》中比较重要的规定

现将被使用较广泛的《见索即付保函统一规则》中比较重要的有关规定介绍如下：

(1) 保函的性质。保函是与合约或投标条款互相分离的单独业务，担保人与该合约或投标条款没有任何关系，也不受其约束。担保人在保函项下的责任是在提交了在表面上与保函条款一致的书面索款要求和保函规定的其他单据时，支付保函中指定的款项。

(2) 保函指示包括：① 委托人；② 收益人；③ 担保人；④ 需要开立保函的基础交易；⑤ 应付最高金额与币种；⑥ 终止日和终止事项；⑦ 索款条件；⑧ 扣减担保金额的任何条款。

(3) 担保人的义务和责任。① 担保人应合理审慎地审核保函项下规定和提交的包括索款要求书在内的所有单据，以确定其在表面上与保函条款一致。如这些单据在表面上与保函不符或相互间表面上不一致，则将被拒绝。② 担保人和指示人对所提交单据的格式、完整性、准确性、真实性或其法律效力概不负责。

(4) 索款要求。① 索款要求应在保函终止期之前根据其条件做出，特别是保函规定的索款要求所需的所有单据必须在终止日之前在保函开立地提交给担保人，否则担保人将拒绝该索款要求。② 保函项下的任何索款要求须采用书面形式，并附一份书面说明，声明委托人违反其基础合约项下的责任等。

(5) 失效规定。① 保函规定的提交索款要求的失效时间应为某一规定日期(失效日)或出现失效事件之时，如失效日期和失效事件在保函中均有规定，则保函应以二者之中首先发生的日期作为失效日。② 不管保函中有任何失效规定，在向担保人提交了保函后，或受益人书面声明结束保函项下义务，保函应被撤销。

(6) 适用法律及司法管辖权。① 除非保函或反担保函另有规定，保函的适用法律应以担保人或指示人(视具体情况而定)营业所在地的法律为准。如果担保人或指示人的营业地不止一处，那么应以开立该项保函或反担保函的分支机构所在地的法律为准。② 除非保函或反担保函另有规定，保函的担保人和受益人之间或反担保函的指示人和受益人之间的任何争议应该由担保人或指示人(视具体情况而定)营业所在地国家有管辖权的法院裁决。如果担保人或指示人的营业地不止一处，那么应由开立该项保函或反担保函的分支机构所在国家有管辖权的法院裁决。

第二节　银行保函的主要种类

在实际结算业务中，银行保函的种类繁多，根据不同的要求，从不同的角度我们可以将银行保函划分出不同的类别，我们这里只选取一些在进出口实务中应用较多的加以介绍。

一、独立性保函和从属性保函

按照银行保函与基础合约(如贸易合同)的关系，可分为独立性保函和从属性保函两大类。

1. 独立性保函(Letter of Independent Guarantee)

独立性保函是指根据基础交易开立，但一经开立后其本身的效力并不依附于基础交易合同，其付款责任依据保函自身的条款为准的银行保函。在这种保函项下，保函与基础交易合同之间是相互独立、各自独具法律效力的平行的法律关系，当今国际上所通行的保函大多为独立性保函。

独立性保函具有以下一些特性：(1) 其业务遵循国际商会的《见索即付保函统一规则》，担保行的支付/赔偿责任是第一性的。(2) 担保行的支付/赔偿承诺可以是无条件的，也可以是有条件的。(3) 它是一个独立于基础合约的自足性契约，担保行处理的只是保函所规定的单据，而完全不管基础合约及其履行情况。

2. 从属性保函(Letter of Accessory Guarantee)

从属性保函是指作为一项附属性契约而依附于基础交易合同的银行保函。这种保函的法律效力随基础合同的存在而存在，随基础合同变化、灭失而发生变化或灭失。在从属性保函项下，担保人承担的付款责任是否成立，只能以基础合约的条款及背景交易的实际情况来加以确定。传统的保函大都属于这一类。

从属性保函具有以下一些特性：(1) 其业务遵循国际商会的《合约保函统一规则》，担保行的支付/赔偿责任是从属性的。(2) 担保行的支付/赔偿承诺必定是有条件的。(3) 它是一个依附于基础合约的附属性契约，担保行支付/赔偿责任的成立与否，取决于基础合约及其履行情况。

二、付款类保函和信用类保函

根据保函项下支付前提的不同，可以分为付款类保函和信用类保函两类。

1. 付款类保函

付款类保函是指银行为某种必然会涉及支付行为的经济活动所开立的保函，如付款保函、延期付款保函、补偿贸易保函等。这里所说支付是指对合同项下的另一方所提供的商品、劳务、技术等的支付，即交易活动本身所需要的一种支付行为或支付义务，只要交易发生，这种支付就必然发生，可能由申请人自己直接支付，也可能经由担保银行在保函项下间接做出。

2. 信用类保函

信用类保函是指银行为那些只有在保函的申请人有违约行为而使其在基础合同项下承担了赔偿责任时，支付行为才发生的经济活动所开立的保函。它通常包括投标保函、履约保函、预付款保函和质量保函等。在这类保函项下，只要委托人没有违反与受益人之间所签订的基础合约，这种支付就不会发生。

三、出口类保函

出口类保函是指银行为满足出口货物和劳务的需要应出口方申请，向进口方开出的保函。以下介绍常见的出口类保函。

1. 承包保函(Contract Guarantee)

许多国家进行工程建设，多采用招标、承包方式，供应劳务、物料或设备的投标人和中标后的承包人，须向招标人或向工程业主提供各种银行保函，统称为承包保函，主要有以下几种：

(1) 投标保函(Tender Guarantee，Tender Bond，Bid Guarantee，Bid Bond，Bid Security)

投标保函是在以招标方式成交的国际贸易和劳务承包业务中，招标方为了防止投标者不遵守在投标书中做出的承诺，要求投标人通过其银行出具的一种书面付款保证文件。在投标保函中，担保银行保证投标人履行下列责任和义务：① 保证在其报价的有效期内不修改原报价、不撤标、不改标；② 保证中标后按招标文件的规定在一定时间内与招标人签订合同，并按招标人规定的日期提交履约保函。

如果投标人未履行上述责任和义务，在开标前撤回投标，或中标后不履约，招标人有权根据保函向担保银行索赔，索赔金额通常为投标人报价总额的1%～5%。有效期至开标日为止，有时再加 3～15 天索偿期，如果投标人中标，则有效期自动延长至投标人与招标人签订合同交来履约保函时为止。

(2) 履约保函(Performance Guarantee，Performance Bond，Performance Security)

履约保函是银行应供货方或劳务承包方(委托人)的请求向买主或业主方(受益人)所开立的保证委托人履行某项合同项下义务的书面保证文件。在进出口业务中，履约保函用来保证出口方履行贸易合同项下的交货义务，在国际招标中，招标人要求中标人签订合同后，还要提供一份履约保函，以保证中标人能履行合同规定的责任和义务。如果在保函的有效期内委托人未能按合约的规定发运货物、提供劳务或完成工程及其他义务，则受益人有权要求担保行给予赔偿。履约保函的金额由招标人确定，一般为合同总价的 10%左右。在国际经济交往中，履约保函是使用最为广泛的一种保函。

2. 留置金保函或保留金保函(Retention Money Guarantee)

在大型机械设备的进出口以及国际承包工程中，进口方或工程业主在支付货款或工程款时，常常规定先支付合同金额的 90%～95%，其余 5%～10%等设备安装完毕运转良好，经买方验收后再支付。这一小部分余额称作保留金或留置金，如发现机械设备、品质、规格与合同规定不符，双方洽商减价，便从保留金中扣抵。

由于项目涉及金额比较大，占压了资金，出口商或承包商希望提前收回这部分款项。留置金保函就是对这部分尾款的提前收回所做出的承诺担保。具体讲，留置金保函是指出口商或承包商向银行申请开出的以进口商或工程业主为受益人的保函，保证在提前收回尾款后，如果卖方提供的货物或承包工程达不到合同规定的质量标准时，出口商或承包商将把这部分留置款项退回给进口商或工程业主，否则，担保银行将给予赔偿。保函金额就是保留金的金额，有效期是合同规定的索赔期满加 3～15 天索偿期。

3. 质量保函(Quality Guarantee)和维修保函(Maintenance Guarantee)

质量保函和维修保函是指担保银行应卖方或承包商等的请求就合同标的物的质量所出具的一种保函，旨在保证供货方所提供的货物和承包方所承建的工程项目在规定的时间内符合合同所规定的规格和质量标准。如果在规定的时期内发现货物的质量或工程的质量与合同规定不符，而供货方或承建人又不愿或不予更换、维修或补偿损失，则买方或业主有权依据保函向担保银行要求赔偿。

保函金额一般为合同金额的 5%～10%，保函有效期一般至合同规定的质量保证期满，再加 3～15 天索偿期。这两种保函都是对履约责任者在合同标的物的质量保证期内合同义务的履行所作的担保，但二者也有一些微小的差别：质量保函经常对货物的质量做出担保，通常运用在大型机械设备、飞机、船舶等交易中；而维修保函经常对工程项目的质量做出担保，主要用于国际工程承包项目中。

四、进口类保函

为了满足进口货物和进口技术的需要，进口类保函一般是银行应进口方申请，向出口方开出的保函。

1. 付款保函(Letter of Payment Guarantee)

付款保函是银行应进口商或工程业主的要求，向出口商或承包方出具的保证货款支付或承包工程价款支付的书面担保文件。第一，在只凭货物付款的交易中，进口方向出口方提供银行担保，保证在出口方交货后，或到货后，或到货经买方检验与合同相符后，担保行一定支付货款，或进口方一定支付货款，如进口方不支付，担保行代为付款；第二，在技术交易中，买方向卖方提供银行担保，保证在收到与合同相符的技术资料后，如果买方不付款，担保行代为付款。保函金额即合同金额，保函有效期按合同规定付清价款日期再加半个月。它的作用就是要保证进口商或业主履行其对合同价款的支付义务。因此，它既可以作为一种单独的支付方式使用，即由卖方或承包方凭货运单据和工程结算单据直接向担保银行索取款项；也可以作为商业信用结算方式的补充和额外保证工具，即由卖方或承包方先向买方或工程业主索要款项，如果买方不付款，卖方可以凭付款保函向担保银行索赔，获得赔付。

2. 延期付款保函(Deferred Payment Guarantee)

在飞机、船舶、大型机电产品、成套设备等贸易及大型工程项目建造中，由于涉及金额较大，成交期较长，买方或工程业主通常要求卖方或承包方给予延期付款的优惠。而卖方或承包方为了保证自己的利益不受损失，往往要求对方提供银行开立的延期付款保函。比如，进口方按照合同规定预付给出口方一定比例(如货款的10%)的订金，其余部分(货款的90%)由进口方银行开立保函，保证进口方根据货运单据支付一部分(如货款的10%)，其余部分(货款的80%)分为10个相等份额，每份金额加利息，连续每半年支付一次，共5年分10次付清全部货款。如果买方不能付款，担保行代为付款。因此，延期付款保函是银行应买方或业主的委托向卖方或承包商开立的，对延期支付或远期支付的合同价款以及由此产生的利息所做出的一种付款保证承诺。

3. 租赁保函(Leasing Guarantee)

租赁贸易(Leasing Trade)是指出租方保留货物所有权，承租方按协议规定支付租金，在一定时间内获得该货物使用权的贸易方式。用租赁方式进口机械、仪器、设备、运输工具时，为了能保证租金的按期偿还，承租人通常根据租赁协议的规定，请求银行向出租人开立一种目的在于保证承租人按期向出租人支付租金的付款保证承诺，这一付款保证承诺即为租赁保函。当承租人未能按租赁协议的规定按期支付租金时，出租人可以凭借租赁保函要求担保银行代付拖欠的租金及产生的利息。

保函金额即租金总额，租金的总额相当于货价加利息，租赁保函应该明确规定担保人的担保责任将随着每笔租金的支付而递减。租赁保函的生效日一般为开立之日或租赁协议生效日，但在实际业务中应尽量以租赁资产的交付日或验收合格日为生效日，以保护承租人利益，防止不合理的索赔。失效日一般为最后一笔租金的付清之日。如果保函金额扣减至零，则当天即为保函失效日。

五、对销贸易类保函

对销贸易(Counter Trade)是指在互惠的前提下，由两个或两个以上的贸易方达成协议，规定一方的进口产品可以部分或者全部以相对的出口产品来支付。其实质是进口和出口相结合的方式，一方商品或劳务的出口必须以进口为条件，体现了互惠的特点，即相互提供出口机会。其中补偿贸易、来料加工、来件装配是我国常见的三种做法，银行为对销贸易提供的保函如下：

1. 补偿贸易保函(Guarantee for Compensation Trade)

在补偿贸易中，提供设备、技术一方为了防止因对方不能按期、如数地补偿其设备、技术价款及其利息，自己可能遭受经济损失，往往会要求引进设备、技术的一方提供银行保函。设备进口方向设备供应方提供银行担保，向其保证：如进口方在收到与合同相符的设备后，未能以该设备生产的产品，按合同规定返销出口给供应设备方，或由其指定的第三者以偿付进口设备的价款，又不能以现汇偿付设备款及附加利息，担保行即按保函金额加利息赔付设备供应方。这种保函，就是补偿贸易保函。

补偿贸易保函实际上只是延期付款保函的一种延伸，仍然属于货款保付的担保范畴，但是，由于补偿贸易的特殊性，它又不同于延期付款保函，最主要的区别在于补偿贸易保函项下支付行为的发生与否同设备或技术提供方对补偿产品回购义务的履行与否相挂钩，而不像一般进口合同项下的延付保函只是对产品卖断的支付提供保证。补偿贸易保函的有效期一般为补偿合同规定的进口方交货或付款之日，再加上半个月，保函金额通常是设备价款金额加利息，担保人的担保责任根据进口设备方向供应设备方提供产品(或付款)的金额而相应递减。

2. 加工/装配贸易保函(Letter of Guarantee for Assembling/Processing Trade)

在来料加工或来件装配业务中，进料方(进件方)向供料方(供件方)提供银行担保，向其保证如果进料方(进件方)收到与合同相符的原料或元件(包括加工或装配所需之小型设备及工具)后，未能以该原料或元件加工或装配，并按合同规定将成品交付供料方或供件方，或由其指定的第三者，又不能以现汇偿付来料或来件价款及附加的利息，担保行就将按照保函金额加利息赔付供料方(供件方)。

六、其他种类的保函

在一些非贸易性质的国际经济交往中，银行代债务人向债权人开出的各种保函，我们归之为其他种类的保函，我国常见的有以下几种：

1. 借贷保函

在国际借贷中，贷款人在放款前都要对借款人的资信和偿还能力等方面进行调查，并且为了确保贷款能按时偿还，还常常要求借款人提供由银行出具的保函作为偿还贷款的保证。

(1) 借款保函(Letter of Loan Guarantee)。这是国际借贷交易中，借款方依照约定向贷款方提供的，由另外一家银行担保，当贷款方依约提供了贷款后，借款方将依约按期偿还贷款本息，否则担保行即代借款人偿还借款并支付利息。借款保函的金额可以是借款的全部本息，也可以是部分本息，借款保函金额一般为借款总额加上贷款期间所产生的利息。保函自开出之日起生效，在借款人全部还清借款本息之日失效。担保人在保函项下的付款责任随贷款的部分偿还相应递减。

(2) 提单保函(Letter of B/L Guarantee)。这是国际贸易中，发生货物早于单据到达进口地或单据在邮寄过程中遗失等情况时，进口商为能及时提货(以避免货物压仓变质、减少港口仓储费用以及不误销售时机等)，而向承运人/或其代理人提供的，银行担保当后者不凭提单而向前者发货后，前者一旦收到或找到提单，将立即交给后者赎回保函，如果前者违约或因此给后者造成损失，则由担保行给予后者保函规定金额内赔偿的一种信用保函。

2. 关税保付保函(Letter of Customs Guarantee)

承包工程公司在国外施工，须将施工器械运进工程所在国家，在运入该国时，应向该国海关交纳一笔税金，工程完毕将施工器械撤出该国时，该国海关可以退还这笔税金。承包方为了避免垫付这笔税款，常要求银行向工程所在国海关出具担保，向其保证如承包方在工程完毕后，未将施工器械撤离该国，由担保行支付这笔税金。这种保函就是关税保付保函，又称“临时进口保函”(Temporary Importation Guarantee)。

一般地，在国际展览、展销或博览会等临时进口交流中，展览团/展销团/代表团在那些临时性进口物品入关时为避免退税麻烦而向进口国海关提供“关税保付保函”，银行担保前者的该批物品在规定期限内撤离该国，并在出关时对已销售、转让或未撤离物品补缴关税，否则由担保行负责保函规定金额内的赔偿。保函金额即外国海关规定的税金金额，保函有效期为合同规定施工器械或展品等撤离该国的日期再加半个月。

3. 账户透支保函(Overdraft Guarantee)

承包工程公司在外国施工，为了得到当地银行资金融通，有时需要在当地开立透支账户，在开立透支账户时，一般须提供银行担保，向当地账户行保证，如该公司未按透支合约规定及时向该行补足透支金额，担保行代其补足。这种保函，即为账户透支保函。保函金额一般是透支合约规定的透支限额，保函有效期一般为透支合约规定的结束透支账户日期再加半个月。

4. 保释金保函(Letter of Bail Guarantee/Bond)

载运货物的船只或其他运输工具，由于船方或运输公司责任造成货物短缺、残损，使货主遭受损失，或因碰撞事故造成货主或他人损失，在确定赔偿责任前，被当地法院下令扣留，须交纳保释金方予放行时，可由船方或运输公司向当地法庭提供银行担保，向其保证如船方或运输公司不按法庭判决赔偿货主或受损方所受损失，担保行就替代其赔偿，当地法庭即以此银行担保代替保释金，将船只或其他运输工具放行，此种银行担保就是保释金保函。保函金额视可能赔偿金额大小，由当地法庭确定，保函有效期一般至法庭裁决日期后若干天。最常见的是海事保函(Letter of Guarantee for Maritime Accident)，通常被用于保释因海上事故(如撞损码头设施或其他船只、造成海洋污染或发生海难事故等)而被扣留的船舶。

专　栏

中国进出口银行牵头首例预付款退款保函银团

2008年3月7日，江苏新时代造船有限公司与由中国进出口银行作为牵头行组成的银团在京签署了30亿美元船舶预付款退款保函银团协议。该项目也是国内首例针对船厂的预付款退款保函需求，利用银团贷款方式组建的银团。

本次银团由进出口银行南京分行作为牵头行，中国银行江苏省分行为副牵头行，农业银行江苏省分行、光大银行南京分行、民生银行苏州分行、招商银行南京分行、上海浦东发展银行南京分行等多家银行参与。

从1994年建行到2007年末，累计已提供1 400多亿元的出口卖方信贷和46亿美元的出口买方信贷，支持各类型船舶出口1 700余艘，对外开立预付款退款保函责任余额达140亿美元。

此次银团协议的签署，是中国进出口银行充分研究并利用银团贷款在风险管理方面的制度优势，顺应我国造船工业发展的形势需求，支持我国由造船大国向造船强国转变的一次积极尝试，对探索船舶保函与银团贷款的结合运用，引领国内船舶融资发展具有积极的推动作用。

同时，该银团的成功筹组突破了传统的以直接贷款为主要融资服务手段的局限，对推动我国银团贷款业务产品的创新具有十分重要的意义。

我们认为，银行为制造业企业提供的产品服务中，保函类产品可以作为信贷的基础，往往更容易作为突破口，获得客户的信任。银行可以结合信贷融资等服务广泛开展借款保函、融资租赁保函、经营租赁保函、延期付款保函、补偿贸易保函、投标保函、履约保函、预付款保函、质量保函、维修保函、付款保函、留置金保函、海事保函、关税担保以及各类备用履约保函信用证等。

http://finance.sina.com.cn/chanjing/b/20080314/16254623588.shtml

第三节　备用信用证

一、备用信用证的产生及其发展

19世纪中叶，作为商业信用证的一个分支备用信用证起源于美国，当时，美国的联邦法律只允许“担保公司(Bonding Company)”开立保函，禁止银行为其客户提供担保书(Security Bonds)，而世界其他国家的银行一般均无此限制。在实际业务中，客户常常要求银行出具保函。为了避开法律的限制，同担保公司及其他国家的银行展开竞争，美国银行便创立了备用信用证这种信用工具代替银行保函，并得到公众的接受。

在实际业务中，美国银行只给信誉良好的客户开具备用信用证。因为，开具备用信用证可视为对客户发放中、短期贷款。如果客户到期未能履行付款责任，银行则或者贷款给客户用于偿还债务，或者根据受益人的索偿，在备用信用证项下代客户履行付款责任。1974年9月16日的美国联邦银行法规定，备用信用证的金额不得超过贷款限额，即银行对其任何一个客户的贷款不得超过该行实收资本的10%。但以现金、应收账款、国库券或其他有价证券、流通票据为抵押开出的备用信用证不在限额之内。由于美国银行在开具备用信用证时是很谨慎的，开出的备用信用证也多半是备而不用的，所以，对申请人来说，备用信用证非常受欢迎，它既方便又节省费用，故一直沿用至今。

二战后，随着国际贸易规模的不断扩大，交易的方式也越来越多样化，有些交易如项目融资、国际工程招标等，不仅交易的金额大，交易的期限长，而且程序复杂，涉及的问题也多。为了能使交易顺利进行，有关当事人常常要求交易的对方提供银行出具的担保，备用信用证的使用量逐渐地增多而且使用范围也越来越广，开展这项业务的银行也越来越多，现在世界上许多国家的银行都承办备用信用证业务。今天，备用信用证已发展成一种全面的金融工具，其应用范围比一般的保函更为广泛，可用于支持委托人的融资和非融资性契约责任，并提高这种资金保证的信用等级。

二、备用信用证概述

备用信用证是银行除保函外提供的另外一种信用工具。它是一种特殊的信用证，在国际商会的第500号出版物《跟单信用证统一惯例》中，对跟单信用证所下的定义中包括了备用信用证。

1. 备用信用证的概念

在国际商会的第500号出版物《跟单信用证统一惯例》即UCP500中，备用信用证(Standby Letter of Credit，简称SLC)是指银行根据商业合约一方当事人的要求而向另一方当事人所出具的、目的在于保证申请人履行某种义务并在该方未履约时，凭受益人所提交的表面上单单一致、单证一致的单据或文件代其向受益人做出一定支付金额的书面付款保证承诺。备用信用证是一种特殊形式的信用证，又称光票信用证(Clean L/C)、商业票据信用证(Commercial Paper L/C)、担保信用证(Guarantee L/C)、履约及投标信用证(Performance L/C, Bid Bond L/C)，同时，它又是保函的亲兄弟，他们的使命是一致的。Standby意为支持或援助，SLC即银行支持或援助债务人，当债务人不能履行债务时，银行愿意代其清偿债务之意。美国银行界人士认为SLC应称为Stand Behind L/C。

美国联邦储备银行给备用信用证下的定义是：A "Standby Letter of Credit" is any letter of credit, or similar arrangement however named or described, which represents an obligation to the beneficiary on the part of the issuer: (1) To repay money borrowed by or advanced to or for the account of the account party or (2) To make payment on account of any Indebtedness undertaken by the account party or (3) To make payment on account of any default by the account party in the performance of any obligation.（备用信用证是一种信用证或类似的协议，无论其如何命名或描述，开证银行对受益人承担下列责任之一：1. 偿还债务人的借款或预支给债务人的款项；2. 支付由债务人所承担的负债；3. 因为债务人不履行契约而付款。）

备用信用证是独立性的担保，一经开出，就与作为其依据的基础合同相独立，开证行在履行信用证项下的义务时，不能以基础合同为条件。SLC根据"跟单信用证统一惯例"开立，具有单据化的特点，只管单据，不管合约和货物。因此凭什么单据付款十分重要，一般要求凭违约证明，并对证明的文字做具体规定。SLC还应加自动减额条款，要有明确的有效期及到期地点，并注明到期自动失效。

2. 备用信用证的基本性质

(1) 它以银行信用为基础，其业务遵循国际商会的《跟单信用证统一惯例》，开证行的付款责任是第一性的。

(2) 它是一个独立于交易合同的自足性契约，其付款承诺可以是有条件的或无条件的。

(3) 开证行处理的只是信用证所规定的单据,而完全不管基础合约的履行情况及具体事实。

3. 备用信用证的基本功能和内容

备用信用证是在国际贸易中以银行信用来弥补商业信用不足的一种独立性信用工具/结算工具,其功能类似于独立性保函(实际上前述的各种独立性银行保函一般均可以用备用信用证来代替)。

备用信用证的当事人与跟单信用证的可能当事人相类似,但由于二者应用范围的不同,所以备用信用证的申请人和受益人不再只局限于进口商和出口商,还可能是其他债务人和债权人。

备用信用证并无统一格式,其基本内容与跟单信用证相似,只是备用信用证中不要求受益人提交货运单据,而常要求受益人提交某种表明申请人违约的证明文件,所以需要对违约证明的具体要求做出详尽的规定(这是避免受益人无理索偿/索赔所必要的防范措施)。

三、备用信用证的业务流程和《国际备用证惯例》

备用信用证的业务流程和跟单信用证大体相同。主要经过以下几个步骤:(1) 开证申请人根据基础合同的规定向银行申请开立备用信用证。(2) 开证银行在经过认真审查后,开出备用信用证,并通过通知行向受益人通知备用信用证。(3) 如果开证申请人按基础合同履行了所承担的义务,开证银行就不必因为开出备用信用证而履行付款义务,其担保责任在备用信用证到期时解除;如开证申请人未能履约,受益人可根据备用信用证的规定提交有关单据和文件向开证银行索赔。(4) 开证银行在收到索赔文件后,经审查符合信用证的规定,应无条件地向受益人付款。(5) 开证银行向受益人付款后,可向开证申请人索赔,开证申请人有义务偿还。

《国际备用证惯例》(International Standby Practices,简称 ISP)作为国际商会第 590 号出版物(ICC Publication No. 590)公布,并于 1999 年 1 月 1 日开始实行。备用信用证自产生以来,得到了广泛的推广和应用。20 世纪 80 年代国际商会在跟单信用证 400 中将备用信用证第一次列入信用证的范围。到了 90 年代在 UCP500 中又进一步明确指出:"跟单信用证包括在其适用范围的备用信用证。"但统一惯例中只有有关内容适用于它,而备用信用证的很多方面,惯例并没有作出规定,再加上各国各地区相关法律的差异,备用信用证在实际应用中出现的问题很多。在这种情况下,1998 年在美国国际金融服务协会(International Financial Service Association,简称 IFSA)、美国国际银行法律与实务学会(Institute of International Banking Law and Practice,简称 IIBLP)和国际商会银行技术与实务委员会的主持下制定了《国际备用证惯例》。

ISP98 规定,任何备用信用证或类似的独立担保书,只要明确注明根据 ISP98 开立,则适用于本惯例。因此该惯例不仅适用于备用信用证,也适用于商业信用证;不仅适用于国际备用信用证业务,也适用于国内备用信用证业务;既适用于银行所开立的备用信用证，也适用于非银行金融机构所开立的备用信用证。一份信用证可同时根据 UCP500 和 ISP98 开立，在这种情况下，同时适用于《国际备用证惯例》和《跟单信用证统一惯例》，但 ISP98 应优先于 UCP500，只有在 ISP98 条款未涉及或另有明确规定时，才可根据 UCP500 原则解释、处理有关条款。备用信用证也可以继续适用 UCP600。

四、银行保函与备用信用证的比较

1. 银行保函与备用信用证的相同点

(1) 银行保函与备用信用证所涉及的当事人基本相同。主要当事人都包括申请人、担保人和受益人，二者都是银行根据委托人的请求向受益人做出的书面付款保证承诺，保证只要委托人未能按合同履行义务，担保行或开证行将凭受益人提交的规定单据或其他文件给予赔付，两者都是以银行信用来弥补商业信用的不足。

(2) 二者都是以基础合同为依据而开立的，但一经开出，二者均独立于基础交易合同，即使其中引用了基础合同的有关内容，也不受基础合同条款的约束。

(3) 在银行保函和备用信用证项下，银行所处理的不是货物，而是单据，但对单据的真伪、转递过程中的遗失或延误以及受益人与委托人之间关于基础交易合同的纠纷等等概不负责。只要受益人提交了符合银行保函或者备用信用证规定的索赔文件，银行就必须履行赔付义务。

2. 银行保函与备用信用证的主要区别

(1) 二者适用的国际惯例或国际公约不同。《国际备用证惯例》的实施使备用信用证有了自己的规则，而对于银行保函国际商会也制定有相应的规则和公约，如《见索即付保函统一规则》、《合约保函统一规则》等，但关于银行保函的规则至今仍未被世界各国所认可。

(2) 银行保函与备用信用证所要求的单据有所不同。备用信用证一般要求受益人在索赔时应提交即期汇票及表明申请人未能履约的书面声明。银行保函就不要求受益人提交汇票，担保银行仅凭受益人提交的书面索偿以及证明申请人违约的声明即须付款。

(3) 二者的付款依据不同。银行保函的付款依据是有关合同或某项承诺没有履行，因此担保银行在确立是否付款时可能被牵扯到商务合同中去，甚至被牵扯进被保证人和受益人的争议之中。而备用信用证的付款依据是受益人在信用证有效期内按信用证规定提供的声明书或单据，银行与开证申请人和受益人之间的合同无关，正是“信用证与单据相联系，保函与履约相联系”(Letter of credit is concerned with documents, guarantee is concerned with performance)。

(4) 备用信用证是独立性的担保，而银行保函分为独立性保函和从属性保函两大类。在银行保函项下，根据索偿条件的不同。担保行可能承担第一性的付款责任，也可能承担第二性的付款责任。而备用信用证一经开出，开证银行所承担的就是第一性的付款责任。

(5) 银行保函与备用信用证的到期地点不同。保函的到期地点通常在担保银行所在地，而备用信用证由于可以经第三者议付、承兑或付款，所以其到期地点可以在开证银行所在地，也可以在受益人所在地或其他地点。

五、跟单信用证与备用信用证的比较

1. 跟单信用证与备用信用证的相同点

（1）它们的开证银行均负有第一性的付款责任。

（2）它们同属信用证范畴，所遵循的国际惯例都是国际商会跟单信用证统一惯例。

（3）它们都是以银行信用为基础，都是用于补充商业信用的不足而又独立于交易合同的自足性契约，银行所处理的都是单据而非货物。

2. 跟单信用证与备用信用证的不同点

（1）跟单信用证一般只用于贸易货款的结算，而备用信用证主要用于各种信用担保或非货款结算。最普遍的是用作投标、履约及赊购、赊销等业务，还可以为发行商业票据作保。此外，还可以用作赔偿金的支付等。

（2）跟单信用证是有在运货物作抵押的银行信用，它在对货物的运转、仓储进行融资时，一般都凭出示代表货权的单据付款；而备用信用证一般是无抵押的银行信用，在多数情况下，银行只凭一张违约说明和书面索偿付款。

（3）跟单信用证项下的支付在正常情况下是必然发生的，而备用信用证项下的支付有时（当其用作信用工具时）具有或然性。在备用信用证业务中，银行处于次债务的地位，只有当申请人不履行付款或其他义务时，银行才会承担付款责任。

（4）在实务中，跟单信用证有可转让信用证；而备用信用证一般均为非转让信用证。

（5）跟单信用证多为非己付信用证；而备用信用证多为己付信用证。

【思考训练题】

翻译题

Performance Guarantee Form

To: China National Technical Imp. Corp., Beijing　　Issuing Date: 19 Oct., 201X

Our Irrevocable Guarantee No. BDF－2404

Performance Security for Contract No. 530589

This Guarantee is hereby issued to serve as a the performance security of ABC Company, Dortmund (hereinafter called the Seller) for contract No. 530589 between you and the Seller for the supply of microscopes, photographic equipment and projectors (hereinafter called the goods).

The Bank of Asia, Beijing (herein after called the Bank) hereby unconditionally and irrevocably guarantees and binds itself, its successors and assigns to pay you, without recourse, up to the total amount of EUR 360,000.00 (currently used in the contract) representing (15) percent of the contract price in Deutsche Mark and accordingly covenants and agrees as follows:

(A) On the Seller's failure of the faithful performance of all the Contract Documents and agreed modifications, amendments, additions thereto that may hereafter be made including replacement of defective goods(hereinafter called the failure of performance) as determined by you and notwithstanding any objection by the Seller, the Bank shall immediately, on your demand in a written notification stating the failure of performance by the Seller pay you such amount or amounts as required by you not exceeding the aggregate total as stated above in the manner specified in the said notification.

(B) Any payment hereunder shall be made free and clear of and without deduction for or on account of any present or future taxes, duties, charges, fees, deductions, or withholdings of any nature whatsoever imposed.

(C) The covenants herein contained constitute unconditional and irrevocable direct obligation of the Bank. No alteration in the terms of the contract to be performed there under and no allowance of time by you or other forbearance or concession or any other act or omission by you which but for this provision might exonerate or discharge, the bank shall in any way released the Bank from any liability hereunder.

(D) This Guarantee shall remain valid and in full force and effect until the expiration of the Guarantee period specified in Article15 of the terms and conditions of the contract.

Remarks: This Guarantee expires on 19 April, 201X

Guarantor: Bank of Asia, Beijing

Signature

C. C. Deutsche Bank AG. , Dortmund FRG

(Your counter-guarantee No. 19—21627)

第六章 福费廷与保理业务

【本章提要】福费廷业务是一种为出口商贴现已经承兑的、通常由进口商方面的银行担保的远期票据的金融服务。在国内也将这种方式称为包买票据业务，而融资商通常被称为包买商。保理是指卖方与保理商间的一种契约关系。它是一项集贸易融资、商业资信调查、应收账款管理及信用风险担保于一体的新兴综合性金融服务。近年来随着国际贸易竞争的日益激烈，国际贸易买方市场逐渐形成，对进口商不利的信用证结算的比例逐年下降，赊销日益盛行。由于保理业务能够很好地解决赊销中出口商面临的资金占压和进口商信用风险问题，因而在欧美、东南亚等地日渐流行，在世界各地发展迅速。本章重点为福费廷业务对各方当事人的益处；保理的业务的优缺点；保理业务与托收、信用证等传统支付方式的比较。

【本章重点】福费廷业务的当事人、特点、保理业务的分类、保理业务运作流程。

【本章难点】福费廷业务流程、保理业务与其他结算业务的比较。

【基本概念】福费廷　国际保理

第一节　福费廷业务

一、福费廷业务的发展

福费廷业务起源于第二次世界大战以后的东西方国际贸易。当时，东欧各国为医治战争创伤，建设家园，需要从西方进口大量建设物资、日用品和粮食。进口商因外汇资金短缺而向银行申请贷款，而当时银行的融资能力有限，于是中立国瑞士的苏黎世银行协会便以美国向东欧国家出售谷物为背景，率先开创了福费廷业务。当时福费廷业务的期限多为90～180天。从1965年开始福费廷业务在西欧国家推行开来，其主要经营者是法兰克福的财务公司和苏黎世瑞士联合银行。进入20世纪70年代，国际债务危机的加深使许多买主由于资金支付困难形成违约，从而导致保险单和保函项下的索赔案大量增加，一些官方出口信贷保险机构数年所积累的盈余由于索赔的增加而消耗，这样他们不得不设法缩小承保的险别和赔付范围，这使得保险和担保业务减少，但是为福费廷业务的发展提供了空间。20世纪80年代以来，许多发展中国家受到债务危机的困扰，传统的融资方式突显出其局限性，这又进一步促进了福费廷业务的发展。尽管福费廷业务起源于消费性商品进出口贸易，但其融资期限长、金额大以及无追索权的贴现方式等特点，更适合资本性商品的进出口贸易的发展，因而，自 60 年代以来，福费廷业务的重点逐渐转向资本性商品国际贸易。据统计，目前，国际贸易中有近 15%的进出口业务采用福费廷方式，并且成继续增长的趋势。国际贸易特别是资本性商品进出口贸易的发展，为福费廷业务的发展提出了更多的需求，越来越多的商业银行抓住这一时机，通过设立专门公司或包买业务部，积极介入福费廷业务。如 70 年代，匈牙利国际银行（HIB）在伦敦成立，10 年之后，由它产生了伦敦福费廷公司。以后，又出现了米兰银行成立的米兰担保公司。而且，随着福费廷业务技术和市场机制的不断完善，逐渐形成了包买票据的二级市场，出现了包买辛迪加，提供可变利率融资和风险担保功能。近年来，福费廷业务在德、法、瑞士、东欧和发展中国家的机器设备贸易中得到快速发展。

二、福费廷业务的定义及其当事人

1. 福费廷业务的定义和特点

（1）福费廷业务的定义

福费廷（Forfaiting）又称票据包买或票据买断，是指包买商（Forfaiter）（商业银行或其他金融机构）对贸易项下未到期的银行汇票或本票进行无追索权的贴现，从而为出口商融资的一种方式。“福费廷”一词来源于法语的“a forfait”，意思是放弃或让出对某种事物的权利。具体而言，福费廷是指在延期付款的国际贸易中，出口商把经进口商承兑并经进口地银行担保或进口地银行承兑的期限在半年以上（一般为 5～10 年，现在期限可以为 1 月～10 年）的远期汇票或本票，以贴现方式无追索权地售给包买商，以实现提前取得现款的一种融资方式。它在延期付款的成套设备、机器、飞机、船舶等国际贸易中运用得非常广泛。

（2）福费廷业务的特点

福费廷作为新兴的国际结算方式，它既不同于一般的票据贴现，也不同于出口信贷等其他的结算方式，它具有自身的特点：

① 福费廷以资本性商品为主。虽然福费廷业务起源于东西方消费品贸易，但由于福费廷业务办理后，出口商即解除经济责任，只在产品的质量和可靠性上对进口商负责，而包买商则要负责收款，而且对出口商无追索权。所以有些商品特别是油料等商品不适合福费廷方式。

② 在福费廷业务中，包买商对出口商未到期票据的贴现是无追索权的贴现。即当出口商将票据的所有权转移给包买商，取得现款时，包买商就失去了对出口商的追索权。即使进口地银行因国家风险、商业风险、资金转移风险及其他任何不可抗力风险，不能如期偿付，福费廷包买商只能独自承担一切损失，而不能向出口商追索。但按国际惯例，包买商在下列情况下保留追索权：开证行因止付令不能偿付到期票据；出口商涉嫌欺诈。

③ 福费廷业务是一种固定利率的中长期出口贸易融资方式，而且涉及金额大。福费廷融资期限的长短，主要取决于有关国家和地区的风险，一般而言，风险大的国家或地区，融资期限较短。一般国家以 5 年以上的为多，最长可达 10 年，米兰银行甚至作过一

笔12年的。对于中长期融资，商业银行一般采用浮动利率，而福费廷采用固定利率，这便于出口商固定风险与收益。而且福费廷更适合于大宗交易的融资，可用于50万美元及以上的合同。交易金额越小，融资成本相对越高。正因为福费廷业务交易的金额大、付款期限长，所以，包买商严格进口商及进口地银行的资格审查，并要求票据必须有进口地第一流银行的担保。

④ 福费廷业务比较复杂，各项收费较高。福费廷的费用主要包括贴现利息、承诺费、宽限期贴息。贴现利息按一定贴现率计算而成。贴现率一般分成复利贴现率和直接贴现率两种。前者以年利率计算，通常每半年滚动一次。后者系根据面值和到期日得出的百分比贴现率。贴现率以LIBOR利率为基准，再加上其所承受的商业、政治、货币、开证行信用等风险报酬来测算的。因此，该贴现率常比欧洲货币市场同期浮动贷款利率高出0.75%～1%。承诺费是出口商与包买商自签订协议至贴现日前这段时间，出口商向包买商支付的费用，按年率0.5%～1.5%计付。宽限期贴息是包买商为补偿票据到期日与实际收款日之间可能出现的付款延期带来的损失而向出口商收取的费用。包买商通常将宽限期计算在贴现期中，收取贴息。

2. 福费廷业务的当事人

福费廷业务作为出口融资方式，涉及四方当事人，即出口商、进口商、包买商、进口地银行(担保行或承兑行)。福费廷业务对各方当事人都有一定的好处。

(1) 福费廷对出口商的好处

① 增加贸易机会。出口商能以延期付款的条件促成与进口商的交易，既可以增强出口商品的竞争力，又可以避免因进口商资金短缺无法开展贸易的局面，从而增加了贸易机会，扩大了出口；

② 规避各类风险。出口商在作福费廷后，不再承担远期收款可能产生的利率、汇率、客户信用、甚至不可抗力等产生的风险；

③ 改善现金流量。应收账款变为当期现金流入，有利于出口商改善财务状况和清偿能力，从而进一步提高筹资能力；

④ 避免资金占压。办理福费廷业务可使出口商在交货或提供服务后，立即得到偿付，从而避免了资金占压，增强了企业活力。出口商也不用承担资产管理和应收账款回收工作所产生的费用，从而大大降低了管理费用；

⑤ 实现价格转移。由于福费廷采用固定利率，可使出口商提前了解包买商的报价并相应将成本转移到价格中去，从而降低融资成本；

⑥ 提前办理外汇核销和出口退税。票据一经贴现，出口商便可获得出口收汇核销专用联及结汇税单，从而可提前办理收汇核销和申请退税；

⑦ 福费廷业务还可为出口商保密，有利于保护出口企业的利益。

(2) 福费廷对进口商的好处

① 可获得贸易项下延期付款的便利，从而可及时购入所需商品。进口商只需在票据到期时进行偿付，而且有时包买商又允许一个付款宽限期，虽然这会增加进口商的费用，但对于资金紧缺而又急需货物的进口商来说，还是可接受的；

② 不占用进口商的融资额度。企业的融资额度是有限的，采用福费廷方式，可使进口商不必动用信用额度，就可获得所需商品或服务，从而可推迟进口商的现金流出，增加其他贸易或投资机会；

③ 所需文件及担保简单易行。包买商一般可接受以下票据：出口商开出，进口商承兑并经进口地银行担保的汇票；进口商出具给出口商的期票；进口商出具汇票或期票，另附有福费廷包买商认可的担保人出具的担保书；有第三方背书担保的汇票或期票；进口商银行开立的远期信用证项下的承兑汇票或本票。同样，福费廷方式下，对出口商所需文件和手续也简单，而且出口商不需要提供担保或抵押；

④ 有利于成本核算。福费廷采用固定利率，出口商将利息和所得费用都计算于价格之内，因而，对进口商而言，价格虽高，但却有利于成本核算。

(3) 福费廷对包买商的好处

① 既能有效规避风险，又能获得较高收益。一般而言，银行信用要高于企业信用，福费廷业务正是建立在银行信用基础上的，而且，包买商要求票据必须有进口地第一流银行担保，因此银行在办理此项业务时承担风险相对较小，而且目前福费廷业务市场运作情况良好，在严格的银行内控管理下，基本上没有银行到期拒付现象的发生。另外，由于国际市场上竞争激烈，包买银行的报价基本在 LIBOR 上加 50～80 点左右，而同期国内商业银行对一些优质客户的优惠贷款利率也在 LIBOR 上加 100 点左右。因而，包买商不论是持有票据到期，还是在二级市场转卖，都具有盈利空间。

② 积极开展福费廷业务，能全面带动商业银行外汇业务的发展。首先，相对于较高的国内贷款利率，外汇融资具有相当的竞争能力。如果商业银行能抓住这一机遇，适时开展福费廷业务，为企业量身订制各类贸易融资计划，推出包括相应结算方案、融资方案、资金方案的一揽子国际业务营销项目，必将引起广泛的市场效应，继而推动本行外汇业务的全面发展。其次，银行可通过福费廷带动其他相关贸易融资业务的整体发展。企业办理福费廷业务的同时，带来了信用证议付和出口托收业务，也使打包放款等相关业务的发展成为可能。再次，办理福费廷业务同时增加了银行外汇资金的运作渠道，银行可以在二级市场上通过转卖票据的方式转嫁风险，也为外汇资金的运用拓宽了新的途径。

(4) 福费廷对进口地银行的好处

福费廷所需的票据需要有包买商认可的进口地银行担保，担保的方式有两种：第一种，在汇票票面上签章，保证到期付款。第二种是出具保函(Guarantee Letter)，保证对汇票付款。因而在福费廷方式下，进口地银行就承担了到期付款的责任以及相应的风险，因而可以收取一定的费用，从而可增加银行的收益。同时，进口地银行通过福费廷业务可增强与包买商的业务往来，提高自身声誉。

三、福费廷业务的操作过程

(1) 进出口双方在洽谈资本货物交易时，如欲使用福费廷，应事先与其所在地银行或其他金融机构进行磋商，以便做好各项信贷安排，此时，出口商可向多个包买商询价，因为不同包买商对不同国家、地区的介入深度不同，其相应的风险评估和掌握是不同的，因而报价不尽相同。

(2) 包买商就出口商提供的资料（如融资的金额、货币、期限及贴现的票据、担保条件和进出口的具体情况等）进行审查，在此基础上，包买商提供贴现率、承诺费、宽限期等报价。

(3) 出口商在确认报价后，与包买商签订福费廷融资协议，此后与进口商签署贸易合同，在合同中明确规定使用福费廷。

(4) 出口商发货以取得福费廷所需的票据，并向福费廷包买商申请贴现。按照福费廷业务项下的结算工具，福费廷业务可分为两种模式：一种是普通票据下的福费廷业务，另一种是信用证下的福费廷业务。在普通票据下的福费廷业务中，出口商发货后，即取得经进口商承兑并经进口地银行担保或进口地银行承兑的远期汇票或本票，在包买商确认无误后向出口商无追索权的付款。在信用证项下的福费廷业务中，出口商按照进口地银行开具的信用证的规定进行生产并发货后，将全部单据交给包买商，包买商审单并寄给开证行，开证行在确认单单相符、单证一致的基础上，向出口商出具承兑电，包买商根据开证行的有效承兑电文向出口商无追索权的付款，完成福费廷交易。

(5) 包买商将贴现金额付给出口商，同时出具出口收汇核销专用联及结汇税单，以便出口商办理收汇核销和申请退税。

(6) 票据到期日，包买商向票据的承兑银行或担保银行提示，请求付款。如若进口地银行因为某种原因未能如期付款，包买商只能委托律师起诉进口地银行，而不能向出口商追索，对于一切损失，福费廷包买商只能独自承担。

福费廷业务手续简便，融资效率高，深受各方当事人的喜爱，现已成为国际贸易特别是资本性货物贸易的重要融资途径。其操作过程可以用中国工商银行承办的一笔福费廷业务简要说明。出口商A公司按照汇丰银行开来的金额为800万美元，期限为90天的远期信用证出运货物后，将全套单据交给工行，同时要求办理福费廷业务，并填写了《福费廷业务申请书》。A公司向工行出具款项让渡函，工行将此函与出口单据一起寄交汇丰银行。该行审查单据，确定无误后，向工行发来承兑电，承诺到期付款。工行据此承兑电，扣除自贴现日至预计收汇日间7天的利息及有关银行费用，将余款美元无追索权地支付给A公司。

中国银行福费廷业务示例

我国机械设备制造企业A公司拟向中东某国B公司出口机械设备。该种设备的市场为买方市场，市场竞争激烈，A公司面临以下情况：

(1) B公司资金紧张，但在其国内融资成本很高，希望A公司给予远期付款便利，期限1年。A公司正处于业务快速发展期，对资金需求较大，在各银行的授信额度已基本用满。

(2) B公司规模不大，信用状况一般。虽然B公司同意采用信用证方式结算，但开证银行C银行规模较小，A公司对该银行了解甚少。

(3) A公司预计人民币在一年内升值，如等一年后再收回货款，有可能面临较大汇率风险。

A公司与中国银行联系，希望提供解决方案。

为满足A公司融资、规避风险、减少应收账款等多方面需求，中行设计了福费廷融资方案，A公司最终采用了中行方案，并在商业谈判中成功将融资成本计入商品价格。业务过程如下：

(1) C银行开来见票360天远期承兑信用证。

(2) A公司备货发运后，缮制单据交付中行。

(3) 中行审单无误后寄单至C银行。

(4) C银行发来承兑电，确认到期付款责任。

(5) 中行占用C银行授信额度，为A公司进行无追索权贴现融资，并结汇入账。

(6) 中行为A公司出具出口收汇核销专用联，A公司凭以办理出口收汇核销和退税手续。

通过福费廷业务，A公司不但用远期付款的条件赢得了客户，而且在无需占用其授信额度的情况下，获得无追索权融资，解决了资金紧张的难题，有效规避了买方信用风险、国家风险、汇率风险等各项远期收汇项下风险，同时获得提前退税，成功将应收账款转化为现金，优化了公司财务报表。

资料来源：http://www.boc.cn/cbservice/cb3/cb35/200806/t20080627_887.html

第二节 保理业务

一、保理业务的定义及其当事人

1. 保理的定义

简单的理解，保理就是指出口商以商业信用方式出卖商品，在货物装船后立即将发票、汇票、提单等有关资料，卖断给经营保理业务的财务公司或专门组织(比如说银行)，收进全部或一部分货款，从而取得资金融通的业务。

保理业务起源于18世纪的欧洲，有一些原先在寄售方式下的商务代理逐渐演变成为提供短期贸易融资的保理商，即是从原负责销售商品的商业代理人变成了接受卖方转让应收账款而成为债权人，因而使原来的委托人和代理人之间的关系变成了债权转让人和受让人之间的新型民商法律关系。从19世纪后半叶，保理制度作为国际贸易活动中一种融资结算的方式和法律性制度，得到了长足进展。到了20世纪，保理制度在英国、美国、法国、日本等发达国家有了更为普及性的发展，深入到国际贸易和金融等敏感领域，并且设立有对应的专门法律制度。这种被称作“应收账款融资”的业务在美国随着《统一商法典》在除路易斯安那州以外的美国各州颁布实施而得到迅速的发展，至今仍在继续。1968年在荷兰阿姆斯特丹以100多家银行所属的保理公司组成了“国际保理局联合会”(FCI)，使保理这项国际结算业务有了自己的规范运作秩序。

国际保理商联合会将保理业务界定为：保理是融合了资金融通、账务管理、应收账款收取和坏账担保四项业务的综合性金融服务。在2013年7月修订的最新版《国际保理通则》(General Rules for International Factoring，简称GRIF)中规定：保理合同系指一项契约，据此，供应商可能或将要向一家保理商转让应收账款(通则中称为账款，视上下文不同，有时也指部分应收账款)，不论其目的是否为了获得融资，至少要满足以下职能之一：(1) 销售分户账管理；(2) 账款催收；(3) 坏账担保。

2014年，我国银监会公布的《商业银行保理业务管理暂行办法》中称，保理业务是以债权人转让其应收账款为前提，集应收账款催收、管理、坏账担保及融资于一体的综合性金融服务。债权人将其应收账款转让给商业银行，由商业银行向其提供下列服务中至少一项的，即为保理业务：

(1) 应收账款催收：商业银行根据应收账款账期，主动或应债权人要求，采取电话、函件、上门等方式或运用法律手段等对债务人进行催收。

(2) 应收账款管理：商业银行根据债权人的要求，定期或不定期向其提供关于应收账款的回收情况、逾期账款情况、对账单等财务和统计报表，协助其进行应收账款管理。

(3) 坏账担保：商业银行与债权人签订保理协议后，为债务人核定信用额度，并在核准额度内，对债权人无商业纠纷的应收账款，提供约定的付款担保。

(4) 保理融资：以应收账款合法、有效转让为前提的银行融资服务。

以应收账款为质押的贷款，不属于保理业务范围。

2. 保理的基本当事人

(1) 保理商。保理商即保理业务的被委托人，是直接或间接地为出口商(委托人)提供国际保理服务的银行或其他金融机构，分为出口保理商和进口保理商。前者是出口商的国家，直接为出口供货商提供保付代理服务的保理商；后者是在进口商国家，直接为出口供货商提供保付代理服务或作为出口代理商在进口国的代理商间接为出口供货商提供保付代理服务的保理商。

(2) 出口供货商。出口供货商即保理业务的委托人，是向保理商申请出口赊销账款保付代理的供货商，被保理账款的原债权人。

(3) 进口购货商。进口购货商是保付代理业务中购买出口供货商赊销货物的进口商，被保理账款的债务人。

除了上述的三个基本当事人以外，有时还会在出口供货商和进口购货商之间有一个进口经销商(即出口供货商在进口地的销售总代理)。

二、国际保理商联合会

1968年,国际保理商联合会(Factors Chain International)在荷兰成立,总部设在阿姆斯特丹。它是由120多家银行所属的保理公司组成的世界性联合体,其目的是为会员提供国际保理服务的统一标准、程序、法律依据和技术咨询并负责组织协调和技术培训。它是由各国的保理公司组成的民间商业机构,是一个开放式组织,允许一个国家多个保理公司参加,现在有90家会员公司(占全世界保理公司总数的18%)分布在35个国家和地区。目前,国际保理商联合会可向法国、德国、中国香港、意大利、日本、新加坡、英国、美国等近50多个国家和地区提供国内或国际保理业务。

现今规模较大且有影响的国际保理机构是:国际保理商联合会(Factors Chain International,FCI),国际保理商协会(International Factors,IF)和哈拉尔海外公司(Heller Oversea Corporation)。这三个国际机构中,FCI是该行业最大的,由各国保理公司组成的民间商业机构,是一个开放式组织,允许一个国家有多家保理公司参加;其他两个机构都是封闭式的,每个国家只允许一个公司参加,影响和业务规模远远不如国际保理商联合会。

三、保理业务的种类

1. 根据保理商对保理的项目融通资金有无追索权,保理业务分为有追索权保理和无追索权保理

(1) 有追索权保理是指保理商在与出口商签订保理合同,并向出口商融通资金后,如果债务人因为贸易纠纷以外的原因无力或拒绝支付货款,则保理商有权向出口商要求偿还其为出口商所融通的资金款项。

(2) 无追索权保理是指保理商在与出口商签订保理合同,并为出口商融通资金后,如果债务人因为贸易纠纷以外的原因无力或拒绝支付货款,则保理商只能自己承担债务人无力支付货款的信用风险。

2. 根据债权转让是否通知债务人,将保理业务分为公开保理和隐蔽保理

(1) 公开保理指债权转让一经发生,保理商便通知债权人,请其到期直接向保理商付款的保理方式。

(2) 隐蔽保理是保理商与客户(卖方)约定不向买方披露保理商与客户(卖方)的保理活动的一种保理业务,他的区别在与保理商向买方追偿货款时,不以保理商自己的名义追偿,而是以客户(卖方)的名义进行。

3. 根据保理商是否向出口商提供融资款项,将保理分为融资保理和非融资保理

(1) 融资保理是指保理商承购供应商的应收账款,给予资金融通,并通过一定方式向买方催还欠款。

(2) 非融资保理指保理商在保理业务中不向供应商提供融资,只提供资信调查、销售款清收以及记账款管理等非融资性服务。

通常情况下,当出口商要求融资保理时,出口保理商预付合同金额的70%～90%,剩

余金额收款时再付。根据销售商意愿，如销售商的流动资金有限，急需销售后的回笼资金投入再生产，销售商可以选择融资保理。根据保理业务的规定，如果销售商的业务申请被出口保理商批准，当销售商发货后提出融资要求时，出口保理商有义务为销售商提供最高达货款80％的融资，或者销售商可拿到比保理商融资利息更低的融资时，销售商有权选择非融资保理。

4. 按保理业务的涉及面保理商可分为单保理、双保理和直接保理

(1) 双保理是进出口商双方保理商共同参与完成一项保理事务的保理。首先，根据保理协议，出口商将债权转让给出口保理商；然后按照保理商之间订立的代理协议，由出口保理商将该出口债权转让给进口保理商，进口保理商在其核准的信用销售额度内无追索权地接受该债权转让，负责对进口商催收货款并承担进口商未能付款的风险。

(2) 单保理是双保理的改良型，它免除了进口保理商催收和划拨货款的义务，免除了双保理业务中进出口保理商已重复劳动引起的重复收费、划拨速度慢等缺点，进口保理商向出口保理商承担坏账风险。

(3) 直接保理只涉及进口或出口一方保理商，由于缺乏另一方保理商的配合协作，直接保理对保理商而言风险要大得多。

四、保理的运作机制与特点

1. 保理业务基本程序

下面以一双保理业务为例，介绍其业务程序，如下图所示：

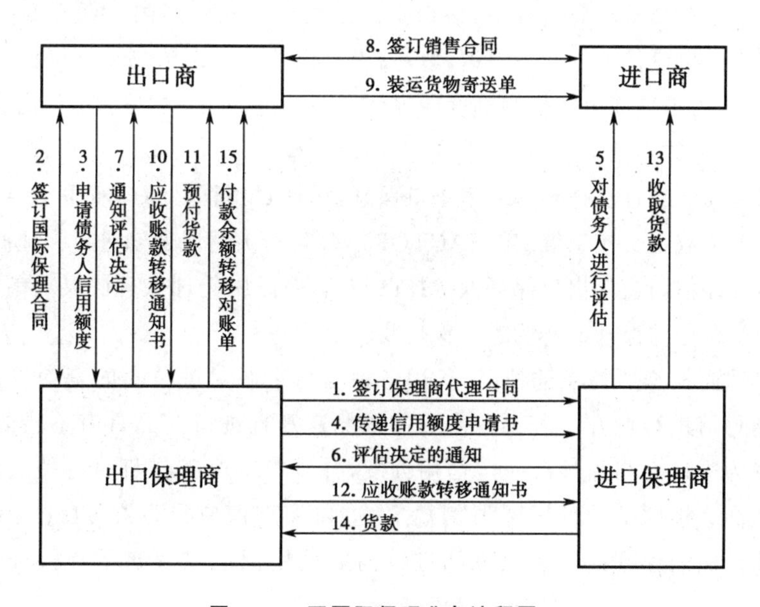

图6-1 双国际保理业务流程图

在保理中的4个当事人：出口商、进口商、出口保理商、进口保理商，其在业务中的相互关系如下页图所示可细分为15个步骤：

(1) 出口保理商与进口保理商之间签订相互代理合同；

(2) 出口保理商与出口商之间签订国际保理合同；

(3) 出口商向出口保理商申请债务人(进口商)信用额度；

(4) 出口保理商将申请表传递给进口保理商；

(5) 进口保理商对进口商(债务人)进行资信调查评估；

(6) 进口保理商将评估的决定(批准或拒绝)通知出口保理商；

(7) 出口保理商将该通知传递给出口商；

(8) 出口商在获得批准信用申请的情况下与进口商签订销售合同；

(9) 出口商装运货物并寄送货运单据；

(10) 出口商将货运发票副本等文件及应收账款转移通知书交出口保理商；

(11) 出口保理商向出口商预付货款；

(12) 出口保理商将上述单据副本交进口保理商；

(13) 进口保理商在规定日期向进口商收取货款；

(14) 进口保理商将货款交出口保理商；

(15) 出口保理商扣除预付款、服务费等,将余额付给出口商。

2. 保理业务流程

下面以一笔出口保理为例,介绍其业务流程。

出口商为国内某纺织品公司,欲向英国某进口商出口真丝服装,且欲采用赊销(O/A)的付款方式。

进出口双方在交易磋商过程中,该纺织品公司首先找到国内某保理商(作为出口保理商),向其提出出口保理的业务申请,填写《出口保理业务申请书》(又可称为《信用额度申请书》),用于为进口商申请信用额度。申请书一般包括如下内容：出口商业务情况;交易背景资料;申请的额度情况,包括币种、金额及类型等。

国内保理商于当日选择英国一家进口保理商,通过由国际保理商联合会(简称 FCI)开发的保理电子数据交换系统 EDIFACTORING 将有关情况通知进口保理商,请其对进口商进行信用评估。通常出口保理商选择已与其签订过《代理保理协议》、参加 FCI 组织且在进口商所在地的保理商作为进口保理商。

进口保理商根据所提供的情况,运用各种信息来源对进口商的资信以及此种真丝服装的市场行情进行调查。若进口商资信状况良好且进口商品具有不错的市场,则进口保理商将为进口商初步核准一定信用额度,并于第 5 个工作日将有关条件及报价通知我国保理商。按照 FCI 的国际惯例规定,进口保理商应最迟在 14 个工作日内答复出口保理商。国内保理商将被核准的进口商的信用额度以及自己的报价通知纺织品公司。

纺织品公司接受国内保理商的报价,与其签订《出口保理协议》,并与进口商正式达成交易合同,合同金额为 50 万美元,付款方式为 O/A,期限为发票日后 60 天。与纺织品公司签署《出口保理协议》后,出口保理商向进口保理商正式申请信用额度。进口保理商于第 3 个工作日回复出口保理商，通知其信用额度批准额、效期等。

纺织品公司按合同发货后，将正本发票、提单、原产地证书、质检证书等单据寄送进口商，将发票副本及有关单据副本（根据进口保理商要求）交国内出口保理商。同时，纺织品公司还向国内保理商提交《债权转让通知书》和《出口保理融资申请书》，前者将发运货物的应收账款转让给国内保理商，后者用于向国内保理商申请资金融通。国内保理商按照《出口保理协议》向其提供相当于发票金额 80%（即 40 万美元）的融资。

出口保理商在收到副本发票及单据（若有）当天将发票及单据（若有）的详细内容通过 EDIFACTORING 系统通知进口保理商，进口保理商于发票到期日前若干天开始向进口商催收。

发票到期后，进口商向进口保理商付款，进口保理商将款项付与我国保理商，我国保理商扣除融资本息及有关保理费用，再将余额付给纺织品公司。

3. 保理的费用

保理商不仅向出口商提供资金，而且还提供一定的劳务，所以他们要向出口商索取一定的费用，该费用由以下两部分内容构成：

(1) 保理手续费。即保理商对出口商提供劳务而索取的酬金，其中包括：

① 保理商提出的、向进口商提供赊销额度的建议是经周密调研的结果，对提供此项劳务，出口商要给予报酬。

② 给予信贷风险的评估工作一定的报酬。

③ 支付保存进出口商间的交易磋商记录与会计处理而产生的费用。

保理手续费根据买卖单据的数额一般每月清算一次。手续费的多少一般取决于交易性质、金额及信贷、汇价风险的大小。

手续费的费率一般为应收账款总额的 1.75%～2%。

(2) 利息。保理商从收买单据向出口商付出现金到票据到期从海外收到货款，这一时期内的利息负担完全由出口商承付。利率根据预支金额的大小，参照当时市场利率水平而定，通常比优惠利率高 2%～2.5%。

出口商如利用保付代理形式出卖商品，均将上述费用转移到出口货价中，其货价当然高于以现汇出卖的商品价。

4. 保理业务的优缺点

从保理的业务流程可以看出，保理业务可以给业务的当事人带来益处。

(1) 对出口商的益处

① 扩大出口业务量。一方面通过保理业务，出口商向海外客户提供赊销的优惠付款条件，增强了其出口竞争力，有利于拓展海外市场；另一方面，由于保理机构熟知海外市场情况，因此还经常向中小出口商提出建议，替他们寻找买主与代理商，协助其打进国际市场。出口商借助保理商对进口商的信用控制和对海外市场的了解，制定和调整营销计划，亦有利于打进国际市场。

② 降低经营成本。一般情况下，出口商需设置某部门或专人负责调查买方资信，管理销售账户，追收债款，这需要投入高额的固定成本。而在国际保理业务中，这些工作均由保理商负责完成，出口商只根据销售额支付一定的手续费。这部分费用是随实际的销售量而变动的，即前述固定成本转变为可变成本，整体降低了经营成本。

③ 规避收汇风险。国际保理业务不仅使出口商向进口商提供了优惠的付款条件，同时也保障了出口商的收汇安全。由于保理商承担了100%的买方信用风险，只要出口商在保理商核定的信用额度内履行合同，就可从保理商处获得无追索权的融资，将信贷风险和汇价风险都转嫁给了保理商。

④ 增强现金流动性。保理商收到代表应收账款的销售发票，应出口商的融资要求，可以立即以预付款方式提供不超过80%发票净额的无追索权融资给出口商，而该融资无须出口商提供担保或抵押，剩余20%的收购价款于货款收妥后再行清算。因此，增强了出口商的资金流动性。

⑤ 改善资产/负债比率。对于出口商而言，一般的银行贷款作为企业的负债，而保理业务中获得的无追索权的预付款则可作为正常的销售收入，降低了企业的资产负债比率，改善了企业的财务状况，有利于企业的有价证券上市和扩展融资渠道。

⑥ 简化手续。国际保理业务可免除信用证方式下的催证、审证、改证等繁琐的手续，而且避免了因"单证不符"遭拒付所带来的麻烦。另外出口商与本国的保理商之间也免去了语言及法律方面的障碍，因此使工作效率得到提高。

(2) 对进口商的益处

① 加速资金周转，降低进口成本。保理业务可使进口商免交信用证方式下的开证保证金及有关的银行费用，而且利用赊销的优惠付款方式，进口商可以在收到货物甚至将货物出售后再行付款。这样，避免了资金占压，加快了资金流动，降低了营运成本。

② 不需抵押即可扩大购买能力。保理业务可使进口商单纯依靠公司的信誉和良好的财务表现获得100%的买方信贷，无须抵押，以有限的资本购进更多的货物，扩大营业额。

③ 简化进口手续。保理业务使进口商无须办理开证、改证等繁杂手续，大大简化了进货手续，提高了效率。

(3) 对银行的益处

① 拓展市场，增加收益。银行开办保理业务，不仅丰富了业务品种，拓宽了市场范围，而且可以从中获得更多利润。作为出口保理商的银行，除了可以获得发票金额0.1%～0.4%的佣金外，还可通过向出口商预支货款得到融资收益；作为进口保理商的银行，由于承担买方信用风险，因此佣金较高，一般为发票金额的0.4%～1%。此外，银行还可收取3美元左右的银行费用及一定的单据处理费。

② 推进国际化建设。银行从事国际保理业务，加入国际保理商联合会(Factors Chain International)，将与各国的银行、保理公司进行业务往来，积累国际业务经验，提高

国际形象。

当然，国际保理业务也有其不足之处，主要表现在：

(1) 国际保理公司承担风险大。虽然保理公司事先已对进口商的资信进行了调查与评估，并规定了信用额度，但保理商所承担的风险大于信用证开证行所承担的风险。因为在D/A、O/A支付方式下，进口商先收货后付款，一旦进口商到期拒付或因破产倒闭无力付款，进口保理公司就必须自己负责偿付。而信用证的开证行对外凭单付款后，如遇进口商拒绝付款赎单，则可扣留进口商所交的开证押金，而且由于货运单据在开证行手中，开证行可凭单据提货并转售货物，用所得的货款来弥补其所遭受的损失。而保理公司则没有这种权利，因而其批准的信用额度一般不大。

(2) 国际保理公司收费偏高。国际保理业务的费用分为预付款融资利息和附加费用两部分。前者是出口保理公司收到出口商交来的商业发票及其有关货运单据副本后，应出口商要求预付80%左右货款给出口商，所收取的利息通常是按银行优惠放款利率(如LIBOR)加适当利差(2%左右)计算。附加费用主要是国际保理公司为出口商提供服务和承担风险所收取的费用，一般包括：

① 服务佣金。国际保理公司一般向出口商收取每张发票面值1%～2%的保理服务费，具体费率主要取决于保理服务的总成交金额、付款方式和信用期限、平均每张发票面值、产品种类和汇价风险大小等。

② 买方资信调查费。保理公司要对进口商资信进行调查与评估，从而确定进口商的信用额度。因此，保理公司对出口商提出的每项信用额度申请，须收取少量资信调查费。例如，荷兰合作保理服务(香港)公司每案收取150港元，信用额度有效期为一年。

③ 银行转账费。保理公司到期收到货款后，一般通过银行转给出口商，银行收取一定比例手续费。通常，保理公司所收取的各项费用会达到销售额的1.75%～2%，这增加了出口商的负担。而信用证业务的费用包括通知费、改证费、议付费、保兑费、邮电费等，通常只占信用证金额的千分之几，而且一般由进口商支付。

5. 保理的特点

(1) 保理商承担了信贷风险。出口商将单据卖断给保理商，这就是说如果海外进口商拒付货款或不按期付款等，保理商不能向出口商行使追索权，全部风险由其承担。这是保理业务的最主要的特点和内容。保理商设有专门部门，有条件对进口商资信情况进行调查，并在此基础上决定是否承购出口商的票据。只要得到该组织的确认，出口商就可以赊销方式出售商品，并能避免货款收不到的风险。

(2) 保理商承担资信调查、托收、催收账款，甚至代办会计处理手续。出卖应收债权的出口商，多为中小企业，对国际市场了解不深，保理商不仅代理他们对进口商进行资信调查，并且承担托收货款的任务；有时他们还要求出口商交出与进口商进行交易磋商的全套记录，以了解进口商负债状况及偿还能力。一些具有季节性的出口企业，每年出口时间相对集中，他们为减少人员开支，还委托保理商代其办理会计处理手续等等。

所以，保理业务是一种广泛的、综合的服务，不同于议付业务，也不同于贴现业务。这是保付代理业务的另一个主要内容与特点。保理商具有一定的国际影响与声誉，并对进口商进行了深入的调查；在托收业务中，一般进口商都如期支付货款，以保持其社会地位与声誉。

(3) 预支货款。典型的保理业务是出口商在出卖单据后，都立即收到现款，得到资金融通。这是保理业务的第三个主要内容与特点。但是，如果出口商资金雄厚，有时也可在票据到期后再向保理商索要货款；有时保理商也在票据到期日以前，先向出口商支付80%的出口货款，其余20%的货款待进口商付款后再予支付。

保理案例

我国某出口商就出口电视机到香港向某保理商申请100万美元信用额度。保理商在调查评估进口商资信的基础上批准20万美元的信用额度。出口商遂与香港进口商鉴定23万美元的出口合同。发货后出口商向保理商申请融资。保理商预付16万美元。到期日进口商以货物质量有问题为由拒付(理由是该批货物与以前所购货物为同一型号，而前批货物有问题)。进口保理商以贸易纠纷为由免除坏账担保责任。出口商认为对方拒付理由不成立，并进一步了解到对方拒付的实际理由是香港进口商的下家土耳其进口商破产，货物被银行控制，香港进口商无法收回货款。因此，出口方要求香港进口商提供质检证，未果。90天赔付期过后，进口保理商仍未能付款。出口方委托进口保理商在香港起诉进口商。但进口保理商态度十分消极，仅凭香港进口商的一家之辞就认同存在贸易纠纷，结果败诉。

分析：

这是一起典型的贸易纠纷导致保理商免除坏账担保责任的保理案例。但对于引发贸易纠纷的货物质量问题是否存在，进出口双方各执一词。进口商认为货物质量有问题的理由过于牵强，根本原因是自己从下家处已无法收回货款，从而面临损失的风险。为了避免自己受损，进口商自然不会配合出口商解决贸易纠纷，对出口商提出的提供质检证的要求自然也就置之不理。进口保理商由于贸易纠纷的原因免除坏账担保责任，在90天赔付期内拒付是正当的行为，符合国际保理惯例的相关规定。但同样根据国际保理惯例的规定，进口保理商有义务尽力协助解决纠纷，包括提出法律诉讼。但本案中，进口保理商作为出口商的代理在诉讼过程中，态度却十分消极，并不想打赢官司，原因很简单，因为赢了官司的后果是自己承担付款的责任，并因为进口商偿付困难的现实，从而有可能最终是由自己承担16万美元的损失。本案中，出口保理商为出口商提供了买方资信调查与坏账担保服务，因而提供的融资应该属于无追索权融资。如果事先与出口商未就贸易纠纷下的追索权问题达成协议，则国外拒付的风险将由出口保理商承担。

启示：

保理业务的主要风险就是出现贸易纠纷。因此，对于贸易纠纷的风险，有关当事人应事先加以防范。对于出口商而言，为了防止进口商假借贸易纠纷理由拒付从而免除保理商的付款责任，在贸易合同中应就贸易纠纷的解决方法与进口商事先达成一致意见，比如确定一家双方都愿意接受的商检机构日后对出现质量纠纷的货物进行检验，检验结果作为判定纠纷是否存在的依据。对于提供无追索权融资的出口保理商而言，有必要通过合同、发票、提单等文件单据去了解掌握交易背景的情况，也有必要在与出口商签订的保理协议中就发生贸易纠纷后的追索权重新获得问题加以明确规定，以防承担贸易纠纷产生的海外正当拒付的风险。另外，进口保理商的选择也非常重要。进口保理商是坏账担保人，能否勇于承担坏账担保的责任，关键在于其资信状况如何。本案中的进口保理商显然关注自己的利益胜过关注自己的信誉，资信状况欠佳。因而，实务中，出口保理商无论是为出口商着想，还是为自己的利益考虑，对进口保理商都应做出慎重的选择。

资料来源：http://jpkc.wzu.edu.cn/gjjs/3_1shiyancailiao.aspx? lefttop=3&righttop=anlifenxi&str=3&strt=anli3-8&down=anli3-8.doc

6. 选择保理业务的情况

结合保理业务的上述特点，选择保理业务的情况为：

(1) 因买方/进口商不能或不愿开立信用证或承兑汇票等，或由于卖方/出口商不愿或不敢提供赊销付款方式，致使双方交易规模不能进一步扩大。

(2) 卖方/进口商准备采用赊销付款方式(O/A 或 D/A)，但对买方/进口商的资信和财务能力存有疑虑。

(3) 卖方/出口商希望解除账务管理和应收账款追收的麻烦和顾虑，减少有关业务费用。

(4) 买方/进口商争取有利于自己的赊销付款方式(O/A 或 D/A)，为打消卖方/出口商对自身资信状况的疑虑。

(5) 买方/进口商欲简化进货手续，加快进货速度。

五、保理结算业务与其他结算方式的比较

1. 保理业务与托收、信用证等传统支付方式的比较

现代国际贸易在其一个多世纪的发展中，大致形成了四种基本的支付结算及融资手段：现金预付，信用证，托收(付款交单托收，承兑交单托收)与记账或赊账，它们构成了一个传统、常规的国际结算方法体系。

保理作为一种新型的国际贸易结算方式，与托收和信用证主要有以下几点不同：

(1) 在付款责任上的区别。托收和信用证是国际贸易中传统的支付方式。托收是指债权人(出口商)出具汇票委托银行向债务人(进口商)收取货款的一种支付方式。在托

收方式下，买卖双方受合同约束，进口商是唯一承担付款责任的人。银行在办理托收业务时，只是按委托人的指示办理，并无承担付款人必然付款的义务。信用证是指由银行(开证行)依照客户(申请人)的要求和指示或自己主动，在符合信用证条款的条件下，凭规定单据向第三者(受益人)进行付款，或承兑和支付受益人开立的汇票。在信用证方式下，买卖双方既受合同约束，又受信用证约束，但合同和信用证是相互独立的文件，开证行承担有条件的独立的付款责任，只要受益人(出口人)提交符合信用证规定的单据，银行就保证付款。而在保理业务中，买卖双方既受合同约束，又有保理公司的付款担保，而且两者是紧密联系的，即只有出口商按合同发货，保理公司的担保才能成立。因此，出口商必须重视货物品质、数量和按时发货。

(2) 潜在的风险不同。托收是以商业信用为基础的。出口商发货后，如进口商借故不付款赎单，代收行和托收行均不承担付款责任，出口商要承担较大风险。在信用证方式下，对出口商来说，也存在进口商不按时开证、开证行倒闭、单证不符进口人拒付或迟付的风险；对进口商来说也存在实际货物不符要求、出口商制造假单据进行欺诈等风险。而国际保理业务则是对赊销和托收支付方式风险的一种消除手段。只要出口商提供的货物的品质、数量、价格、交货期符合合同要求，如果遇上进口商资金周转不灵或倒闭，进口保理公司将负责付款，承担100%坏账担保。因此，对出口商来讲，摆脱了托收项下进口商无力付款、倒闭或无故拖延付款的风险。由于每笔应收账款的债权已转让给了进口保理公司，保理公司有专业的收债技术和丰富的收债经验，它可以采取诉讼和其他方式强行收款并承担已核准应收账款下所产生的一切诉讼和律师费用。但出口商必须严格履行合同条款，如遇进出口商对货物质量等提出异议，均被认为是发生了贸易纠纷，保理公司将自动解除其担保责任。保理公司对未核准应收账款不承担任何责任，出口商仍将面临赊销及托收项下所产生的各种风险。但根据《国际保理通则》第12条规定：未核准应收账款会随付款人对已核准应收账款的付款而自动变成等额的已核准应收账款。由于保理公司对进口商核定的信用额度的可循环性，出口商的风险也是不断递减的。同时，根据《国际保理通则》第11条：进口保理公司应尽最大努力迅速全部地收取应收账款。因此，进口商的利益得到最大限度的保护，同时消除了进口商在托收和信用证方式下的各种风险。

(3) 融资方式不同。在托收业务中可采取托收出口押汇、凭信托收据(Trust Receipt)借单提货进行融资。但由于银行承担的风险大，因此控制很严，而且银行对客户有追索权。在信用证业务中，议付行对出口商的融资方式主要有：打包放款(Packing Credit)、信用证抵押放款、出口押汇(Outward Bills)、票据贴现(Bills Discount)等。前两种是货物发运前银行给予出口商的融资，由于没有实物作抵押，实质仍是信用放款，银行有从出口货款中扣除或要求偿付的权利。后两种是货物出运后，议付行给出口人的融资，如果开证行拒付货款或无力付款，议付行对出口商有追索权。开证行对进口商融资的方式主要有：开证额度(Margin)、进口押汇(Inward Bills)、提货担保(Delivery Guar-

antee)等。这三种融资方式银行同样是有追索权的。而保理业务一般是在发货之后才申请融资。进口商收到货物后一段时间内才付款,这是出口商对进口商提供的融资。而出口商为了解决资金周转的困难,可以从保理公司得到不超过发票金额80%无追索权的预付款融资。无追索权的融资是保理业务融资的特点。对已核准应收账款的融资,如果进口商发生倒闭、资金周转不灵等,保理公司也无权收回其融资。

(4) 作用不同。在托收方式下,金融机构的参与只解决了结算的方便和融资问题。与之相比,信用证和保理业务都起到了使出口商收款获得银行信用保障的作用。在出口商对进口商不够信任、收汇风险较大时,这两种结算方式都体现出其优越性。它们还起到了加强进出口双方资金流动性的作用。而保理业务还有着信用证方式所未能有的特殊作用:减少出口商处理应收账款的财务上的繁琐事务,负责账务管理,提供综合性的信息和财务服务。

保理与D/A、D/P以及L/C付款方式的比较如表6-1。

表6-1 保理与D/A、D/P以及L/C付款方式的比较

项 目	出口保理	信用证	付款交单	承兑交单
信用种类	银行	银行	商业	商业
出口商费用	有	有	有	有
进口商费用	无	有	有	有
进口商财务灵活性	极高	极低	一般	极高
收汇风险	几无	极低	较高	极高
出口商竞争力	极高	极低	较高	极高

保兑的不可撤销的信用证虽然有最大的收款保证,但是由于其较高的开证费用、管理费用以及对进口商较高的资金占用率,削弱了出口商的竞争力;而且信用证业务遵循严格的单单一致、单证相符原则,如果信用证下的有关单证出现些微不符,也可能使原先收汇相对安全的信用证业务变成风险重重的托收业务。而单独以承兑交单(D/A)、付款交单(D/P)方式成交虽然增强了出口商的竞争力,但收汇风险又过大。因此将保理与D/A及D/P相结合是最佳的选择。

2. 保理业务与出口信用保险的比较

出口信用保险也具有保理业务中坏账担保的功能。尽管信用保险和保理业务的坏账担保服务同样具有消除或减少因信用风险而形成呆账坏账损失的功能,但二者之间存在着较大的差别。

保理业务的坏账担保服务可向出口商提供100%的坏账担保,并于形成呆账坏账时即期偿付,而信用风险通常仅赔付呆账坏账金额的70%~90%,并于形成呆账、坏账四个月到六个月后才赔付。

另外，在采用信用保险的情况下，出口商除按期向信用保险机构提供销售统计报表、逾期应收账款清单等，还必须提供规定的有关文件和证明以对形成的呆账坏账提出索赔，供应商为此要做许多管理和文字工作。而保理商对呆账、坏账的赔付并不要求供应商提供额外的文件和证明。

再者，费用上保理也优于信用保险。虽然保理商因为提供了坏账担保和其他服务要收取管理费，但这一包含于管理费中的费用相对于信用保险费比较低，且并不一定增大供应商的费用开支。在采用综合保理和到期保理的情况下，供应商因使用保理而节省的管理费用完全可以抵消保理商的收费。二者的比较见表 6－2。

表 6－2　保理与信用保险的比较

项　　目	出口保理	出口信用保险
最高保障（核准额度内）	100％	70％～90％
赔偿期限（贷款到期日起）	90 天	120～150 天
进口商资信调查评估	详细	一般
财务信用风险保障	全部	部分
应收账款追收及管理	有	无
财务会计记录及管理	有	无
贸易融资的提供	有	无

正是由于在较低的费用下提供了包括信用保险在内的全面服务，保理在许多国家的对外贸易中取得优于信用保险的地位。

六、出口保理业务应注意的事项

保理的主要作用是为出口商的信用风险提供保障，但保理商承担的仅仅是财务风险。如果进口商并非因财务方面的原因而拒付，而是因货物品质、数量等不符合合同规定而拒付，保理商将不予担保。对超过信用额度的部分也不予担保。因而出口商必须严格按照合同规定交付货物，且不要超额发货。

采用保理方式，卖方需支付保理商提供的资信调查、承担信用风险和收取应收账款等服务的费用，为发票金额的 1％～2.5％。若预支货款，其利率高于贴现率。这些因素，均应在报价时予以考虑。对买方来说，由于付款方式是托收或汇付，省却了开证费用和押金，又没有资金负担，故而货价的提高也是可以接受的。

【思考训练题】

1. 福费廷业务的特点有哪些?

2. 福费廷业务对各方当事人有什么好处?

3. 简述国际保理业务的优缺点。

4. 国际保理业务有何特征?在何种情况下选择国际保理业务?

第七章　非贸易结算

【本章提要】 非贸易的说法是约定俗成的一种说法，是指国际收支平衡表中经常项目下除了货物贸易之外的交易，包括服务贸易、收益和单方转移。经常项目下有4类：货物贸易，服务，收益，经常转移。服务贸易小于非贸易包含的范围，而服务贸易是指国际收支统计中服务项下的13项内容，包括：运输、旅游、金融和保险服务、专有权利使用费和特许费、咨询服务、其他服务等13项内容。经常转移又称单方面转移，就是侨汇和捐赠，是监管部门重点监控的内容，由此可以判断热钱流入的程度。

【本章重点】 非贸易结算的特点、外汇汇款、外币兑换、信用卡。

【本章难点】 旅行信用证与旅行支票的业务程序。

【基本概念】 非贸易外汇收支　侨汇　外币兑换　旅行信用证　旅行支票

第一节　非贸易外汇收支项目及侨汇

一、非贸易外汇收支项目

非贸易结算是指由无形贸易引起的国际货币收支和国际债权债务的结算。无形贸易与有形贸易的结算方式不同，有形贸易结算是指一国对外进出口商品所发生的国际贸易结算；无形贸易结算是指由国际运输、金融、保险等劳务或服务引起的跨国收支。非贸易结算是国际结算的重要组成部分。非贸易结算的特点是：(1) 范围广泛、内容庞杂、项目繁多、金额较低，这一特点主要是相对于贸易外汇收支而言的；(2) 结算方式多样、灵活，非贸易外汇的收支主要是通过非贸易汇款、外币兑换、旅行支票、旅游信用证、信用卡、光票托收等方式进行结算。

根据我国传统的分类方法，非贸易结算的范围包括以下各个项目：

(1) 私人海外汇款；

(2) 铁路运输收支；

(3) 海运收支；

(4) 航空运输收支；

(5) 邮电收支；

(6) 银行收支；

(7) 保险收支；

(8) 图书、影片、邮票收支；
(9) 外轮代理和服务收入；
(10) 外币收兑；
(11) 兑换国内居民外汇；
(12) 旅游部门外汇收入；
(13) 经费外汇收支；
(14) 企业利润收支；
(15) 其他外汇收支。

二、侨汇(经常转移或单方面转移)

1. 侨汇概述

侨汇(Overseas Chinese Remittance)是华侨汇款的简称，侨汇是我国非贸易外汇的主要来源之一。

2. 侨汇的解付程序

(1) 侨汇的解付。侨汇的主要方式有信汇(M/T)、电汇(T/T)、票汇(D/D)和约期汇款(Standing Order Payment)等。

① 信汇。信汇指港澳或国外联行通过信函方式航寄信汇通知书方式汇入的侨汇。大部分港澳和国外联行在办理侨汇业务时采用每日按国内通汇行、分币别在营业终了时缮制“经收侨汇总清单”并附信汇委托书等，直接寄通汇行。通汇行收到汇出行寄来的侨汇总清单后，经仔细审核汇出行签章无误，总清单所列笔数、金额与附件相符后，按所附的信汇委托书逐笔缮制汇款通知书，通知收款人取款。

通汇行解付信汇后，应在收款人签章的正副收条上加盖有行名和日期的付讫戳记，副收条可代“汇入汇款”科目借方传票或作传票附件，正收条及时寄回汇出行。

② 电汇。电汇指港澳或国外联行以电报方式汇入的侨汇。通汇行接到电汇后，经译电核押无误，即缮制汇款通知书通知收款人前来取款。如汇款报单电抄未到，先以“港澳及国外联行往来未达户”科目列账，转入“汇入汇款”科目并抽出电抄，加盖付讫戳记，以防重复解付。

③ 票汇。票汇指海外华侨、港澳台同胞向港澳或国外联行购买汇票，自带或邮寄给他们国内的亲属，凭以向国内指定的解付行兑付的汇款。解付行经核对汇票上的出票人签字、汇票通知书上的签字与签字样本相符后，办理解付。汇票上若有收款人姓名，应由收款人背书，并认真核对收款人提供的身份证件后，方可解付。解付汇票的侨汇证明书由解付行填写，解付汇票时如汇出行的总清单尚未收到，可通过“港澳及国外联行往来未达户”科目处理。

④ 约期汇款。约期汇款指华侨和港澳台同胞与汇出行约定，在一定时期(如每月一次或每两月一次)汇给国内侨眷一定金额的汇款。由汇出行通知解付行按约定日期通知收款人取款。

(2) 侨汇收条的处理。信汇、电汇全套汇款收条一般都有正、副收条、汇款证明书和汇款通知书一式四联。

正收条(Original Receipt)应在解讫侨汇后,及时寄还汇出行,等候汇款人领取,以清手续。副收条(Duplicate Receipt)是解付侨汇后,银行留存的主要凭证。

正、副收条上都应有收款人签章、现金付讫章和解付日期章。

汇款证明书是解付侨汇时,交给收款人持有的一联,凭以查对收款金额。

汇款通知书有收款人的详细地址,以便通知收款人取款,它是解付侨汇的依据。

3. 侨汇的转汇及解付的处理手续

(1) 侨汇的转汇。侨汇的转汇是指当汇入行收到侨汇后,收款人在外地需要办理转汇,可委托收款人所在地银行办理解付。侨汇的转汇均应以外币进行,解付后也应以外币划账。

(2) 解付时的处理手续。解付行收到转汇行寄来的侨汇转汇委托书及附件,应先核对印鉴、密押,再根据转汇委托书逐笔与附件核对,按照规定手续办理解付。

解讫的正收条和通知书上应加盖解付行付讫日期,随附报单寄转汇行。副收条由解付行留作传票附件或另外保管。

(3) 转汇行收到解付行报单处理手续。转汇行收到解付行的联行报单及所附的解讫侨汇正收条及通知书,经核对无误后,逐笔抽销信汇委托书办理转账。

第二节　外币兑换业务

1. 外币兑换概述

银行办理外币现钞的兑入和兑出的业务,称为外币兑换业务(Exchange of Foreign Bank Notes)。

国家确定某种外币能否收兑,主要考虑两个因素:一是货币发行国对本国货币出入境是否有限制;二是这种货币在国际金融市场上能否自由兑换。

2. 非贸易结算外币兑换系统

外币兑换是外汇银行一项重要的临柜业务。在没有使用计算机系统之前,处理这类业务完全依靠人工操作,由于业务量大,特别是在旅游旺季、重要国际会议等场合,业务量会迅速增加,柜员工作十分繁忙,难以高效率、高质量地提供客户服务,计算机的运用使情形大为改善。外币兑换系统由即兑入、兑出系统管理和批处理组成。兑入部分又分现钞和非现钞兑换两种操作。当一笔业务发生时,柜员应在屏幕上选择兑入兑出货币符号并输入兑换金额。计算机显示牌价及货币名称,并计算兑付货币金额以及人民币找零。在进行非现金兑换,如旅行支票兑现时自动扣除贴息。计算机自动打印交易工作单,上面印有该笔业务的会计分录,同时打印外币兑换水单和交易日志。外币兑换水单属重要凭证,其凭证号码由计算机自动产生并记入日志。在兑入时系统还提供多种货币(三种)兑换多种货币(三种)的功能。兑出(退汇)部分可提供人民币兑付多种货币(三种)的处理。柜员可输入外币兑换水单的金额,计算机自动选择退汇金额。系统打印交易工作单和交易日志,还提供了柜员管理功能。如柜员密码更改,取消柜员的操作权限等，从而增加了系统的安全性。由于系统内存有柜员的姓名及代码，在每笔交易日志中记录该柜员的标志，以备日后监督。系统提供给柜员场次及日终的结账处理功能，还打印日汇总传票、现金登记簿、每日交易日志，给柜员管理提供了便利。

3. 外币兑换的程序

(1) 兑入外币。凡属国家外汇管理局“外钞收兑牌价表”上所列的各种外币，银行经查验顾客的护照或身份证后办理收兑。银行将按当天外钞买入价折算成人民币，填写一式四联的“外币兑换水单”，收点外钞和支付人民币。

(2) 兑出外币。银行对境外单位或个人要求兑出外币，应查验护照或身份证及原外币兑换水单，在有效期内(从兑入外币之日起 6 个月内)，按不超过原兑换水单上的金额兑换。收回的原兑换水单，加盖“已退回”戳记，作为外汇买卖传票的附件。最后还应在顾客的海关申报单的外币登记栏中写明，以便海关检查放行。

对于批准出国人员申请兑换外币，银行应根据外汇管理部门在“非贸易外汇申请书”上批准的金额办理。办理兑出手续时，应缮制“外币兑换水单”一式四联，根据当天外钞买出价兑付。

非贸易项下办理兑出外汇的手续如下：

① 运费：凭正本运输发票。

② 保险费：凭正本保险费收据。

③ 佣金：出口项下不超过合同总额 2%的暗佣和 5%的明佣或者超过上述比例但未超过等值一万美元的佣金，持出口合同或佣金协议、结汇正本或收账通知办理。

④ 进口项下的资料费、技术费、信息费等从属费用凭合同、发票、单位法人签字盖章的说明书办理。

⑤ 出口项下对外退赔外汇：持结汇水单或出口收账通知、索赔协议、理赔证明和已冲减出口收汇核销证明办理。

⑥ 偿还外债本息：需到外汇局办理“还本付息核准件”方可办理。

⑦ 因公出国费用：持政府(或国家授权部门)出国任务批件来领取出国用汇预算表办理兑付。

⑧ 购买专利权、著作权、商标、计算机软件等无形资产持进口合同或协议办理。

⑨ 外商投资企业利润汇出凭以下证件办理：所得税完税证明及税务申报单；由会计师事务所出具的本年度利润或股息、红利情况的审计报告；董事会关于利润或股息、红利分配协议；外商投资企业外汇登记证；会计师事务所提供的验资报告；外汇局要求提供的其他材料；汇出汇款手续费、电报费的收取同贸易项下汇款。

第三节　非贸易结算与税收

1999 年 12 月 16 日，国家外汇管理局与国家税务总局联合下发了《关于非贸易及部分资本项目项下售付汇提交税务凭证有关问题的通知》(以下简称《通知》)。在过去的非贸易及部分资本项目相关法现中，并未明确要求审核税务凭证，《通知》下发后，将对境内机构、银行、外汇局及税务局提出如下与以前不同的要求，例如通知执行后我国境内机构(指公司、企业、机关团体及各种组织)及个人在办理非贸易及部分资本项目下购付汇手续时，凡个人对外支付500美元(含500美元)以上，境内机构对外支付1 000美元(含1 000美元)以上，除须向外汇指定银行(或国家外汇管理局及其分支局)提交原有关法规文件规定的相关凭证外，还须提交税务机关开具的该项收入的完税证明、税票或免税文件等税务凭证。其他还包括：

(1) 要求境内机构到银行办理购付汇向境外支付《通知》中所列项目之前，须按《通知》规定到当地国家税务局或地方税务局办理申报纳税或替境外受益人代扣代缴税款手续，取得当地国家税务局或地方税务局开具的征税、免税或不征税证明；

(2) 要求银行在售付汇审核业务中，除须审核外汇局要求的有关凭证外，还须按《通知》规定审核相应的税务凭证。银行业务人员应掌握各种凭证的式样及格式，并应明确要求企业提交哪种税务凭证，如：营业税凭证、企业所得税凭证或个人所得税凭证以及免税及不征税凭证；

(3) 要求外汇局对《通知》中所列部分资本项目(直接债务利息、担保费、融资租赁租金、不动产的转让收入、股权转让收益)，除按原有关规定进行审核外，还须审核相关税务凭证；

下列非贸易项下收入，按照我国现行税法规定，境内机构应为境外收入方申报代缴营业税和企业所得税(个人为个人所得税)。境内机构在外汇指定银行购汇支付或从其外汇账户中对外支付，须向外汇指定银行提交税务机关开具的完税证明和税票：

(1) 境外企业、个人在我国境内直接从事建筑、安装、监督、施工、运输、装饰、维修、设计、调试、咨询、审计、培训、代理、管理、承包工程等活动所取得的收入，其中营业税及个人所得税的完税证明和税票由主管地方税务局开具，企业所得税完税证明和税票由主管国家税务局开具。这里的"直接从事"是指为履行合同或协议，境外企业或个人来人、直接派人或委托境内机构或个人在我国境内提供服务或劳务；

(2) 境外企业、个人不是通过在我国境内设立机构、场所，而从我国境内取得的租金(不含融资租赁)、特许权使用费(包括专利权、专有技术、非专有技术、商标权、版权、商誉等)、财产转让收入(不含不动产转让收入)、土地使用权转让收入，应征收营业税和所得税。其中，营业税及个人所得税的完税凭证和税票由主管地方税务局开具，企业所得税完税证明和税票由主管国家税务局开具。

下列非贸易对外支付项目无须向银行提交完税凭证及税票(其中企业所得税的免税证明由主管国家税务局出具，个人所得税的免税证明由主管地方税务局出具)：

(1) 外国企业为我国科学研究、开发能源、发展交通事业、农林牧生产以及开发重要技术等提供专有技术所取得的特许权使用费；

(2) 境内中资金融机构、企业在境外发行债券，对境外债券持有人所支付的债券利息；

(3) 外国政府或其所拥有的金融机构，或我国与对方国家所签订的税收协定中所指定的银行、公司，其贷款给我国境内机构所取得的利息；

(4) 境外银行按照优惠利率贷款给我国国家银行及金融机构取得的利息；

(5) 我国境内机构购进技术、设备、商品，由外国银行提供卖方信贷，我方按不高于对方国家买方信贷利率支付的延期付款利息；

(6) 我国境内机构从境外企业购进技术、设备，其价款的本息全部以产品返销或交付产品等供货方式偿还，或者用来料加工装配等缴费抵付，而由境外企业取得的利息；

(7) 境外租赁公司，以融资租赁方式向我国境内用户提供设备所收取的租金，其中所包含的利息，凡贷款利率不高于出租方国家出口信贷利率的；

(8) 境外企业或个人所从事的项目所取得的收入，若按照我国与对方国家或地区所签订的税收协定规定免于征收企业所得税或个人所得税的可不提供所得税完税凭证。

第四节 信 用 卡

一、信用卡(Credit Card)的由来及概述

信用卡(Credit Card)是发卡机构向消费者提供短期消费信贷而发放的一种信用凭证。它是货币基本职能即流通手段的延伸与发展，是消费信用的一种形式。

信用卡起源于美国。据说有一天，美国商人弗兰克·麦克纳马拉在纽约一家饭店招待客人用餐，就餐后发现他的钱包忘记带在身边，因而深感难堪，不得不打电话叫妻子带现金来饭店结账。于是麦克纳马拉产生了创建信用卡公司的想法。1950 年春，麦克纳马拉与他的好友施奈德合作投资一万美元，在纽约创立了“大来俱乐部”(Diners Club)，即大来信用卡公司的前身。大来俱乐部为会员们提供一种能够证明身份和支付能力的卡片，会员凭卡片可以记账消费。这种无须银行办理的信用卡的性质仍属于商业信用卡。1952 年，美国加利福尼亚州的富兰克林国民银行作为金融机构首先发行了银行信用卡。1959 年，美国的美洲银行在加利福尼亚州发行了美洲银行卡。此后，许多银行加入了发卡银行的行列。到了 60 年代，银行信用卡很快受到社会各界的普遍欢迎，并得到迅速发展，信用卡不仅在美国，而且在英国、日本、加拿大以及欧洲各国也盛行起来。从 70 年代开始，我国香港、我国台湾、新加坡、马来西亚等发展中国家和地区，也开始发行信用卡业务。

我国亦于 1993 年 6 月启动了以发展我国电子货币为目的、以电子货币应用为重点的各类卡基应用系统工程——金卡工程，目的就是要建立起一个现代化的、实用的、比较完整的电子货币系统，形成和完善符合我国国情、又能与国际接轨的金融卡业务管理体制，在全国基本普及金融卡的应用。到 2003 年 9 月底，我国已经实现平均两人一张卡。

在国际上主要有威士国际组织(Visa International)和万事达卡国际组织(MasterCard International)两大组织及美国运通国际股份有限公司(America Express)、大来信用证有限公司(Diners Club)、JCB 日本国际信用卡公司(JCB)三家专业信用卡公司。在各地区还有一些地区性的信用卡组织，如欧洲的 EUROPAY、我国的银联、台湾地区的联合信用卡中心等等。威士国际组织(Visa International)是目前世界上最大的信用卡和旅

行支票组织。威士国际组织的前身是1900年成立的美洲银行信用卡公司。1974年，美洲银行信用卡公司与西方国家的一些商业银行合作，成立了国际信用卡服务公司，并于1977年正式改为威士(Visa)国际组织，成为全球性的信用卡联合组织。威士国际组织拥有Visa、Electron、Interlink、Plus及Visa Cash等品牌商标。威士国际组织本身并不直接发卡，Visa品牌的信用卡是由参加威士国际组织的会员(主要是银行)发行的。目前其会员约2.2万个，发卡逾10亿张，商户超过2 000多万家，联网ATM机约66万台。万事达卡国际组织(MasterCard International)是全球第二大信用卡国际组织。1966年美国加州的一些银行成立了银行卡协会(Interbank Card Association)，并于1970年启用Master Charge的名称及标志，统一了各会员银行发行的信用卡名称和设计，1978年再次更名为现在的MasterCard。万事达卡国际组织拥有MasterCard、Maestro、Mondex、Cirrus等品牌商标。万事达卡国际组织本身并不直接发卡，MasterCard品牌的信用卡是由参加万事达卡国际组织的金融机构会员发行的。目前其会员约2万个，拥有超过2 100多万家商户及ATM机。

1. 信用卡的内容

信用卡正面一般包括以下内容：(1) 该种信用卡的注册商标图案和卡组织标识；(2) 信用卡专用标志或防伪标志；(3) 发卡银行(或者公司)的发行银行代号、信用卡号码、持卡人姓名拼音、有效期限等内容。

信用卡的背面则有以下内容：(1) 一个磁性带，上面记录有持卡人的账号、可用金额、个人密码等信息资料；(2) 信用卡持卡人签字签名栏上，紧跟在卡号末3位数字，用作安全认证；(3) 发卡银行的简单申明；(4) 24小时客户服务热线。

信用卡业务涉及4个关系人：发卡机构，即发行信用卡的银行或机构；持卡人，即持有信用卡的客户；特约商户，即特约单位，与发卡机构签订协议，受理持卡人使用指定的信用卡进行购物或支付费用的有服务性质的单位；代办行，即受发卡行委托，负责某一地区内特约商品的结算工作。

2. 信用卡的功能

信用卡的功能是由发卡机构根据社会需要和内部经营能力赋予的，因此各发行机构所发行的信用卡其功能各不相同。但作为信用卡，其基本功能主要有：

(1) 转账结算。这是信用卡最主要的功能。发行机构与一些特约机构如商店、宾馆、旅游场所和其他服务机构等建立联系，约定持卡人到特约的商号购物或取得服务时，可凭信用卡支付，代替现金结算。

(2) 支取现金。利用信用卡还可以支取现金，这是信用卡的辅助功能。虽然发行机构与一些特约机构建立了联系，但在有些情况下还是必须使用现金进行结算，为了满足持卡人的这种资金需求，信用卡也可以取现，但以信用卡支取现金在国外会受到严格限制。在我国，用信用卡取现则比较常见。

(3) 提供信贷。大多数的发卡机构允许持卡人在一定的限额内进行透支，这实际上是发卡机构向客户提供的一种信贷，因此信用卡具有消费信贷的功能。尤其是目前国际上流通使用的“贷记卡”，即使信用卡账户上无存款，也可先行消费，更能体现提供信贷的这种功能。对透支的款项，银行要收取比同期贷款利率高一些的利息。

3. 信用卡的特点

信用卡作为一种新型的金融产品具有以下特点：

(1) 安全性。信用卡代替现金执行货币的主要职能，避免了携带大量现金的潜在风险及资金闲置。此外，信用卡本身被设计了多处防伪标志，持卡人取现时必须出示其身份证和相应的密码。若信用卡遗失，即可向发卡行申请挂失。

(2) 便利性。持卡人可利用信用卡进行储蓄、提现、转账结算及直接消费等。尤其是信用卡的先消费、后付款，很受欢迎。

(3) 快捷性。与传统的票据及结算方式相比，信用卡的使用手续简便、清算及时，且用计算机直接辨认真伪，因而比传统的结算方式更能节约时间，提高结算服务的效率。

(4) 通用性。大多数国际信用卡，其持卡人均可在全世界各地使用。

二、信用卡的种类

(1) 根据发卡机构的不同，信用卡分为金融卡和非金融卡。银行和其他金融机构发行的信用卡为金融卡，专营公司发行的为非金融卡。

(2) 根据发卡对象的不同，信用卡分为个人卡和公司卡。个人卡是持卡者个人付账的信用卡，公司卡又分为主卡和附属卡，它是由某个单位的账户内付款的信用卡。

(3) 根据持卡人的资信和社会地位的不同，信用卡可分为普通卡、金卡、白金卡等。

(4) 根据融资性质，又分为信用卡(贷记卡)和借记卡。贷记卡由发卡银行提供银行信用，既具有支付功能，又具有消费信贷的功能，允许持卡人在信用卡账户上无存款时，先行透支使用，然后再还款或分期付款，其清偿方式为“先消费，后存款”。目前国际上流通使用的大部分是这类信用卡，其主要品种有购物卡(也称赊账卡、签账卡)和支票卡。借记卡是银行发行的一种先存款后消费的信用卡。持卡人在申领信用卡时，需要事先在发卡银行存在一定的款项以备支用，持卡人购物消费、取现要以存款余额为限度。目前，我国各银行发行的信用卡基本上属于借记卡，但是允许持卡人进行消费用途的善意、短期、小额的透支，根据不同的卡种，规定不同限额，并在规定的期限内还款，同时支付利息，因此，实质上是具有一定透支功能的借记卡。借记卡的清偿方式为“先存款，后消费”，其主要品种有转账卡、提款卡。

(5) 根据流通范围不同，信用卡分为国际卡和地区卡。境外的五大集团(万事达卡组织、维萨国际组织、美国运通公司、JCB信用卡公司、大来信用卡公司)所发行的信用卡多数属于国际卡，我国其他商业银行所发行的各类信用卡均属地区卡。

三、附属卡

附卡持卡人使用信用卡所发生的一切债务均由主卡持卡人承担，由主卡持卡人直接向发卡机构或特约单位履行债务，因此，主卡持卡人与附卡持卡人之间多为财产共有关系，或者彼此了解、信任，二者之间存在赠与、委托、有偿承担等约定，同时也决定了主卡和附卡属于同一账户，信用额度共享。

在主、附卡持卡人关系中，主卡持卡人处于主导地位，有权决定增加或取消附卡，附卡持卡人则处于附属地位。如主卡被取消，附卡应主动交还发卡机构。主卡持卡人要求中途停止使用附卡时，也应将附卡交还发卡机构，其未了结的债务，仍由主卡持卡人承担。

四、信用卡的业务操作

1. 信用卡的申请

凡具有完全民事行为能力，有合法收入的个人可凭本人有效身份证件及工作证向银行申领个人主卡，还可为他人申领附属卡。申领人申请领卡时，首先填写申请书，详细注明本人的姓名、地址、职业、家庭、教育、经济收入、资金往来和担保人姓名、地址、经济收入等。经银行对其财产、收入、职业等核实，客户具备银行要求的条件时，发卡银行就批准发卡，并决定卡种、有效期及消费信贷额度等，同时收取一定年费和手续费。领卡时，申领人须当着银行工作人员的面在信用卡背后预留签字，以便特约商户或代办行办理业务时核对。

2. 信用卡的运作流程及信用卡给银行带来的收益

运作流程包括：

(1) 持卡人用卡消费并在签购单上签字。

(2) 商户向持卡人提供商品或劳务。

(3) 商户向发卡银行提交签购单。

(4) 发卡银行向商户付款。

(5) 发卡银行向持卡人发付款通知。

(6) 持卡人向发卡银行归还贷款。

信用卡是银行在传统产业中利润最丰厚的一块蛋糕。信用卡业务收入来源于：

(1) 年费(目前经营理念先进的银行纷纷放弃了这一块，这是与国际接轨的做法)。

(2) 循环利息(年息 18%以上，任何其他业务均无法与之相提并论)。

(3) 刷卡手续费，虽然顾客按标价付款，但商家却要付手续费给发卡行、收单行和结算组织(收单行代收)，这也是发卡机构的一份重要收入。

3. 特约商户及发卡给特约商户带来的益处

发展特约商户是为了扩展信用卡业务。发卡机构需要在世界各地联系愿意受理其信用卡业务的单位，并进行协商，签订有关协议，规定授权限额、操作、清算办法，使之成为特约商户，以方便持卡人购物或支取现金。对特约单位来说，虽然要付给发卡机构一定的回佣，但信用卡能扩大销售额，刺激持卡人消费，因而他们也乐意受理信用卡购物和消费业务。在日常工作生活中，银行卡以其方便、安全、快捷的特点越来越受到消费者的青睐，人们现在也逐渐习惯了用银行卡来进行消费，同时越来越多的商店已把接受银行卡作为结算支付的重要方式。据统计，截至 2004 年底，我国已经发行了 8 亿张银行卡，能够受理银行卡的特约商户也达到了 34 万家。

受理银行卡对于特约商户的好处主要有以下几点：

（1）方便消费者购物和消费，刺激了大额采购和冲动性购物，增加商户的销售额。使用银行卡进行消费，消费者可以避免随身携带大量现金，而且由于银行卡消费结算过程中，没有实物现金付出的概念，消费者往往容易产生冲动性购物的欲望和购物消费的随意性。统计数据也表明，使用银行卡交易的平均消费金额要高于使用现金交易的平均消费金额，这些都大大地增加了商户的销售量和销售额。

（2）比收取现金安全、卫生，还减少了从客户→收银员→商户会计→银行的现金清点环节。商户在收取现金过程中往往需要识别假钞假币，收取后还需要对钞票进行清点、保管，在每日营业终了还需要将现金押解至银行，在这期间安全始终是商户需要面对的问题，通过受理银行卡则避免了现金所带来的这些安全隐患问题。同时，众所周知，现金在流通过程中不可避免地沾染上各类细菌和病毒，给消费者和收银员的身体健康带来了威胁，而受理银行卡则可以有效减少细菌和病毒的传播机会，创造了一个安全、卫生的消费环境。

（3）提升了交易处理速度，加快了商户资金的使用效率。商户受理银行卡，不仅在消费结算时交易速度更快，而且款项入账及时、账务清楚，方便商户对资金的调度，提高了商户资金的使用效率。

（4）吸引了更多的消费者。由于不少消费者已经习惯利用银行卡进行消费，商户接受银行卡交易，可以提供给消费者更多的方便和选择，吸引更多的新消费群体，也提升了商户形象。如果商户开办了受理国际卡业务，还可以接受类似威士（Visa）、万事达（MasterCard）等国际卡组织的国际卡，从而吸引更多的境外旅游者。目前，还有各种非传统的交易渠道，如电话、手机、传真、互联网等购物方式，使得更多的消费者足不出户便享受到商户的多样服务。

（5）帮助商户在市场竞争中建立优势地位。通过受理银行卡，商户能够收集到相关消费者数据，通过对数据的分析、研究，可以制订出具有针对性的客户服务计划，开展多种形式的促销活动，和其他行业的企业结盟进行联合营销等，使得商户在激烈的市场竞争中建立并强化优势地位，并树立起良好的企业形象。

4. 代办行及其业务处理

发展代办行是为了便利结算。发卡机构需在特约商户地区找一家银行作为其代办行，并且签订协议，明确双方的权利和义务。代办行可以从特约单位付给的回佣及持卡人取现手续费中与发卡机构分成，还可以无息运用发卡机构提供的备用金，所以，代办行也乐意承办该项业务。

代办行信用卡的结算业务有以下几个方面：

（1）发卡机构拨入周转金。订立协议后，通常发卡机构对代办行拨付一定金额的信用卡兑付备用金，并开立不计息备用金账户。

（2）兑付现金业务。持卡人在代办行出示信用卡要求取现时，先填写取现单（Cash Advance Slip）一式三联，连同信用卡交代办行。代办行首先要进行信用卡的审查，审查内容是：信用卡是否属于已经委托代办受理范围；是否在信用卡的有效期内；有无区域限制；卡号有无被委托行或发卡行列入取消的“黑名单”；持卡人的有效护照或身份证是否与信用卡姓名一致，是否转借他人。其次是要核对持卡人在取现单上的当面签字与信用卡的预留签字是否相符，并查看取现金额有无透支。最后，银行审查符合要求后，即由经办人员根据持卡人所取金额(在该卡规定取现的最高限额内)，加上按协议规定的附加手续费，分别填写在取现单的有关栏目内，交由持卡人签字确认，经核对其签字与信用卡预留印鉴相符，即行兑付其所需的资金。

持卡人一般在一个取现点取现一次，均有一定最高限额。如果持卡人支取金额超过规定限额时，代办行必须用电传向委托行的授权中心联系，取得授权后方可办理兑付。

(3) 购物与消费的结算。持卡人在特约商户购物或消费时，特约商户依上述程序进行处理后缮制总计单，并根据总计单上的余额缮制银行送款单或转账进账单，并附总计单和购货人的签购单送交代办行。代办行应审核各项单据的金额及有关内容的完整与正确。无误后，根据持卡购货金额扣除相应的手续费。

(4) 信用卡的资金偿付。每日营业终了后，把当日兑付的信用卡，分门别类加计总额，并计算出代办手续费，在委托行"信用卡备用金"账户扣付。另根据取现支票及签购单加计总数填制一式两份"总计单"(Deposit Transmittal)，一份随同借记报单、取现单及签购单寄委托行信用卡中心，另一份总计单及取现单、签购单复印件作传票附件。

委托行收到上述支票单证后，即将已支付款项记入上述信用卡备用金账户。如果信用卡备用金账户发生透支，代办行应用电传通知委托行在其规定的工作日内以电汇补足，否则，委托行必须负担透支利息，并由透支日开始计算。

五、信用卡的挂失止付

持卡人对其信用卡提出挂失或止付要求时，应直接与发卡机构联系。若代办行受理信用卡挂失申请书，应立即将持卡人的姓名、卡号等以电传或电报通知发卡机构办理挂失止付，并以最快的方式通知各代办行和特约单位停止受理挂失的信用卡，并将信用卡挂失申请书寄往发卡机构。在办理业务过程中，若发现有被注销或止付的信用卡要求兑付，应立即予以扣留收回，并寄往发卡机构。

第五节　旅行支票与旅行信用证

一、旅行支票(Traveler's Cheque)

旅行支票在金融学上称为"近似货币"，是大银行或旅行社为使旅游者减少或避免现金携带的麻烦而发行的一种固定金额的支票。它是以支票的操作理论设计的票据，即其发行机构与付款机构为同一当事人，即出票人与付款人是同一人。随着旅游事业的发展，旅行支票逐渐被银行及旅行社推广采用，并成为国际旅游者常用的支付凭证之一。

旅行支票由美国运通公司首创，该公司在 1891 年发明了一种购票人自己证明身份的美元旅行支票，以后又逐渐发行了英镑、加拿大元、瑞士法郎、法国法郎、日元等 6 种货币的旅行支票。第二次世界大战后，随着旅游事业的发展，旅行支票逐渐被其他银行采用推广。由于它具有方便、安全的优点，很快成为国际旅游者常用的支付凭证之一。

1. 旅行支票的关系人

(1) 出票人，即发行人。它是旅行支票的发行机构，在旅行支票的正面印有发行机构的名称和地址及负责人的签名。旅行支票是以出票人为付款人的支票凭证，因此出票人又是付款人。

(2) 持票人。即申请购买旅行支票，在交足金额和手续费后在旅行支票上初签的人。

(3) 代售人。代售人是发行旅行支票的银行或旅行社的代理机构，代替发售旅行支票，但并不承担付款责任，付款责任仍由发行人承担。如出票人自己售出旅行支票，则无此代售人。

(4) 兑付人。兑付人是根据和发行人签订的代付协议凭初签和复签相符的旅行支票向持票人兑付现金的人。

(5) 受让人。接待旅行者的商店等服务部门接受旅行支票时，旅行者要在抬头栏写上服务部门的名称，被记名的单位便成为受让人。受让人背书后送交兑付行兑现。

2. 旅行支票的特点

(1) 旅行支票很像现金，票面金额固定，有 10 元、20 元、100 元、1 000 元等多种面额可供选择。具有良好的流动性，永久有效且无使用时间限制，如果用不完，可以留着下次再用，或支付一定费用换回现钞。同时，旅行支票即使丢了也不用担心，只要凭护照和购买合约去指定机构办理挂失手续，即可得到新的旅行支票。

(2) 旅行支票的购买和使用，手续费低廉，仅需支付(以国内为例)0.75%的手续费；在美国甚至是免费的。

(3) 旅行支票的使用不像信用卡受到通讯状况的制约。

(4) 旅行支票具有多币种选择，避免了兑换产生的汇率损失。

3. 旅行支票的出售与挂失

(1) 旅行支票的出售。发行旅行支票的银行或旅行社，除自己(包括其分支机构)发售旅行支票外，还可委托国内外的代理行发售。

旅客购买旅行支票时，只要填写申请书，注明要买哪家银行发行的旅行支票，什么货币及面额和张数即可。如用存放在本行的外汇存款购买，对同种货币 1∶1 计算；对不同种货币按套汇方式办理；如用人民币购买，按卖出价折算。出售旅行支票的手续费按面值的 1%向购买人收取外币。这项费用是代售行的手续费收入。

按照旅行支票的基本规定，购买者应在代售银行的柜台，在每张旅行支票的“初签栏”签名，以便在兑付时与复签栏的签名核对，这是对旅行支票采取的安全措施。

(2) 旅行支票的挂失。旅行支票遗失或被盗窃，可向银行挂失，说明丢失的时间、地点、支票的面额、号码和数量以及是否已按规定在购买时作了初签，有没有复签。发行银行关于挂失后的旅行支票的退款或补发新旅行支票的规定各有不同。旅行支票的有效期，一般是自出售之日起 1 年内有效，但现在由于银行间业务竞争激烈，许多银行已不对旅行支票规定有效期。

4. 旅行支票的兑付业务

兑付外币旅行支票属于“买汇”业务。兑付银行兑付时，扣收贴息并垫款买入外币票据，同时保留追索权。兑付银行办理此项业务时，既要格外慎重又要给予正当持票人以必要的方便。

(1) 检查旅行支票的真伪。兑付旅行支票时，应熟悉票样，如发行行名称、货币、面额、版面、纸张等，若有疑问应查对样本，发现假票，应予没收。收兑银行具有发行旅行支票银行名单，凡在名单之内的支票，可予收兑，不在名单之内者，应作托收处理。

(2) 查验持票人身份。兑付时，要请持票人出示购买协议和护照，以验明持票人身份。

(3) 核对初签与复签。应要求持票人在旅行支票上的“复签栏”内当面复签，作为银行应该仔细核对初签与复签是否一致。若复签走样，应再请其背书一次。核对无误后，扣收一定比例数额的贴息，予以兑付。若交来的支票，既无初签，也无复签，不能确定持票人是否为支票原主时，一般不予收兑。

(4) 兑付与转让。没有抬头人或者已经证明不可转让的旅行支票不能用以直接支付费用或转让给服务企业，只能由持票人向银行兑付票款。有抬头人的旅行支票，如受让人是我国的服务企业，例如 Pay to the order of Beijing Hotel，可以收兑，也可寄国外托收。如个人之间的转让，一般应予拒绝。

(5) 填写兑付申请。兑付时，请客户填写《购买外钞申请书》一式两份，注明旅行支票的行名、号码和面额。

(6) 填写兑付水单。一般应填制兑换水单一式两联，抬头人姓名要按护照上的全名写清楚，并注明护照号码，以便考查。

(7) 收取贴息。收兑旅行支票时，按面额扣收 7.5‰的贴息，即按当天外汇牌价的买入价折算，减去贴息部分。例如，我国某银行兑付美元旅行支票 1 000 美元，当日人民币对美元的买价是 8.6，贴息为 7.5‰，则我国银行应付顾客的人民币是：(1 000－1 000×7.5‰)×8.6＝8 535.5(元)。

(8) 索偿。兑付后的旅行支票应在票面上加盖兑付行名的特别划线章，并在背面作成兑付行的背书，迅速寄往国外发行机构索偿票款以补回垫款。

5. 旅行支票的挂失与补偿

旅行支票遗失或被盗窃，可向发行机构或其代办行申请挂失和补偿。客户按要求提供原购买合约及身份证，并填写补偿申请书。一般内容有：姓名、地址、职业、购票地点、日期、金额、遗失数量、支票号码、有无初签和复签，并在申请书上签字。

代办行等要按照发行机构的要求逐项审核所填写的内容。客户的旅行支票无初签或已复签，均不能办理挂失和补偿。对已初签而没有复签已经丢失旅行支票，应审核申请人原购买合约上的签字与补偿申请书上的签字是否一致，无误后将客户护照号码抄录在申请书上，并由有权签字人在申请表上签字，受理挂失和补偿。如果客户无法提供购买合同或客户有疑问的，可先电询发行机构，获得授权方可办理。

补偿时，应重新填写购买合约，并在合约上注明“补偿”(REFUND)，将最后一联购买合约连同当面初签的支票交给客户，同时将新的购买合同，连同收回的客户原购买合约及补偿申请书一并寄发行机构。办理补偿是不收客户手续费，而由发行机构按协议规定付给补偿手续费。客户要求补领现金或补领的金额超过发行机构规定的限额，应电询发行机构获得授权后方可办理。

二、旅行信用证（Traveller's Letter of Credit）

1. 旅行信用证的涵义与特点

旅行信用证（Traveller's Letter of Credit）是银行为了便利旅客到境外支付旅行用款而开出的一种信用证。开立旅行信用证时一般要求开证申请人预留印鉴，以便取款时核对。

旅行信用证具有如下特点：

（1）旅行信用证的正本由开证申请人自己携带。

（2）旅行信用证是一种光票信用证，不附带任何单据。

（3）与贸易结算中的信用证的不同之处是，旅行信用证的开证申请人和受益人是同一人，也就是汇款人和收款人是同一人，即均为旅行者本人。

（4）受益人按不超过旅行信用证总金额的限额，可以一次或多次向指定的议付行支款，每次取款后都须在信用证上做记录。

（5）旅行信用证应在其有效期内使用。

2. 兑付旅行信用证的手续

（1）当旅行信用证的持证人到指定的银行要求兑付时，须将旅行信用证的正本交议付行审查，经议付行验证在确认可兑付时，把本次支款日期、金额和结存余额等记载于信用证上，加盖付款行印章，收取7.5‰的贴息后结付，将收据的第二联（即副收条）作为议付行的借方传票附件，然后将收据的第一联（即正收条）随报单寄开证行索偿，收回垫款。

（2）若解付后，信用证还有余额，应将“印鉴核对书”和信用证还给受益人；若没有余额，则应收回，在信用证上加盖“注销”或“用完”戳记，连同“印鉴核对书”及报单一起寄开证行索偿。

专　栏

巧用旅行支票全攻略：选对币种组合面值

国内很多银行都设有旅行支票的服务网点，如工行、中行、农行、交行、光大、兴业等等。在旅行支票业务中，最为普遍的是美国运通公司所发行的运通旅行支票。近期，运通公司也在工行和光大银行开展了购买旅行支票手续费优惠的活动。从5月份开始，在光大银行购汇后购买美国运通旅行支票任意币种的运通旅行支票，达到等额1 000美元就可免除手续费，1 000美元以下手续费2折优惠。而在工商银行办理因私购汇后，再购买美元旅行支票超过500美元免收手续费，购买美元旅行支票低于500美元手续费减半。

对于游客们来说，购买旅行支票除了关注手续费因素外，还需要注意旅行支票的币种和面值。一般来说，旅行支票有美元、日元、加拿大元、澳大利亚元、英镑、欧元等多个币种，你最好根据旅行地的货币进行选择；如果当地使用的是其他货币，则美元的旅行支票更被普遍接受。旅行支票的面值也有所不一，以美元的旅行支票为例，最大面值为1 000美元，最小面值为20美元。在购买旅行支票时，可以按照面值进行适当的搭配。中行"中银汇兑"的工作人员建议，为了满足旅行支票面值搭配的需求，游客们最好在购买前与网点进行联系，告诉他们自己的需求，便于兑换网点进行旅行支票的调配。

http://yhcs.bank.cnfol.com/080519/138,1400,4165600,01.shtml

【思考训练题】

1. 外商企业的利润汇出要附哪些单据？
2. 侨汇的方式有哪些？
3. 信用卡有什么特点？信用卡及其附属卡的关系为何？
4. 旅行支票与普通支票有什么异同点？
5. 旅行信用证有什么特点？

第八章 国际结算中的单据

【本章提要】 现代国际结算是凭单付款，单据在国际结算中起着重要作用，单据的种类很多，汇票、发票、保险单据和海运提单都属国际结算中的基本单据。信用证项下汇票的内容既要符合票据法的规定，也要符合信用证条款的相关规定。商业发票是全套单据中的核心单据，是对货物总体情况的说明，它是进出口商收付货款、报关纳税的依据，也是制作其他单据的基础。保险单据既是保险合同的证明，也是索赔权力的证明。虽然不是每一笔结算业务都需要提交保险单据，但是保险是进出口贸易重要的环节。不同的运输方式产生不同的运输单据，其中海运提单是最常见，也是最重要的运输单据。海运提单的种类很多，实务中常见的单据一般是已装船提单、清洁提单、指示性抬头提单、全式提单和班轮提单。附属单据中的海关发票、产地证、检验证书、装箱单、重量单、受益人证明、船公司证明和装船通知等是对货物交易的某方面的说明，应根据交易的不同需要和进出口国家的相关规定提交。

【本章重点】 信用证方式下的汇票、商业发票和保险单据的主要内容。

【本章难点】 运输单据，以及海关发票、产地证、检验证等附属单据的基本内容。

【基本概念】 国际结算单据　汇票　商业发票　保险单　海运提单

第一节　单据的作用及种类

单据是国际贸易结算的核心，在国际结算中具有举足轻重的作用。国际贸易是进出口商之间商品的买卖，在结算实务中表现为与商品有关的单据的买卖。出口商的交货通过交单来实现，进口商的付款根据单据来完成。单据代表了货物，单据的交接代表了货物的交换，单据的转让代表了物权的转让。国际结算是以商业银行为中介的间接结算，凭单据付款是现代国际结算的重要特点。商业银行在国际结算中只处理单据不处理货物。

国际结算中常见的单据有汇票、商业发票、海运提单、保险单据、原产地证书、检验证书等。不同的单据有不同的作用，例如汇票是支付凭证，发票是价格凭证，装箱单和重量单是计量凭证，海运提单是物权凭证，检验证书是质量凭证，保险单是索赔凭证。在国际贸易中，出口商无论采取哪种结算方式，都必须向进口商提供相关的单据，通过单据，实现收汇的目的。

国际结算中涉及的单据很多，而且随着国际贸易的发展，单据的种类将会越来越多，每一笔国际结算要求提供的单据的种类取决于交易的性质、交易所涉及的商品和服务，交易双方之间的关系以及交易所涉及的国家。从不同角度划分，单据可以有不同的分类。

1. 根据结算单据的性质，划分为金融单据、商业单据和官方单据

金融单据(Financial Documents)是指汇票、本票、支票等代表货币支付凭证，又称票据、资金单据。金融单据代表一种资金请求权，是出口商货款支付的重要凭证。

商业单据(Commercial Documents)是指由出口商自制或其他与贸易有关的商业性服务企业签发的、说明有关商品情况的单据，如商业发票、装箱单、保险单、运输单据等。

官方单据(Official Documents)是指由政府机关、社会团体、民间机构签发的各种证明文件，如领事发票、原产地证书、商检证书、普惠制产地证、出口许可证等。

2. 根据单据的作用，单据可以分为基本单据和附属单据

基本单据(Fundamental Documents)是国际贸易结算中最基本的、必不可少的单据，主要指的是汇票、商业发票、运输单据和保险单据。基本单据是出口商履行合同的证明，是进口商付款的依据和提取货物的保证。

附属单据(Supplementary Documents)是基本单据以外的其他单据，包括海关发票、原产地证书、检验证书、装船通知、装箱单和重量单等。附属单据是根据不同国家不同商品、不同客户的要求来决定是否需要提交。

下面我们以一份具体的MT700格式的信用证(参见附式8-1)以及该信用证项下提交的单据为例，展示国际结算中涉及的主要单据。

第二节　跟单信用证下的汇票

一、跟单信用证下汇票的性质

汇票是一种金融单据，它是国际结算中使用最广泛的票据。不是所有的信用证都要求受益人提交汇票，一般情况下，即期付款信用证和延期付款信用证是不要求提交汇票的，因为有些国家的法律规定签发或支付汇票等流通票据要缴纳印花税，出于免缴印花税的考虑，这些国家的银行开出的付款信用证一般不要求提交汇票，付款行直接凭单据付款。议付信用证可以要求提交汇票，也可以不要求，实务中绝大多数的议付信用证要求提交汇票。议付信用证中的议付行议付了受益人提交的全套单据后就成了正当持票人，是汇票上的收款人，在实务中，议付又叫做押汇、买单。承兑信用证要求受益人一定要提交汇票，承兑信用证中的受益人必须将远期汇票连同单据一起提示给承兑行，由承兑行先对远期汇票进行承兑，然后在汇票到期日付款。受益人获得了开证行或被指定银行对汇票的承兑后，可以等到期日收回货款，也可以到银行或贴现市场办理贴现。获得票面金额扣除贴现利息和费用后的净额，提前收回信用证下的款项。出口押汇和贴现是受益人在信用证项下获得融资的两种重要方式，不仅可以加快其资金运转，还可以扩大

出口。延期付款信用证由于不要求提交汇票,受益人无法通过贴现票据获得融资。

跟单信用证中使用的汇票属于商业汇票,是受益人签发的要求开证行或被指定银行在见票时或在一定时期内支付一定金额的无条件书面支付命令,该汇票连同货运单据一起提交到被指定银行,因而又属于跟单汇票。

二、跟单信用证下汇票的内容及其缮制

跟单信用证中使用的汇票没有统一的格式,各家银行提供的汇票的样式也不尽相同,但汇票需要记载的内容却是基本一致的,既要符合票据法的规定,又要符合信用证的规定,信用证项下汇票的内容主要包括(参见本章附式 8-2):

(1) 出票条款(Drawn under Clause)。这是受益人开立汇票的依据或原因。出票条款中应包括开证行的名称、信用证号码和开证日期。

(2) 汇票号码(No.)。通常以商业发票号码作为汇票号码,因为商业发票是全套单据的核心,二者一致便于查核和核对。

(3) 汇票签发地点和日期(Place and Date)。出票地点关系到汇票的法律适用问题,信用证项下汇票的出票地点是受益人和议付行所在地,一般事先印就,和出票日期相连,位于汇票的右上方。汇票的出票日期是受益人向银行交单议付的日期,应是全套单据中最晚的日期,它既不能早于提单等其他单据的日期,也不能晚于信用证有效期和规定的交单期。

(4) 汇票金额(Amount)。要同时填写大小写金额,二者必须一致,且不得涂改,大写金额的结尾要写上“only”以表示结束。汇票的币种必须与商业发票和信用证的币种相一致,汇票的金额必须根据信用证规定填写,不得超过信用证规定的总金额或增减幅度,通常为发票金额的 100%,但有时可能小于发票金额,这种情况下往往是一笔出口收汇采用部分信用证及部分托收或汇款方式结算,有时是因为受益人要支付佣金,不能收回 100% 的发票金额,具体比例由进出口双方在贸易合同中商定,并在信用证中作出规定。

(5) 付款期限(Tenor)。分为即期和远期,即期汇票在“At…Sight”之间打上“×”或加上“—”,如 At×××Sight, At ______ Sight。信用证下远期汇票的付款期限主要有两种表示方法:一种是见票后若干天付款,如“At 90 days after Sight”;一种是提单签发日或交单日后若干天付款,如“At 90 days after B/L date”,“At 90 days after Presentation of Documents”。采用这种远期表示方法,汇票的到期日必须从汇票本身可以推算出来,也就是说汇票上必须注明提单日或交单日。

国际结算中使用的汇票通常一式两份,除了在付款期限后的一句话不同外,其余内容完全相同,一般在这两份汇票的正面中间分别标注阿拉伯数字 1 和 2。第一份汇票写明“At…Sight of this SECOND OF Exchange(FIRST being unpaid)”,这指的是汇票“付一不付二、付二不付一”。在信用证要求单据分两次寄送的情况下,可以分别邮寄,开证行或被指定银行对其中的一份汇票付款或承兑后,另一份即告作废。

(6) 收款人(Payee)。又称汇票抬头。信用证项下的汇票,一般作成指示性抬头,而且以议付行为收款人,也有以受益人为收款人的,但不多见。汇票上一般事先印就“Pay

to the order of…”。

(7) 付款人(Drawee)。又称受票人,位于汇票的左下角,一般用“To”表示,信用证项下汇票的付款人为开证行或被指定银行,以信用证规定为准。根据UCP600的相关规定,开立信用证时不应以开证申请人为汇票的付款人,如果信用证仍规定汇票付款人为开证申请人,银行将视此汇票为附加的单据。

(8) 出票人(Drawer)。在汇票的右下角,是信用证中的受益人。出票人处必须有企业全称和有权签字人的盖章签字。汇票上的签章必须与其他单据上的签章保持一致。

信用证项下的汇票必须严格按照信用证条款制作,有的信用证要求所有单据上必须显示信用证号码和合同号码,汇票也必须体现信用证的这一要求。有些国家不允许汇票上的内容有更改,即使这些更改已经得到受益人的证实,如果信用证中有这方面的要求,必须满足。

第三节　商 业 发 票

商业发票是国际结算中不可或缺的单据,在全套单据中起核心作用,任何结算方式下的单据中都必须包括商业发票,其他单据在内容上要和它保持一致。广义的发票指所有带有发票字样的单据,如商业发票、海关发票、领事发票、形式发票、厂商发票等,狭义的发票仅指商业发票。

一、商业发票的含义和作用

商业发票简称发票,是出口商向进口商开立的对所售货物整体情况的说明,既是货物描述也是价目清单,主要记载货物的品名、数量、包装和价格等内容。其作用主要有:

1. 商业发票是出口商履约的证明

发票是对一笔交易的全面描述,详细记载了货物的品名、数量、单价、总金额等内容。出口商提交发票说明实际交货的情况,进口商根据出口商提供的发票,了解合同的履行情况。

2. 商业发票是进口商收付货款和记账的依据

出口商通过发票表明合同的履行和交易的总体情况,并凭以收取货款,进口商通过发票了解货物是否符合合同条款的规定,并凭以付款。

发票是出口商的销售凭证和进口商的购货凭证,进出口商都需要根据发票内容记账、核算盈亏。

3. 商业发票是进出口商报关纳税的依据

商业发票是进出口商办理进出口报关、申请货物出入境的凭证,也是海关征税和验关放行的依据。

4. 商业发票是出口商缮制其他出口单据的依据

商业发票较全面地反映交易的细节,在所有单据中起着中心作用,其他单据如运输单据、保险单据和商检证书等都只是反映交易某一方面的细节,这些单据在制作时要以发票为中心，在内容上和它保持一致。

此外，商业发票还常用于投保、理赔、海关统计、支付佣金等环节，用途广泛。

二、商业发票的内容及缮制

商业发票没有统一、固定的格式，一般由出口商自行制定。虽然出口商有各自固定的格式，但基本栏目大致相同。发票的内容要符合合同的规定，是出口商履约的证明，如果是信用证结算方式，又要符合信用证的规定。一份商业发票应包括以下几个方面的内容(参见本章附式 8 - 3)：

1. 出口商名称和地址(Exporter's Name and Address)

出口商的名称和地址出现在发票的正上方，一般事先印就，与合同中出口商的名称地址一致。如果是信用证结算方式，应与受益人的名称和地址一致。我国的出口发票中通常同时显示出口商的中英文名称。

2. "发票"字样(Name of Invoice)

在出口商名称地址下方或其他明显位置，用粗体字显示"COMMERCIAL INVOICE"或"INVOICE"，以区别于其他单据。

3. 发票抬头人(Accountee)

发票一般做成以合同中的进口商或信用证中的开证申请人为抬头人。有时信用证或合同规定以进口商以外的第三者作为发票的抬头人，则应按规定填写。在转让信用证的情况下，第二受益人出具的发票一般以第一受益人为抬头，第一受益人收到第二受益人提交的全套单据后，会用自己的发票、汇票替换第二受益人的单据，这是第一受益人出具的，而发票是以开证申请人为抬头的。

4. 发票编号和日期(Invoice No. and Date)

发票号码由出口商自行编制，没有统一的规则，同一出口商一般采用顺序号，便于查询。发票是出口单据的核心，发票号码往往用来代替整套单据的号码。

发票的日期应在合同签订之后，但不能晚于汇票的日期。在全套单据中，发票可以是签发日期最早的单据，甚至可以早于信用证开证日期。按照 UCP600 的规定，除非信用证另有规定，银行将接受出单日期早于信用证开证日期的单据。

5. 合同号或信用证号码(Contract No. or Credit No.)

信用证下的发票应注明信用证号，其他结算方式注明合同号。

6. 起运地和目的地(Transport Route)

起运地和目的地应明确具体，要与运输单据上的表述一致。如果是海运，填写起运港和目的港，一般还应在港口名称后打上国家或地区。

7. 货物描述(Description of Goods)

货物描述是发票中的主要项目，包括货物的品名、规格、数量、重量、包装等内容，必须与合同或信用证严格一致。

按照 UCP600 的相关规定，发票中的货物描述必须与信用证中的货物描述完全一致，省略或添加信用证未规定的字词句都可能造成单据不符，遭到开证行的拒付，而所有其他单据中的货物描述则可使用统称或简称。

8. 单价和总值(Unit Price and Total Value)

单价和总值也是发票中的主要项目,必须准确计算,发票金额不能超过信用证所允许的金额。信用证结算方式下,银行可拒绝接受金额超过信用证所允许金额的商业发票。如果一份信用证的金额为 USD15 000.00,货物描述为牛仔裤 3 000 条,没有具体规定每个规格的单价。出口商按照合同将货物装运之后发现,合同和信用证上的总金额都错了,5 个规格的牛仔裤加起来总共应该是 15 030.00 美元,超出了信用证的金额。那么商业发票上的金额应为多少? 最好的办法是修改信用证,如果时间来不及,为确保安全收汇,发票上的金额应以信用证金额 USD15 000.00 为准,因为开证行付款的依据是单据表面看来是否与信用证相符,而不管实际金额计算是否有误。如果受益人提交的发票金额为 USD15 030.00,就有可能因为单据不符遭到开证行的拒付。

如果货物有各种不同的规格,且各规格价格不同,一般应分别注明单价。国际贸易中的货物的价格由货物名称、单位金额、计价单位和价格术语四个部分组成,如 USD20/PC CFR BUSAN KORAN 是一个完整的价格。价格术语在单价的构成中非常重要,因为它涉及进出口双方责任、费用和风险的划分问题。

有时发票中会显示佣金或者销售折扣。如果一份信用证有如下规定:"less 5% commission and 10% discount",这样在货款总金额中既要扣除佣金,又要扣除销售折扣,那么应该先扣除哪个? 折扣是出口商给予进口商的优惠,佣金是出口商支付给中间商的。因为折扣的那部分金额,出口商实际上并没有收到而且也不可能收到,所以折扣部分是不应该支付佣金的。因此在缮制商业发票的时候,我们应该先在总额中扣除折扣,然后再在扣除折扣的金额中计算应支付的佣金,最后计算出发票净额。

9. 唛头(Shipping Marks)

唛头又称运输标志,主要是便于承运人、收货人识别货物。如合同或信用证中指定唛头的,按规定填写;没有指定,出口商可以自行设计唛头。唛头由客户名称缩写、合同号或发票号、目的港、件号等几部分内容组成。单据之间的唛头相互一致。如果没有唛头,应该填写"N/M"(无唛头)字样。如果是集装箱运输,应注明集装箱号和封号(Container No. and Seal No.)

10. 声明文句(Declaration)

声明文句主要是指根据合同或信用证的要求,对一些特殊性事项加以注明,如加注进口许可证号码(Import Licence No.)、声明发票内容正确真实、证明货物的原产地,如:We hereby certify that the invoice is true and correct and that the goods are of China origin. 还有的发票上要求加注货物与合同或形式发票上规定的一致: Goods as per Contract No. ×××/Proforma Invoice No. ×××. 这部分内容一般出现在货物品名、数量及金额以下的空白处。

11. 出单人签章(Exporter's Stamp and Signature)

一般由出口商签章,包括出口企业全程和有权签字人的签字,信用证结算方式下由受益人签发商业发票,其他单据上的签章要与发票保持一致。一般说来商业发票无需签字，但大部分的信用证均要求受益人提交“Signed Commercial Invoice”，在这种情况下，发票必须有签章。有的信用证还要求受益人提交“Manually Signed Commercial Invoice”，这是有权签字人必须对发票手签(出口商名称可以盖章)。即使信用证没有要求签章，目前一般做法发票都签章。

第四节 保险单据

保险是对偶然事件造成的损失提供经济补偿的行为。根据保险标的的不同，保险可以分为货运保险、财产保险、人寿保险等几大类。货物运输保险是国际贸易中不可缺少的环节，在货物的长途跨国运输中，各种自然灾害、意外事故或外来因素都可能造成货物损失。为了在货物受损后获得经济补偿，货主在货物运出之前必须及时向保险公司投保。根据不同的运输方式，货运保险可以分为海洋运输货物保险、航空运输货物保险和陆上运输货物保险等。海运是国际货物运输中最主要的运输方式，而且货物在海运中遭遇风险的可能性最大，我们主要讲述海洋运输货物保险。

一、海上运输保险的保障范围

海上运输保险又称水险，是以海上运输中的各种货物作为保险标的的，保险人根据保险合同的约定，对货物遭受承保责任范围内的风险所造成的损失提供风险保障。

1. 海上运输风险

海上运输保险的保险人主要承保两类风险，分别是海上风险和外来风险。

(1) 海上风险。海上风险指船舶、货物在海运中所遭受的自然灾害和意外事故。主要有：

① 自然灾害。自然灾害指由于人力不可抗拒的自然力量所造成的灾害，如恶劣气候、雷电、地震、海啸、洪水、火山爆发等。但海上自然灾害并非指一切自然力量所造成的灾害，我国海洋运输货物保险条款和英国的协会货物保险条款对自然灾害均有明确的界定。

② 意外事故。意外事故指运输工具由于偶然的、非意料中的原因所引起的事故，如船舶搁浅、触礁、沉没、失踪、互撞、失火等。

(2) 外来风险。外来风险指海上风险以外的，由于外来原因造成船舶、货物遭受的损失。分为一般外来风险和特殊外来风险。

① 一般外来风险。一般外来风险指一般外来原因引起的风险，是指造成损失相对较小的外来风险，如货物在运输途中被偷窃、雨淋、短量、玷污、渗漏等风险。

② 特殊外来风险。特殊外来风险指特殊外来原因引起的风险，是造成损失比较严重的外来风险，如战争、罢工、拒收货物等风险。

2. 海上货物损失

海上货物损失又称海损(Average)，是指货物或船舶在海运中由于海上风险和外来风险所造成的损失或灭失。保险人承保的损失按程度分为全部损失和部分损失，按性质分为共同海损和单独海损。

(1) 全部损失(Total Loss)。全部损失又称全损,指整批货物或不可分割的一批货物全部损失。全部损失分为实际全损和推定全损。

① 实际全损(Actual Total Loss)。实际全损指货物全部灭失或失去原有的性质和用途,如焚毁、落入深海无法打捞、水泥结块、茶叶浸水等。

② 推定全损(Constructive Total Loss)。推定全损指货物受损程度虽未构成全损,存在一定的残值,但其维修并运至目的地的费用将超过其完好价值。

(2) 部分损失(Partial Loss)。部分损失指货物损失没有达到全部损失的程度。部分损失分为共同海损和单独海损。

① 共同海损(General Average)。共同海损指船舶在航行途中遭遇风险,威胁到船舶和货物的共同安全时,为了维护各方利益,或使航程得以继续,由船方采取的有意识、合理的措施而造成的损失。共同海损是为了使船舶货物免于遭受更大的损失而做出的牺牲,这部分损失由船方、货方等利害关系方或他们各自的保险人根据获救价值的大小按比例分摊。如在紧急情况下抛弃船上货物(Jettison)造成的损失属于共同海损。

② 单独海损(Particular Average)。单独海损指共同海损以外的部分损失,是由于自然灾害、意外事故或不可抗力直接造成的船舶或货物的损失,其损失针对单独的当事人,只能由该当事人或承保此类损失的保险人承担,不能要求其他当事人(船东、其他货主)分摊。

二、海上运输保险险别与保险条款

保险险别是确定保险人(即保险公司)和被保险人(即投保人)权利义务的条款,也是保险人承包责任范围和被保险人交纳保费的依据。不同的保险险别下,保险人承担的责任不同,被保险人在货物受损时得到的补偿也不同。保险人承担的保险责任是通过保险条款加以规定的,各国保险公司都会制定相应的保险条款或采用国际保险市场上通用的保险条款。

1. 保险险别

根据 1981 年 1 月 1 日生效的《中国保险条款》(China Insurance Clause,CIC)的规定,海洋运输货物保险的险别可分为基本险和附加险两大类。

(1) 基本险。基本险是保险人对承保货物承担最基本保险责任的险别,是投保人必须投保而且可以单独投保的险别。基本险有三种:平安险、水渍险和一切险。

① 平安险(Free From Particular Average,F. P. A.)。又称单独海损不赔险,是保险人承担责任最小的一种基本险。平安险承保范围包括:海上风险造成的全损;海上风险造成的共同海损;意外事故造成的单独海损。

② 水渍险(With Particular Average,W. P. A 或 W. A.)。又称单独海损要赔偿险,保险人的承保责任要大于平安险。水渍险包含了平安险的承保范围。水渍险的承保范围包括:海上风险造成的全损;海上风险造成的共同海损;意外事故造成的单独海损;自然灾害造成的单独海损。

③ 一切险(All Risks,A. R.)。保险人的承保责任要大于水渍险,是保险人承保责任最大的一种基本险。一切险的承保范围包括：海上风险造成的全损;海上风险造成的共同海损;意外事故造成的单独海损;自然灾害所造成的单独海损;一般外来原因所造成的损失。一切险包含了水渍险、平安险的承保范围,还包括下列一般附加险。

我国的《海洋运输货物保险条款》对上述险别的责任范围作出了明确的规定。

(2) 附加险。附加险是对基本险的补充,是投保人投保基本险之后,又增加投保的险别。附加险不能离开基本险而单独投保。附加险分为一般附加险和特殊附加险。

如果已经投保了“一切险”就不需要再投保一般附加险,因为“一切险”的范围已经包括一般附加险了。但“一切险”并非承保一切风险造成的损失。特殊附加险不属于“一切险”的责任范围,如有必要,需另行投保并支付保费。投保水渍险或平安险不包含任何附加险,根据需要,投保人可再加保某种或某几种一般附加险,并要加付保费。

① 一般附加险,主要有：

A. 偷窃提货不着险(Theft,Pliferage and Non-Delivery Risk-TPND);

B. 淡水雨淋险(Risk of Fresh Water and/or Rain Damage-FWRD);

C. 碰损破坏险(Risk of Clash and Breakage);

D. 渗漏险(Risk of Leakage);

E. 钩损险(Risk of Hook Damage);

F. 混杂玷污险(Risk of Intermixture and Contamination);

G. 生锈险(Risk of Rusting);

H. 短量险(Risk of Shortage);

I. 串味险(Risk of Odor);

J. 包装破损险(Risk of Damage Caused by Breakage of Packing);

K. 受潮受热险(Risk of Damage Caused by Sweating and/or Heating)。

② 特殊附加险,主要有：

A. 战争险(War Risk);

B. 罢工暴动民变险(Risk of Strikes,Riots and Civil Commotions; SRCC);

C. 交货不到险(Risk of Failure to Delivery);

D. 舱面险(On Deck Risk);

E. 拒收险(Rejection Risk);

F. 黄曲霉素险(Aflatoxin Risk);

G. 进口关税险(Import Duty Risk)。

2. 保险条款

在我国的对外贸易实务中使用较多且在国际上具有一定影响和权威性的保险条款主要有以下两种：

(1)《伦敦保险商协会货物条款》[The Institute of London Underwriters Cargo Clause(1982),ICC]。该条款是国际货运保险市场上影响力最大的保险条款,被世界各国广泛采用。现行条款是1982年1月1日修订的,是对1963年的文本进行的修订。据

统计,目前世界上 2/3 的国家或地区在海上保险业务中采用这一条款。ICC 主要条款包括:

协会货物条款(A):ICC(A)相当于一切险;

协会货物条款(B):ICC(B)相当于水渍险;

协会货物条款(C):ICC(C)相当于平安险。

ICC(A)款承保范围最大,ICC(B)次之,ICC(C)承保范围最小。

(2)《中国人民保险公司海洋运输货物保险条款》。《中国人民保险公司海洋运输货物保险条款》即中国人民保险公司制定的《中国保险条款》(China Insurance Clause,简称CIC),目前使用的是 1981 年的修订条款。险别分为基本险和附加险。投保人在投保基本险的同时,可根据需要加保一种或几种附加险,但如果投保了一切险,就已经包含了一般附加险的内容。

三、保险单据的定义与作用

保险单据是保险人对被保险人承担保险责任的书面证明,它是进出口结算中常见的单据之一。出口货物保险是由出口商办理还是进口商办理取决于贸易术语的使用。以FOB/CFR/FCA 或 CPT 价格成交的货物由进口商办理保险;以 CIF 或 CIP 条件成交的货物由出口商办理保险,保险单据是出口商必须向进口商提供的出口单据之一。

1. 保险单据是保险合同的证明

保险单据是保险人和被保险人之间签订的保险合同的证明,反映保险人和被保险人之间的权利义务关系。保险人有收取保费的权利,当被保险货物遭受损失时,保险人对承保责任范围内的损失承担赔偿责任。被保险人有支付保费的义务,在货物遭受损失时,有权根据保险合同获得赔偿。

2. 保险单据是保险公司理赔和被保险人索赔的主要依据

保险单据是货物在运输途中出险后保险公司向被保险人承担赔偿责任的主要依据。被保险人及其受让人在索赔时必须出示保险单据以证明其保险权益。

四、保险单据的种类

1. 保险单(Insurance Policy)

保险单又称大保单,是最正式、最常用的保险单据,正反两面都有详细内容的记载。正面主要记载被保险人名称、被保险货物名称、承保险别、保险金额等内容,背面是保险合同,列有保险人的责任范围以及合同双方权利与义务等方面的详细条款。我国国内保险公司出具的均是保险单。

2. 保险凭证(Insurance Certificate)

保险凭证又称小保单,是简化了的保险单,除了背面没有印合同条款外,其余内容均和保险单相同,与保险单具有同等效力,实务中使用不多。

3. 预约保单(Open Cover)

预约保单又称开口保险单,是一种长期性的货物运输保险合同,保险公司对约定的最高金额以内的货物在合同有效期内自动承保。预约保单可以简化保险手续,减少逐笔投保逐笔签订保险合同的手续,还可以防止货物因漏税或迟保所造成的损失,适合有长期国际贸易业务的进出口商。在货物每次储运以后保险公司不再另行签发保险单据。为了满足出口商向银行交单结汇的需要,保险公司会签约保单下的保险证明或保险声明。

4. 联合保险凭证(Combined Insurance Certificate)

联合保险凭证又称承保证明,是一种更为简化的保险凭证。保险公司在商业发票的空白处加列保险编号、险别、保险金额、运输金额、运输工具、起运日期等,并加盖保险公司印章。这种保险凭证不能转让,在实务中很少使用,也不符合国际结算中单据一一对应的要求,特别是信用证中有时会规定不接受联合单据(Combined documents are not acceptable)。

5. 暂保单(Cover Note)

暂保单是保险经纪人签发的一种单据。投保人除了直接向保险公司投保外,还可以通过保险经纪人投保。保险经纪人接受投保人的委托后想起签发暂保单。暂保单不具有保险单的作用,被保险人不能凭以向保险公司索赔,保险公司对保险经纪人签发的暂保单不承担任何责任。在大部分情况下保险经纪人是作为被保险人的代理人向保险公司投保,只有在保险公司出具正式的保险单据的情况下保险才生效。

五、保险单据的内容

保险单据各项内容必须和商业发票及其他单据相关内容一致。在 CIF 或 CIP 条件下,保险单据的形式和内容必须符合合同的要求,在信用证方式下,还必须符合信用证的有关规定。一份正本的保险单(Insurance Policy)包括正面和背面两部分内容。正面是有关某一笔保险交易的细节性内容,背面事先印就的内容是保险合同条款,列有保险人的责任范围、免责事项,以及合同双方权利和义务等方面的详细内容。保险单据正面记载内容如下(参见本章附式 8-6):

(1) 保险公司名称(Insurance Company)。保险公司名称出现在保单的正上方,各家保险公司均在保单上事先印就本公司名称地址。

(2) 保险单据名称(Name of Document)。如"货物运输保险单"(Cargo Transportation Insurance Policy)。

(3) 保险单号码(Policy No.)。保险单号码指保险单的编号,一般由保险公司按顺序编号。

(4) 被保险人(The Insured)。CIF 或 CIP 条件下为出口商,FOB、CF 条件下为进口商。如果被保险人是出口商,在交单前要在保单背面背书,以转让保险权益(见下面保险单据的转让),如果合同或信用证对被保险人有特别的规定,则按要求填写。

(5) 标记(Marks and Numbers)。标记货物的唛头,应与提单、发票一致。有的打上"AS PER INVOICE NO. ×××"字样。

(6) 包装和数量(Packing and Quantity)。填写重量或件数及包装单位。有包装但以重量计价的应同时填写件数和重量。

(7) 保险货物名称(Description of Goods)。按发票中的货物品名填写,如果发票品名繁多,保单可填写统称或简称,只要不与发票中的品名相抵触即可。

(8) 保险金额(Amount Insured)。一般为发票 CIF 或 CIP 金额的 110%,这加成的 10%是补偿进口商的费用和预期利润的。具体的投保比例可由进出口双方约定,但加成一般不宜超过 30%,否则应征求保险公司的同意。保单上的金额应同时用大小写表示,币种要与其他单据一致。如果发票上显示预付款、佣金或折扣,应按扣除预付款、佣金或折扣前的金额投保。

(9) 保费(Premium)。一般不直接注明,填写"As Arranged"(按约定)。

(10) 发票号或提单号。发票号或提单号根据发票或提单填写。保险索赔时一般需提供发票,这两种单据要互相照应。

(11) 运输工具(Per Conveyance)。海运必须注明船名和航次,与提单一致。船名前有时会出现"S. S."字样,是"Steamship"的缩写。其他运输方式可表示为"By Air""By Train""By Truck"等。

(12) 起运日期(Date of Commencement)。起运日期应填写运输单据上的实际装运日期,如在缮制保险单时,提单尚未签发,可填写 "As Per B/L"。

(13) 运输起讫地(From... To...)。运输起讫地应与运输单据记载一致。

(14) 承保险别(Terms and Conditions)。承保险别应严格按合同或信用证规定的险别投保。这是保单的核心内容,也是发生货损时确定保险人责任范围的主要依据。除注明险别外,最好还应注明险别使用的保险条款,如"Covering All Risks and War Risk as per Ocean Marine Cargo Clauses & Ocean Marine Cargo War Risk Clauses of The People's Insurance Company of China dated 1/1/1981"(按照中国人民保险公司 1981 年 1 月 1 日海运货物条款和海运货物战争险条款承保一切险和战争险),或 "Covering Marine Risks Clause(A) as per Institute Cargo Clause(A) dated 1/1/1982"(按照伦敦协会 1982 年 1 月 1 日货物 A 条款承保海运险 A 条款)。

(15) 保单份数(No. of Originals Issued)。如果保险单据上显示签发的正本在一份以上,所有正本必须提交给银行。保险单据可以签发一份正本,但是实务中以签发两份正本居多。

(16) 保险代理人(Claims Settling Agent)。保险代理人是受保险人委托在货物出险后处理理赔事宜的代理人,一般为目的地的代理人。保险单上会详细注明代理人的名称、地址,以便收货人联系查找。

(17) 赔付地点(Claim Payable at)。一般选择目的地,如果合同或信用证中另有规定,按要求填写。

(18) 保单签发日期(Date of Issue)。这是保险公司责任生效的日期,因此不能晚于运输单据所记载的货物装船、发运或接受监管日。

(19) 保险人签章(Authorized Signature)。保险人签章指由签发保险单的保险公司、保险商或他们的代理人签字盖章。

第五节 海运提单

随着世界贸易的发展和运输条件的改善，国际货物运输出现了多种运输方式，如海运、空运、公路、铁路、内河运输、特快专递、邮寄运输以及多式联运等，其中海洋运输在国际货物运输中占据重要地位，是国际贸易中实用最多的运输方式，这是因为海运具有运量大、运费低、对货物的适应性强等特点。我国对外贸易中80%以上的货物运输都是通过海运完成的。不同的运输方式产生了各种不同的运输单据，海运提单是最常见的运输单据。

一、海运提单的概念及作用

1. 海运提单的概念

海运提单(Marine/Ocean Bill of Lading)，简称提单(B/L)，是承运人或其代理人收到货物后签发给托运人的，承诺将货物运至指定目的港交付给收货人的书面凭证。承运人(Carrier)是指任何在运输合同总承诺通过公路、铁路、空运、海运、内河运输或上述运输的联合方式履行运输的人。

2. 海运提单的作用

(1) 货物收据(Receipt for the Goods)。承运人或其代理人签发提单，表明他已按提单上所列内容收到货物，提单是承运人或其代理人收到托运货物后给托运人的货物收据。

(2) 海上运输合同的证明(Evidence of the Contract of Carriage)。托运人向承运人或其代理人租船订舱办理托运，承运人和托运人之间的运输合同即告成立，提单是运输合同成立的证明。一份标准格式的提单背面印有运输合同条款，规定了承运人、托运人、收货人和提单持有人之间的权利与义务关系。

(3) 物权凭证(Document of Title to Goods)。承运人或其代理人在目的港交付货物时，必须凭正本提单才能把货物交给收货人。提单持有人必须凭正本提单才能向承运人提单，谁拥有提单，谁就拥有货物的所有权。即使是真正的收货人，如果不能出示正本提单，承运人也可拒绝其提货请求。作为一种物权凭证，提单可以转让，提单的转让代表提单上所记载的货物的转让。

二、海运提单的主要内容

海运提单是出口结算中最基本的单据之一，一般船公司都印有自己固定格式的提单，虽然各家船公司格式不一，但其具体内容和项目基本一致。UCP600对海运提单的内容作出了具体规定。一份正本提单的内容分为正面内容和背面内容。

海运提单的正面内容包括(参见本章附式8－5：海运提单)：

(1) 托运人(Shipper/Consignor)。托运人又称发货人，一般为出口商，也可以是进口商或信用证以外的第三方。

(2) 收货人(Consignee)。又称提单的抬头,有三种不同的填写方式,分别为记名收货人、空白抬头和指示性抬头。记名收货人提单上填写实际收货人的名称、地址,空白抬头提单指示人一栏空白,指示性抬头提单带有"To order"或"To order of a named party"字样。收货人的记载方式不同,提单的可转让性和转让方式也不同。

(3) 被通知人(Notified Party)。被通知人即收货人或其代理人,是货物到达目的港后船公司向其发出到货通知的人。

(4) 船名和航次(Vessel and Voyage No.)。提单上有时会在船名前出现"intended"字样,这是因为承运人在内陆收到货物时往往还无法确定货物将装上哪一艘船只,同时也为了给自己的货运安排留有一定的余地。

(5) 装运港(Port of Loading)和卸货港(Port of Dispatch)。海运提单的运输方式为港至港运输(Port-to-port Shipment),信用证项下的海运提单必须注明信用证中指定的装运港和卸货港。根据 UCP600 的相关规定,如果提单显示的货物接受接管地(Place of receipt or taking in charge)不同于起运港,则装船批注上除了有装运日期以外,还必须注明信用证中规定的起运港和实际装运船只。

(6) 表明货物已装船的文字或批注。提单上必须注明货物已经装上指定的船只,它可以由提单上印就的文字(Pre-printed Wording)表明,也可以由装船批注(On Board Notation)表明。

(7) 唛头(Shipping Marks)。所有单据上的唛头都必须一致。

(8) 货物描述(Goods Description)。提单上的货物描述可使用统称,只要不与发票中的货物描述相抵触即可。

(9) 件数(Pieces)、毛重(Gross Weight)和体积(Measurement)。件数、毛重与体积应与装箱单保持一致。

(10) 正本份数(No. of Original B/L(s) Issued)。实务中正本提单通常签发一式三份,UCP600 规定全套提单可以是一份或一份以上的正本。由于提单是物权凭证,在提单上注明所签发的正本份数可以使提单受让人了解全套正本提单的份数。但即使签发了一份以上的正本,承运人只需凭一份正本即可交付货物,收货人无须出示全套正本提单。

(11) 运费交付情况(Freight)。提单上一般不填写运费的实际金额(Freight as Aranged),而是表明运费是否已经支付,常见的有"Freight Prepaid"、"Freight to Collect"。运费"预付"还是"到付"取决于商业发票中价格术语的使用。

(12) 海运提单签发地点和日期(Place and Date of Issue)。海运提单签发地点和日期是承运人接管或装运货物的地点和日期。

(13) 签章(Stamp and Signature)。提单只有经过签章才能生效。UCP600 相关的规定是,提单正面要注明承运人的名称,并由承运人、船长或他们的代理人签字或证实。常见的证实方法有:"As Carrier;As Agent for the Carrier×××;As Master;As Agent for Master×××"。

除了上述正面记载的内容外,一份正本海运提单还有背面内容。提单背面是事先印就的运输条款,对承运人和提单关系人之间的权利义务有详细的规定。其主要内容包括：定义条款、管辖权条款、提单使用的国际公约责任范围条款、运费条款、转船条款、共同海损条款和碰撞条款等。

三、海运提单的主要种类

海运提单可以从不同角度进行分类：

1. 根据货物是否已装船区分

(1) 已装船提单(Shipped On Board B/L)。货物装上指定船只后承运人或其代理人向托运人签发的提单，提单上有具体的船名、航次和装运日期。承运人签发已装船提单表明他确认货物已装上船。已装船提单可以由提单上印就的"已装船"字样表明："SHIPPED on board in apparent good order and condition(unless otherwise indicated)…"，也可以由装船批注说明。信用证项下受益人提交的提单必须是已装船提单，否则，银行不予接受。如果是一份印就的已装船提单，提单签发日就是货物的装运日期。

(2) 收妥待运提单(Received for Shipment B/L)。收妥待运提单又称"备运提单"，承运人收到货物等待装船或装船尚未完毕期间，向托运人签发的提单。当货物装船后，经过有效的"装船批注"(On Board Notation)，收妥待运提单可转化为已装船提单。收妥待运提单广泛地应用于集装箱运输，承运人在内陆集装箱收货站收到货物后，只能签发收妥待运提单，因为此时货物尚未装上指定船只。提单上印就的文字为："RECEIVED in apparent good order and condition except as otherwise noted…"，收妥待运提单上必须有两个日期，一个是提单签发日期，另一个是货物的实际装船日期，该日期即为货物的装运日期(date of shipment)。

2. 根据提单上是否有不良批注区分

(1) 清洁提单(Clean B/L)。清洁提单指托运的货物表面状况良好的提单。提单一般都有印就的条款，表明货物"in apparent good order and condition"，只要承运人在提单上没有作出任何相反的批注(如货物污损、包装残缺等)，该提单就是清洁提单。信用证项下要求受益人提交的海运单据一般是："Clean on board Bill of Lading…"所以，运输单据必须是"清洁的"，否则，银行也不予接受。

(2) 不清洁提单(Unclean B/L;Foul B/L)。不清洁提单指承运人在提单上加注货物或保障表面存在缺陷的提单。表面状况是指货物的外包装或外观，不涉及货物的内在质量。常见的不清洁批注有：包装不坚固、包装破裂、货物渗漏等。一般情况下进口商不愿意接受不清洁提单。承运人签发不清洁提单主要是为了明确自己的责任，表明货物是在表面状况不良的情况下装运的。不清洁提单在实务中不多见，因为在货物装船时如发现货物或包装破损，为确保安全收汇，出口商通常会采取措施及时更换货物和包装。

3. 根据提单收货人区分

(1) 记名提单(Straight B/L)。记名提单指提单上的收货人(Consignee)栏内有记名收货人且只能由该记名收货人提货的提单。承运人只能将货物交给提单上指定的收货人。此类提单是不可流通转让的，因而可以避免提单转让带来的风险，但同时也失去了通过转让提单来转让货物的便利性。记名提单通常不凭正本提单提货，而是凭承运人的到货通知提单，提单失去了作为物权凭证的作用，在实务中很少使用。

(2) 不记名提单(Open B/L;Blank B/L;Bearer B/L)。不记名提单又称来人提单或空白指示提单，提单收货人栏没有指定任何收货人的提单。不记名提单无需背书即可转让，任何持有提单的人均可提货。由于提单凭交付即可转让，手续简便，但提单一旦遗失或被窃，风险很大，在国际贸易结算中一般不使用。

(3) 指示提单(Order B/L)。指示提单抬头带有"Order"字样的提单。指示提单通过背书可以转让，分为记名指示和不记名指示两种。记名指示为"To order of＋出口商、进口商、×××银行"，转让提单时指示人即"出口商、进口商或×××银行"必须背书。不记名指示为"To order"，其含义是"To order of shipper"，提单的转让必须经过托运人(Shipper)背书。提单背书可以是记名背书，也可以是空白背书。指示提单经背书可以转让给第三方，该受让人可凭以提货。在实务中使用最多的指示提单是 To order 或者 To order of shipper。

4．根据提单内容的完整性区分

(1) 全式提单(Long Form B/L)。全式提单又称繁式提单，提单正反两面都有详细内容记载的提单。正面记载货物的装运细节，如品名、数量、毛重、船名、航次、起运港、目的港等内容。背面记载承运人和提单关系人之间的权利和义务的条款，一般事先印就。实务中使用的提单通常是全式提单。

(2) 简式提单(Short Form B/L)。简式提单又称短式提单，只有正面内容的记载而无背面详细运输条款的提单。这种提单多见于租船提单，受租船合约的约束。

5．根据船舶运营方式区分

(1) 班轮提单(Liner B/L)。班轮提单指班轮运输方式下承运人或其代理人签发的提单。班轮提单有印就的格式，合同条款相对固定。班轮运输有固定的航线、停靠的港口、船期以及费率。实务中使用的港至港提单通常是班轮提单。

(2) 租船提单(Charter Party B/L)。租船提单指租船合同下承运人或其代理人签发的提单。租船提单是一份简式提单，租船运输没有固定的航线、停靠港口、船期及运费，租船合同需由承租人(托运人)和出租人(承运人)另行签订，在租船提单正面一般注明："所有条件和条款根据某年某月某签订的租船合同(All terms and conditions as per charter party dated…)"。

6．根据提单有关时间区分

(1) 预借提单(Advanced B/L)。预借提单指承运人应托运人的要求，在货物尚未装船或装船尚未完毕的情况下，预先签发的"已装船"提单。托运人在未能装运货物的情况下从承运人处"预借"提单，以便在合同或信用证规定的期限内交单取款。承运人签发预借提单承担了较大的风险，因为在货物尚未装船的情况下，承运人却已提前签发已装船清洁提单，一旦货物在装船前或装船过程中发生损失或灭失，收货人提不到货物，承运人要负责赔偿。

(2) 倒签提单(Anti-dated B/L)。倒签提单指承运人应托运人的要求，在货物装船以后以早于货物实际装船的日期作为提单签发日期的提单。托运人要求"倒填日期"签发提单，也是为了赶上合同或信用证规定的最迟装运日期。预借提单和倒签提单都掩盖了提单签发时的真实情况，带有一定的欺骗性，承运人要承担由此而产生的风险。

(3) 过期提单(Stale B/L)。过期提单指迟于货物到达目的港才抵达收货人的提单或迟于提单签发日后21天才交到银行的提单。一般情况下，人们不愿意接受过期提单，因为由于不能及时提货往往要多支付仓储费和滞港费。但在邻近国家之间的贸易中，由于航线短，经常会出现提单过期的情况，因此有的信用证中会规定过期提单可以接受(Stale B/L is acceptable.)。

(4) 正常提单(Fresh B/L)。正常提单指承运人在正常情况下签发的在货物运达目的港之前已交给收货人的提单。这是受益人向银行交单议付和银行凭以付款的重要单据。

7. 根据是否转运区分

(1) 直达提单(Direct B/L)。直达提单又称直运提单，货物在起运港装上指定船只后，中途不转船直接运抵目的港卸货的提单。

(2) 转运提单(Transhipment B/L)。转运提单又称转船提单，货物在起运港装上指定船只后，不直接运抵目的港，而需在中转港卸下原装船只再装上另一船只运抵目的港的提单。转运会增加货物受损的风险与装卸费用，延长货物在途时间，有的信用证明确规定不允许转运(Transhipment not allowed)。

(3) 联运提单(Through B/L)。联运提单指货物在中转港转船或转用其他运输工具运抵最终目的地的提单。联运包括海海、海陆、海空、海河等多种方式。如果是海海联运，该提单就是转运提单。

8. 根据运费支付方式区分

(1) 运费预支提单(Freight Prepaid B/L)。运费预付提单指承运人签发提单时，运费已经预付的提单。在CFR、CIF价格术语下，出口商负责租船订舱并支付运费，提单正面注明“Freight Prepaid”或“Freight Paid”。

(2) 运费到付提单(Freight Collect B/L)。运费到付提单指承运人签发提单时，提单表面注明“运费到付”的提单。在FOB价格术语下，进口商自己已安排运输，并在提货前支付运费。提单上可显示“Freight Collect”、“Freight to be Paid”、“Freight Payable at Destination”。

提单上运费是预付还是到付取决于商业发票中价格术语的使用，如果发票中显示CFR或CIF价，运输单据上却显示“Freight Collect”是不能接受的。

9. 其他种类的提单

除以上分类外实务中还使用下列提单：

(1) 集装箱提单(Container B/L)。集装箱提单是使用集装箱装运货物所签发的提单。集装箱运输是适应货物成组化运输的需要而产生的运输方式，它大大提高了货物的装卸速度，而且可以实现门到门的服务，已成为国际货物运输中不可缺少的一种运输方式。

除了提单上应有的内容外，集装箱提单上会显示“集装箱号”(Container No.)和“封箱号”(Seal No.),以及箱内所装货物的件数。在整箱货的情况下,箱内的货物由托运人自己装箱封箱后交集装箱堆场办理装运,承运人无法检查箱内货物,货物情况只能是“据托运人所述”。为了分清责任,承运人在提单上加注“Shipper's Load and Count”(托运人装货并清点)或“Said to Contain”(据说含有),以此表明自己对箱内的货物及其数量不负责任。

(2) 运输代理行提单(House B/L;Freight Forwarder's B/L)。运输代理提单又称货代提单、无船承运人提单,是由运输代理行(又称货运代理人)出具的提单。货运代理人将不同托运人的货物承揽后向船公司订舱,由承运人向其签发主提单(Master B/L),即船公司的海运提单,他再以自己的名义签发分提单(House B/L)给不同的托运人。船公司出给货代自己和货代在目的港的代理人,而货代出给客户的分提单(House B/L)上的发货人和收货人是实际的托运人和收货人。如果是拼箱业务,目的港货代凭 Master B/L 向船公司提货,收货人再凭 House B/L 向货代提货。整箱业务中收货人凭货代提单向目的港货代的代理人换取船公司提单,然后再凭该提单去提货。货代提单不具有海运提单所具有的物权凭证的作用,收货人凭货代提单无法在目的港向船公司提货,真正控制物权的是货代公司,货代公司的信誉一般不如船公司,因此货代提单存在一定的风险。货运代理人不办理运输,也不对货物在运输途中发生的风险承担责任,如果发生货损,托运人需要直接要求承运人赔偿损失。

(3) 电子提单(Electronic B/L)。电子提单相对于“纸质单据”而言,是适应电子数据交换(EDI)技术的发展而产生的通过电子计算机传送海上货物运输电子数据的单据。通过计算机,提单信息被转换为电子信息在网络中传递,接受方计算机收到该电子信息后又将其重新转化为提单信息。提单的签发、修改、转让、传递都是通过特定的密码在计算机中进行。电子提单具有安全、正确、效率高、速度快等优点。

第六节　附属提单

附属单据是基本单据以外的其他单据,根据合同或信用证条款的规定提交,有的由出口商出具,有的则需由指定的当事人出具。是否要求提交这些单据取决于进口商的需要以及进口国的有关规定。

一、海关发票(Customs Invoice)

海关发票是出口商根据进口国海关提供的固定格式填制的一种发票,供进口商进口报关时使用。由于各国海关规定不同,各国和各地区都有自己不同格式的海关发票。要求提供海关发票的国家和地区主要有加拿大、美国、新西兰、西非、东非和中南美洲等。

海关发票是进口国海关核定进口货物原产地、征收关税以及海关统计的依据,也是进口国海关核对商品是否倾销的依据。

海关发票除了与商业发票相同的内容外,还包括产地证明(Origin)和价值证明(Value)两项内容。产地证明应注明货物的原产地和制造地,这是进口国海关征收关税的依据。价值证明应注明货物的 FOB 价，该价格不能低于国内市场价，否则可能被视为倾销，如果是 CIF 价，应正确计算运费和保险费。

二、产地证明书(Certificate of Origin)

产地证明书简称产地证（C/O），是证明出口货物的原产地或制造地的书面文件，供进口国海关采取不同的进口管制政策和关税待遇，根据签发人的不同，产地证分为以下几种：

1. 普惠制原产地证（参见本章附式 8－8）

普惠制原产地证又称 FORM A 产地证，全称是：GENERALIZED SYSTEM OF PREFERENCES(G. S. P) FORM A。普惠制即普遍优惠制，是发达国家（给惠国）对发展中国家（受惠国）给予单方面关税优惠的一种普遍的、非歧视的和非互惠的国际性制度。受惠国向给惠国出口规定的商品时，必须出具普惠制原产地证才能享受约定的关税优惠待遇。目前世界上有 31 个给惠国，受惠国家和地区达 160 多个。我国是发展中国家，已有英国、法国、德国、意大利、荷兰、卢森堡、比利时、爱尔兰、丹麦、希腊、葡萄牙、西班牙、日本、挪威、新西兰、澳大利亚、瑞士、瑞典、芬兰、奥地利、加拿大和波兰等 22 个国家对我国实行普惠制。

FORM A 产地证相关内容必须与其他单据相符，除此之外还应注意以下几点：

（1）第 2 栏收货人应填写给惠国最终收货人名称，不能填中间转口商的名称，更不能和提单一样做成指示性抬头。

（2）第 4 栏由商检机构根据需要填写。如果出口商在装运货物后申请签发，则只能签发“后发”证书，由签发机构加盖“ISSUED RETROSPECTIVELY”印章，日本一般不接受“后发”证书。如果证书因遗失或损毁签发“复本”，需加盖“DUPLICATE”印章，并声明原证书作废。

（3）第 8 栏为原产地标准，用字母表示。“P”代表完全原产，无进口成分。“W”表示含有进口成分，但符合原产地标准。“F”是对加拿大出口商品，含有进口成分。原产地表格参见下表。

（4）第 10 栏为发票号码和日期，必须填写，不能留空。有的信用证在附加条款中规定：“All documents except draft and invoice must not show the credit number and invoice number.”（除汇票和发票外的所有单据不能显示信用证号码和发票号码。）这种情况下，受益人收到信用证后必须及时修改这一条款，否则无法做到单证一致，因为商检机构不会签发无发票号码的普惠制产地证。

（5）第 11 栏为签发机构的签章，由签发机构的印章和有权签发人的手签组成。签发日期不能早于发票日期（第 10 栏）和出口商的申报日期（第 12 栏），也不能晚于提单日期，不然要在第四栏盖“后发”章。在我国唯一的授权签发机构是各地的出入境检验检疫局。

FORM A 上的内容不允许有更改，出现错误应重新填制。出口商填制 FORM A 无误后由商检局审核后签署。

2. 一般原产地证(参见本章附式 8－7)

一般原产地证由各地出入境检验检疫局或中国国际贸易促进委员会(简称贸促会)出具,证书全称是"CERTIFICATE OF ORIGIN OF THE PEOPLE'S REPUBLIC OF CHINA"。中国贸易促进委员会(China Council for the Promotion of International Trade,CCPIT)是对外的中国商会。

一般原产地证的填制内容与 FORM A 基本一致,其中第 8 栏 H. S. Code 为商品 H. S. 编码栏。H. S. 是"The Harmonized Commodity Description and Coding System"的缩写,即"商品名称及编码协调制度",每个商品由 8 位数的代码来表示。如果同时涉及不同的商品,应将编码分别填入。第 10 栏为发票号码和日期,不能留空。第 11 栏和 12 栏与 FORM A 有关栏目的位置编排正好相反。这两种单据均需有权签字人手签。

3. 出口商原产地证

出口商原产地证是由出口商自行签发的产地证。如果合同或信用证没有具体规定由谁来签发产地证时,出口商可以自己出具产地证,也可以直接在商业发票上加注原产地证明的文句(This is to certify that the goods are produced in China)。有些国家和地区不允许产地证出现在商业发票上,应单独出具产地证。

三、检验证书(Inspection Certificate)

检验证书是商检机构对进出口商品的品质、数量、重量、卫生、等级、性能、技术指标等进行检验或鉴定后,根据实际检验结果出具的证明文件。进出口商品检验是国际贸易中的一个重要环节,也是一个国家为维护国家安全、国民健康,保护自然环境而采取的一项措施。世界各国一般都设有专门的检验检疫机构,也产生了一些著名的被许多国家认可的检验机构,如美国食品药物管理局(FDA)、瑞士日内瓦通用鉴定公司(SGS)等,他们的鉴定结果是商品进入国际市场的通行证。我国的官方检验机构是国家出入境检验检疫局。

在国际贸易中,检验证书是进出口商品通关验收、合同履约、货款结算、征收关税、诉讼理赔的重要证明文件。检验证书应由信用证或合同规定的检验机构出具,如果没有特别规定,该证书可以由商检机构、进出口商或生产厂商出具。证书内容除与合同或信用证相符外,还必须和其他单据保持一致,商品的检验或鉴定结果及评定意见是证书最主要的内容,措辞上应与合同或信用证一致。检验证书的签发日期必须早于运输单据的日期,证书上必须有签发人的印章和有权签字人的签字。

商品检验证书种类繁多,常见的有以下几种:

(1) 品质检验证书(Inspection Certificate of Quality);

(2) 重量检验证书(Inspection Certificate of Weight);

(3) 数量检验证书(Inspection Certificate of Quantity);

(4) 卫生检验证书(Sanitary Inspection Certificate);

(5) 兽医检验证书(Veterinary Inspection Certificate);

(6) 消毒检验证书(Inspection Certificate of Disinfection);

(7) 植物检验证书(Phytosanitary Certificate);

(8) 熏蒸证书(Inspection Certificate of Fumigation);

(9) 分析证书(Inspection Certificate of Analysis);

(10) 健康证书(Inspection Certificate of Health)。

四、装箱单和重量单(Packing List and Weight List/Memo)

1. 装箱单(参见本章附式 8-4)

装箱单是说明货物包装情况的单据,记载货物的名称、规格、数量、唛头、件数、毛重、净重和尺码等内容。出口货物除散装货外,一般都要求提供装箱单。装箱单上不应出现商品的单价和总值。

2. 重量单

重量单是说明货物重量情况的单据。以重量为计价单位的货物需要出具重量单,除装箱单上的内容外,还应列明每件货物的毛重、净重以及货物总的毛重和净重。

装箱单和重量单是对商业发票的补充说明,是海关、检验机构和进口商核对货物的依据,是商业单据中的重要单据。

五、寄单证明(Beneficiary's certificate for dispatch of documents)

寄单证明是出口商在货物装运后的一定期限内,将全套或部分副本单据(有时包含正本单据)寄给进口商后出具的证明。很多信用证都会作出如下规定:"One full set of non-negotiable documents should be sent to the applicant by registered airmail within 24 hours after shipment and beneficiary's certificate to this effect is required."

单据格式如下:

Beneficiary's Certificate

Invoice No. ×××

L/C No. ×××

Date: ×××

We hereby certify that one full set of non-negotiable documents has been sent to the applicant by registered airmail within 24 hours after shipment.

ABC Co.

(Signature)

六、船公司证明(Shipping Company's Certificate)

船公司证明是由船公司或承运人出具的,证明船舶的国籍、船级、船龄等内容的单据。根据业务需要，有不同的种类。常见的船公司证明有：

1. 船籍证明(Certificate of Vessel's Nationality)

阿拉伯国家开来的信用证中，往往规定禁装以色列籍船只，其航程不得停泊以色列港口。如：

Certificate

B/L Lading No. ×××
Per S. S. ×××
Date：×××

To whom it may concern：

We certify that the above-mentioned steamer is not Israeli vessel and will not call at any Israeli port or water.

ABC Shipping Co.
Signature

2. 船龄证明(Certificate of Vessel's Age)

进口商为了保障船只及货物在运输途中的安全，会要求出口商装运货物的船只不超过 15 年船龄，许多保险公司对 15 年以上的超龄船不予承保。

Certificate

B/L Lading No. ×××
Per S. S. ×××
Date：×××

To whom it may concern：

We evidence that the carrying vessel is not more than 15 years old.

ABC Shipping Co.
Signature

3. 班轮工会船只证明(Conference Line Certificate)

班轮工会是一些班轮公司为达到航线垄断、控制运价的目的建立的联盟。为了维持自己的利润，在同一航线上或相关航线上经营班轮运输的公司自愿组合成班轮工会。公会成员共同制定船期表、运价，并在成员之间分配载货比例。这种机制通过避免航线过于拥挤和激烈的价格竞争来确保船公司的盈利。

Shipping Company's Certificate

Invoice no. ×××

L/C No. ×××

Date: ×××

To whom it may concern:

This is to certify that shipment has been effected Conference Line vessel covered Institute Classification Clause.

ABC Shipping Co.

Signature

4. 船级证明(Certificate of Classification)

船级证明是说明载货船舶符合一定船级标准的证明。该证明由船舶检验机构出具，反映船舶的技术状况和营运性能，关系到船舶保险的保费和租金的高低。例如，某信用证要求伦敦劳埃德船级协会出具的一张证明，证明货物由一流、非超龄船只装运。

Certificate

B/L Lading No. ×××

Date: ×××

To whom it may concern:

We certify that shipment is made by first class non-overage vessel.

Lloyd's, London

Signature

七、受益人证明(Beneficiary's Certificate)和装船通知(Shipping Advice)

受益人证明又称"受益人声明(Beneficiary's Statement)"，由信用证项下受益人根据信用证的要求出具的证明，表明自己已经按照信用证的要求履行相关义务。受益人证明的内容可以非常广泛，上面提到的"寄单证明"、"寄样证明"都属于受益人证明；除此之外，还包括货物符合合同要求，已发装运通知等证明。

装船通知是出口商装运货物后在规定时间内将装运情况通知进口商的书面文件。该通知一般以电讯方式发出，主要目的是为了使进口商安排卸货、租仓和保险等事宜。在FCA、FOB、CFR、CPT价格条件下，出口商必须及时向进口商发出装箱通知，也可以根据进口商的要求直接将装船通知发给保险公司。如果进口商办理的是预约保险单，保险人和被保险人签订的保险合同只规定总的保险范围、货物种类、运输方式、险别和费率等内容，进口商在货物起运后应立即将装运细节通知保险公司。装运通知中应包括货物的品名、船名、航次、起运港、目的港、装运日期、预计到达时间、提单号码、发票号码和金额等内容。

【思考训练题】

1. 国际结算中的单据有哪些基本作用？

2. 案例分析

开证行开立了一份金额为 USD20000 的不可撤销信用证，要求提交商业发票，表明货物从中国港口运至 Vancouver，WA，USA port，在 SWIFT 45A 货物描述一栏包含的价格条款是“CFR Vancouver，WA，USA port”。

货物装运以后，开证行收到全套单据。由于发票显示“CFR Vancouver，WA”与信用证规定的“CFR Vancourver，WA，USA port”不完全一致，开证行以此拒付单据。试分析是否合理？

3. 案例分析

某公司向银行提交信用证项下的全套单据，开证行是纽约的银行，金额为 25 万美元。信用证规定货物由中国运往纽约，价格条件为 CFR New York，要求提交全套正本的已装船清洁海运提单，同时信用证又规定：货物运输必须经任何一搜 SEALAND 公司的船舶至美国西海岸再经小陆桥运抵纽约(Shipment must be effected via any vessel of Sealand to the west coast via miniland bridge to New York)，试分析此条款。

附式 8－1：MT700 格式

Formatted incoming SWIFT message MT

Own BIC/TID	：II	：ICBKCNBJ×××BIC identified as：INDUSTRIAL AND COMMERCIAL BANK OF CHINA，HEAD OFFICE OF BEIJING 55FUXINGMENNEIDAJIEBEIJING，CHINA
SWIFT Message Type	：MT	：700 Issue of Documentary Credit
Correspondents BIC/TID	：IO	：MBBTTWTP153 BIC identified as：TAIWAN BUSINESS BANK NO. 232，TZICHINGRD.，SEC. 1，SAN-CHUNG CITY，TAIPEI HSIEN SANCHUNG，TAIWAN
Sequence of Total	：27	：1/1
Form of Documentary Credit	：40A	：IRREVOCABLE
Documentary Credit Number	：20	：9AUAN200121MF798
Date of Issue	：31C	：2006. 07. 31
Date and Place of Expiry	：31D	：2006. 09. 30 IN CHINA
Applicant	：50	：KATO TRADING CO. LTD. DANSHUI TOWN，TAIPEI COUNTY TAIWAN
Beneficiary	：59	：ZHEJIANG BLUESKY IMPORT AND EXPORT CO. LYD. 200 HEDONG ROAD，HANGZHOU，CHINA
Currency Code and Amount	：32B	：USD22，078. 00
Percentage Credit Amount Tolerance	：39A	：5/5
Available with... By...	：41D	：ANY BANK BY NEGOTIATION
Draft at...	：42C	：DRAFT AT SIGHT FOR FULL INVOICE VALUE SHOWING THIS DOCUMENTARY CREDIT NUMBER
Drawee	：42D	：TAIWAN BUSINESS BANK
Partial Shipments	：43P	：PROHIBITED
Transhipment	：43T	：ALLOWED
Loading on Board/Dispatch/form...	：44A	：AN CHINA PORT
For Transportation to...	：44B	：KEELUNG，TAIWAN
Latest Date of Shipment	：44C	：2006. 09. 15
Description of Goods and/or	：45A	：CIF KEELUNG，TAIWAN POLYESTER FILM 332，000 M2 AT USD22，078. 00 TOTAL INVOICE VALUE USD22，078. 0
Documents Required	：46A	：＋SIGNED COMMERCIAL INVOICE IN SIX COPIES INDICATING THIS CREDIT NUMBER. ＋FULL SET OF CLEAN ON BOARD MARINE BILLS OF LADING MADE OUT TO THE ORDER OF TAIWAN

BUSINESS BANK NOTIFY APPLICANT, MARKED 'FREIGHT PREPAID' AND INDICATING THIS CREDIT NUMBER.

+ INSURANCEPOLICYORCERTIFICATE INDUPLICATE, ENDORSED IN BLANK FOR 110PERCENT OF INVOICE VALUE, STIPULATING THAT CLAIMS ARE PAYABLE IN TAIWAN IN THE SAME CURRENCY AND INCLUDING:

INSTITUTE CARGO CLAUSES—ALL RISKA

+SIGNED PACKING LIST IN 6 COPIES

+A CERTIFICATE OF ORIGIN ISSUED BY CHAMBER OF COMMERCE

+ BENEFICIARY'S CERTIFICATE STATING THAT ONE COMPLETE SET OF NON—NEGOTIABLE DOCUMENTS HAVE BEEN AIRMAILED DIRECTLY TO THE APPLICANT

Additional Conditions : 47A : +CONTAINER SHIPEMENT REQUIRED

+5 PERCENT MORE OR LESS ON QUANTITY AND AMOUNT IS ACCEPTABLE.

+IN TE EVENT THAT DOCUMENTS PRESENTED HEREUNDER ARE DETERMINED TO BE DISCREPANT WE MAY SEEK A WAIVER OF SUCH DISCREPANCIES FORM THE APPLICANT. SHOULD SUCH A WAIVER BE OBTAINED. WE MAY RELEASE THE DOCUMENTS AND EFFECT PAYMENT, NOTWITHSTANDING ANY PRICE COMMUNICATION TO THE PRESENTER THE WE ARE HOLDING DOCUMENTS AT THE PRESENTER'S DISPOSAL, UNLESS WE HAVE BEEN INSTRUCTED BY THE PRESENTER PRIOR TO OUR RELEASE OF DOCUMENTS.

Charges : 71B : +ALL BANKING CHARGES EXCEPT L/C OPENING CHARGES IF ANY ARE FOR ACCOUNT OF BENEFICIARY.

Period for Presentation : 48 : +DOCUMENTS MUST BE PRESENTED FOR NEGOTIATION WITHIN 15DAYS FROM THE DATE OF SHIPMENT, BUT WITHIN THE VALIDITY OF THIS CREDIT.

Confirmation Instructions : 49 : WITHOUT

Inst/Paying/Accept/Negotiate : 78 : +FOR REIMBURSEMENT; ON RECEIPT OF DOCUMENTS CONFORMING TO THE TERMS AND CONDITIONS OF THIS CREDIT, WE UNDERTAKE TO REIM-

BURSE THE NEGOTIATING BANK AT SIGHT IN ACCORDANCE WITH THEIR INSTRUCTIONS.
+NEGOTIATING BANK MUST FORWARD ALL DOCUMENTS TO OUR SOUTH SANCHUNG BANCH NO. 232, TZICHING D., SEC, 1, SAN – CHUNG CITY, TAIPEU HSIEN, TAIWAN R. O. C. BY CARRIER SERVICE IN ONE COVER.

"Advise Through" Bank : 57D : YOUR HANGZHOU BRANCH
90 QINGCHUN ROAD, HANGZHOU,
ZHENJIANG 310003 CHINA
SWIFT: ICBKCNBJZJP
TELEX: 351025

附式 8-2：汇票

BILL OF EXCHANGE

Date:

[illegible]

X /天数 90 AFTER

Sight of THIS SECOND BILL of EXCHANGE

first of the tenor and date being unpaid） Pay to

BANK OF CHINA JIANGSU BRANCH 通知行（AVAILABLE）出口方

U.S.DOLLARS THIRTY TWO THOUSAND AND NINETY FIVE ONLY

Draw under WESTPAC BANKING CORPORATION ADELAIDE, AUSTRALIA 开证银行 进口方

NO. Dated

WESTPAC BANKING CORPORATION ADELAIDE,
AUSTRALIA

额外的注明在显著空白处填写 汇票按正常填写

附式 8－3：商业发票

上海化工进出口公司

SHANGHAI CHEMICALS IMPORT AND EXPORT CORPRATION

16 JIANGYAN LU，SHANGHAI

商业发票

COMMERCIAL INVOICE

To
买方

日期
Date
发票号
Invoice No.
合约号
Contract No.

信用证号
L/C No. ______

装　由
Shipped per　装运港 ______

开船日期
Sailing about ______

出
From ______

至
To ______

唛头 SHIPPING MARK	货名数量 QUANTITIES AND DESCRIPTIONS	单价 UNIT PRICE	金额 AMOUNET

附式 8－4：装箱单

上海化工进出口公司

SHANGHAI CHEMICALS IMPORT AND EXPORT CORPRATION

16 JIANGYAN LU，SHANGHAI

装箱单

PACKING LIST

Invoice No. ____________ **Date:** ____________

标志及箱号	品名及规格 货号和规格	数量	件数	毛重	净重	尺码
TOTAL						
SAYTOTAL 必有						

附式 8－5：海运提单

Shipper	B/L NO. PIL **PACIFIC INTERNATION LINES (PTE) LTD** (Incorporated in Singapore) **COMBINED TRANSPORT BILL OF LADING** Received in apparent good order and condition except as otherwise noted the total number of container or other packages or units enumerated below for transportation from the place of receipt to the place of delivery subject to the terms hereof. One of the signed Bills of Lading must be surrendered duly endorsed in exchange for the Goods or delivery order. On presentation of this document (duly) Endorsed to the Carrier by or on behalf of the Holder, the rights and liabilities arising in accordance with the terms hereof shall (without prejudice to any rule of common law or statute rendering them binding on the Merchant) become binding in all respects between the Carrier and the Holder as though the contract evidenced hereby had been made between them. **SEE TERMS ON ORIGINAL B/L**
Consignee	
Notify Party	

Vessel and Voyage Number	Port of Loading	Port of Discharge
Place of Receipt	Place of Delivery	Number of Original Bs/L

PARTICULARS AS DECLARED BY SHIPPER – CARRIER NOT RESPONSIBLE

Container Nos/Seal Nos. Marks and/Numbers	No. of Container / Packages / Description of Goods	Gross Weight (Kilos)	Measurement (cu-metres)

FREIGHT & CHARGES	Number of Containers/Packages (in words)
	Shipped on Board Date:
	Place and Date of Issue:
	In Witness Whereof this number of Original Bills of Lading stated Above all of the tenor and date one of which being accomplished the others to stand void. for PACIFIC INTERNATIONAL LINES (PTE) LTD as Carrier

附式 8－6：海洋货物运输保险单

中保财产保险有限公司

The People's Insurance (Property) Company of China,Ltd

发票号码
Invoice No.

保险单号次
Policy No.

海 洋 货 物 运 输 保 险 单

MARINE CARGO TRANSPORTATION INSURANCE POLICY

被保险人：
Insured： 卖方

中保财产保险有限公司（以下简称本公司）根据被保险人的要求，及其所缴付约定的保险费，按照本保险单承担险别和背面所载条款与下列特别条款承保下列货物运输保险，特签发本保险单。

This policy of Insurance witnesses that the People's Insurance (Property) Company of China, Ltd. (hereinafter called "The Company"), at the request of the Insured and in consideration of the agreed premium paid by the Insured, undertakes to insure the undermentioned goods in transportation subject to conditions of the Policy as per the Clauses printed overleaf and other special clauses attached hereon.

保险货物项目 Descriptions of Goods	包装 Packing	单位 Unit	数量 Quantity	保险金额 Amount Insured

承保险别
Conditions

货物标记
Marks of Goods

COVERING RISKS AS PER "INSTITUTE CARGO CLAUSES(A)",
AND :INSTITUTE WAR CLAUSES(CARGO)".

总保险金额：
Total Amount Insured: ____________________

保费
Premium ____________________

载运输工具
Per conveyance S.S ____________________

开航日期
Slg. on or abt ____________________

起运港
Form ____________________

目的港
To ____________________

所保货物，如发生本保险单项下可能引起索赔的损失或损坏，应立即通知本公司下述代理人查勘。如有索赔，应向本公司提交保险单正本（本保险单共有　　份正本）及有关文件。如一份正本已用于索赔，其余正本则自动失效。

In the event of loss or damage which may result in acclaim under this Policy, immediate notice must be given to the Company's Agent as mentioned hereunder. Claims, if any, one of the Original Policy which has been issued in original (s) together with the relevant documents shall be surrendered to the Company. If one of the Original Policy has been accomplished, the others to be void.

赔款偿付地点
Claim payable at

日期
Date ____________________

在
at ____________________

附式 8－7：一般原产地证

ORIGINAL

1.Exporter	Certificate No.
2.Consignee	***CERTIFICATE OF ORIGIN OF THE PEOPLE'S REPUBLIC OF CHINA***
3.Means of transport and route	5.For certifying authority use only
4.Country / region of destination	

6.Marks and numbers	7.Number and kind of packages; description of goods	8.H.S.Code2003.1011	9.Quantity	10.Number and date of i
SAYTOTAL:				
WE HEREBY CERTIFY THAT GOODS EXPORTED ARE WHOLLY OF CHINESE ORIGIN				

11.Declaration by the exporter	12.Certification
The undersigned hereby declares that the above details and statements are correct, that all the goods were produced in China and that they comply with the Rules of Origin of the People's Republic of China.	It is hereby certified that the declaration by the exporter is correct.
Place and date, signature and stamp of authorized signatory	Place and date, signature and stamp of certifying authority

附式 8－8：普惠制产地证

ORIGINAL

1. Goods consigned from (Exporter's business name, address, country) NANJING TANG TEXTILE GARMENT CO., LTD. HUARONG MANSION RM2901 NO.85 GUANJIAQIAO, NANJING 210005, CHINA	Reference No. GENERALIZED SYSTEM OF PREFERENCES CERTIFICATE OF ORIGIN (Combined declaration and certificate) FORM A Issued in ________ (country) See Notes overleaf
2. Goods consigned to (Consignee's name, address, country) FASHION FORCE CO., LTD P.O.BOX 8935 NEW TERMINAL, ALTA, VISTA OTTAWA, CANADA	
3 Means of transport and route (as far as known) SHIPMENT FROM SHANGHAI TO MONTREAL BY VESSEL	4. For official use

5. Item number	6. Marks and numbers of packages	7. Number and kind of packages; description of goods	8. Origin criterion (see Notes overleaf)	9. Gross weight or other quantity	10. Number and date of invoices
1	N/M	SALES CONDITIONS: CIF MONTREAL/CANADA SALES CONTRACT NO. F01LCB05127 LADIES COTTON BLAZER (100% COTTON, 40SX20/140X60) STYLE NO. PO NO. QTY/PCS USD/PC 46-301A 10337 2550 12.80	"P"	TOTAL: 2550	NT001FF004 Mar.20, 2001

11. Certification It is hereby certified, on the basis of control carried out, that the declaration by the exporter is correct. NANJING, JIANGSU MAR.22, 2001 Place and date, signature and stamp of certifying authority	12. Declaration by the exporter The undersigned hereby declares that the above details and statements are correct, that all the goods were produced in ***CHINA*** (country) and that they comply with the origin requirements specified for those goods in the Generalized System of Preferences for goods exported to **CANADA** Place and date, signature and stamp of authorized signatory

第九章 出口信贷

【本章提要】在国际结算的各个环节中，往往可以通过多种方式向进出口方提供融资便利。随着国际市场竞争的日益激烈，以鼓励出口为主的出口信贷日益受到各国重视。本章讲述出口信贷的基本知识，与出口信贷紧密相连的出口信贷担保的相关知识，并介绍一些主要国家的出口信贷业务，最后对我国的出口信贷机构作一个简要介绍。

【本章重点与难点】出口信贷的概念、种类及业务程序；出口信贷担保。

【基本概念】出口信贷　卖方信贷　买方信贷　信用限额　混合信贷　出口信贷担保

第一节 出口信贷

信贷是借贷资本运动和资金融通的一种形式。从事对外贸易的进出口商，在商品的采购、打包、仓储、出运，以及进出口贸易中的签约、承兑、议付等每一个环节，都可以从不同的渠道得到资金融通的便利，加速商品流通，减少资金积压，促进进出口贸易的完成。这种为进出口贸易提供的资金融通可通称为对外贸易信贷。

对外贸易信贷可以是对出口商的信贷，也可以是对进口商的信贷。由于现在国际商品市场竞争日益激烈，要保持本国产品的出口优势，没有政策措施的配合是不可能的，因此，为了扩大本国出口能力，大多数国家都为本国出口商提供融资便利，以期通过出口贸易的发展带动国内经济增长的良性循环。特别是一些大型机器设备，周转期长、成交额大，出口商则需期限较长的信贷支持，一些国家的商业银行或对外贸易银行常常向本国的出口商或外国的进口商发放期限在1～5年或5年以上的对外贸易中长期贷款。这种中长期贷款，相比对外贸易短期信贷兼顾了出口与进口需要的特点，更着重于加强本国出口，特别是资本物品的出口，利率收取与信贷条件和本国金融市场上类似贷款方式相比，有着突出的区别，并在不同程度上受到国际规定的约束。由于对外贸易中长期信贷追求的目的着重于扩大出口，所以，国际上将对外贸易中长期信贷通称为出口信贷。

一、出口信贷的概念和作用

1. 出口信贷的概念和特点

什么是出口信贷呢？出口信贷是指国家为支持和扩大本国大型设备的出口，以利息补贴和提供信贷担保的方式，鼓励本国银行对本国出口商或外国进口商（或其银行）提供利息较低的借款，以解决本国出口商资金周转的困难，或满足进口商支付货款需要的一种融资方式。出口信贷有多种不同的类型，诸如卖方贷款、买方贷款、政府贷款、混合贷款、信用贷款等等。

出口信贷有这样一些特点：

(1) 利率较低。出口信贷一般低于相同条件资金贷款的市场利率，其中的利差由国家补贴。

(2) 贷款用途被严格限定。通常要求用于购买提供贷款国生产的资本类货物(一般规定出口商品的价值构成至少要有50%以上是由提供贷款国制造的)。

(3) 贷款的发放与信贷保险结合，风险由国家担保，从而加强本国出口商在国外市场的竞争能力，促进资本货物的出口。

(4) 贷款期限较长，一般为分期偿还，贷款期限多为1～5年，有的甚至长达30年以上。

(5) 贷款金额的起点较高。不同出口国及其对不同进口国提供出口信贷金额的起点各不相同，另外不同种类出口信贷的起点金额也不相同。目前我国向外国及外国向我国提供买方信贷的最低起点均为5万美元。

(6) 贷款发放有专门机构管理。大多数国家都成立了专门发放出口信贷的机构，制定政策，管理与分配国家信贷资金，特别是中长期信贷资金。

2. 出口信贷的作用与弊端

(1) 出口信贷的作用。出口信贷在近年来越来越受到进出口商的欢迎，究其原因，主要是出口信贷这种方式有着很多突出的优点和作用。

① 集中国际闲散资金，解决进出口商资金的短缺，促进成交，发展外贸。在机械设备及技术贸易中，设备价格很高，由于进口商资金不足，或者出口商担心资金积压，不愿以赊销方式出口，一般很难成交。而发放出口信贷的银行集中了国际金融市场的闲散资金，用作出口信贷的资金来源，解决了进出口商的资金困难，从而促进成交，发展了国际贸易。

② 促进发达国家民间资金的输出与商品输出。出口商所在地银行发放的出口信贷，不限于设备价款的需要，有时对进口商支付贸易合同定金，以及偿还出口信贷本金期间的利息支出，还给予商业贷款。所以通过出口信贷的发放，不仅扩大发达国家的商品输出，也扩大了发达国家的资本输出。

③ 加速资金周转，减少流通费用。在机构设备贸易中，出口商以延期付款方式卖出设备后，只要符合有关条件，出口商可立即得到本国有关银行发放的出口信贷；在进口商进口设备，出口商交货后，进口商也可得到出口商银行发放的买方信贷，对其进行支付。这都有利于进出口商资金周转的加速，减少其流通费用。

④ 有利于进出口商所在国家的资源配置，促进国民经济的发展。

(2) 出口信贷的弊端。虽然出口信贷在很多方面表现出特有的优势，但同时也存在一些局限性。

① 加重出口国的财政负担。因为出口信贷的各种贴补与保险费用的赔偿资金，基本上来自国家财政，所以一国出口信贷发放得越多，国家财政的负担就越重。

② 信贷与进口设备相结合，不利于进口商进行价格竞争、降低进口成本。利用出口信贷，只能从发放出口信贷国家的厂商购买设备，所以进口商无法从国际范围内进口，不能较好地利用出口商的价格竞争，一般其进口成本高于国际招标方式。

③ 使用不当，会加重债务负担。由于出口信贷的条件有一定的优惠，如引进项目不进行审慎的可行性研究而带有盲目性，往往会加重债务负担，引发债务危机。

综上所述，在利用出口信贷时，既要看到它的优点，也不能忽视它可能带来的负面影响。尤其是对发展中国家而言，在利用外资，引进技术时，要加强宏观管理，认真谨慎地做好可行性研究，尽量减少出口信贷消极作用的发生。

二、出口信贷的种类

1. 卖方信贷

在大型机器设备与成套设备贸易中，为便于出口商以外国进口商延期付款方式而出卖设备、技术和劳务，出口商所在地银行对出口商提供的信贷就是卖方信贷。

出口卖方信贷支持的范围比较广泛，只要每项出口合同超过50万美元，设备在我国国内制造部分的比重符合国家规定，出口合同中规定的现汇支付比例符合国际惯例（一般机电产品不低于15%，船舶不低于20%）的各个行业的机电产品和成套设备以及船舶、飞机、通讯卫星、电站等项目均属于银行出口卖方信贷支持的范围。

(1) 申办出口卖方信贷的条件。主要有：

① 申请贷款的企业必须是独立的经济法人，企业经营管理良好，过去财务状况有良好记录，出口商和国内生产企业具备履行出口合同的能力。

② 出口项目符合国家产业政策和外贸政策等有关规定，项目经过有关部门的批准，出口的有关合同已经签订，国内有关配套条件落实。

③ 经测算出口项目的经济效益好，盈利水平和出口换汇成本比较合理，有偿还借款本息的能力。

④ 出口合同的商务条款符合国际惯例，能维护中方的权益，有关的货款支付和结算方式对我方有利，商务合同在签约前需征得银行认可。

⑤ 出口的设备需符合进口国的规定，进口商已取得进口许可证。另外进口商必须资信可靠，并能提供银行可接受的支付货款的保证（如银行保函、信用证、本票等）。

⑥ 借款企业应投保出口信用险，确保收汇安全。

⑦ 借款企业应提供银行认可的还款担保或财产抵押。

⑧ 借用外汇贷款的企业要有可靠的还汇来源并采取防范汇率风险的措施。

(2) 需要提交的材料。具备上述条件的企业，可向银行申请出口卖方信贷，并提供以下几方面的文件资料：

① 正式向银行提出借款的书面申请；

② 填交有关表格及做出用款和还款计划；

③ 近几年的资产负债表、损益表等财务报表；

④ 有关部门对出口项目的批准书等；

⑤ 出口项目的可行性研究报告或经济分析报告；

⑥ 出口项目的商务合同副本，需进口原材料或设备的项目应提供进口合同及有关批件或进口许可证；

⑦ 借款企业与国内生产企业或供货单位签订的供货合同副本；

⑧ 投保出口信用险的需提供出口信用保险的保单或承保意向书；

⑨ 借款人需提供国外银行付款保函或其他付款保证文件，并提供偿还出口卖方信贷的还款担保书或财产抵押证明文件；

⑩ 银行认为有必要提供的其他文件、资料。

银行受理企业借款申请后，按银行贷款条件进行贷前调查和评审，经过项目评审同意贷款后，即由银行与企业签订借款合同，合同生效后即可按合同规定的用款计划向企业发放贷款，并按期收回贷款本息。

银行向企业发放贷款后，须加强贷后的检查和监督管理，保证企业按规定用途使用贷款，协助企业做好出口商品的购、运、销及收汇、结算等项工作，确保出口合同的顺利执行和贷款的及时偿还。借款企业应给予协助和提供必要的方便条件。

(3) 发放卖方信贷的程序和做法。主要是：

第一，出口商(卖方)以赊销方式或者对方延期付款方式向外国进口商(买方)出售大型机械设备或成套设备。在这种方式下，进出口商签订合同后，进口商先支付 10%～15%的定金，在分批交货验收和保证期满时，再分期付给 10%～15%的货款，其余70%～80%的货款在全部交货后若干年内分期偿还(一般每半年还款一次)，并付给延期付款期间的利息。

第二，出口商(卖方)凭贸易合同与当地银行签订贷款协议，取得贷款。出口商除需负担卖方信贷的承担费和管理费以外，还需提供卖方信贷保险(实际上出口商一般会事先将这些费用预加在货价之中转嫁给买方，一般来说，延期付款的货价会高出现汇货价的 3%～10%)。

第三，进口商(买方)随同利息分期偿还出口商(卖方)货款后，出口商根据贷款协议用以偿还其从银行取得的贷款。

出口商向银行借取卖方信贷，除按出口信贷利率支付利息外，还需支付信贷保险费、承担费、管理费等。这些费用均附加于出口成套设备的货价之中，但每项费用的具体金额进口商不得而知。所以延期付款的货价一般高于现汇支付的货价，有时甚至高出 8%～10%。现将卖方信贷的程序图示如下(图 9－1)：

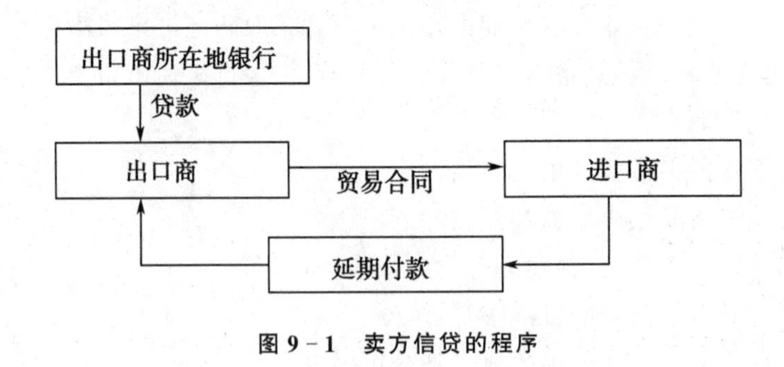

图 9－1 卖方信贷的程序

(4) 卖方信贷的特点和优势。主要体现在：

① 相对于打包放贷、出口押汇、票据贴现等贸易融资方式，卖方信贷主要用于解决本

国出口商延期付款销售大型设备或承包国外工程项目所面临的资金周转困难，是一种中长期贷款，通常贷款金额大，贷款期限长。如中国进出口银行发放的卖方信贷，根据项目不同，贷款期限可长达10年。

② 卖方信贷的利率一般比较优惠。一国利用政府资金进行利息补贴，可以改善本国出口信贷条件，扩大本国产品的出口，增强本国出口商的国际市场竞争力，进而带动本国经济增长。出口信贷的利率水平一般低于相同条件下资金贷放市场利率，利差由出口方政府补贴。

③ 卖方信贷的发放与出口信贷保险相结合。由于出口信贷贷款期限长、金额大，发放银行面临着较大的风险，所以一国政府为了鼓励本国银行或其他金融机构发放出口信贷贷款，一般都设有国家信贷保险机构，对银行发放的出口信贷给予担保，或对出口商履行合同所面临的商业风险和国家风险予以承保。在我国主要由中国出口信用保险公司承保此类风险。

面对日益激烈的国际贸易，我国不少企业在开拓海外市场时面临着自有资金不足、融资困难、筹资成本过高等困难，而利率优惠、贷款期限长、贷款成本低的出口卖方信贷成为一种有效的筹资途径。这里以中国地质工程集团公司（以下简称“中地公司”）承建的孟加拉D-S公路2B段改造项目[①]为例，来说明卖方信贷在开拓海外市场带动国内设备和施工机具等产品出口中所起的作用。

案例1

中地公司利用卖方信贷顺利中标

该公路工程项目属于孟加拉第三期公路重建维修项目之一，是连接首都达卡和西北重镇希莱特之间的一条重要干线，距离首都165公里，该公路共分六个桥段，2B是其中一段。该路段总长32公里，其中大部分为新建道路，为沥青混凝土路面。2001年3月，孟加拉交通部采用国际公开竞争方式招标，中地公司经过与几家国际承包商激烈的角逐后，最终以2 200万美元的报价夺得了第一标，并顺利地与业主签订了总承包合同。中地公司能够在激烈竞争中取胜，除了公司技术、人才优势外，成本优势在竞标中起了决定性作用。该项目资金来源为世界银行贷款，合同总价2 200万美元，其中30%为美元，70%为当地货币。预付款为20%，80%按工程进度付款。中地公司除自有资金外，利用中国进出口银行卖方信贷进行融资，融资额占合同总额的50%，约1 100万美元。由于利用了卖方信贷，中地公司筹资成本大大降低，而且从资金规模上有了可靠的保证，使其在与国际承包商的角逐中能够报出有竞争力的价格，最终中标。据统计，该项目共带动国内成套设备及施工机具出口约600万美元，占合同额的27%。孟加拉公路工程项目是以工程施工为主导，设计、施工、供货为一体的总承包项目，该项目的成功实施带动了施工设备、劳务和技术服务的出口，体现了承包商的整体创汇能力。中国进出口银行出口卖方信贷的支持，为中地公司的最终中标创造了有利条件。

---

① 李阳.如何利用出口卖方信贷开展境外承包工程.国际工程与劳务.2003(3)

2. 买方信贷

在大型机器设备或成套设备贸易中，由出口商（卖方）所在地的银行贷款给外国进口商（买方）或进口商银行，给予融资便利，扩大本国设备的出口，这种贷款就叫买方信贷。据统计，二战后，特别是20世纪70年代以后，法国利用直接贷款给进口商银行这一买方信贷形式约占其出口信贷总额的70%，足见买方信贷的应用非常广泛。

出口买方信贷是由我国银行向进口方国家提供的外汇贷款，进口方用我方出口买方信贷款项支付我国出口商的货款，由购买设备的买方向我国银行申请。其贷款对象是经中国进出口银行认可的国外进口方银行或其他借款方（如进口国的财政部或有实力的国外进口商等）。一般来说都要求进口方银行是世界上有名望或信誉卓著的银行或进口国的国家银行。贷款的使用范围必须是用于购买中国境内的成套设备、船舶及其他机电产品，不得用于购买第三国货物或工程土建费用。贷款的利率参照OECD的水平协商确定，贷款的期限最长不超过10年，贷款金额为合同金额的85%。

(1) 出口买方信贷的条件。一般按以下几条掌握：

① 贸易合同的金额不低于100万美元；

② 出口商品在中国境内制造部分，成套设备及普通机电产品一般应占70%以上，船舶应占50%以上；

③ 进口商以现汇支付的比例，船舶合同一般不低于合同金额的20%，成套设备和其他机电产品合同一般不低于合同金额的15%；

④ 使用出口买方信贷的贸易合同必须符合进出口双方国家的有关法律规定，获得双方国家批准，并取得进口国外汇管理部门同意按借款协议规定汇出全部借款本息及费用的文件；

⑤ 出口买方必须投保出口信用险。

如果需要使用出口买方信贷来执行出口贸易合同，出口企业应尽早与中国进出口银行联系，并提供有关资料，由双方借贷银行商谈有关借款条件及借款合同条款，所签订的出口贸易合同必须与双方银行签订的贷款协议同时生效，有关的条款必须互相衔接，互相呼应，避免引起纠纷。

(2) 提交的材料。采用出口买方信贷方式的贸易合同，进口方的借款银行需在进出口双方商谈贸易合同的同时向中国进出口银行提出书面借款申请，并提交下列文件资料：

① 借款人的法定地址、名称；

② 借款人近年的资产负债表、损益表及其他表明经营状况的资料；

③ 贷款的用途及还款计划；

④ 中国进出口银行认为必要的其他材料。

中国进出口银行受理出口买方信贷申请后，对出口项目和借款人进行必要的评审和调查研究，经过一定的审批程序批准贷款后，与借款人签订借款合同，并按合同规定发放贷款和收回贷款。

(3) 买方信贷的种类及程序。主要是：

① 直接贷款给进口商(买方)。这种买方信贷是由出口商所在地银行直接贷款给进口商(买方)。这种买方信贷的程序是:

第一,进口商(买方)与出口商(卖方)洽谈贸易,签订利用买方信贷进口大型或成套设备类商品的贸易合同后,进口商(买方)先缴相对于货价10%～20%的现汇定金。现汇定金在贸易合同生效日支付,也可在合同签订后的60天或90天内支付。

第二,在贸易合同签订后至预付定金前进口商(买方)与出口商(卖方)所在地银行签订贷款协议,这个协议是以上述贸易合同作为基础。如果进口国不购买出口国的设备,则进口商不能从出口商银行取得此项贷款。

第三,出口商根据贸易合同的规定分期向进口商发运货物,进口商(买方)用其借得的款项,以现汇付款条件向出口商(卖方)支付货款。

第四,进口商(买方)按贷款协议的条件分期偿付对出口商(卖方)所在地银行的欠款,一般是还款期内每半年还本付息一次。

② 直接贷款给进口商(买方)银行。这种买方信贷是由出口商所在地银行贷款给进口商(买方)银行。这种买方信贷的程序是:

第一,进口地银行与出口地银行签订贷款总协议,规定提供买方信贷的总金额和总的使用期等等。

第二,进口商(买方)与出口商(卖方)洽谈贸易,签订贸易合同,进口商(买方)先缴15%的现汇定金。

第三,进口地银行与进口商凭贸易合同签订贷款协议,前者再凭该协议向出口地银行申请具体贷款,有些国家(如法国和意大利)的银行此时还会要求再与进口地银行签订一个具体的贷款协议,以便具体规定该项贷款的金额和使用期等详细内容。

第四,进口商(买方)银行以其借得的款项,转贷予进口商(买方),后者以现汇条件向出口商(卖方)支付货款。

第五,进口商(买方)银行根据贷款协议分期向出口商(卖方)所在地银行偿还贷款。

第六,进口商(买方)与出口商(卖方)银行间债务按双方商订的方式在国内清偿结算。

上述两种形式的买方信贷协议中,均分别规定进口商或进口商银行需要支付的信贷保险费、承担费、管理费等具体金额,这就比卖方信贷更有利于进口商了解真实货价,核算进口设备成本。但有时信贷保险费直接加入贸易合同的货价中。买方信贷的程序如图9-2所示。

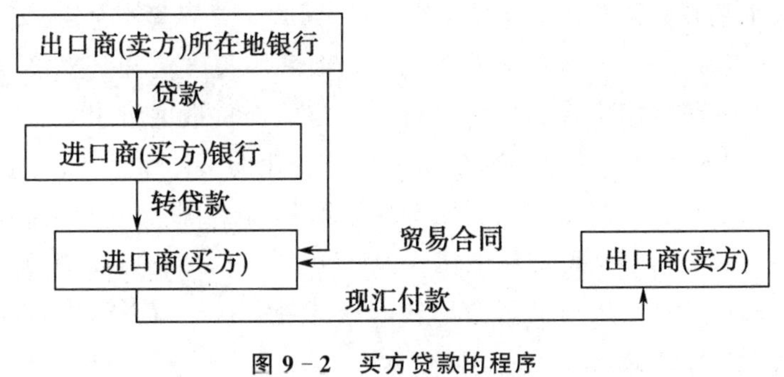

图9-2 买方贷款的程序

买方信贷在本国企业扩大出口、增强国际竞争力方面的作用已经不可忽视。例如在2006年时土耳其国家铁路总局正式对外宣布安卡拉—伊斯坦布尔高速铁路项目二期工程两个标段，由两家中国公司组成的中方联合体中标，即中机公司和中铁建总公司。该项目由中国进出口银行提供优惠出口买方信贷支持，是我国在土耳其使用优惠出口买方信贷支持的第一个大型工程承包项目，且首次采取优惠出口买方信贷与商业买方信贷混合支持企业投标的方式，为中国进出口银行更好地利用优惠出口买方信贷开拓国际市场开创了新的模式。由于我国向土耳其提供的优惠出口买方信贷金额小于项目工程造价，而自营买方信贷贷款条件较高、融资竞争力弱，中国进出口银行根据项目情况和融资需求，制定了最优融资方案，并获得了有关方面的批准，为企业投标提供了极具竞争优势的贷款意向书。随后，进出口银行还积极配合企业投标，为意向书办理了展期并对融资条件进行了澄清。

(4) 买方信贷与卖方信贷相比的优点。体现在：

① 买方信贷能够提供更多的融通资金。卖方信贷与买方信贷在出口信贷中利用较多。从卖方信贷产生的历史来看，出口商首先以赊销或对方延期付款方式出卖设备，由于资金周转不灵，才由本国银行给以资金支持，即交易的开端首先从商业信用开始，最后由银行信用给予支持。由于商业信用本身存在局限性，出口商筹措周转资金感到困难，因此，由出口商银行出面直接贷款给进口商或进口商银行的买方信贷，迅速发展起来。买方信贷属银行信用，由于银行资金雄厚，提供贷款能力强，高于一般厂商，所以国际间利用买方信贷大大超过卖方信贷。

② 买方信贷给进口方带来很多便利。诸如：第一，加强进口商的谈判地位。采用买方信贷，买方的工业及外贸部门可以集中精力谈判技术条款(设备质量、效能、交货进度、技术指标等)；而信贷条件则由双方银行另行协议解决。由于合同系按现汇条件签订，在货价的确定上，舍弃了利息因素的考虑，就物论价，而一般进口商对商品属性、商品规格、质量标准及价格构成又较熟悉，可以避免进口商对价格谈判中延期付款的价格构成难以确切了解，从而使其在贸易谈判中处于有利地位。第二，费用较为低廉。办理信贷的手续费用由买方银行直接付给出口方的银行，费用多寡由双方协商规定，而卖方信贷的手续费是由出口厂商直接付给出口方银行，但算进了货价转嫁给了买方，因此往往相对较高。

③ 买方信贷给出口方带来诸多便利。诸如：第一，操作更简单。使用卖方信贷方式时，出口商一方面要按合同要求的条件组织交货，同时又要筹集资金，还要考虑在原始货价之上，以何种幅度附加利息及手续费等问题。而采用买方信贷是直接收进现汇，不涉及信贷问题，出口商可以集中精力按贸易合同规定的交货进度组织生产。第二，不影响财务状况。很多国家要求企业每年要公布一次该企业的资产负债表。如果使用卖方信贷，会使资产负债表上反映出企业保有巨额应收账款，就会影响其资信状况与其股票上市的价格，而使用买方信贷则可避免出现这种情况。第三，加速资金周转。对于金额大、期限长的延期付款，会影响出口商资金周转的速度，使用买方信贷，出口商交货后，立刻收入现汇，加速其资本周转。

④ 买方信贷对本地银行也有很多有利因素。主要有：第一，风险较小。因为贷款给进口地银行后经进口地银行担保而贷款给进口商时，都有银行信用作保证，其风险一般小于贷款给国内企业的商业信用信贷。第二，更省事。因为在卖方信贷下，出口地银行需要经常关注出口商的应收账款收回情况甚至其生产经营情况，而在卖方信贷下出口地银行只需关注进口地银行的资信情况就可以了。第三，为出口国银行资金在国外的运用开拓了出路。

(5) 买方信贷的一般贷款原则。各国买方信贷的总贷款原则一般是相同的，主要包括以下几个方面：

① 接受买方信贷的进口商只能以其所得的贷款向发放买方信贷的出口商、出口制造商或在该国注册的外国出口公司进行支付，不能用于第三国。因贷款利率低，支付补贴利差，扩大出口的实惠不能被他国所得。

② 进口商利用买方信贷限于进口资本货物，如单机、成套设备和有关技术和劳务等；一般不能以贷款进口原材料、消费品等。一些国家发放的买方信贷有时也允许用于进口非资本货物，如船舶、飞机、军用品、卫星站等，但要另定协议，另外规定条件。

③ 提供买方信贷国家出口的资本货物限于是该国制造的，如该资本货物的部件由国产品组装，则本国部件应占50%以上。个别国家规定外国部件不能超过15%，有的国家规定只对资本货物本国制造的部分提供信贷。

④ 贷款只提供贸易合同金额的85%，船舶为80%；其余15%或20%要付现汇。贸易合同签订或生效至少要付5%的定金；一般付足15%或20%的现汇后才能使用贷款。

⑤ 贷款偿还均为分期偿还，一般规定每年还本付息一次，还款期限有长有短。

(6) 我国卖方信贷与买方信贷的比较。区别在于：

① 业务繁杂程度不同。卖方信贷由出口单位与本国发放信贷银行办理手续，情况易于掌握，手续相对简便；而买方信贷手续繁杂，牵涉到的当事人多，国际资金融通的法律问题也较复杂。

② 对财务状况影响程度不同。卖方信贷因存在着较大金额的应收账款，恶化了资产负债表的状况，不利于出口单位的有价证券上市；而买方信贷中设备贸易合同的付款条件为即期付款，有利于出口单位资产负债表状况的改善，有利于出口单位汇率波动风险的减缓。

③ 贷款条件不同。卖方信贷发放的合同金额起点较低(50万美元)，但对出口产品、出口企业等其他条件限制较为严格；买方信贷发放的合同金额起点较高(100万美元)，不利于我国工艺技术水平较低的中小设备项目的出口。

④ 与贸易合同关系不同。卖方信贷中贸易合同的设备货价与筹资成本混在一起，不利于贸易合同的商务谈判；买方信贷中贷款合同与贸易合同分别签订，有利于出口单位盘算设备货价成本，集中精力执行商务合同，但贸易合同能否顺利签订与执行对贷款合同的签订与执行的依赖性程度较大。

⑤ 信贷成本不同。虽然两种信贷形式都要投保出口信贷险，从而产生保险资费，但卖方信贷中保险资费是根据我国统一标准执行，而买方信贷中保险资费根据进口商(或

银行)所在国家不同,很有可能增加出口单位的成本开支。

对于我国的进出口企业,在选择卖方信贷与买方信贷时,应该在仔细比较这二者的不同特点后,根据企业的自身实际情况,做出最科学的决策。

案例 2

国产 3G 标准借助政府"买方信贷"政策,在罗马尼亚实现商用试验

2005 年 11 月初,总部位于深圳的中兴通讯对外宣布,其全套 TD-SCDMA 设备在罗马尼亚得到成功应用。这也标志着,由中国人自主的 TD-SCDMA 标准将首次在海外进行商用试验,这对打破 TD-SCDMA 在中国国内的商用僵局起到至关重要的作用。根据中兴相关人士透露,此次在罗马尼亚的 TD 项目规模只有 5 个基站,而且采取与 WCDMA 混合组网形式来实现。但是,仅仅就这 5 个基站,对中兴在欧洲的市场扩张和中国 TD 产业的发展却具有非常重要的历史意义。

这次项目是中国政府"买方信贷"政策鼓励中国设备厂商和运营商"走出去"的又一次典型案例。根据相关人士透露,由于罗马尼亚运营商遇到了一些资金方面的困难,并且希望中国政府能够提供一些信贷支持,在这种情况下,罗马尼亚电信运营商小规模选择中兴的 TD 产品进行商用试验就不足为怪了。事实上,在此之前,中国的银行也曾多次向罗马尼亚电信项目提供过买方信贷。早在 2004 年 6 月 13 日,时任中国进出口银行行长羊子林与罗马尼亚邮政电信公司总裁 Radu 签署了总额为 1.28 亿美元的买方信贷协议,用于支持中兴通讯承建罗马尼亚电信工程项目。

还有,2004 年 9 月,华为技术有限公司成功获得了外资银行提供的一笔高达 2 800 万元的出口信贷。在这一项目中,阿尔及利亚电信公司(借款人)签署了买方信贷的贷款协议,金额总计为 2 800 万元。该项目由阿尔及利亚国民银行提供融资担保,电信设备由华为技术有限公司制造并出口至阿尔及利亚电信公司。华为技术有限公司与阿尔及利亚电信公司签署的商务合同将由本信贷额度提供 85%的融资,华为作为出口商向阿尔及利亚电信公司提供 80 000 条线路的 CDMA-WLL 设备、安装及运营。中国出口信用保险公司的保单承保了出口买方信贷融资,首次由外资银行利用自己资金提供了融资。这一项目表明中国信用保险公司在扩大对外开放、支持中国出口贸易方面开始了与国际银行界更广泛的合作。

3. 信用限额

随着银行日益介入国际贸易业务,促进并组织进出口成交所起的作用日益增长,20 世纪 60 年代后期一种新型的出口信贷形式——信用限额开始在出口信贷业务中推行。信用限额的主要特点是出口商所在地银行为扩大本国消费品或基础工程的出口,给予进口商所在地的银行以中长期融资的便利,并与进口商所在地银行配合,组织较小金额业务的成交。

信贷安排限额有两种形式:

(1) 一般用途信用限额(General Purpose Credit Line)。有时也叫购物采购一篮子

信用(Shopping Basket Credit)。在这种形式下出口商所在地银行向进口商所在地银行提供一定的贷款限额,满足对方许多彼此无直接关系的进口商购买该出口国消费品的资金需要。出口国银行与进口国银行常常相互配合,促进成交。在双方银行的总贷款限额下,双方银行采取中期贷款的方式,再逐个安排金额较小的信贷合同,给进口商以资金融通,以向出口商支付。较小信贷合同的偿还年限为2～5年。

(2) 项目信用限额(Project Credit Line)。在这种形式下出口国银行向进口国银行提供一定贷款限额,以满足进口国的厂商购买出口国的基础设施(Capital Goods)或基础工程建设(Program of Capital Words)的资金需要。这些设备和工程往往由一个出口商共同负责,有时甚至没有一个总的承包者。项目信用限额与一般信用限额的条件与程序相似,不过贷款主要用于工程设备。

4. 混合信贷

混合信贷是指同一融资项目中,政府贷款与买方贷款或卖方贷款按某种形式混合发放的出口信贷。这种贷款方式是卖方信贷与买方信贷形式的新发展。

在卖方信贷形式下,根据国际惯例规定,进口商要向出口商支付一定比例的现金定金;在买方信贷形式下进口商要支付设备价15%的现汇定金,其余85%的设备由进口商从出口商银行取得的贷款进行支付,但贷款不得用于当地费用支付。特别是近几年来,由于经济合作发展组织国家共同拟定的出口信贷利率一再提高,与国际金融市场利率形成倒挂局面,不利于西方国家扩大出口设备的竞争能力。因此,出口国为扩大本国设备的出口,加强本国设备的竞争能力,在出口国银行发放卖方信贷或买方信贷的同时,出口国政府还从预算中提出一笔资金,作为政府贷款,或给予部分赠款连同卖方信贷或买方信贷一并发放,以满足出口商(如卖方信贷)或进口商(如买方信贷)支付当前费用与设备价款的需要。政府贷款收取的利率比一般出口信贷利率更低,这就更有利于促进该国设备的出口。支付贷款或赠款占整个贷款金额的比率视当时政治经济情况及出口商或进口商的资信状况而有所不同,一般占贷款金额的30%～50%。

(1) 混合信贷的形式。主要有:

① 对一个项目的融资,同时分别提供一定比例的政府贷款(或赠款)和一定比例的买方信贷(或卖方信贷)。例如,意大利和法国提供的混合贷款中政府贷款占52%,买方贷款占48%,政府贷款(或赠款)和买方贷款分别签署贷款协议,两个协议中各自规定不同的利率、费率和贷款期限等融资条件。

② 对一个项目的融资,将一定比例的政府贷款(或赠款)和一定比例的买方信贷(或卖方信贷)混合在一起,然后根据赠予成分的比例计算出一个混合利率。这种形式的混合信贷只签一个协议,当然其利率、费率和贷款期限等融资条件也只有一种。

(2) 混合信贷业务的特点。体现在:

① 混合信贷项目必须经过双方政府批准,而一般出口项目贷款则未必需要政府批准。

② 混合信贷项目须先提出具体的备选项目,经双方政府批准后再签订具体贷款协议,而银行间的买方信贷则是先签贷款总协议,然后再以每一具体项目申请贷款(有时也

须再分别签订具体的贷款协议）。

③ 混合贷款多半须经由指定银行办理其贷款项目下的贸易结算，而一般出口信贷可由贷款银行分散办理其贷款项下的贸易结算。

5. 签订“存款便利”

出口商所在地银行在进口商银行开立账户，一定期限之内存放一定金额的存款，并在期满之前要保持约定的最低额度，以供进口商向出口商购买设备之用。这也是提供出口信贷的一种形式。中国银行与英国曾在1978年签订过这样的“存款便利”，代我国进口机构用该项存款在英国购买设备，一般适用于中小型项目。

三、政府在出口信贷中的作用

由于出口信贷本身就是国家为了支持和扩大本国大型设备的出口而向进出口双方提供的一种融资方式，因此在出口信贷中政府往往发挥着举足轻重的作用。具体来说，政府的作用体现在以下几个方面：

1. 建立完善的出口信贷体系，为出口信贷搭建业务平台

大多数发达国家都构建了以官方出口信贷机构为主导、商业金融机构共同参与的出口信贷体系。发达国家的出口信贷体系各有特点，一般可分为四种类型：(1) 国家设立惟一的官方出口信贷机构，只提供出口信贷保险和担保业务，出口融资由商业性银行提供，官方不给予利率支持；(2) 官方出口信贷机构经营出口信贷保险和担保业务，不经营贷款业务，但通过利息平衡机制向商业银行提供利息补贴，支持商业银行提供符合规定的固定利率出口信贷；(3) 国家设立两个官方出口信贷机构，一个经营融资业务，另一个经营保险与担保业务，分工明确；(4) 国家设立惟一的官方出口信贷机构，同时提供融资、出口信贷保险和担保，并得到政府资金支持。

不管是政府全面介入还是部分介入，官方出口信贷机构在出口信贷体系中都起到主导作用，因为这些机构可利用自己所处的特殊地位，把政府财政政策和货币政策有机结合起来，利用利率杠杆效应，以减少财政资金，调动大量的私人资金流入出口信贷市场，实现政府的外经贸战略目标。我国的金融市场发育尚不成熟，在一段较长的时间内，政府对经济的干预相对大些，以弥补市场机制的缺失。所以，我国出口信贷中起主导作用的是中国进出口银行，它可以充分发挥政策性财政功能，促进与支持出口。

另一方面，国家财政资金是有限的，远不能满足出口信贷市场的需求，引导商业金融机构的资金流向出口信贷是官方出口信贷机构的重要任务。因此很多国家的官方出口信贷机构以提供利息补贴、出口信贷保险和再保险、出口信贷担保等方法适度承担信贷风险，吸引商业金融机构参与出口信贷，支持产品出口。

2. 为本国出口贸易提供政策导向

比如，2005年3月，中国进出口银行和奇瑞汽车有限公司在北京签署《出口信贷支持国际经营合作协议》，协议金额为50亿元人民币，主要用于支持奇瑞公司在未来三年内的机电产品、成套设备、高新技术产品出口以及境外投资、对外承包工程等“走出去”项目。这是国内第一个汽车企业获得银行出口信贷支持，这一项目表明了国家对奇瑞发展

模式的肯定和支持，说明政府的政策导向就是要大力支持自主知识产权和自主品牌的产品出口。对其他出口企业来说，这一项目的成功将会起到引导其加强自主产品的开发，从而最终实现并改善本国出口商品结构、改变外贸增长方式的目的。

3. 完善出口信贷法规体系

出口信贷属特殊的范畴，既不能用一般商业银行的法律来约束，也不适用于商业保险法。世界上发达国家都制定专门法规约束出口信贷机构的行为，规范其职能、经营方式、业务范围、资金来源、组织机构、与国家政府的关系等等。

4. 加强对有关出口信贷国际组织与国际协定的研究，为本国出口信贷提供信息指导

如 OECD 的《官方支持的出口信贷指导原则协定》在世界出口信贷领域发挥着极其重要的作用，其职能近似世贸组织的部分职能，在某种意义上，此协定的规则是世贸组织关于官方出口信贷“游戏规则”的具体体现和补充。因此，只有深入研究有关国际协定，才能发展规范的出口信贷业务。

第二节　出口信贷担保

由于出口信贷的金额大，期限长，对于进出口商能否按期还本付息存在较大的风险，因此，在出口方银行发放出口信贷的同时，要求对贷款担保。由于担保金额较大，通常商业保险公司受到财力所限，无法提供担保。出口国为了扩大出口，由国家设立专门机构出面担保，当外国债务人拒绝付款时，政府的担保机构按照承保的金额给予补偿。因此，几乎所有的国家的出口信贷银行都对所提供的出口信贷给予担保，出口信贷担保一般大都由同一家出口信贷银行提供。

出口信贷国家担保制(Export Credit Guarantee System)就是国家为了扩大出口，对本国出口商或商业银行向外国进口商或银行提供的信贷，由国家设立的专门机构出面担保，当外国债务人拒绝付款时，这一专门机构即按照承保的数额给予补贴。

一、担保的项目与金额

通常商业保险公司不承保的出口风险项目，都可以向担保机构进行投保。出口信贷机构所承保的风险主要是“拒绝付款风险”，既可以是政治风险，也可以是商业风险。

1. 政治风险

政治风险分两类：一类为国家风险，指买方国家因发生战争、内战或其他政治事件阻止或禁止买方履行义务，如进口国发生革命、暴乱、战争、政府禁运、冻结而造成的损失；另一类是转移风险。担保机构对政治风险最高担保保额在 90%～100%之间。

2. 商业风险

商业风险主要是进口厂商或贷款银行破产、倒闭、无力偿付、货币贬值或通货膨胀等原因造成的损失，担保机构对商业风险最高担保保额在 80%～90%之间。意味着大约 10%～20%的经济风险由出口商分担。

二、担保对象

1. 对出口厂商的担保

出口厂商输出商品时提供的中长期信贷可向国家担保机构申请担保。有些国家的担保机构本身不向出口厂商提供出口信贷，但他可以为出口厂商取得出口信贷提供有利条件。例如有些国家采用保险金额的抵押方式，允许出口厂商获得的承保权利以“授权书”的方式转移给供款银行而取得出口信贷。这种方式使得银行提供的贷款得到安全保障，一旦债务人不能按期还本付息，银行即可从担保机构得到补偿。

2. 对银行的直接担保

通常银行所提供的出口信贷均可申请担保，这种担保是担保机构直接对供款银行承担的责任。有些国家为了鼓励出口信贷业务的开展和提供贷款安全保障，往往给银行更为优惠的待遇。

例如英国出口信贷担保署(The Export Credit Guarantee Department)对商业银行向出口厂商提供的某些信贷，一旦出现过期未能清偿付款时，该署可给予100%偿付，而不问未清付的原因。但保留对出口厂商要求偿付的追索权。如果出口厂商不付款的原因超出了它所承保的风险范围，该署可要求出口厂商偿还。这种办法有利于银行扩大出口信贷业务，从而促进商品输出。

三、担保期限与费用

根据出口信贷期限，担保期限通常可分为短期与中、长期。短期信贷担保为6个月左右，承保范围往往包括出口厂商所在海外短期信贷交易。为了简化手续，有些国家对短期信贷采用综合担保(Comprehensive Guarantee)的方式。出口厂商只要一年办理一次投保，就可以承保在这期间对海外的一切短期信贷交易。一旦外国债务人拒付时，即可得到补偿。至于中、长期担保方式，中、长期担保时间通常为2～15年，承保时间可从出口合同成立日起到最后一笔款项付清为止，也可以从货物装运出口到最后一次付款为止。

这些担保机构的主要目的在于担保出口厂商与供款银行海外的风险，以扩大商品出口，因此所收的费用一般不高，以减轻出口厂商和银行的负担。通常保险费率根据出口担保的项目、金额大小、期限长短和输往的国别或地区而有所不同，此外，各国保险费率也不同，如英国一般为0.25%～0.75%，原联邦德国为1%～1.5%。

随着出口信贷业务的发展，很多国家的出口信贷担保制也日益加强，为此许多国家设立专门机构来从事出口信贷业务，如英国的出口信贷担保署、法国的对外贸易保险公司、瑞士的出口贸易保证部、意大利的国家信贷保险公司等等。

案例 3

中国五矿集团公司和中国冶金建设集团公司向巴西盖尔道 Acominas 公司出口成套冶金设备项目[①]

2005 年初,五矿贸易公司希望法国巴黎银行为其出口拉美最大的长钢生产企业——Acominas 钢厂扩建项目的投标出具贷款意向书。当时参加竞标的还有德国、日本的公司,竞争异常激烈。法国巴黎银行以其多年作为国际融资牵头行的经验和能力,与工商银行合作,及时为五矿公司出具了提供 100%的融资,其中除了 85%的出口信贷以外,还提供了预付定金和保费的商贷融资的融资意向书。经过反复评标,五矿公司最终因其具有更好的融资条件而在激烈的竞争中胜出。

据悉,该项目的融资分为两部分,其中 2.01 亿美元的出口买方信贷是由法国巴黎银行和中国工商银行共同提供的。另外还有 5 000 万美元的商业贷款是由法国巴黎银行提供。在此次合作过程中,作为担保人,中国出口信用保险公司对该项目提供了出口信贷保险。据了解,该项目是中国钢铁行业最大的成套设备和技术出口,也是中国出口信用保险公司在拉美市场承保的最大出口项目,该项目也曾获得了《贸易融资》《全球贸易观察》《贸易与福费廷观察》三个国际杂志 2005 年度最佳出口信贷奖。

案例 4

中国的出口商与亚洲某国的进口商签订了石油机械的出口合同,其中,中国设备占 50%,欧洲设备占 30%,当地采购占 20%。通过国际银行提供出口买方信贷解决融资,买方以石油还款,法国巴黎银行为该项目公司提供贷款支持,在实际运作上,由于买方不愿直接做借款人,所以由买卖双方合资成立了一个 SPV(项目公司),在买方国家注册并负责借款,该项目公司还负责开采当地的重质石油提供给当地的国家石油公司,当地石油公司又通过国际石油贸易公司将重质石油转换成轻质石油,卖油费存在石油公司在法国巴黎银行开立的保管账户上,受益人为法国巴黎银行。同时,为防范风险,贷款人还要求出口商将保险公司的保单转让给贷款人。此外,还要求买方国家的石油公司提供还款担保。[②]

问题:

买方以石油还款,如何保证有足够的石油偿还?同时又如何保证市场的油价不会下跌,保证有稳定的石油收入能按时足额偿还贷款?

经验:

首先,企业应要求贷款行取得进口国石油公司的还款担保,保证有足够的石油用于还款。

---

① 岳小月. 出口信贷——有效的筹资途径. 进出口经理人,2007(2)

② 李岩. 危机来临如何选择出口信贷. 进出口经理人,2009(1)

第二,要求在贷款行开设保管账户,卖油的钱每月按规定数额存在该账户上用于还贷。

第三,选择有良好资质,经验丰富的石油贸易公司在国际市场上进行石油交易,将石油款项打入贷款银行指定的保管账户。

第四,落实出口信用保险单。

案例 5

中国某公司出口尼日利亚钢厂设备项目,金额 590 万美元,贷款 503 万美元。买方作借款人,尼日利亚进出口银行作担保人,期限 5 年,由中国出口信用保险公司担保。①

问题:

该项目经过几番周折才步入正轨,但在保单和贷款协议均已落实的情况下,又得到尼日利亚进出口银行只能提供最高担保额度 500 万美元的消息。保单在担保出现缺口的情况下不能生效,因此贷款协议也不能执行。如果修改保险额度,需要重新开始报批程序,时间较长,如果让尼方银行追加保函,时间更长,项目等不了。于是采取变通的做法:由买方在贷款行开立一个现汇保管账户,存足 3 万美元本金和相应的利息作为还款担保。

经验:

第一,帮助企业在商务合同中把好支付条款关,为出口商节省了信用证相关的开证费、通知费、议付费等。

第二,通过买方信贷方式帮助出口商规避了汇率风险。商务合同签订时人民币兑美元的汇率是 1∶8,而到提款期结束时的汇率达到了 1∶7.43,为企业节省了费用开支。

第三节　一些主要国家的出口信贷

各主要国家一般都设立专门机构办理出口信贷业务,都对成套设备、船舶等商品的出口提供出口信贷。这些机构的资金由政府预算总拨付,或通过国际金融市场筹措,或向私人银行低息贷款以资助他们的出口信贷业务。

一、美国出口信贷机构

1. 美国进出口银行(Export-Import Bank of the United States,简称 EXIMBANK)

美国进出口银行是一家独立的美国政府机构。美国进出口银行不是一个援助和发展机构而是政府创办的公司,其领导机构——董事会是由主席、副主席以及三个董事组

① 李岩. 危机来临如何选择出口信贷. 进出口经理人,2009(1)

成，这些成员是由总统任命的。美国进出口银行主要职责是通过提供一般商业渠道所不能获得的信贷支持促进美国商品及服务的出口，增加就业。

美国进出口银行资本额由联邦政府拨付。每年经营所获得的利润，一小部分上缴财政部，大部分抵充银行准备金。而对短缺的资金该银行通过国际金融市场进行筹措。

该行的资金来源主要由自由资金和借入资金构成。借入资金的渠道是直接从财政部借款、从联邦筹资银行借入中长期资金及发行债券从市场筹资。该行的各项贷款活动必须先制定方案、贷款活动的规模，再经政府批准。

美国进出口银行的信贷支持项目主要有：

(1) 提供买方信贷，即对国外进出口商提供直接贷款，用以购买美国的出口商品，并用美元还本付息。贷款条件比私人商业性金融机构同类贷款条件优惠，期限较长。通常的做法是购货价款的10%由买主付现，45%由商业银行贷款，45%由美国进出口银行直接贷款。

(2) 对外国金融机构提供中长期美元贷款，再由这些机构向购买美国商品的小额买主提供贷款。一般情况下，进出口银行对金融合作机构提供的贷款额为合作机构的客户贷款额的一半。

(3) 提供卖方信贷，其基本方式是对出口商从商业银行所取得中长期贷款提供担保。在卖方信贷方面，美国进出口银行根据"中期贴现贷款计划"向美国出口商直接提供固定利率的中长期贷款，或者为出口商往来银行提供的固定利率票据贴现。

(4) 贴现放款。即对经营出口信贷的商业性金融机构的票据进行贴现，支持其他金融机构开展出口信贷业务，推动更多的资金注入出口融资中来。

(5) 提供信贷保险。为促进与美国出口有关的其他活动，进出口银行还对大工程项目的建设、计划等提供资金，对美国的工程承包商在国外所使用的美国大型设备给予政治风险的保证。

2. 商品信贷公司(Commodity Credit Corporation，简称CCC)

美国商品信贷公司是由美国农业部设立的，执行农业部的出口信贷担保计划。主要任务是：对所有农产品交易提供融资；对某些农产品的出口销售提供补贴利息；对出口信贷提供担保；对非商业风险提供保险。

3. 对外信用保险协会(Foreign Credit Insurance Association，简称FCIA)

该协会创建于1961年，现在主要是作为美国进出口银行的代理，代表该行销售管理出口信贷保险单据。其总部设在纽约，另在洛杉矶、休斯敦、迈阿密和芝加哥设地区分部。

4. 私人出口信贷公司(Private Export Funding Corporation，简称PEFC)

私人出口信贷公司是1970年由进出口银行和对外贸易银行协会共同组建，它由57家美国大银行和出口公司拥有，其宗旨作为增加私人资金的一种方式为支持美国产品的出口提供固定利率贷款。PEFC总部设在纽约，该公司虽属商业机构，但由于有进出口银行担保，所以筹资时条件比较优惠。

二、日本出口信贷机构

日本出口信贷机构主要是日本国际协力银行(Japan Bank for International Cooperation，简称 JBIC)，它是一个政府金融机构，是日本政府完全拥有的金融机构，1999 年 10 月 1 日由日本输出入银行与日本海外经济协力基金两家政府性金融机构合并而成，总部设在东京。

协力银行的主要业务是直接向发展中国家政府提供长期低息贷款和向参与发展中国家开发工程的日本企业贷款或投资，成为一个集出口信贷与发展援助为一体的影响广泛的政府性金融机构。日本国家协力银行除了享受政府拨付资金外，其资金来源主要是政府借款和回收贷款。此外，该行还可以享受免费优惠。大量充足的资本和长期有保证的低成本资金来源，再加上免税优惠，使得协力银行能够实现低成本运营，因此协力银行提供的贷款比较优惠，其贷款的赠与成分即贷款中所含的赠送成分在 25%以上。

三、法国出口信贷机构

1. 法国对外贸易银行(Banque Francaise du Commerce Exteroeur，简称 BFCE)

该银行是在 1946 年改组成受法国政府控制的法国对外贸易银行，是股份有限公司形式的半官方专业银行。资本由以下投资构成：法兰西银行(法国中央银行)持股 24.5%；信托和储蓄银行持股 24.5%，巴黎国民银行持股为 8%；里昂信贷银行持股 8%；兴业银行持股 8%。

外贸银行的经营活动分为两个部分：一部分是商业银行的普通业务，如各种存放贷业务、外汇买卖业务、贸易结算、发放债券等；另一部分是专门参与和提供各种出口信贷，包括买方信贷和卖方信贷。

法国外贸银行具体的出口信贷业务活动包括：

(1) 对 7 年以内的出口信贷，外贸银行和其他银行一样参与，并代表财政部管理；同时还代表国家对固定利率贷款和筹资成本之差给予补贴或收回差价。

(2) 直接提供一部分期限在 7 年以上的长期贷款，其资金来自国内和国际货币市场。对买方信贷，它直接给予贷款；对卖方信贷，它向银行提供固定利率。

(3) 法国政府为了鼓励和保证私人出口信贷的输出，专门指定法国外贸保险公司和法国对外贸易银行，分别为出口信贷提供保险和为筹措出口信贷资金提供方便。

(4) 法国外贸银行出口信贷体系，标准的还贷期为 10 年。政府还利用国家资金向出口信贷提供部分资金的办法来延长出口信贷的期限，用降低再贴现利率的办法来降低出口信贷利率。用利率较低、期限较长的国家贷款同中长期出口信贷相混合的办法来促进出口信贷。

(5) 法国外贸银行对法国企业在外国开设工厂、开辟国外市场提供长期贷款和技术援助，援助部分的还贷时间可以更长、利率更低。

(6) 法国出口信贷制度的一个特点，就是对一个正在执行中的特别合同，在买方相关的付款到期前给予融资。这种先期融资可以用市场利率或有补贴的固定利率。

2. 法国对外贸易保险公司(Compagnie Francaise d'Assurancepour le Commerce Exterieur，简称 COFACE)

COFACE 是世界最重要的出口信贷保险机构之一。该公司创建于 1948 年，属公共机构所持有的公司。主要业务是向开展出口和对外投资业务的法国企业提供短期商业信用保险、中长期出口信用保险、汇率风险保险及部分国家政治险等。

四、加拿大出口信贷机构

加拿大的主要出口信贷机构是加拿大出口发展公司(Export Development Corporation,简称 EDC)。该公司为加拿大政府金融机构之一,1969 年根据出口开发法案建立,其前身是 1944 年建立的出口信贷保险公司。其宗旨是通过直接贷款为贷款提供保险和提供出口货币保险,直接或间接地扩大加拿大的产品出口,增加加拿大的出口竞争能力和寻找国际商业机会。

出口开发公司的贷款政策很灵活,贷款可采用固定利率、浮动利率、“君子协定”利率。但 EDC 一般不公开其贷款利率。该公司还可以提供日元和欧元贷款。

(1) EDC 的买方贷款。向外国的进口商或金融机构提供所需要的中长期信贷,最长为 10 年,以使其购买加拿大资本、商品或服务。一般的程序为:EDC 提供最多为该笔加拿大出口合同金额的 85%的贷款融资,并以固定或浮动利率贷款;EDC 代国外的进口商向加拿大出口商支付现金,并要求进口商支付相当于进口金额的 15%的现金定金。因此,买方信贷使加拿大出口商在两方面受益;一是 EDC 通过帮助国外进口商来帮助本国出口商,因为许多情况下如没有出口信贷,出口商就无法成交;二是由 EDC 来承担还贷风险,而不是出口商。

(2) EDC 的出口保险服务。由于政治和商业原因使得买方无力偿还贷款而拒付时,EDC 承担政治风险和商业风险,金额均为 90%。

(3) EDC 的担保业务。EDC 与其他鼓励出口的商业银行和金融机构密切合作,通过提供贷款担保,最大限度地降低这些机构的融资风险。

EDC 既注重项目经济上的合理性,也重视项目应符合加拿大的国家利益。它确认项目是符合国家利益的原则有八条,其中之一就是项目能提高加拿大的研究和开发潜力。1976 年以前,EDC 的资金全部来源于联邦政府的投资,但是近年来,EDC 贷款资金的来源主要依靠以自己的名义找国外金融市场借款。

五、英国出口信贷机构

英国出口信贷机构主要是英国出口信贷担保局(Export Credit Guarantee Department of the U.K.,简称 ECGD)。

ECGD 于 1919 年成立,1949 年成为英国贸易部一个官方机构,直接对贸易工业大臣负责,其总部设在伦敦和卡地夫市。

ECGD 实际上发挥着为出口商品提供间接资金融通的作用,它的主要任务是:

1. 提供卖方信贷担保

在 ECGD 的特别或综合的延长期限担保计划内,出口商保证可以拿到合同项下的付款。一旦 ECGD 同意承保,它将向出口商银行出具担保,这样银行就可以将进口商签署的以出口商为受益人的汇票进行贴现,或购买进口商的期票。如果该汇票或期票到期退票，银行将保证能在违约后第 90 天即可从 ECGD 得到该笔款项及到期日后的利息。

2. 提供买方信贷担保

当银行对外国进口商或进口商银行提供直接贷款时，由 ECGD 提供买方信贷担保。其条件是：信贷金额必须超过 100 万英镑，银行提供买方信贷的条件必须经 ECGD 批准。

3. 提供投资担保

包括商业和政治风险担保。商业风险承保比例通常为 90%，政治风险为 95%。

第四节　中国进出口银行

中国进出口银行成立于 1994 年，是直属国务院领导、政府全资拥有的国家出口信贷机构，其国际信用评级与国家主权评级一致。

中国进出口银行是我国外经贸支持体系的主要力量和金融体系的重要组成部分。经过 10 年的发展，已成为我国机电产品、高新技术产品出口和对外承包工程及各类境外投资的政策性融资主渠道，是外国政府贷款的主要转贷行和中国政府对外优惠贷款的承贷行。

一、中国进出口银行的组织机构

中国进出口银行位于北京的总行设董事会，除总行的各部室外，另设有营业性分支机构和代表处。

中国进出口银行目前在国内设有总行营业部、上海分行、深圳分行、南京分行、大连分行、成都分行、青岛分行等 7 家营业性分支机构。中国进出口银行各营业性分支机构根据总行授权，经营和管理服务区内的各项业务。目前，营业性分支机构的主要业务经营范围包括出口卖方信贷业务、出口买方信贷业务、外国政府贷款转贷贷后管理业务、本行贷款项下的国际、国内结算和企业存款业务、对外担保业务、资信调查、咨询、见证业务、总行在人民银行批准的业务范围内授权的其他业务。

同时进出口银行还在哈尔滨、西安、武汉、杭州、福州、广州等地设立了 6 个代表处，国内代表处根据总行授权，负责调查、统计、监督代理业务等项工作，具体包括出口信贷项目推荐、贷前调查、贷后管理、外国政府贷款转贷项目贷后管理、监督国内代理行的代理业务、调查研究、对外联络等。

此外，进出口银行还在科特迪瓦阿比让市、南非约翰内斯堡设有中西非、东南非两个境外代表处，并与 140 家银行建立了代理行业务。

二、中国进出口银行的主要业务

中国进出口银行的主要职责是贯彻执行国家产业政策、外经贸政策和金融政策，为扩大我国机电产品和高新技术产品出口、推动有比较优势的企业“走出去”、发展对外关系、促进对外经济技术合作与交流，提供政策性金融支持。

1. 出口卖方信贷业务

出口卖方信贷业务是指中国进出口银行为出口商制造或采购出口机电产品、成套设备和高新技术产品提供的信贷，主要解决出口商制造和采购出口产品或提供相关劳务的资金需求，支持本国产品出口，提高国际市场竞争力，为国家出口创汇，平衡外汇收支，同时还可以增加国内就业，促进本国经济发展。

出口卖方信贷具有官方性质，不以盈利为目的，因此其业务的开展必须贯彻国家产业政策、贸易政策、金融政策和财政政策，体现政府强有力的支持，贷款人的资本金也有国家全额提供。此类贷款具有金额大、期限长、利率优惠的特点，并且通常与出口信用保险相结合。

目前此类贷款的种类主要包括：设备出口卖方信贷、船舶出口卖方信贷、高新技术产品(含软件产品)出口卖方信贷、一般机电产品出口卖方信贷、对外承包工程贷款和境外投资贷款。

2. 出口买方信贷业务

中国进出口银行办理的出口买方信贷，是向国外借款人发放的中长期贷款，用于进口商即期支付中国出口商货款，促进中国资本性货物和技术服务的出口。出口买方信贷贷款期长、利率优惠。

出口买方信贷主要用于支持中国机电产品、大型成套设备等资本性货物以及船舶、高新技术产品和服务的出口，支持中国企业带资承包国外工程。借款人必须是中国进出口银行认可的进口商或银行、进口国财政部或其他政府授权机构，而且必须资信良好，具有偿还全部贷款本息及支付相关贷款费用的能力。出口商则必须是独立的企业法人，具有中国政府授权机构认定的实施出口项目的资格，具有履行商务合同的能力，其出口的货物和服务符合出口买方信贷的支持范围。

出口买方信贷支持的商务合同必须经中国进出口银行审查认可，并满足以下基本条件：(1) 合同金额在200万美元以上；(2) 出口货物中的中国成分不低于50%；(3) 进口商以现汇支付的定金比例一般不低于合同金额的15%；船舶项目不低于合同金额的20%。

对出口船舶提供的贷款，贷款额一般不超过合同金额的80%；对出口其他产品和服务提供贷款，贷款额一般不超过合同金额的85%。出口买方信贷的贷款期最长不超过15年。

出口买方信贷的业务操作流程如下：首先由出口商和进口商双方签订商务合同；然后中国进出口银行和借款人签订贷款协议，贷款金额不高于商务合同金额的85%，船舶项目不高于80%，并根据项目具体情况要求担保人提供担保，根据借款的国别风险确定是否需要投保出口信用险；借款人预付一定比例款项；收到预付款后出口商根据合同规定发放货物；中国进出口银行在出口商发货后发放贷款；最后，借款人根据贷款协议每半年偿还一次贷款本息及费用。

3. 中国政府对外优惠贷款业务

中国政府对外优惠贷款是指中国政府指定中国进出口银行向发展中国家政府提供的具有援助性质的中长期低息贷款。优惠贷款主要用于在受援国建设有经济效益或社会效益的生产性项目、基础设施项目及社会福利项目，或采购中国的机电产品、成套设备、技术服务以及其他物资。

发放优惠贷款必须得到中国政府和借款国政府的批准，项目在技术上必须可行，具有良好的经济效益和社会效益。同时项目应由中国企业承建，采购项目所需的设备等应由中国企业负责供货，贷款项下所需设备、材料、技术、服务应优先从中国采购或引进，设备采购中来自中国的部分原则上不低于50%。

优惠贷款的借款人一般为受援国政府财政部，借款人申贷额原则上不低于2 000万元人民币。优惠贷款的利率和期限执行中国政府和受援国政府间优惠贷款框架协议的规定。贷款期限分为宽限期(含提款期)和还款期。宽限期内，借款人只支付利息，不还本金；进入还款期，按贷款协议规定偿还本息。优惠贷款每半年计息一次。自首次提款日起每年3月21日和9月21日为固定付息日，进入还款期后每半年一次等额偿还本金，每年3月21日和9月21日为还款日。

4. 对外担保业务

中国进出口银行办理的对外担保业务，是指进出口银行以保函或备用信用证形式向境外债权人或受益人(含境内外资金融机构)承诺，当债权人(被担保人)未按有关合同偿付债务或履行合同时，由进出口银行履行保函所规定的义务。中国进出口银行总行自1996年开办对外担保业务。2003年以后，对外担保业务由总行营业部办理。总行国际业务部为对外担保业务的主管部门。

中国进出口银行对外担保业务为国际担保，支持范围包括：机电设备、成套设备和高新技术产品出口，对外承包工程、境外投资、境外加工贸易及视同出口的境内国际金融组织和外国政府贷款国际招标项目。担保业务的种类主要有：受客户委托开立保函、受金融机构委托转开保函、出具担保意向书、受银行委托通知和转开保函以及代客索赔。

具有法人资格、有外贸经营权或对外承包工程经营权、符合中国人民银行《境内机构对外担保管理办法》要求的企业和机构，均可向进出口银行申请办理保函。

5. 其他业务

除以上几项与出口信贷紧密相关的业务外，中国进出口银行还开展以下业务：

(1) 外国政府贷款转贷业务。是指受财政部委托，由中国进出口银行转贷的外国政府向我国政府提供的优惠贷款和混合贷款。混合贷款是由外国政府提供的优惠贷款与外国银行提供的商业贷款混合组成的贷款。

(2) 代客外汇交易业务。是指中国进出口银行根据客户委托进行的各种类型的外汇交易。作为政策性银行，中国进出口银行只对本行政策性贷款项下的客户提供代客外汇交易业务。进出口银行经营代客外汇业务的目的是帮助政策性贷款客户防范外汇金融风险，而不是追逐利润，因此，提供的服务与商业银行也有所不同。

(3) 结算业务。是指中国进出口银行根据客户委托进行的各种资金支付业务，包括国际结算业务和国内结算业务。

此外，中国进出口银行还为客户提供海外投资咨询，包括为其提供金融信息、行业、国别信息、政策法规信息等。

第十章 进出口贸易融资方式和资金管理

【本章提要】 国际贸易是跨国界、跨地区的贸易，与国内贸易不同的是，交易双方中至少有一方处于国外，面对国内外两个市场，交易中使用多种货币形式进行结算，对于进出口双方来说，无论是人力、财力还是物力上都是一种艰辛的挑战。同时，交易双方还需要根据签订的买卖合同履行交货收款和收货付款等一系列与资金打交道的环节，不仅要承担一定的风险，同时还要解决好资金链的供应问题，也就是我们所要研究的进出口贸易融资的问题，交易双方需要考虑用最小的成本和风险获取最多的贸易融资，那么恰当的融资策略就是问题的核心。本章将会介绍一系列进出口贸易融资的方式。

【本章重点】 分别掌握出口贸易融资和进口贸易融资中各有哪些方式，每一种方式的主要特点和操作流程。比如在出口贸易融资业务中主要有打包放款、出口信用证押汇、出口托收押汇等，进口贸易融资中需要了解提货担保、信托收据等方式。

【本章难点】 由于交易环境的局限性，一些融资方式在总体流程上十分相似，需要加以区分。

【基本概念】 国际融资　国际贸易融资　打包放款　出口信用证押汇　出口托收押汇　贴现　进口开证额度　进口信用证下押汇　提货担保　信托收据(T/R)

导入案例

我国某贸易公司是一家中小企业，其业务发展良好，进口渠道稳定，下游生产企业实力雄厚。该公司拟从美国某公司进口一批金额为 600 万美元的原材料，计划缴纳 100 万美元的开证保证金，其余 500 万美元占用授信额度，申请对外开立信用证，即申请 500 万美元减免保证金开证的综合授信额度。银行于 2 月 18 日将信用证开至美国，3 月 25 日价值 600 万美元的进口单据到达开证行。该企业接受单据，并将其余 500 万美元划入其在开证行的结算账户，银行于 3 月 21 日对外付汇，该企业综合授信额度重新恢复到 500 万美元。

分析：

信用证的开证额度，是银行给予客户核定的减免保证金开证的最高额度，只要客户开立的信用证金额不超过该金额，银行可以减免保证金，减轻进口商的资金压力。开证授信额度的正确使用，可以减免保证金开证，延迟企业资金占用，加快资金周转，提高企业资金使用效率，是银行为企业提供的一项非常有效的进口融资便利。

第一节　国际贸易融资概述

一、国际贸易融资的概念与种类

1. 国际贸易融资的概念

国际融资(International Financing)是指在国际金融市场上,运用各种金融手段,通过各种相应的金融机构进行的资金融通。资金融通包括两方面的内容,即资金提供者的资金融出和资金筹集者的资金融入。前者是在国际金融市场上,各金融机构运用各种金融工具来提供金融产品或金融服务;后者则是企业选择适用于自身特性、经营状况之需要,有利于企业资本结构和改善企业财务比例的融资(筹资)。企业之所以需要融资,既是为了获取生产经营过程中所需要的资金,同时也是为了资本结构的改善和扩张。

国际贸易融资应该作为国际融资的一个分支,因为此种方式中的融资(筹资)业务始终有一个明显的特征,就是与国际贸易相联系。它是指银行为支持外贸企业开展国际贸易业务,促进商品进出口而提供的各种资金融通的便利。包括进出口商相互间为达成贸易而进行的资金融通或商品信贷活动;银行及其他金融机构、政府机构或国际金融机构为支持国际贸易而进行的资金信贷活动;银行及其他金融机构为支持国际贸易而进行的信用担保或融资活动;各国政府机构或银行为支持本国出口而进行的信用保险活动等。

国际贸易融资是一种传统的银行国际性业务,是一种间接融资方式,它是促进各国进出口贸易的一种金融支付手段,有利于增强外贸企业的竞争力、调整进出口结构、扩大对外出口。

2. 国际贸易融资的主要种类

(1) 按照融资的期限划分,可以分为短期国际贸易融资和中长期国际贸易融资。短期国际贸易融资是指 1 年以内的进出口贸易融资。该融资主要是适用于企业对资金流动和周转的需求,主要包括打包放款、进出口押汇、票据贴现等。中长期国际贸易融资主要适用于企业为改善资本结构,弥补企业资金不足的需求。

(2) 按照接受贸易融资的对象划分,可以分为对出口方的融资和对进口方的融资。对出口方的融资主要包括:进口商提供的预付款、国际保理业务、福费廷业务、打包放款、出口押汇、贴现、信托收据、信用证抵押放款等。对进口方的融资主要包括:出口方提供的赊账贸易、托收方式中的承兑交单、信用证开证额度、透支、商品抵押放款等。

(3) 按照融资的资金来源划分,可以分为一般性贸易融资和政策性贸易融资。一般性贸易融资主要是来自于商业银行,这些资金的融通大多数是与国际贸易紧密联系在一起的,利率采用货币市场上的固定利率或浮动利率。政策性贸易融资是指由各国官方或半官方的出口信贷机构利用政府财政预算资金向另一国银行、进口商、政府提供的贷款,或者由这些出口信贷机构提供信贷担保,由商业银行利用其自有资金向另一国银行、进口商、政府提供的贷款。但这些贷款通常有指定的用途，一般是限定用来购买贷款国的资本货物，以促进贷款国的出口。

(4) 按照融资的货币划分，可以分为本币贸易融资和外币贸易融资。本币贸易融资是指使用贷款国的货币提供的融资，一般情况下，这种贷款的对象为本国外贸进出口企业。外币贸易融资是指使用非贷款国的货币提供的融资。此处的外币，可以是借款国的货币也可以是可自由兑换的第三国货币。

(5) 按照融资有无抵押品，可以分为信用融资和抵押融资。信用融资是指银行无需借款企业提供任何抵押品而提供的贷款融资行为，一般情况下，该贷款只适用于企业信誉良好、与银行业务往来时间较长，同时也没有不良信用记录的大中型外贸企业。抵押贷款多是指用款企业需要向放款银行提供相应抵押品而发放的贸易贷款。这种融资行为适用于风险大、期限长的项目，或者信用级别低的中小外贸企业。

二、国际贸易融资的特点

国际贸易融资作为促进进出口贸易的一种金融支持，它是建立在信用基础上的借贷行为，所以这种融资依然和其他借贷行为一样，具有偿还性和生息性(除非是在商业贷款行为中指明的无息贷款或者贴息贷款行为)。

1. 国际贸易融资的主、客体的复杂性

国际贸易融资的主体，也就是融资当事人的居住地十分复杂。由于国际贸易融资是跨国贸易项下的融资，这决定了它的当事人双方不在同一国之内。融资中的借款人通常是进出口商，但在我们研究的出口信贷中，借款人的身份又多数表现为银行或者政府机构，所以这又使得当事人的身份进一步复杂。国际贸易融资中的客体，即融资所使用的货币多样化，正如我们前面所说，不仅使得融资中汇率风险增加，同时也使融资货币的选择更加复杂。

2. 国际贸易融资的高风险性

国际贸易融资比国内贸易融资风险要大，贷款人不仅要承担信贷交易中的商业风险，如借款人经营不善、破产倒闭、恶意拖欠等导致到期无力偿还借款，还要面对国家风险、汇率风险和利率风险等国际贸易所特有的风险。另外，国际贸易融资与贸易结算紧密联系，所以又有可能遭遇到结算过程中的特有风险，如交单风险、贸易结算欺诈风险等。

3. 国际贸易融资的被管制性

由于国际贸易融资表现为不同国家的资金持有者之间跨国境的资金融通和转移，是国际资本流动的一个组成部分。融资当事人所在的国家政府，从本国政治、经济利益出发，为平衡国际收支，必然会贯彻本国的货币政策，对本国的银行及非银行金融机构进行严密监督和审查，对其所从事的融资行为施加干预措施。主权国家对国际贸易融资的管制一般是通过授权本国的央行，对国际贸易融资中的主体、客体和信贷条件、法律等加以各种限制措施。

三、国际贸易融资的功能

1. 融资功能

国际贸易过程中，进出口商之间可以相互提供资金融通，也可以由银行或非银行金融机构、政府机构或国际金融机构向进出口商提供资金融通，支持国际贸易的发展。这也是国际贸易融资的基本功能。

2. 担保功能

为了全面支持进出口业务，各国银行或其他金融机构，尤其是官方资金支持的银行和金融机构都制定了各种贷款计划，为客户提供各种融资业务、票据保证或信用担保等，这些服务为融资以及保付代理等结算方式提供了极大的便利。

3. 保险功能

国外信贷保险协会对有关商业风险以及超过商业风险损失的部分，包括战争、动乱、货币不可兑换等各种国家风险提供特别保险，即担保基础上的再保险；为国际贸易中的信贷、融资或信用担保业务提供全面支持。

第二节　出口贸易融资

一、打包放款

1. 打包放款的概念与作用

打包放款(Packing Loan)，是指采用信用证结算方式的出口商凭借收到的信用证正本作为还款凭证和抵押品向银行申请的一种装船前的融资，融资比例一般不超过90%。还款的来源主要是信用证下的收汇款，当企业不能从国外进口商处收回货款时，必须偿还打包放款的本金和利息，或者允许银行直接从其账户划走本金和利息。根据国家的有关政策，打包放款可以使用人民币也可以使用外汇。近年来，许多企业为减轻利息负担，通常愿意使用银行的外汇打包放款，在需要使用人民币时，再将来自于打包放款的外汇资金结汇成人民币使用。假如某企业需要使用等值100万美元的人民币资金用来购买生产的原材料，向银行申请打包放款，此时，该企业既可以要求获得外汇打包放款，也可以要求获得人民币打包放款。如果要求外汇放款，期限为90天，美元贷款利率为2.98%，人民币贷款利率为4.65%，此时美元的汇率为USD 100.00=RMB 824.24，则企业需要付出的利息是：100万美元×2.98%×90/360=0.745万美元，折合成人民币为0.745万美元×8.242 4=6.14万元人民币；

假如要求人民币打包放款，其他条件不变，则企业需要付出的利息为：100万美元×8.242 4×4.65%×90/360=9.58万元人民币。

通过比较，显然采用美元(外汇)打包放款的利息负担远远低于人民币的打包放款利息。

银行办理打包放款通常不收取手续费，利息计算公式为：

打包放款利息＝信用证金额×打包折扣（70％～90％）×融资年利率×打包天数/360

打包天数的计算：办理打包日至信用证最迟装运日的天数加 30 天。假如受益人某年的 5 月 8 日要求打包放款，同年的 6 月 15 日为最迟装运日，则打包天数为：37 天加 30 天，也就是 67 天。

打包放款的主要作用是企业（受益人）在收到国外的信用证后，能较容易地向银行申请短期融资，解决企业生产或收购的资金不足问题。

2．打包放款的业务流程

出口企业把信用证（正本）交给银行，银行审核后办理打包放款，出口企业收到国外货款后偿还本金和利息。

企业办理打包放款时，应提交以下材料：

（1）如果企业第一次在银行办理贷款等授信业务时，需要提供一些基础资料：营业执照副本、税务登记证、企业组织机构代码证、进出口业务许可证、央行出具的企业贷款卡。

（2）填写银行提供的“打包放款申请书”。

（3）交纳保证金，落实担保单位、抵押手续、质押手续。

（4）签订贷款合同。

（5）签订其他协议。

3．打包放款的注意事项

（1）企业方面。企业除需要向银行提供必要的资料以便于打包放款，还需要注意以下问题：

① 洁身自好，本身没有不良的银行记录。

② 关注信用证条款。若办理打包放款时，已经超过最迟装船期、有效期，或者信用证已经没有足够的余额，开证行所在国国家政治经济不稳定，信用证有软条款、不利条款等，打包放款的困难程度将会成倍增加。

③ 当企业为第二受益人而非第一受益人时，也不会轻易取得打包放款。

（2）银行方面。由于打包放款中的抵押物是信用证，而信用证本身仅仅是有条件的银行信用保证，如果条件满足，信用证会正常发挥作用；如果由于某种原因企业作为受益人没有满足信用证的条件或未能履约，那么开证行的付款承诺就难以实现。因此，单纯依靠信用证所做的打包放款是一种无抵押的信用贷款，银行必须谨慎地对待此问题。具体需要从以下几个方面加以考虑：

① 审核企业的基础资料，对企业资信有所了解。

② 认真审核信用证条款，对超期或没有足够余额的信用证，原则上不做打包放款；对于开证行所在国为政治、经济不稳定的国家，信用证有软条款等情况，需谨慎办理该业务或者降低贷款金额比例。

③ 对于为信用证第二受益人的企业，从严控制放款。

④ 打包放款期限原则上不超过 360 天。

⑤ 严格贷后管理。贷款期间需要与贷款企业保持密切联系，严格监督贷款资金的流向和使用情况，了解企业具体的生产情况以及合同的执行情况，督促企业及时发货、交单议付，在企业收回货款后，应该督促其及时偿还本金和利息。

二、出口信用证押汇

1. 出口信用证押汇的概念和作用

出口信用证押汇(Negotiation under Documentary Credit)，是指在出口信用证项下，卖方(受益人)以出口单据做抵押，要求出口地银行在收到国外支付的货款之前，向其融通资金的业务。融资比例通常为 100%，但银行使用了预收利息法，即银行将全额的本金内扣除预计利息和各种手续费后的余额贷给受益人。还款的来源在正常情况下为信用证下的收汇款，当企业不能从国外进口商处收回货款时，企业必须偿还本金和利息，或者允许银行直接从其账户划走本金和利息以及其他有关的费用。押汇一般是原币(信用证货币)入受益人账户，如受益人无外汇账户，则可以兑换成人民币使用。

银行办理押汇通常也不收取手续费，利息计算公式为：

$$押汇利息=本金\times融资年利率\times押汇天数/360$$

押汇天数的计算方法：办理押汇日到预计信用证的收汇日的天数加上 5～7 天。假如，受益人 2009 年 3 月 5 日要求办理押汇，预计信用证收汇日为 4 月 10 日，则押汇天数为：35 天加上 5～7 天，即 40～42 天。

出口信用证押汇的主要作用是企业出口交单后，能向银行申请短期融资，加速资金周转。押汇与其他融资方式相比，具有手续简便、快捷等特点。

2. 出口信用证押汇的业务流程

受益人根据信用证制单交出口地银行，然后出口地银行办理押汇，扣除相关利息和费用后划入公司账，银行在收到国外贷记报告后自动扣划款项以归还押汇款。

受益人办理出口信用证押汇业务时，应向银行提供以下资料：

(1) 如果企业第一次在银行办理押汇、贴现等授信业务时，需要提供一些基础资料：营业执照副本、税务登记证、企业组织机构代码证、进出口业务许可证、央行出具的企业贷款卡。

(2) 向出口地银行提交信用证及根据该信用证制作的单据，或在远期信用证项下，开证行的确认付款电报等资料。

(3) 受益人与出口地银行签订的出口押汇协议书。

(4) 填写银行提供的“押汇申请书”。

3. 注意事项

(1) 出口受益人方面。要注意：

① 提交的单据必须与信用证相符。

② 远期信用证项下的出口押汇，必须有开证行的承兑或确认付款到期日的电文，电文必须经过密押或签字，并已被出口地银行证实了其真实性。

③ 被限制在其他银行议付的信用证，通常不能办理押汇。

④ 政治、经济不稳定国家银行开立的信用证，如果没有保兑等其他风险防范措施时，不容易从出口地银行取得押汇融资。

⑤ 转让信用证、有不符点的单据也较难从银行取得押汇融资。

⑥ 出口地银行办理的押汇有追索权，如开证行没有及时付款，无论何原因，企业必须归还本金和利息。

⑦ 出口信用证押汇期限一般不超过 180 天。

(2) 出口地的押汇银行方面。信用证下的出口押汇，是在出口商已经办理了发货装运后所做的出口融资，相对于打包放款等融资方式，出口地银行已经不需要担心出口商是否履行贸易合同，风险相对较小，但仍需要注意以下几点：

① 审核出口商的资信情况。尽管出口信用证押汇是根据受益人提交的出口单据所做的融资，但有些拒付风险是来自于受益人本身而不是单据。比如，进口地法院向开证行发出"止付令"，或者认为受益人有诈骗的嫌疑，或者受益人没有实际的出口行为，属于虚假出口，凭假单诈骗等，此时，银行面临巨大风险，就需要银行对受益人的资信进行细致的调查，如该受益人是否为新办企业，是否经常有出口业务，能否正常履约。

② 了解开证行的信誉及所在国家的政治经济状况。如开证行所在国政治、经济不是很稳定，或者开证行信誉不佳，在这种情况下，需要有额外的风险防范措施，否则应拒办业务。

③ 认真审核信用证条款。认真审核信用证条款，确认其是否符合国际惯例。如信用证规定进口方收到货物并验收付款后，将信用证的付款条件与进口方收到货物并验收合格这个条件挂钩，而从实质上否定了信用证作为一项独立文件的性质，也否认了开证行凭单付款的第一性付款责任，对于此类信用证，出口地银行需要拒办出口押汇。

④ 严格审查单据。根据"单证一致、单单相符"的原则，杜绝开证行挑剔单据而拒付，对于有不符点的单据需要谨慎处置。

⑤ 远期信用证下的出口押汇。必须有开证行(保兑行)承兑或确认付款到期日的电文或函件，该电文或函件必须有密押或有权签字人的签字，并已被证实了真实性。

⑥ 注意对物权的控制。银行对出口方受益人办理出口押汇，一方面考虑收汇比较有保证，另一方面，银行握有代表物权的单据，一旦出现拒付的情况，可以通过变卖货物来取得资金。但需要注意的是，只有海运提单能代表物权，其他如陆运提单、空运提单等都不具备此功能，对于这些单据，银行需要加以注意。

⑦ 出口方为第二受益人的信用证。

⑧ 押汇期限原则上不超过180天。

以上为出口押汇的一般性原则，在一些特殊情况下，如受益人的信誉良好，银行给予了很高的授信额度，即使是普通的贷款，也无需担保或抵押，或者在有不符点的情况下，仍然可以办理出口押汇。

三、出口托收押汇

1. 出口托收押汇的概念和作用

出口托收押汇（Advance against Documentary Collection），是指出口方收款人采用托收为结算方式，并将单据交出口地托收行，在货款收回前，要求托收行先预支部分或全部货款，待货款收妥后再归还托收行的一种贸易融资方式。融资比例、收取利息的方法和金额等与出口押汇都相同。还款的来源仍为国外进口方的款项支付，如果发生拒付的情况，企业必须偿还本金和利息，或允许银行直接从企业账户扣款。出口托收押汇一般是原币（托收使用的货币）入收款人账，如收款人无外汇账户，则可以兑换成人民币使用。

出口托收押汇的主要作用与出口信用证下的出口押汇类似，这里不再复述。但两者主要的区别就是后者有开证行的付款保证，属于银行信用；而前者为商业信用，风险较大。为控制押汇风险，出口地银行通常根据出口方收款人的资信状况、还款能力等核定授信额度，仅仅在额度内做出口托收押汇。

2. 出口托收押汇的业务流程

出口方根据贸易合同装运后制单并交出口地银行审核，然后又到银行办理押汇和扣款，将来收到进口方的货款后，银行直接扣划款项。

出口方收款人在办理托收业务时，需要向银行提交下列材料：

(1) 如果企业第一次在银行办理押汇、贴现等授信业务时，需要提供一些基础资料：营业执照副本、税务登记证、企业组织机构代码证、进出口业务许可证、央行出具的企业贷款卡。

(2) 向银行提交根据贸易合同制作的单据，或者在D/A条件下，进口方确认付款日的电文或函件。

(3) 出口方与银行签订押汇总协议。

(4) 填写格式化的“押汇申请书”

3. 注意事项

(1) 出口方收款人方面。要注意：

① 了解进口方付款人的资信情况。尽管出口托收押汇的还款来源为国外付款，但在不能正常回收货款时，出口方收款人仍不能免除还款责任。如果出口方拒不履行还款责任，银行需要采取必要的法律程序。因此，进口方的资信状况不仅关系到货款能否正常收回，也关系到出口方收款人是否需要在押汇到期时额外筹措资金。

② 选择合适的交单方式。跟单托收的交单方式有付款交单（D/P）和承兑交单

(D/A)。在付款交单方式下，理论上需要一手交钱，一手交货，因此，这种方式相对于承兑交单而言没有钱货两空的危险，所以较易取得出口押汇；在承兑交单方式下，代收行在进口方对汇票进行承兑后就会释放物权单据，但对后期进口方是否付款不承担责任。所以，出口方收款人从控制风险的角度来看，一般偏向于前者。

③ 选择代收行。信誉好的代收行有利于保证各方遵循国际惯例，从而减少收汇风险。因此，在实务中，为减少收汇风险，较容易从银行取得出口托收押汇项下的融资，最好选择出口地银行在国外的分支机构作为代收行。

(2) 出口地银行方面。要注意：

① 了解出口方收款人的资信及履约能力。由于是一种商业信用的结算方式，出口人的履约能力也关系到货款能否正常收回，如出口人没有正常履行合同，在这种情况下，出口地银行的款项来源必将受到影响，风险加大。

② 了解进口方付款人的资信状况。能够正常安全收汇，取决于进口方付款人的信誉好坏。因此，出口地银行有必要了解进口方付款人的资信。如信誉良好，并长期保持联系，则可以放心地办理押汇业务，否则需要严格控制。

③ 了解出口人的交单方式及货物的行情。D/P 方式下可以适当放宽条件，D/A 条件下需要适当从紧。货物属于旺销情况下，押汇的条件、额度可以适当放宽；当货物处于滞销状态下，押汇的条件、额度应适当从紧。

④ 适当考虑增加其他安全防范措施。这种结算方式风险较大，可以考虑增加其他风险防范措施，如出口方增加第三方担保、房产抵押、有价证券的质押等，使出口方收款人在处理业务时有所顾忌，而出口地银行能够将损失减少到最低。

四、贴现

贴现(Discount)，是指银行有追索权地买入已经承兑的远期票据。远期票据通常是银行票据或有银行信用担保的商业票据。理论上来说，有银行信用的保证，这类票据的可靠性较强，容易被银行接受，但在实务中，由于票据诈骗和伪造的高科技化，为跨国票据业务增高了风险性。为防范风险，各银行对于与跟单信用证或跟单托收没有直接联系的、没有真实交易背景的票据是不予贴现。短期贸易融资方式中的贴现业务通常为远期信用证项下的已承兑汇票和跟单托收中已加具保付签字的远期汇票，即在付款人承兑远期商业汇票的同时，由其账户行在汇票上加上保付签字，承担担保责任。

五、买入票据

买入票据是指托收银行在光票托收款项收妥前，把票据的金额扣除贴息和费用后，将净款付给委托人的一种融资方式。

由于光票托收不一定有真实的贸易背景，因此这种方式风险比较大，很少有银行愿意做这种融资业务。银行在买入票据时，一般应该注意以下几个问题：

(1) 客户资信状况良好,可以正常还款;

(2) 票据没有过期,背书手续清楚,没有发现任何缺陷;

(3) 票据上没有限制流通字样;

(4) 核对出票行的印鉴;

(5) 金额较大时,应事先以电讯方式查询其真实性。

六、出口商业发票贴现

1. 出口商业发票贴现的概念和作用

出口商业发票贴现(Discount against Export Commercial Invoice),是指在保理商(金融企业)与出口商之间存在一种契约,根据该契约,出口商将现在或将来的基于出口商与进口商订立的出口销售合同所产生的应收账款转让给保理商,由保理商提供贸易融资、应收账款催收、销售分户账管理的一种综合性服务。也就是说,它是在货到付款方式下出口地银行以出口商的商业发票作为抵押进行融资的业务。我国从本世纪初开始引进这种融资业务,它的具体操作程序与前面几种融资业务很相似。

银行办理贴现时,不收取手续费,利息计算公式是:

$$贴现利息=本金\times融资年利率\times贴现天数/360$$

贴现天数的计算通常是:办理贴现日到预计的收汇日或发票的到期日的天数加上30天。

2. 出口商业发票贴现的业务流程

申请人填写银行提供的《出口商业发票贴现额度申请书》、《出口商业发票贴现申请书》,在银行同意后,申请人根据贸易合同在装运后将有关材料交出口地银行,出口地银行办理贴现,扣除相关费用和利息后划入申请人的账目中,银行收到国外贷记报告单后将自动扣划货款。

出口方收款人办理业务时,应提交以下材料:

(1) 如果企业第一次在银行办理押汇、贴现等授信业务时,需要提供一些基础资料:营业执照副本、税务登记证、企业组织机构代码证、进出口业务许可证、央行出具的企业贷款卡。

(2) 申请人填写银行提供的《出口商业发票贴现额度申请书》、《出口商业发票贴现申请书》。

(3) 向出口地银行提交出口贸易合同复印件、商业发票、运输单据副本及其他相关单据。

(4) 出口方收款人与银行签订协议。

3. 注意事项

(1) 出口方收款人方面。要注意:

① 了解进口方付款人的资信情况。尽管商业发票贴现的还款来源于国外的进口人,

但是如果货款不能正常收回时,出口方收款人仍然有还款的义务。如果出口方拒绝履行还款责任,出口方所在地银行需要采取必要的法律手段。因此,进口方付款人的资信状况成为融资业务正常完成的关键。

② 了解进口方付款人所在国的政治、经济及外汇管制情况。出口方能否顺利收汇,不仅与进口方付款人本身的实力、资信状况有关,还与进口方所在国的政治、经济状况以及外汇管制情况有关。如果该国的政治形势不稳定,如发生动乱、暴动、政变等情况,或者经济形势比较严峻,那么就应该从严控制与进口方的交易。如果该国外汇管制比较严格,那么出口方就应该及早与付款人联系,申请外汇额度。

(2) 出口地贴现银行方面。要注意:

① 了解出口方收款人的资信及履约能力。作为一种货到付款的纯商业信用结算方式,与反映货物表面状况的单据无关,因此,出口方的履约能力成为货款能否正常收回的关键。如果出口方对贸易合同违约导致货款的拒付,出口地银行的还款来源将受到影响。

② 了解进口方付款人的资信。货到付款的结算方式,使得收汇除了与出口方的货物有关,还取决于进口方付款人信誉的好坏,并且直接影响出口地银行的还款来源,因此,出口地银行有必要了解进口方付款人的情况。

③ 了解出口货物的行情。由于市场行情看涨时,货物转卖、变现的能力较强,因此,贴现的条件、额度可以适当放宽,否则需要从严控制。

④ 适当考虑增加其他安全措施。由于出口商业发票贴现的风险大,适当的情况下,可以考虑增加其他风险防范措施。如要求出口方增加第三方担保、房产抵押、有价证券质押等。

⑤ 商业发票最好载明有债权转让条款。商业发票最好载明有债权转让条款,以便必要时出口地银行能够行使追索权。

⑥ 加强贴现后管理。加强贴现后的管理,可以视具体情况采取必要的措施,以保证资金的安全。

第三节 进口贸易融资

一、进口开证额度

进口开证额度(Limits for Issuing Letter of Credit),是指开证行为了方便进口开证业务,对一些资信好、有清偿能力、业务往来频繁的进口人,根据其资信状况或提供的抵押的数量和质量的情况来核定的开证额度,供进口人循环使用,进口人在额度内申请开立信用证时,减免保证金。

实务中,打包放款和出口押汇等因为有实实在在的资金进入到企业的账户,因此可以作为银行对客户的一种融资手段,但是,在进口开证额度中,银行仅仅是承诺为企业开立信用证，而没有向企业付款，这种情况为什么也被称为银行的一种融资呢？因为在开立信用证时，银行可以要求企业提供全额的保证金，企业就必须筹措足够的资金来缴纳保证金，但是，如果这种保证金的筹措超过了企业的能力，就不得不向银行贷款来解决了，或者将原来用作周转的资金作为保证金。因此，银行给予企业的这种开证额度，实质上是一种变相的贷款，也可以算作银行的一种融资方式。

开证行代进口人承担了有条件的付款责任，那么，当出口方一旦提交了符合合同和信用证规定的“单证一致”的单据，开证行必须付款。因此，银行都把开立信用证作为银行业务中一种风险比较大的业务。但由于同业间竞争的需要，银行又不得不考虑进口人办理业务的方便和资金周转的需要，开证行对进口人根据其资信状况的不同，可以给予不同的保证金比例、担保和授信额度。

银行的开证额度通常有两种情况：

1. 普通信用证额度

普通信用证额度(General L/C Limit)，是指开证行在确定进口开证申请人的开证额度后，申请人采用“余额控制”的办法，可以循环使用。开证行根据客户的资信变化和业务需要变化随时可对额度作必要的调整。

2. 一次性开证额度

一次性开证额度(One Time L/C Limit)，是指开证申请人一个或几个贸易合同核定的一次性开证额度，不能循环使用。通常是在客户的经营状况有较大的变化时使用。

二、进口信用证项下押汇

1. 进口信用证项下押汇的概念和作用

进口信用证押汇(Inward Bill Receivables)，是指开证行收到议付行或交单行寄送的单据后，为开证申请人垫付货款的一种贸易融资。在实务中，开证行收到单据后，如果单据相符，或虽有不符点但客户和开证行均同意接受，开证行应立即偿付议付行或交单行，但开证申请人因为资金周转关系，无法在开证行付款前赎单，因此以该信用证项下代表物权的单据为质押，并同时提供必要的抵押/其他担保，由银行先代为付款，这便产生了进口押汇的现实需要。这种押汇的融资比例为国外传过来的单据金额的100%。收取利息的方法与出口贸易融资方式不同，采取的是普通贷款使用的“后收利息法”，即到期后，从企业账户扣划本金和利息。还款来源于进口方企业的经营利润。进口押汇一般使用原币(信用证和单据用的货币)直接支付，不可兑换成人民币使用。

进口开证行办理进口押汇通常不收取手续费，利息计算公式为：

$$押汇利息=本金\times融资年利率\times押汇天数/360$$

进口押汇的天数通常不需要像出口押汇那样进行复杂的计算，一般是根据开证申请人的资金周转需要而定，但一般不超过90天。

进口押汇的主要作用是信用证下的开证申请人在进口开证后，以代表物权的单据为质押，可获得银行的短期融资，用于进口付汇，加速资金周转。与普通贷款相比，具有手续简便、融资速度快等特点。

2. 进口押汇业务的流程

单据到达开证行后，申请人向开证行提出押汇申请并签订协议；开证行办理押汇并对外付款，开证申请人取得货运单据；到期后开证申请人归还本金和利息。

开证申请人向开证行提出押汇申请时，应提交以下材料：

(1) 填写开证行印制的押汇申请书；

(2) 与开证行签订信托收据，作为申请人将自己的物权转让给银行的确认书；

(3) 签订经签章确认的进口押汇合同，合同列明申请人名称、信用证编号、押汇金额、期限、利率、还款日期、还款责任及违约处理等。

3. 注意事项

(1) 开证申请人方面。要注意：

① 进口押汇款应专款专用。进口押汇款只能用于履行押汇信用证项下的对外付款，而不能结汇成人民币作为他用。

② 进口押汇是短期融资。押汇期限一般不超过90天；90天以内的远期信用证，押汇期限与远期期限相加也不能超过90天。

③ 进口押汇必须逐笔申请。进口押汇一般不设定额度，逐笔申请，逐笔使用。

④ 押汇比例、期限。押汇比例和期限可以与开证行视具体情况而定。

(2) 开证行方面。要注意：

① 了解开证申请人的资信状况。由于还款的来源是申请人的营业利润，对于申请人的经营能力和资信状况的了解就显得很必要。

② 了解进口货物的市场行情。畅销产品，行情看好的产品，可以适当放宽押汇条件；反之，应从严控制。

③ 考虑其他安全措施。由于还款来源单一，风险比较大，因此在必要时，可以适当增加其他担保或抵押措施来防范风险，如增加第三方担保、房产抵押等，这样当风险发生时，申请人处理业务时能有所顾忌，使出口地银行能将损失降到最低。

④ 注意押汇后的管理。当申请人出现还款不利的情况时，应该严格监控其货物的货款回笼情况，减少损失。

三、进口代收押汇

这是代收行凭包括物权单据在内的进口代收单据为抵押向进口人提供的一种融资性垫款，由于风险较大，一般适用于以D/P为结算方式的进口代收业务中。进口代收押汇的押汇比例、收取利息的方法、利息的计算公式等类似于前面所介绍的进口信用证押汇。同时，此种融资方式应该注意的事项也与前者相似。

四、提货担保

1. 提货担保的概念和作用

提货担保(Delivery against Bank Guarantee),是指信用证下货物早于运输单据抵达港口,申请人向开证行提出申请,凭开证行加签的提货担保书向船务公司办理提货手续的业务。由于申请人在付款之前就取得了代表物权的单据,所以这也是开证行对申请人的一种融资。近海航程中,货物常常先于单据到达,如收货人急于提货,可以采用提货担保方式,请船务公司先行放货,保证日后及时补交正本单据。

此种融资方式的主要作用就是可以使申请人第一时间提货到手,并且在货物的市场行情看好时能够赚取最大的利润,同时也间接地使开证申请人的还款保证进一步增强。

2. 提货担保的业务流程

提货担保的业务流程比较简单,大致是:申请人向开证行提出办理货物担保的申请—开证行审核后办理提货担保—申请人取得运输单据后立即向船公司换回提货担保。

申请人应该提交的材料包括:

(1) 提交开证行格式化的提货担保申请书;

(2) 与进口人签订信托收据;

(3) 提供与本次申请有关的副本发票、提单等。

3. 注意事项

(1) 企业方面。要注意:

① 限制性。办理提货担保业务仅限于开证行自身开立的信用证项下的商品进口,并且在运输方式为海运、信用证规定提交全套海运提单的条件下方可办理提货担保。

② 保证付款责任。申请人收到有关单据后,无论其与有关信用证是否相符,均保证立即承兑或付款,不得拒付。

③ 退还责任。收到有关单据后,应立即用正本提单向船务公司换回提货担保并退还开证行,否则将影响其以后的授信额度。

④ 赔偿责任。因为出具提货担保而使开证行遭受的任何损失将由申请人负责赔偿。

(2) 开证行方面。要注意:

① 了解开证申请人的资信状况和经营情况。提货担保终究是一种授信方式的融资,开证行在未取得任何担保的情况下为开证申请人开具担保书,承担的风险比较大,所以,开证行在开具这样的文件时,必须对开证申请人的资信状况了解得很清楚。

② 了解货物的情况。确认该货物是自身开立信用证下的货物,详细审核该货物的有关细节描述。

③ 督促开证申请人来单后立即将提货担保归还。信用证下的单据到达开证行后,请开证申请人立即去船公司用提单换回担保书交给银行。

具体格式可参考下列内容:

提货担保申请书

编号：

中国银行××分行

兹因有关提单尚未到达，请贵行向承运公司签署提货担保书，以便我公司先行提取下列货物：

________________________________公司：

兹因有关提单尚未收到，请贵公司准许敝公司先行提取下列货物：

信用证/合同号：

货物名称：

船名：

提单号：

发货人：

装运地点及日期：

总件数：

唛头：

我公司谨此承诺和同意下列事项：

一、我公司在收到有关单据时，无论与其有关信用证/合同是否完全相符，我公司保证立即承付/承兑。贵行向我公司发出单到通知后，如我公司在合理工作日内未承付/承兑，贵行有权从我公司账户中扣款，按期对外付款。

二、我公司在收到有关提单后，立即向承运公司换回上述提货担保书退还贵行。

三、如因出具此担保使贵公司遭受任何损失，我公司负责赔偿。

四、如提货担保出具之日到退还之日期间天数超过三个月，则须加收提货担保手续费。

公司(签字盖章)

公司经办人：　　　　银行经办人：

联系电话：　　　　复核：

日期：　　　　负责人：

五、信托收据

信托收据(Trust Receipt，T/R)，是进口人与开证行或代收行之间的关于物权处理的一种契约，是将货物抵押给银行的确认书。从理论上说，银行可以仅凭信托数据办理融资业务，但是在实务中，由于风险较大，所以一般不单独使用，只作为一种防范风险的手段。比如进口押汇业务、提货担保业务、进口代收押汇业务中，银行都要签信托收据。

进口人与银行签订信托收据，并办妥其他有关手续后，进口人在未付讫货款前，能向开证行或代收行借出单据，从而及时报关、提货、销售。由于进口人仅仅是借出单据，因此，该货物的物权仍属于银行，只有在进口方付清货款赎回信托收据后，物权才归其所有。

1. 有关当事人的权利和义务

(1) 进口人和代保管人的义务。体现在：

① 将信托收据下的货物与其他货物分开存储、保险，货物一旦出险，保险所得赔偿归开证行所有。

② 货物销售后，货款属于银行所有，如果远期付款单据未到期，由开证行保管或另外开立账户，与进口人的自有资金分开，或提前付款赎回收据，利息按借单的实际天数计算。

③ 由于物权在未付款前不属于进口人，进口人不能将货物抵押给他人。

(2) 信托人的权利。由于信托收据是进口人向开证行提供的，接受与否由开证行决定，如果银行接受了信托收据，他的身份就转变为信托人(Truster)，权利是：

① 可以随时取消信托，收回借出的商品；

② 如果商品已经被销售，可以随时收回货款；

③ 如果进口人破产、倒闭清算，信托人对货物货款有优先权。

2. 代收行(开证行)需要注意的问题

实务中，代收行(开证行)对是否接受信托收据十分慎重，一般应注意以下问题：

(1) 认真审核进口人的资信，根据信誉、抵押物等的情况，核准一定的信用额度。

(2) 借出单据后，应加强对于货物仓储、保险、销售等的监控手段。

(3) 必须熟悉当地的法律，尽管信托人(银行)在进口人破产时对货物或货款有优先处置权，但不同的国家仍有不同的法律规定。

3. 信用额度管理

实务中，可根据需要对信托收据也采用额度管理。这种情况下，开证行所核定的信托收据额度一般按一定的比例包含在开证额度内。

4. 正确计算还款期限

由于信托收据的目的是让开证申请人在付款前先行提货进行加工销售，因此，应正确计算还款期限，允许进口人在一定的时间内收回货款并归还银行的垫款。

【案例分析】

中国福建省某外贸公司甲是一家有多年运作经验的企业,2007年6月从冰岛进口了一批罐装青鱼,制单工作都已结束,并且与国内几家大型超市做好了联系,就等货物到达就准备向超市供货了。2007年7月初,经过半个月的海上航程,冰岛某船运公司的SIMON号货轮到达福建港口。为减少旺季营运资金的占用,甲公司接到通知后,向开证行—中国银行福建分行办理了信托收据业务,由于经常进行业务联系,福建分行便借出了相关的单据,并由甲公司进行了报关、提货和销售。但其中一家超市以资金周转困难为由,拖欠甲公司货款,而且甲公司也没有积极催收,福建分行向当地法院提出诉讼,状告甲公司与某超市,要求法院执行强制令归还货款,后经法院参与,最终收回货款,同时,甲公司也向福建分行公开赔礼道歉。请问在此案例中,各当事人都需要承担哪些责任?福建分行要求还款的主张是否有足够的法律依据?

分析如下:

甲公司:在凭信托收据借单提货中,进口方在还款之前始终处于债务人地位,是代为保管货物的地位,货款属于开证行所有,本案中,超市恶意拖欠货款而甲公司没有积极催收,同样属于违规操作。

超市:超市的恶意拖欠货款与贸易结算无关,只属于违反了与甲公司的买卖合同。

法院的主张有效,因为在凭信托收据借单业务中,法院有权随时收回借出的货物,如果商品已经被销售,可以随时赎回货款,所以法院主张有效,对于甲公司的不作为举动,应该受到应有的惩罚。

第四节　出口信用保险项下的融资业务

一、出口信用保险的概念和主要内容

出口信用保险是国家为了推动本国的出口贸易,保障出口企业的收汇安全而制定的一项由国家财政提供保险准备金的政策性融资业务。它适用于所有以D/P,D/A,O/A等为商业信用付款条件,信用期不超过180天,产品全部或部分在中国销售的出口合同项下的保险。

1. 保险责任分类

(1) 商业风险。表现在:

① 买方破产或无力偿还债务;

② 买方拖欠货款逾期四个月以上;

③ 买方拒收货物并拒付货款,但原因并非被保险人违约,且被保险人已经采取了措施,包括采取起诉手段迫使买方收货付款。

(2) 政治风险。表现在:

① 买方国家实行外汇管制,禁止或限制汇兑;

② 买方国家实行出口管制；

③ 买方国家撤销已经颁发的进口许可证或不批准进口许可证的展期；

④ 买方所在国或货款须经过的第三国颁发延期付款令；

⑤ 买方所在国或任何有关的第三国发生战争、暴乱或革命；

⑥ 其他被保险人和买方均无法控制的非常事件。

2. 短期出口信用保险的除外责任

(1) 交付货物时已经或通常能够由货物运输险或其他保险承担的损失；

(2) 由汇率变动引起的损失；

(3) 由被保险人或其代理人违反合同或不遵守法律引起的损失；

(4) 货物交付前，买方已经有严重违约行为，被保险人有权停止发货；

(5) 交付货物时，买方没有遵守法律、法规，因而未取得进口许可证或展期；

(6) 由于被保险人的或买方的代理人违约行为引起的损失；

(7) 被保险人没有如实、及时申报进口项的损失；

(8) 货物交付承运人之日起两年内未向保险公司索赔的损失。

3. 买方信用额度的审批制度

保险公司对已经投保的出口公司实行“买方信用限额”审批制度，但在以下几种情况下不批准限额：

(1) 买方无注册记录或查无此家；

(2) 资信状况不佳，地区风险系数高；

(3) 买方财务出现困难，发生拖欠。

4. 短期出口信用保险的赔偿比例

(1) 一般情况下，买方拒收所致损失的赔偿比例为80%，保单责任范围内的其他原因所致损失的赔偿比例为90%；

(2) 对于规模小、管理素质差的投保单位，拒收拒付的赔偿比例可低于80%，破产和拖欠所致损失的赔偿比例可以低于90%；

(3) 政治风险项下所致损失的最高赔偿比率为95%。

二、短期出口信用保险项下融资业务的概念和作用

这种融资是出口地银行基于保险公司短期出口信用保险的一种融资方式，它是出口地银行与保险公司合作为出口企业推出的一种贸易融资工具。其融资的比例一般不超过保险公司赔偿的比例，还贷的方法、利息收取的方法和计算公式与流动资金贷款类似，还款的来源为出口人收回的货款；或在非正常情况下，还款来源为出口信用保险项下的赔款或出口企业的利润。出口信用保险的主要作用是集保险与融资于一体，使出口企业相应降低了出口收汇风险，既可以得到付款的保证，又可得到融资的便利。

三、办理短期出口信用保险项下融资业务应注意的问题

1. 出口人方面

(1) 尽可能了解进口人的资信状况，对进口客户有所筛选，如进口人的资信状况不明，又处于高风险国家，就应该采取谨慎的结算方式而不能冒极大的风险。因为一方面，由于保险公司不一定同意办理保险；另一方面，对高风险的国家和地区将收取高额的保险费。

(2) 对出口信用保险的“除外责任”有足够的了解。

(3) 赔付的时间较长，手续较为繁琐。保险范围内的损失发生后，实际赔付的时间一般为应付款日过后三个月，被保险人向保险公司提交相关资料后，仍然有四个月的等待期。所以，从出险到最后赔偿款项的实际入账至少需要半年以上。

(4) 出口信用保险项下的融资具有追索权。

(5) 成本费用负担较高。

2. 出口地银行方面

(1) 了解出口人的资信状况，出口人作为融资业务中的债务人，对作为债权人的出口地银行十分重要；

(2) 尽可能了解进口人的资信状况，在正常情况下，融资的还款第一来源为进口人所支付的货款，因此，如果进口人资信状况非常好，就可以适当放宽融资条件；

(3) 了解货物的质量、市场情况；

(4) 了解保险公司的信誉、保险协议；

(5) 加强融资的后期管理，注意掌握出口人的动态情况变化，及时采取风险防范措施。

【思考训练题】

1. 计算题

西班牙某受益人 A 在 2005 年 6 月 8 日到其出口地银行要求办理出口押汇业务，货款为 70 万美金，融资利率为 12%，货物装运日期是 5 月 20 日，信用证的付款条件是提单后 40 天，预计信用证的收汇日期为 7 月 15 日，请计算这笔押汇业务的利息是多少？

2. 辨析题

某年中国某公司向巴西一家公司出口水泥一批，双方以 CIF 价格成交，首批货物发出一周后，对方开证行向出口方所在地银行通知，巴西这家公司财务运作出现困难，有可能影响到及时付款。同时中方公司也收到巴西公司的电话，表明他们在财务上只是出现短暂的困难，要求中方公司继续发货，他们可以要求银行出具保函，保证支付。中方公司看重贸易的利润，仍在之后的 3 周内继续发货，结果巴西公司最终由于特定的原因导致破产而无法及时还款，请问，本贸易行为中保险公司是否需要赔偿中方公司的损失？

附 录 UCP600中英文版

ICC UNIFORM CUSTOMS AND PRACTICE FOR DOCUMENTARY CREDITS UCP600

Foreword

This revision of the Uniform Customs and Practice for Documentary Credits (commonly called "UCP") is the sixth revision of the rules since they were first promulgated in 1933. It is the fruit of more than three years of work by the International Chamber of Commerce's (ICC) Commission on Banking Technique and Practice.

ICC, which was established in 1919, had as its primary objective facilitating the flow of international trade at a time when nationalism and protectionism posed serious threats to the world trading system. It was in that spirit that the UCP were first introduced-to alleviate the confusion caused by individual countries' promoting their own national rules on letter of credit practice. The objective, since attained, was to create a set of contractual rules that would establish uniformity in that practice, so that practitioners would not have to cope with a plethora of often conflicting national regulations. The universal acceptance of the UCP by practitioners in countries with widely divergent economic and judicial systems is a testament to the rules' success.

It is important to recall that the UCP represent the work of a private international organization, not a governmental body. Since its inception, ICC has insisted on the central role of self-regulation in business practice. These rules, formulated entirely by experts in the private sector, have validated that approach. The UCP remain the most successful set of private rules for trade ever developed.

A range of individuals and groups contributed to the current revision, which is entitled UCP600. These include the UCP Drafting Group, which sifted through more than 5000 individual comments before arriving at this consensus text; the UCP Consulting Group, consisting of members from more than 25 countries, which served as the advisory body reacting to and proposing changes to the various drafts; the more than 400 members of the ICC Commission on Banking Technique and Practice who made pertinent suggestions for changes in the text; and ICC national committees worldwide which took an active role in consolidating comments from their members. ICC also expresses its gratitude to practitioners in the transport and Insurance industries, whose perceptive suggestions honed the final draft.

Guy Sebban

Secretary General

International Chamber of Commerce

Introduction

In May 2003, the International Chamber of Commerce authorized the ICC Commission on Banking Technique and Practice (Banking Commission) to begin a revision of the Uniform Customs and Practice for Documentary Credits, ICC Publication 500.

As with other revisions, the general objective was to address developments in the banking, transport and insurance industries. Additionally, there was a need to look at the language and style used in the UCP to remove wording that could lead to inconsistent application and interpretation.

When work on the revision started, a number of global surveys indicated that, because of discrepancies, approximately 70% of documents presented under letters of credit were being rejected on first presentation. This obviously had, and continues to have, a negative effect on the letter of credit being seen as a means of payment and, if unchecked, could have serious implications for maintaining or increasing its market share as a recognized means of settlement in international trade. The introduction by banks of a discrepancy fee has highlighted the importance of this issue, especially when the underlying discrepancies have been found to be dubious or unsound. Whilst the number of cases involving litigation has not grown during the lifetime of UCP 500, the introduction of the ICC's Documentary Credit Dispute Resolution Expertise Rules (DOCDEX) in October 1997 (subsequently revised in March 2002) has resulted in more than 60 cases being decided.

To address these and other concerns, the Banking Commission established a Drafting Group to revise UCP 500. It was also decided to create a second group, known as the Consulting Group, to review and advise on early drafts submitted by the Drafting Group. The Consulting Group, made up of over 40 individuals from 26 countries, consisted of banking and transport industry experts. Ably co-chaired by John Turnbull, Deputy General Manager, Sumitomo Mitsui Banking Corporation Europe Ltd, London and Carlo Di Ninni, Adviser, Italian Bankers Association, Rome, the Consulting Group provided valuable input to the Drafting Group prior to release of draft texts to ICC national committees. The Drafting Group began the review process by analyzing the content of the official Opinions issued by the Banking Commission under UCP 500. Some

500 Opinions were reviewed to assess whether the issues involved warranted a change in, an addition to or a deletion of any UCP article. In addition, consideration was given to the content of the four Position Papers issued by the Commission in September 1994, the two Decisions issued by the Commission (concerning the introduction of the euro and the determination of what constituted an original document under UCP 500 sub-article 20(b) and the decisions issued in DOCDEX cases). During the revision process, notice was taken of the considerable work that had been completed in creating the *International Standard Banking Practice for the Examination of Documents under Documentary Credits* (ISBP), ICC Publication 645. This publication has evolved into a necessary companion to the UCP for determining compliance of documents with the terms of letters of credit. It is the expectation of the Drafting Group and the Banking Commission that the application of the principles contained in the ISBP, including subsequent revisions thereof, will continue during the time UCP600 is in force. At the time UCP600 is implemented, there will be an updated version of the ISBP to bring its contents in line with the substance and style of the new rules. The four Position Papers issued in September 1994 were issued subject to their application under UCP 500; therefore, they will not be applicable under UCP600. The essence of the Decision covering the determination of an original document has been incorporated into the text of UCP600. The outcome of the DOCDEX cases were invariably based on existing ICC Banking Commission Opinions and therefore contained no specific issues that required addressing in these rules. One of the structural changes to the UCP is the introduction of articles covering definitions (article 2) and interpretations (article 3). In providing definitions of roles played by banks and the meaning of specific terms and events, UCP600 avoids the necessity of repetitive text to explain their interpretation and application. Similarly, the article covering interpretations aims to take the ambiguity out of vague or unclear language that appears in letters of credit and to provide a definitive elucidation of other characteristics of the UCP or the credit. During the course of the last three years, ICC national committees were canvassed on a range of issues to determine their preferences on alternative texts submitted by the Drafting Group. The results of this exercise and the considerable input from national committees on individual items in the text is reflected in the content of UCP600. The Drafting Group considered, not only the current practice relative to the documentary credit, but also tried to envisage the future evolution of that practice. This revision of the UCP represents the culmination of over three years of extensive analysis, review, debate and compromise amongst the various members of the Drafting Group, the members of the Banking Commission and the respective ICC national committees. Valuable comment has also been received from the ICC Commission on Transport and Logistics, the Commission on Commercial Law and

Practice and the Committee on Insurance. It is not appropriate for this publication to provide an explanation as to why an article has been worded in such a way or what is intended by its incorporation into the rules. For those interested in understanding the rationale and interpretation of the articles of UCP600, this information will be found in the Commentary to the rules, ICC Publication 601, which represents the Drafting Group's views. On behalf of the Drafting Group I would like to extend our deep appreciation to the members of the Consulting Group, ICC national committees and members of the Banking Commission for their professional comments and their constructive participation in this process. Special thanks are due to the members of the Drafting Group and their institutions, who are listed below in alphabetical order. Nicole Keller-Vice President, Service International Products, Dresdner Bank AG, Frankfurt, Germany; Representative to the ICC Commission on Banking Technique and Practice; Laurence Kooy-Legal Adviser, BNP Paribas, Paris, France; Representative to the ICC Commission on Banking Technique and Practice.

Katja Lehr-Business Manager, Trade Services Standards, SWIFT, La Hulpe, Belgium, then Vice President, Membership Representation, International Financial Services Association, New Jersey, USA; Representative to the ICC Commission on Banking Technique and Practice;

Ole Malmqvist-Vice President, Danske Bank, Copenhagen, Denmark; Representative to the ICC Commission on Banking Technique and Practice;

Paul Miserez-Head of Trade Finance Standards, SWIFT, La Hulpe, Belgium; Representative to the ICC Commission on Banking Technique and Practice; René Mueller-Director, Credit Suisse, Zurich, Switzerland; Representative to the ICC

Commission on Banking Technique and Practice;

Chee Seng Soh-Consultant, Association of Banks in Singapore, Singapore;

Representative to the ICC Commission on Banking Technique and Practice;

Dan Taylor-President and CEO, International Financial Services Association., New Jersey USA; Vice Chairman, ICC Commission on Banking Technique and Practice; Alexander Zelenov-Director, Vnesheconombank, Moscow, Russia; Vice Chairman, ICC Commission on Banking Technique and Practice; Ron Katz-Policy Manager, ICC Commission on Banking Technique and Practice, International Chamber of Commerce, Paris, France. The undersigned had the pleasure of chairing the Drafting Group. It was through the generous giving of their knowledge, time and energy that this revision was accomplished so successfully. As Chair of the Drafting Group, I would like to extend to them and to their institutions my gratitude for their contribution, for a job well done and for their friendship. I would also like to extend my sincere thanks to the management of ABN AMRO Bank N. V., for their understanding, patience and support during the course of this revision process. Gary Collyer

Corporate Director, ABN AMRO Bank N. V. , London, England and Technical Adviser to the ICC Commission on Banking Technique and Practice November 2006

Article 1 Application of UCP

The Uniform Customs and Practice for Documentary Credits, 2007 Revision, ICC Publication no. 600 ("UCP") are rules that apply to any documentary credit ("credit") (including, to the extent to which they may be applicable, any standby letter of credit) when the text of the credit expressly indicates that it is subject to these rules. They are binding on all parties thereto unless expressly modified or excluded by the credit.

Article 2 Definitions

For the purpose of these rules:

Advising bank means the bank that advises the credit at the request of the issuing bank.

Applicant means the party on whose request the credit is issued.

Banking day means a day on which a bank is regularly open at the place at which an act subject to these rules is to be performed.

Beneficiary means the party in whose favour a credit is issued.

Complying presentation means a presentation that is in accordance with the terms and conditions of the credit, the applicable provisions of these rules and international standard banking practice.

Confirmation means a definite undertaking of the confirming bank, in addition to that of the issuing bank, to honour or negotiate a complying presentation.

Confirming bank means the bank that adds its confirmation to a credit upon the issuing bank's authorization or request.

Credit means any arrangement, however named or described, that is irrevocable and thereby constitutes a definite undertaking of the issuing bank to honour a complying presentation.

Honour means:

a. to pay at sight if the credit is available by sight payment.

b. to incur a deferred payment undertaking and pay at maturity if the credit is available by deferred payment.

c. to accept a bill of exchange ("draft") drawn by the beneficiary and pay at maturity if the credit is available by acceptance.

Issuing bank means the bank that issues a credit at the request of an applicant or on its own behalf.

Negotiation means the purchase by the nominated bank of drafts (drawn on a bank other than the nominated bank) and/or documents under a complying presentation, by advancing or agreeing to advance funds to the beneficiary on or before the banking day on which reimbursement is due to the nominated bank.

Nominated bank means the bank with which the credit is available or any bank in the case of a credit available with any bank.

Presentation means either the delivery of documents under a credit to the issuing bank or nominated bank or the documents so delivered.

Presenter means a beneficiary, bank or other party that makes a presentation.

Article 3 Interpretations

For the purpose of these rules:

Where applicable, words in the singular include the plural and in the plural include the singular.

A credit is irrevocable even if there is no indication to that effect.

A document may be signed by handwriting, facsimile signature, perforated signature, stamp, symbol or any other mechanical or electronic method of authentication.

A requirement for a document to be legalized, visaed, certified or similar will be satisfied by any signature, mark, stamp or label on the document which appears to satisfy that requirement.

Branches of a bank in different countries are considered to be separate banks.

Terms such as "first class", "well known", "qualified", "independent", "official", "competent" or "local" used to describe the issuer of a document allow any issuer except the beneficiary to issue that document.

Unless required to be used in a document, words such as "prompt", "immediately" or "as soon as possible" will be disregarded.

The expression "on or about" or similar will be interpreted as a stipulation that an event is to occur during a period of five calendar days before until five calendar days after the specified date, both start and end dates included.

The words "to", "until", "till", "from" and "between" when used to determine a period of shipment include the date or dates mentioned, and the words "before" and "after" exclude the date mentioned.

The words "from" and "after" when used to determine a maturity date exclude the date mentioned.

The terms "first half" and "second half" of a month shall be construed respectively as the 1st to the 15th and the 16th to the last day of the month, all dates inclusive.

The terms "beginning", "middle" and "end" of a month shall be construed respectively as the 1st to the 10th, the 11th to the 20th and the 21st to the last day of the month, all dates inclusive.

Article 4 Credits v. Contracts

a. A credit by its nature is a separate transaction from the sale or other contract on which it may be based. Banks are in no way concerned with or bound by such contract, even if any reference whatsoever to it is included in the credit. Consequently, the undertaking of a bank to honour, to negotiate or to fulfil any other obligation under the credit is not subject to claims or defences by the applicant resulting from its relationships with the issuing bank or the beneficiary.

A beneficiary can in no case avail itself of the contractual relationships existing between banks or between the applicant and the issuing bank.

b. An issuing bank should discourage any attempt by the applicant to include, as an integral part of the credit, copies of the underlying contract, proforma invoice and the like.

Article 5 Documents v. Goods, Services or Performance

Banks deal with documents and not with goods, services or performance to which the documents may relate.

Article 6 Availability, Expiry Date and Place for Presentation

a. A credit must state the bank with which it is available or whether it is available with any bank. A credit available with a nominated bank is also available with the issuing bank.

b. A credit must state whether it is available by sight payment, deferred payment, acceptance or negotiation.

c. A credit must not be issued available by a draft drawn on the applicant.

d. i. A credit must state an expiry date for presentation. An expiry date stated for honour or negotiation will be deemed to be an expiry date for presentation.

ii. The place of the bank with which the credit is available is the place for presentation. The place for presentation under a credit available with any bank is that of any bank. A place for presentation other than that of the issuing bank is in addition to the place of the issuing bank.

e. Except as provided in sub-article 29 (a), a presentation by or on behalf of the beneficiary must be made on or before the expiry date.

Article 7 Issuing Bank Undertaking

a. Provided that the stipulated documents are presented to the nominated bank or to the issuing bank and that they constitute a complying presentation, the issuing bank must honour if the credit is available by:

i. sight payment, deferred payment or acceptance with the issuing bank;

ii. sight payment with a nominated bank and that nominated bank does not pay;

iii. deferred payment with a nominated bank and that nominated bank does not incur its deferred payment undertaking or, having incurred its deferred payment undertaking, does not pay at maturity;

iv. acceptance with a nominated bank and that nominated bank does not accept a draft drawn on it or, having accepted a draft drawn on it, does not pay at maturity;

v. negotiation with a nominated bank and that nominated bank does not negotiate.

b. An issuing bank is irrevocably bound to honour as of the time it issues the credit.

c. An issuing bank undertakes to reimburse a nominated bank that has honoured or negotiated a complying presentation and forwarded the documents to the issuing bank. Reimbursement for the amount of a complying presentation under a credit available by acceptance or deferred payment is due at maturity, whether or not the nominated bank prepaid or purchased before maturity. An issuing bank's undertaking to reimburse a nominated bank is independent of the issuing bank's undertaking to the beneficiary.

Article 8 Confirming Bank Undertaking

a. Provided that the stipulated documents are presented to the confirming bank or to any other nominated bank and that they constitute a complying presentation, the confirming bank must:

i. honour, if the credit is available by

a. sight payment, deferred payment or acceptance with the confirming bank;

b. sight payment with another nominated bank and that nominated bank does not pay;

c. deferred payment with another nominated bank and that nominated bank does not incur its deferred payment undertaking or, having incurred its deferred payment undertaking, does not pay at maturity;

d. acceptance with another nominated bank and that nominated bank does not accept a draft drawn on it or, having accepted a draft drawn on it, does not pay at maturity;

e. negotiation with another nominated bank and that nominated bank does not negotiate.

ii. negotiate, without recourse, if the credit is available by negotiation with the confirming bank.

b. A confirming bank is irrevocably bound to honour or negotiate as of the time it adds its confirmation to the credit.

c. A confirming bank undertakes to reimburse another nominated bank that has honoured or negotiated a complying presentation and forwarded the documents to the confirming bank. Reimbursement for the amount of a complying presentation under a credit available by acceptance or deferred payment is due at maturity, whether or not another nominated bank prepaid or purchased before maturity. A confirming bank's undertaking to reimburse another nominated bank is independent of the confirming bank's Undertaking to the beneficiary.

d. If a bank is authorized or requested by the issuing bank to confirm a credit but is not prepared to do so, it must inform the issuing bank without delay and may advise the credit without confirmation.

Article 9 Advising of Credits and Amendments

a. A credit and any amendment may be advised to a beneficiary through an advising bank. An advising bank that is not a confirming bank advises the credit and any amendment without any undertaking to honour or negotiate.

b. By advising the credit or amendment, the advising bank signifies that it has satisfied itself as to the apparent authenticity of the credit or amendment and that the advice accurately reflects the terms and conditions of the credit or amendment received.

c. An advising bank may utilize the services of another bank ("second advising bank") to advise the credit and any amendment to the beneficiary. By advising the credit or amendment, the second advising bank signifies that it has satisfied itself as to the apparent authenticity of the advice it has received and that the advice accurately reflects the terms and conditions of the credit or amendment received.

d. A bank utilizing the services of an advising bank or second advising bank to advise a credit must use the same bank to advise any amendment thereto.

e. If a bank is requested to advise a credit or amendment but elects not to do so, it must so inform, without delay, the bank from which the credit, amendment or advice has been received.

f. If a bank is requested to advise a credit or amendment but cannot satisfy itself as to the apparent authenticity of the credit, the amendment or the advice, it must so inform, without delay, the bank from which the instructions appear to have been received. If the advising bank or second advising bank elects nonetheless to advise the credit or amendment, it must inform the beneficiary or second advising bank that it has not been able to satisfy itself as to the apparent authenticity of the credit, the amendment or the advice.

Article 10 Amendments

a. Except as otherwise provided by article 38, a credit can neither be amended nor cancelled without the agreement of the issuing bank, the confirming bank, if any, and the beneficiary.

b. An issuing bank is irrevocably bound by an amendment as of the time it issues the amendment. A confirming bank may extend its confirmation to an amendment and will be irrevocably bound as of the time it advises the amendment. A confirming bank may, however, choose to advise an amendment without extending its confirmation and, if so, it must inform the issuing bank without delay and inform the beneficiary in its advice.

c. The terms and conditions of the original credit (or a credit incorporating previously accepted amendments) will remain in force for the beneficiary until the beneficiary communicates its acceptance of the amendment to the bank that advised such amendment. The beneficiary should give notification of acceptance or rejection of an amendment. If the beneficiary fails to give such notification, a presentation that complies with the credit and to any not yet accepted amendment will be deemed to be notification of acceptance by the beneficiary of such amendment. As of that moment the credit will be amended.

d. A bank that advises an amendment should inform the bank from which it received the amendment of any notification of acceptance or rejection.

e. Partial acceptance of an amendment is not allowed and will be deemed to be notification of rejection of the amendment.

f. A provision in an amendment to the effect that the amendment shall enter into force unless rejected by the beneficiary within a certain time shall be disregarded.

Article 11 Teletransmitted and Pre-Advised Credits and Amendments

a. An authenticated teletransmission of a credit or amendment will be deemed to be the operative credit or amendment, and any subsequent mail confirmation shall be disregarded.

If a teletransmission states "full details to follow" (or words of similar effect), or states that the mail confirmation is to be the operative credit or amendment, then the teletransmission will not be deemed to be the operative credit or amendment. The issuing bank must then issue the operative credit or amendment without delay in terms not inconsistent with the teletransmission.

b. A preliminary advice of the issuance of a credit or amendment ("pre-advice") shall only be sent if the issuing bank is prepared to issue the operative credit or amendment. An issuing bank that sends a pre-advice is irrevocably committed to issue the operative credit or amendment, without delay, in terms not inconsistent with the pre-advice.

Article 12 Nomination

a. Unless a nominated bank is the confirming bank, an authorization to honour or negotiate does not impose any obligation on that nominated bank to honour or negotiate, except when expressly agreed to by that nominated bank and so communicated to the beneficiary.

b. By nominating a bank to accept a draft or incur a deferred payment undertaking, an issuing bank authorizes that nominated bank to prepay or purchase a draft accepted or a deferred payment undertaking incurred by that nominated bank.

c. Receipt or examination and forwarding of documents by a nominated bank that is not a confirming bank does not make that nominated bank liable to honour or negotiate, nor does it constitute honour or negotiation.

Article 13 Bank-to-Bank Reimbursement Arrangements

a. If a credit states that reimbursement is to be obtained by a nominated bank ("claiming bank") claiming on another party ("reimbursing bank"), the credit must state if the reimbursement is subject to the ICC rules for bank-to-bank reimbursements in effect on the date of issuance of the credit.

b. If a credit does not state that reimbursement is subject to the ICC rules for bank-to-bank reimbursements, the following apply:

i. An issuing bank must provide a reimbursing bank with a reimbursement authorization that conforms with the availability stated in the credit. The reimbursement authorization should not be subject to an expiry date.

ii. A claiming bank shall not be required to supply a reimbursing bank with a certificate of compliance with the terms and conditions of the credit.

iii. An issuing bank will be responsible for any loss of interest, together with any expenses incurred, if reimbursement is not provided on first demand by a reimbursing bank in accordance with the terms and conditions of the credit.

iv. A reimbursing bank's charges are for the account of the issuing bank. However, if the charges are for the account of the beneficiary, it is the responsibility of an issuing bank to so indicate in the credit and in the reimbursement authorization. If a reimbursing bank's charges are for the account of the beneficiary, they shall be deducted from the amount due to a claiming bank when reimbursement is made. If no reimbursement is made, the reimbursing bank's charges remain the obligation of the issuing bank.

c. An issuing bank is not relieved of any of its obligations to provide reimbursement if reimbursement is not made by a reimbursing bank on first demand.

Article 14 Standard for Examination of Documents

a. A nominated bank acting on its nomination, a confirming bank, if any, and the issuing bank must examine a presentation to determine, on the basis of the documents alone, whether or not the documents appear on their face to constitute a complying presentation.

b. A nominated bank acting on its nomination, a confirming bank, if any, and the issuing bank shall each have a maximum of five banking days following the day of presentation to determine if a presentation is complying. This period is not curtailed or otherwise affected by the occurrence on or after the date of presentation of any expiry date or last day for presentation.

c. A presentation including one or more original transport documents subject to articles 19, 20, 21, 22, 23, 24 or 25 must be made by or on behalf of the beneficiary not later than 21 calendar days after the date of shipment as described in these rules, but in any event not later than the expiry date of the credit.

d. Data in a document, when read in context with the credit, the document itself and international standard banking practice, need not be identical to, but must not conflict with, data in that document, any other stipulated document or the credit.

e. In documents other than the commercial invoice, the description of the goods, services or performance, if stated, may be in general terms not conflicting with their description in the credit.

f. If a credit requires presentation of a document other than a transport document, insurance document or commercial invoice, without stipulating by whom the document is to be issued or its data content, banks will accept the document as presented if its content appears to fulfil the function of the required document and otherwise complies with sub-article 14 (d).

g. A document presented but not required by the credit will be disregarded and may be returned to the presenter.

h. If a credit contains a condition without stipulating the document to indicate compliance with the condition, banks will deem such condition as not stated and will disregard it.

i. A document may be dated prior to the issuance date of the credit, but must not be dated later than its date of presentation.

j. When the addresses of the beneficiary and the applicant appear in any stipulated document, they need not be the same as those stated in the credit or in any other stipulated document, but must be within the same country as the respective addresses mentioned in the credit. Contact details (telefax, telephone, email and the like) stated as part of the beneficiary's and the applicant's address will be disregarded. However, when the address and contact details of the applicant appear as part of the consignee or notify party details on a transport document subject to articles 19, 20, 21, 22, 23, 24 or 25, they must be as stated in the credit.

k. The shipper or consignor of the goods indicated on any document need not be the beneficiary of the credit.

l. A transport document may be issued by any party other than a carrier, owner, master or charterer provided that the transport document meets the requirements of articles 19, 20, 21, 22, 23 or 24 of these rules.

Article 15 Complying Presentation

a. When an issuing bank determines that a presentation is complying, it must honour.

b. When a confirming bank determines that a presentation is complying, it must honour or negotiate and forward the documents to the issuing bank.

c. When a nominated bank determines that a presentation is complying and honours or negotiates, it must forward the documents to the confirming bank or issuing bank.

Article 16 Discrepant Documents, Waiver and Notice

a. When a nominated bank acting on its nomination, a confirming bank, if any, or the issuing bank determines that a presentation does not comply, it may refuse to honour or negotiate.

b. When an issuing bank determines that a presentation does not comply, it may in its sole judgement approach the applicant for a waiver of the discrepancies. This does not, however, extend the period mentioned in sub-article 14 (b).

c. When a nominated bank acting on its nomination, a confirming bank, if any, or the issuing bank decides to refuse to honour or negotiate, it must give a single notice to that effect to the presenter.

The notice must state:

i. that the bank is refusing to honour or negotiate; and

ii. each discrepancy in respect of which the bank refuses to honour or negotiate; and

iii. a) that the bank is holding the documents pending further instructions from the presenter; or

b) that the issuing bank is holding the documents until it receives a waiver from the applicant and agrees to accept it, or receives further instructions from the presenter prior to agreeing to accept a waiver; or

c) that the bank is returning the documents; or

d) that the bank is acting in accordance with instructions previously received from the presenter.

d. The notice required in sub-article 16 (c) must be given by telecommunication or, if that is not possible, by other expeditious means no later than the close of the fifth banking day following the day of presentation.

e. A nominated bank acting on its nomination, a confirming bank, if any, or the issuing bank may, after providing notice required by sub-article 16 (c) (iii) (a) or(b), return the documents to the presenter at any time.

f. If an issuing bank or a confirming bank fails to act in accordance with the provisions of this article, it shall be precluded from claiming that the documents do not constitute a complying presentation.

g. When an issuing bank refuses to honour or a confirming bank refuses to honour or negotiate and has given notice to that effect in accordance with this article, it shall then be entitled to claim a refund, with interest, of any reimbursement made.

Article 17 Original Documents and Copies

a. At least one original of each document stipulated in the credit must be presented.

b. A bank shall treat as an original any document bearing an apparently original signature, mark, stamp, or label of the issuer of the document, unless the document itself indicates that it is not an original.

c. Unless a document indicates otherwise, a bank will also accept a document as original if it:

i. appears to be written, typed, perforated or stamped by the document issuer's hand; or

ii. appears to be on the document issuer's original stationery; or

iii. states that it is original, unless the statement appears not to apply to the document presented.

d. If a credit requires presentation of copies of documents, presentation of either originals or copies is permitted.

e. If a credit requires presentation of multiple documents by using terms such as "in duplicate", "in two fold" or "in two copies", this will be satisfied by the presentation of at least one original and the remaining number in copies, except when the document itself indicates otherwise.

Article 18 Commercial Invoice

a. A commercial invoice:

i. must appear to have been issued by the beneficiary (except as provided in article 38);

ii. must be made out in the name of the applicant (except as provided in subarticle 38 (g));

iii. must be made out in the same currency as the credit; and

iv. need not be signed.

b. A nominated bank acting on its nomination, a confirming bank, if any, or the issuing bank may accept a commercial invoice issued for an amount in excess of the amount permitted by the credit, and its decision will be binding upon all parties, provided the bank in question has not honoured or negotiated for an amount in excess of that permitted by the credit.

c. The description of the goods, services or performance in a commercial invoice must correspond with that appearing in the credit.

Article 19 Transport Document Covering at Least Two Different Modes of Transport

a. A transport document covering at least two different modes of transport (multimodal or combined transport document), however named, must appear to:

i. indicate the name of the carrier and be signed by:

- the carrier or a named agent for or on behalf of the carrier, or
- the master or a named agent for or on behalf of the master.

Any signature by the carrier, master or agent must be identified as that of the carrier, master or agent.

Any signature by an agent must indicate whether the agent has signed for or on behalf of the carrier or for or on behalf of the master.

ii. indicate that the goods have been dispatched, taken in charge or shipped

- on board at the place stated in the credit, by:
- pre-printed wording, or

a stamp or notation indicating the date on which the goods have been dispatched, taken in charge or shipped on board.

The date of issuance of the transport document will be deemed to be the date of dispatch, taking in charge or shipped on board, and the date of shipment. However, if the transport document indicates, by stamp or notation, a date of dispatch, taking in charge or shipped on board, this date will be deemed to be the date of shipment.

iii. indicate the place of dispatch, taking in charge or shipment and the place of final destination stated in the credit, even if:

a) the transport document states, in addition, a different place of dispatch, taking in charge or shipment or place of final destination, or

b) the transport document contains the indication "intended" or similar qualification in relation to the vessel, port of loading or port of discharge.

iv. be the sole original transport document or, if issued in more than one original, be the full set as indicated on the transport document.

v. contain terms and conditions of carriage or make reference to another source containing the terms and conditions of carriage (short form or blank back transport document). Contents of terms and conditions of carriage will not be examined.

vi. contain no indication that it is subject to a charter party.

b. For the purpose of this article, transhipment means unloading from one means of conveyance and reloading to another means of conveyance (whether or not in different modes of transport) during the carriage from the place of dispatch, taking in charge or shipment to the place of final destination stated in the credit.

c. i. A transport document may indicate that the goods will or may be transhipped provided that the entire carriage is covered by one and the same transport document.

ii. A transport document indicating that transhipment will or may take place is acceptable, even if the credit prohibits transhipment.

Article 20 Bill of Lading

a. A bill of lading, however named, must appear to:

i. indicate the name of the carrier and be signed by:

• the carrier or a named agent for or on behalf of the carrier, or

• the master or a named agent for or on behalf of the master.

Any signature by the carrier, master or agent must be identified as that of the carrier, master or agent.

Any signature by an agent must indicate whether the agent has signed for or on behalf of the carrier or for or on behalf of the master.

ii. indicate that the goods have been shipped on board a named vessel at the port of loading stated in the credit by:

• pre-printed wording, or

• an on board notation indicating the date on which the goods have been shipped on board.

The date of issuance of the bill of lading will be deemed to be the date of shipment unless the bill of lading contains an on board notation indicating the date of shipment, in which case the date stated in the on board notation will be deemed to be the date of shipment.

If the bill of lading contains the indication "intended vessel" or similar qualification in relation to the name of the vessel, an on board notation indicating the date of shipment and the name of the actual vessel is required.

iii. indicate shipment from the port of loading to the port of discharge stated in the credit.

If the bill of lading does not indicate the port of loading stated in the credit as the port of loading, or if it contains the indication "intended" or similar qualification in relation to the port of loading, an on board notation indicating the port of loading as stated in the credit, the date of shipment and the name of the vessel is required. This provision applies even when loading on board or shipment on a named vessel is indicated by pre-printed wording on the bill of lading.

iv. be the sole original bill of lading or, if issued in more than one original, be the full set as indicated on the bill of lading.

v. contain terms and conditions of carriage or make reference to another source containing the terms and conditions of carriage (short form or blank back bill of lading). Contents of terms and conditions of carriage will not be examined.

vi. contain no indication that it is subject to a charter party.

b. For the purpose of this article, transhipment means unloading from one vessel and reloading to another vessel during the carriage from the port of loading to the port of discharge stated in the credit.

c. i. A bill of lading may indicate that the goods will or may be transhipped provided that the entire carriage is covered by one and the same bill of lading.

ii. A bill of lading indicating that transhipment will or may take place is acceptable, even if the credit prohibits transhipment, if the goods have been shipped in a container, trailer or LASH barge as evidenced by the bill of lading.

d. Clauses in a bill of lading stating that the carrier reserves the right to tranship will be disregarded.

Article 21 Non-Negotiable Sea Waybill

a. A non-negotiable sea waybill, however named, must appear to:

i. indicate the name of the carrier and be signed by:

- the carrier or a named agent for or on behalf of the carrier, or
- the master or a named agent for or on behalf of the master.

Any signature by the carrier, master or agent must be identified as that of the carrier, master or agent.

Any signature by an agent must indicate whether the agent has signed for or on behalf of the carrier or for or on behalf of the master.

ii. indicate that the goods have been shipped on board a named vessel at the port of loading stated in the credit by:

- pre-printed wording, or
- an on board notation indicating the date on which the goods have been shipped on board.

The date of issuance of the non-negotiable sea waybill will be deemed to be the date of shipment unless the non-negotiable sea waybill contains an on board notation indicating the date of shipment, in which case the date stated in the on board notation will be deemed to be the date of shipment.

If the non-negotiable sea waybill contains the indication "intended vessel" or similar qualification in relation to the name of the vessel, an on board notation indicating the date of shipment and the name of the actual vessel is required.

iii. indicate shipment from the port of loading to the port of discharge stated in the credit.

If the non-negotiable sea waybill does not indicate the port of loading stated in the credit as the port of loading, or if it contains the indication "intended" or similar qualification in relation to the port of loading, an on board notation indicating the port of loading as stated in the credit, the date of shipment and the name of the vessel is required. This provision applies even when loading on board or shipment on a named vessel is indicated by pre-printed wording on the non-negotiable sea waybill.

iv. be the sole original non-negotiable sea waybill or, if issued in more than one original, be the full set as indicated on the non-negotiable sea waybill.

v. contain terms and conditions of carriage or make reference to another source containing the terms and conditions of carriage (short form or blank back non-negotiable sea waybill). Contents of terms and conditions of carriage will not be examined.

vi. contain no indication that it is subject to a charter party.

b. For the purpose of this article, transhipment means unloading from one vessel and reloading to another vessel during the carriage from the port of loading to the port of discharge stated in the credit.

c. i. A non-negotiable sea waybill may indicate that the goods will or may be transhipped provided that the entire carriage is covered by one and the same non-negotiable sea waybill.

ii. A non-negotiable sea waybill indicating that transhipment will or may take place is acceptable, even if the credit prohibits transhipment, if the goods have been shipped in a container, trailer or LASH barge as evidenced by the non-negotiable sea waybill.

d. Clauses in a non-negotiable sea waybill stating that the carrier reserves the right to tranship will be disregarded.

Article 22 Charter Party Bill of Lading

a. A bill of lading, however named, containing an indication that it is subject to a charter party (charter party bill of lading), must appear to:

i. be signed by:

- the master or a named agent for or on behalf of the master, or
- the owner or a named agent for or on behalf of the owner, or
- the chatterer or a named agent for or on behalf of the charterer.

Any signature by the master, owner, charterer or agent must be identified as that of the master, owner, charterer or agent.

Any signature by an agent must indicate whether the agent has signed for or on behalf of the master, owner or charterer.

An agent signing for or on behalf of the owner or charterer must indicate the name of the owner or charterer.

ii. indicate that the goods have been shipped on board a named vessel at the port of loading stated in the credit by:

- pre-printed wording, or
- an on board notation indicating the date on which the goods have been shipped on board.

The date of issuance of the charter party bill of lading will be deemed to be the date of shipment unless the charter party bill of lading contains an on board notation indicating the date of shipment, in which case the date stated in the on board notation will be deemed to be the date of shipment.

iii. indicate shipment from the port of loading to the port of discharge stated in the credit. The port of discharge may also be shown as a range of ports or a geographical area, as stated in the credit.

iv. be the sole original charter party bill of lading or, if issued in more than one original, be the full set as indicated on the charter party bill of lading.

b. A bank will not examine charter party contracts, even if they are required to be presented by the terms of the credit.

Article 23 Air Transport Document

a. An air transport document, however named, must appear to:

i. indicate the name of the carrier and be signed by:

• the carrier, or

• a named agent for or on behalf of the carrier.

Any signature by the carrier or agent must be identified as that of the carrier or agent.

Any signature by an agent must indicate that the agent has signed for or on behalf of the carrier.

ii. indicate that the goods have been accepted for carriage.

iii. indicate the date of issuance. This date will be deemed to be the date of shipment unless the air transport document contains a specific notation of the actual date of shipment, in which case the date stated in the notation will be deemed to be the date of shipment.

Any other information appearing on the air transport document relative to the flight number and date will not be considered in determining the date of shipment.

iv. indicate the airport of departure and the airport of destination stated in the credit.

v. be the original for consignor or shipper, even if the credit stipulates a full set of originals.

vi. contain terms and conditions of carriage or make reference to another source containing the terms and conditions of carriage. Contents of terms and conditions of carriage will not be examined.

b. For the purpose of this article, transhipment means unloading from one aircraft and reloading to another aircraft during the carriage from the airport of departure to the airport of destination stated in the credit.

c. i. An air transport document may indicate that the goods will or may be transhipped, provided that the entire carriage is covered by one and the same air transport document.

ii. An air transport document indicating that transhipment will or may take place is acceptable, even if the credit prohibits transhipment.

Article 24 Road, Rail or Inland Waterway Transport Documents

a. A road, rail or inland waterway transport document, however named, must appear to:

i. indicate the name of the carrier and:

• be signed by the carrier or a named agent for or on behalf of the carrier, or

• indicate receipt of the goods by signature, stamp or notation by the carrier or a named agent for or on behalf of the carrier.

Any signature, stamp or notation of receipt of the goods by the carrier or agent must be identified as that of the carrier or agent.

Any signature, stamp or notation of receipt of the goods by the agent must indicate that the agent has signed or acted for or on behalf of the carrier.

If a rail transport document does not identify the carrier, any signature or stamp of the railway company will be accepted as evidence of the document being signed by the carrier.

ii. indicate the date of shipment or the date the goods have been received for shipment, dispatch or carriage at the place stated in the credit. Unless the transport document contains a dated reception stamp, an indication of the date of receipt or a date of shipment, the date of issuance of the transport document will be deemed to be the date of shipment.

iii. indicate the place of shipment and the place of destination stated in the credit.

b. i. A road transport document must appear to be the original for consignor or shipper or bear no marking indicating for whom the document has been prepared.

ii. A rail transport document marked "duplicate" will be accepted as an original.

iii. A rail or inland waterway transport document will be accepted as an original whether marked as an original or not.

c. In the absence of an indication on the transport document as to the number of originals issued, the number presented will be deemed to constitute a full set.

d. For the purpose of this article, transhipment means unloading from one means of conveyance and reloading to another means of conveyance, within the same mode of transport, during the carriage from the place of shipment, dispatch or carriage to the place of destination stated in the credit.

e. i. A road, rail or inland waterway transport document may indicate that the goods will or may be transhipped provided that the entire carriage is covered by one and the same transport document.

ii. A road, rail or inland waterway transport document indicating that transhipment will or may take place is acceptable, even if the credit prohibits transhipment.

Article 25 Courier Receipt, Post Receipt or Certificate of Posting

a. A courier receipt, however named, evidencing receipt of goods for transport, must appear to:

i. indicate the name of the courier service and be stamped or signed by the named courier service at the place from which the credit states the goods are to be shipped; and

ii. indicate a date of pick-up or of receipt or wording to this effect. This date will be deemed to be the date of shipment.

b. A requirement that courier charges are to be paid or prepaid may be satisfied by a transport document issued by a courier service evidencing that courier charges are for the account of a party other than the consignee.

c. A post receipt or certificate of posting, however named, evidencing receipt of goods for transport, must appear to be stamped or signed and dated at the place from which the credit states the goods are to be shipped. This date will be deemed to be the date of shipment.

Article 26 "On Deck", "Shipper's Load and Count", "Said by Shipper to Contain" and Charges Additional to Freight

a. A transport document must not indicate that the goods are or will be loaded on deck. A clause on a transport document stating that the goods may be loaded on deck is acceptable.

b. A transport document bearing a clause such as "shipper's load and count" and "said by shipper to contain" is acceptable.

c. A transport document may bear a reference, by stamp or otherwise, to charges additional to the freight.

Article 27 Clean Transport Document

A bank will only accept a clean transport document. A clean transport document is one bearing no clause or notation expressly declaring a defective condition of the goods or their packaging. The word "clean" need not appear on a transport document, even if a credit has a requirement for that transport document to be "clean on board".

Article 28 Insurance Document and Coverage

a. An insurance document, such as an insurance policy, an insurance certificate or a declaration under an open cover, must appear to be issued and signed by an insurance company, an underwriter or their agents or their proxies.

Any signature by an agent or proxy must indicate whether the agent or proxy has signed for or on behalf of the insurance company or underwriter.

b. When the insurance document indicates that it has been issued in more than one original, all originals must be presented.

c. Cover notes will not be accepted.

d. An insurance policy is acceptable in lieu of an insurance certificate or a declaration under an open cover.

e. The date of the insurance document must be no later than the date of shipment, unless it appears from the insurance document that the cover is effective from a date not later than the date of shipment.

f. i. The insurance document must indicate the amount of insurance coverage and be in the same currency as the credit.

ii. A requirement in the credit for insurance coverage to be for a percentage of the value of the goods, of the invoice value or similar is deemed to be the minimum amount of coverage required.

If there is no indication in the credit of the insurance coverage required, the amount of insurance coverage must be at least 110% of the CIF or CIP value of the goods.

When the CIF or CIP value cannot be determined from the documents, the amount of insurance coverage must be calculated on the basis of the amount for which honour or negotiation is requested or the gross value of the goods as shown on the invoice, whichever is greater.

iii. The insurance document must indicate that risks are covered at least between the place of taking in charge or shipment and the place of discharge or final destination as stated in the credit.

g. A credit should state the type of insurance required and, if any, the additional risks to be covered. An insurance document will be accepted without regard to any risks that are not covered if the credit uses imprecise terms such as "usual risks" or "customary risks".

h. When a credit requires insurance against "all risks" and an insurance document is presented containing any "all risks" notation or clause, whether or not bearing the heading "all risks", the insurance document will be accepted without regard to any risks stated to be excluded.

i. An insurance document may contain reference to any exclusion clause.

j. An insurance document may indicate that the cover is subject to a franchise or excess (deductible).

Article 29 Extension of Expiry Date or Last Day for Presentation

a. If the expiry date of a credit or the last day for presentation falls on a day when the bank to which presentation is to be made is closed for reasons other than those referred to in article 36, the expiry date or the last day for presentation, as the case may be, will be extended to the first following banking day.

b. If presentation is made on the first following banking day, a nominated bank must provide the issuing bank or confirming bank with a statement on its covering schedule that the presentation was made within the time limits extended in accordance with sub-article 29 (a).

c. The latest date for shipment will not be extended as a result of sub-article 29 (a).

Article 30 Tolerance in Credit Amount, Quantity and Unit Prices

a. The words "about"or "approximately"used in connection with the amount of the credit or the quantity or the unit price stated in the credit are to be construed as allowing a tolerance not to exceed 10% more or 10% less than the amount, the quantity or the unit price to which they refer.

b. A tolerance not to exceed 5% more or 5% less than the quantity of the goods is allowed, provided the credit does not state the quantity in terms of a stipulated number of packing units or individual items and the total amount of the drawings does not exceed the amount of the credit.

c. Even when partial shipments are not allowed, a tolerance not to exceed 5% less than the amount of the credit is allowed, provided that the quantity of the goods, if stated in the credit, is shipped in full and a unit price, if stated in the credit, is not reduced or that sub-article 30 (b) is not applicable. This tolerance does not apply when the credit stipulates a specific tolerance or uses the expressions referred to in sub-article 30 (a).

Article 31 Partial Drawings or Shipments

a. Partial drawings or shipments are allowed.

b. A presentation consisting of more than one set of transport documents evidencing shipment commencing on the same means of conveyance and for the same journey, provided they indicate the same destination, will not be regarded as covering a partial shipment, even if they indicate different dates of shipment or different ports of loading, places of taking in charge or dispatch. If the presentation consists of more than one set of transport documents, the latest date of shipment as evidenced on any of the sets of transport documents will be regarded as the date of shipment.

A presentation consisting of one or more sets of transport documents evidencing shipment on more than one means of conveyance within the same mode of transport will be regarded as covering a partial shipment, even if the means of conveyance leave on the same day for the same destination.

c. A presentation consisting of more than one courier receipt, post receipt or certificate of posting will not be regarded as a partial shipment if the courier receipts, post receipts or certificates of posting appear to have been stamped or signed by the same courier or postal service at the same place and date and for the same destination.

Article 32 Instalment Drawings or Shipments

If a drawing or shipment by instalments within given periods is stipulated in the credit and any instalment is not drawn or shipped within the period allowed for that instalment, the credit ceases to be available for that and any subsequent instalment.

Article 33 Hours of Presentation

A bank has no obligation to accept a presentation outside of its banking hours.

Article 34 Disclaimer on Effectiveness of Documents

A bank assumes no liability or responsibility for the form, sufficiency, accuracy, genuineness, falsification or legal effect of any document, or for the general or particular conditions stipulated in a document or superimposed thereon; nor does it assume any liability or responsibility for the description, quantity, weight, quality, condition, packing, delivery, value or existence of the goods, services or other performance represented by any document, or for the good faith or acts or omissions, solvency, performance or standing of the consignor, the carrier, the forwarder, the consignee or the insurer of the goods or any other person.

Article 35 Disclaimer on Transmission and Translation

A bank assumes no liability or responsibility for the consequences arising out of delay, loss in transit, mutilation or other errors arising in the transmission of any messages or delivery of letters or documents, when such messages, letters or documents are transmitted or sent according to the requirements stated in the credit, or when the bank may have taken the initiative in the choice of the delivery service in the absence of such instructions in the credit.

If a nominated bank determines that a presentation is complying and forwards the documents to the issuing bank or confirming bank, whether or not the nominated bank has honoured or negotiated, an issuing bank or confirming bank must honour or negotiate, or reimburse that nominated bank, even when the documents have been lost in transit between the nominated bank and the issuing bank or confirming bank, or between the confirming bank and the issuing bank.

A bank assumes no liability or responsibility for errors in translation or interpretation of technical terms and may transmit credit terms without translating them.

Article 36 Force Majeure

A bank assumes no liability or responsibility for the consequences arising out of the interruption of its business by Acts of God, riots, civil commotions, insurrections, wars, acts of terrorism, or by any strikes or lookouts or any other causes beyond its control.

A bank will not, upon resumption of its business, honour or negotiate under a credit that expired during such interruption of its business.

Article 37 Disclaimer for Acts of an Instructed Party

a. A bank utilizing the services of another bank for the purpose of giving effect to the instructions of the applicant does so for the account and at the risk of the applicant.

b. An issuing bank or advising bank assumes no liability or responsibility should the instructions it transmits to another bank not be carried out, even if it has taken the initiative in the choice of that other bank.

c. A bank instructing another bank to perform services is liable for any commissions, fees, costs or expenses ("charges") incurred by that bank in connection with its instructions.

If a credit states that charges are for the account of the beneficiary and charges cannot be collected or deducted from proceeds, the issuing bank remains liable for payment of charges.

A credit or amendment should not stipulate that the advising to a beneficiary is conditional upon the receipt by the advising bank or second advising bank of its charges.

d. The applicant shall be bound by and liable to indemnify a bank against all obligations and responsibilities imposed by foreign laws and usages.

Article 38 Transferable Credits

a. A bank is under no obligation to transfer a credit except to the extent and in the manner expressly consented to by that bank.

b. For the purpose of this article:

Transferable credit means a credit that specifically states it is "transferable". A transferable credit may be made available in whole or in part to another beneficiary ("second beneficiary") at the request of the beneficiary ("first beneficiary").

Transferring bank means a nominated bank that transfers the credit or, in a credit available with any bank, a bank that is specifically authorized by the issuing bank to transfer and that transfers the credit. An issuing bank may be a transferring bank.

Transferred credit means a credit that has been made available by the transferring bank to a second beneficiary.

c. Unless otherwise agreed at the time of transfer, all charges (such as commissions, fees, costs or expenses) incurred in respect of a transfer must be paid by the first beneficiary.

d. A credit may be transferred in part to more than one second beneficiary provided partial drawings or shipments are allowed.

A transferred credit cannot be transferred at the request of a second beneficiary to any subsequent beneficiary. The first beneficiary is not considered to be a subsequent beneficiary.

e. Any request for transfer must indicate if and under what conditions amendments may be advised to the second beneficiary. The transferred credit must clearly indicate those conditions.

f. If a credit is transferred to more than one second beneficiary, rejection of an amendment by one or more second beneficiary does not invalidate the acceptance by any other second beneficiary, with respect to which the transferred credit will be amended accordingly. For any second beneficiary that rejected the amendment, the transferred credit will remain unamended.

g. The transferred credit must accurately reflect the terms and conditions of the credit, including confirmation, if any, with the exception of:

—— the amount of the credit,

—— any unit price stated therein,

—— the expiry date,

—— the period for presentation, or

—— the latest shipment date or given period for shipment.

any or all of which may be reduced or curtailed.

The percentage for which insurance cover must be effected may be increased to provide the amount of cover stipulated in the credit or these articles.

The name of the first beneficiary may be substituted for that of the applicant in the credit.

If the name of the applicant is specifically required by the credit to appear in any document other than the invoice, such requirement must be reflected in the transferred credit.

h. The first beneficiary has the right to substitute its own invoice and draft, if any, for those of a second beneficiary for an amount not in excess of that stipulated in the credit, and upon such substitution the first beneficiary can draw under the credit for the difference, if any, between its invoice and the invoice of a second beneficiary.

i. If the first beneficiary is to present its own invoice and draft, if any, but fails to do so on first demand, or if the invoices presented by the first beneficiary create discrepancies that did not exist in the presentation made by the second beneficiary and the first beneficiary fails to correct them on first demand, the transferring bank has the right to present the documents as received from the second beneficiary to the issuing bank, without further responsibility to the first beneficiary.

j. The first beneficiary may, in its request for transfer, indicate that honour or negotiation is to be effected to a second beneficiary at the place to which the credit has been transferred, up to and including the expiry date of the credit. This is without prejudice to the right of the first beneficiary in accordance with subarticle 38 (h).

k. Presentation of documents by or on behalf of a second beneficiary must be made to the transferring bank.

Article 39 Assignment of Proceeds

The fact that a credit is not stated to be transferable shall not affect the right of the beneficiary to assign any proceeds to which it may be or may become entitled under the credit, in accordance with the provisions of applicable law. This article relates only to the assignment of proceeds and not to the assignment of the right to perform under the credit.

* * *

中文版 UCP600

第一条　UCP 的适用范围

《跟单信用证统一惯例——2007 年修订本，国际商会第 600 号出版物》(简称“UCP”)乃一套规则，适用于所有的其文本中明确表明受本惯例约束的跟单信用证(下称信用证)(在其可适用的范围内，包括备用信用证。)除非信用证明确修改或排除，本惯例各条文对信用证所有当事人均具有约束力。

第二条　定义

就本惯例而言

通知行　指应开证行的要求通知信用证的银行。

申请人　指要求开立信用证的一方。

银行工作日　指银行在其履行受本惯例约束的行为的地点通常开业的一天。

受益人　指接受信用证并享受其利益的一方。

相符交单　指与信用证条款、本惯例的相关适用条款以及国际标准银行实务一致的交单。

保兑　指保兑行在开证行承诺之外做出的承付或议付相符交单的确定承诺。

保兑行　指根据开证行的授权或要求对信用证加具保兑的银行。

信用证　指一项不可撤销的安排，无论其名称或描述如何，该项安排构成开证行对相符交单予以交付的确定承诺。

承付　指：

a. 如果信用证为即期付款信用证，则即期付款。

b. 如果信用证为延期付款信用证，则承诺延期付款并在承诺到期日付款。

c. 如果信用证为承兑信用证，则承兑受益人开出的汇票并在汇票到期日付款。

开证行　指应申请人要求或者代表自己开出信用证的银行。

议付　指指定银行在相符交单下，在其应获偿付的银行工作日当天或之前向受益人预付或者同意预付款项，从而购买汇票（其付款人为指定银行以外的其他银行）及/或单据的行为。

指定银行　指信用证可在其处兑用的银行，如信用证可在任一银行兑用，则任何银行均为指定银行。

交单　指向开证行或指定银行提交信用证项下单据的行为，或指按此方式提交的单据。

交单人　指实施交单行为的受益人、银行或其他人。

第三条　解释

就本惯例而言：

如情形适用，单数词形包含复数含义，复数词形包含单数含义。

信用证是不可撤销的，即使未如此表明。

单据签字可用手签、摹样签字、穿孔签字、印戳、符合或任何其他机械或电子的证实方法为之。

诸如单据须履行法定手续、签证、证明等类似要求，可由单据上任何看拟满足该要求的签字、标记、戳或标签来满足。

一家银行在不同国家的分支机构被视为不同的银行。

用诸如“第一流的”、“著名的”、“合格的”、“独立的”、“正式的”、“有资格的”或“本地的”等词语描述单据的出单人时，允许除受益人之外的任何人出具该单据。

除非要求在单据中使用，否则诸如“迅速地”、“立刻地”或“尽快地”等词语将被不予理会。

“在或大概在(on or about)”或类似用语将被视为规定事件发生在指定日期的前后五个日历日之间，起讫日期计算在内。“至(to)”、“直至(until、till)”、“从……开始(from)”及“在……之间(between)”等词用于确定发运日期时包含提及的日期，使用“在……之前(before)”及“在……之后(after)”时则不包含提及的日期。

“从……开始(from)”及“在……之后(after)”等词用于确定到期日期时不包含提及的日期。

“前半月”及“后半月”分别指一个月的第一日到第十五日及第十六日到该月的最后一日，起讫日期计算在内。

一个月的“开始(beginning)”、“中间(middle)”及“末尾(end)”分别指第一到第十日、第十一日到第二十日及第二十一日到该月的最后一日，起讫日期计算在内。

第四条　信用证与合同

a. 就其性质而言，信用证与可能作为其开立基础的销售合同或其他合同是相互独立的交易，即使信用证中含有对此类合同的任何援引，银行也与该合同无关，且不受其约束。因此，银行关于承付、议付或履行信用证项下其他义务的承诺，不受申请人基于与开证行或与受益人之间的关系而产生的任何请求或抗辩的影响。

受益人在任何情况下不得利用银行之间或申请人与开证行之间的合同关系。

b. 开证行应劝阻申请人试图将基础合同、形式发票等文件作为信用证组成部分的做法。

第五条　单据与货物、服务或履约行为

银行处理的是单据，而不是单据可能涉及的货物、服务或履约行为。

第六条　兑用方式、截止日和交单地点

a. 信用证必须规定可在其处兑用的银行，或是否可在任一银行兑用。规定在指定解行兑用的信用证同时也可以在开证行兑用。

b. 信用证必须规定其是以即付款、延期付款，承兑还是议付的方式兑用。

c. 信用证不得开成凭以申请人为付款人的汇票兑用。

d. ⅰ. 信用证必须定一个交单的截止日。规定的承付或议付的截止日将被视为交单的截止日。

ⅱ. 可在其处兑用信用证的银行所在地即为交单地点。可在任一银行兑用的信用证其交单地点为任一银行所在地。除规定的交单地点外，开证行所在地也是交单地点。

e. 除非如第二十九条 a 款规定的情形，否则受益人或者代表受益人的交单应截止日当天或之前完成。

第七条　开证行责任

a. 只要规定的单据提交给指定银行或开证方，并且构成相符交单，则开证行必须承付，如果信用证为以下情形之一：

ⅰ. 信用证规定由开证行即期付款，延期付款或承兑；

ⅱ. 信用证规定由指定银行即期付款但其未付款；

ⅲ. 信用证规定由指定银行延期付款但其未承诺延期付款，或虽已承诺延期付款，但未在到期日付款；

ⅳ. 信用证规定由指定银行承兑，但其未承兑以其为付款人的汇票，或虽然承兑了汇票，但未在到期日付款。

ⅴ. 信用证规定由指定银行议付但其未议付。

b. 开证行自开立信用证之时起即不可撤销地承担承付责任。

c. 指定银行承付或议付相符交单并将单据转给开证行之后，开证行即承担偿付该指定银行的责任。对承兑或延期付款信用证下相符合单金额的偿付应在到期日办理，无论指定银行是否在到期日之前预付或购买了单据，开证行偿付指定银行的责任独立于开证行对受益人的责任。

第八条　保兑行责任

a. 只要规定的单据提交给保兑行，或提交给其他任何指定银行，并且构成相符交单，保兑行必须：

ⅰ. 承付，如果信用证为以下情形之一：

a）信用证规定由保兑行即期付款、延期付款或承兑；

b）信用证规定由另一指定银行延期付款，但其未付款；

c）信用证规定由另一指定银行延期付款，但其未承诺延期付款，或虽已承诺延期付款但未在到期日付款；

d）信用证规定由另一指定银行承兑，但其未承兑以其为付款人的汇票，或虽已承兑汇票未在到期日付款；

e）信用证规定由另一指定银行议付，但其未议付。

ⅱ. 无追索权地议付，如果信用证规定由保兑行议付。

b. 保兑行自对信用证加具保兑之时起即不可撤销地承担承付或议付的责任。

c. 其他指定银行承付或议付相符交单并将单据转往保兑行之后，保兑行即承担偿付该指定银行的责任。对承兑或延期付款信用证下相符交单金额的偿付应在到期日办理，无论指定银行是否在到期日之前预付或购买了单据。保兑行偿付指定银行的责任独立于保兑行对受益人的责任。

d. 如果开证行授权或要求一银行对信用证加具保兑，而其并不准备照办，则其必须毫不延误地通知开证行，并可通知此信用证而不加保兑。

第九条　信用证及其修改的通知

a. 信用证及其任何修改可以经由通知行通知给受益人。非保兑行的通知行通知信用及修改时不承担承付或议付的责任。

b. 通知行通知信用证或修改的行为表示其已确信信用证或修改的表面真实性，而且其通知准确地反映了其收到的信用证或修改的条款。

c. 通知行可以通过另一银行（"第二通知行"）向受益人通知信用证及修改。第二通知行通知信用证或修改的行为表明其已确信收到的通知的表面真实性，并且其通知准确地反映了收到的信用证或修改的条款。

d. 经由通知行或第二通知行通知信用证的银行必须经由同一银行通知其后的任何修改。

e. 如一银行被要求通知信用证或修改但其决定不予通知，则应毫不延误地告知自其处收到信用证、修改或通知的银行。

f. 如一银行被要求通知信用证或修改但其不能确信信用证、修改或通知的表面真实性，则应毫不延误地通知看似从其处收到指示的银行。如果通知行或第二通知行决定仍然通知信用证或修改，则应告知受益人或第二通知行其不能确信信用证、修改或通知的表面真实性。

第十条　修改

a. 除第三十八条另有规定者外，未经开证行、保兑行（如有的话）及受益人同意，信用证即不得修改，也不得撤销。

b. 开证行自发出修改之时起，即不可撤销地受其约束。保兑行可将其保兑扩展至修改，并自通知该修改时，即不可撤销地受其约束。但是，保兑行可以选择将修改通知受益人而不对其加具保兑。若然如此，其必须毫不延误地将此告知开证行，并在其给受益人的通知中告知受益人。

c. 在受益人告知通知修改的银行其接受该修改之前，原信用证（或含有先前被接受的修改的信用证）的条款对受益人仍然有效。受益人应提供接受或拒绝修改的通知。如果受益人未能给予通知，当交单与信用证以及尚未表示接受的修改的要求一致时，即视为受益人已作出接受修改的通知，并且从此时起，该信用证被修改。

d. 通知修改的银行应将任何接受或拒绝的通知转告发出修改的银行。

e. 对同一修改的内容不允许部分接受，部分接受将被视为拒绝修的通知。

f. 修改中关于除非受益人在某一时间内拒绝修改否则修改生效的规定应被不予理会。

第十一条　电讯传输的和预先通知的信用证和修改

a. 以经证实的电讯方式发出的信用证或信用证修改即被视为有效的用证或修改文据，任何后续的邮寄确认书应被不予理会。

如电讯声明“详情后告”（或类似用语）或声明以邮寄确认书为有效信用证或修改，则该电讯不被视为有效信用证或修改。开证行必须随即不迟延地开立有效信用证或修改，其条款不得与该电讯矛盾。

b. 开证行只有在准备开立有效信用证或作出有效修改时，才可以发出关于开立或修改信用证的初步通知（预先通知）。开证行作出该预先通知，即不可撤销地保证不迟延地开立或修改信用证，且其条款不能与预先通知相矛盾。

第十二条　指定

a. 除非指定银行为保兑行，对于承付或议付的授权并不赋予指定银行承付或议付的义务，除非该指定银行明确表示同意并且告知受益人。

b. 开证行指定一银行承兑汇票或做出延期付款承诺，即为授权该指定银行预付或购买其已其已承兑的汇票或已做出的延期付款承诺。

c. 非保兑行的指定银行收到或审核并转递单据的行为并不使其承担承付或议付的责任，也不构成其承付或议付的行为。

第十三条　银行之间的偿付安排

a. 如果信用证规定指定银行（“索偿行”）向另一方（“偿付行”）获取偿付时，必须同时规定该偿付是否按信用证开立时有效的 ICC 银行间偿付规则进行。

b. 如果信用证没有规定偿付遵守 ICC 银行间偿付规则，则按照以下规定：

ⅰ. 开证行必须给予偿付行有关偿付的授权，授权应符合信用证关于兑用方式的规定，且不应设定截止日。

ⅱ. 开证行不应要求索偿行向偿付行提供与信用证条款相符的证明。

ⅲ. 如果偿付行未按信用证条款见索即偿，开证行将承担利息损失以及产生的任何其他费用。

ⅳ. 偿付行的费用应由开证行承担。然而，如果此项费用由受益人承担，开证行有责任有信用证及偿付授权中注明。如果偿付行的费用由受益人承担，该费用应在偿付时从付给索偿行的金额中扣取。如果偿付未发生，偿付行的费用仍由开证行负担。

c. 如果偿付行未能见索即偿，开证行不能免除偿付责任。

第十四条　单据审核标准

a. 按指定行事的指定银行、保兑行（如果有的话）及开证行须审核交单，并仅基于单据本身确定其是否在表面上构成相符交单。

b. 按指定行事的指定银行、保兑行（如有的话）及开证行各有从交单次日起至多五个银行工作日用以确定交单是否相符。这一期限不因在交单日当天或之后信用证截止日或最迟交单日届至而受到缩减或影响。

c. 如果单据中包含一份或多份受第十九、二十、二十一、二十二、二十三、二十四或十二五条规制的正本运输单据，则须由受益人或其他表在不迟于本惯例所指的发运日之后的二十一个日历日内交单，但是在任何情况下都不得迟于信用证的截止日。

d. 单据中的数据，在与信用证、单据本身以及国际标准银行实务参照解读时，无须与该单据本身中的数据，其他要求的单据或信用证中的数据等同一致、但不得矛盾。

e. 除商业发票外，其他单据中的货物、服务或履约行为的描述，如果有的话，可使用与信用证中的描述不矛盾的概括性用语。

f. 如果信用证要求提交运输单据、保险单据或者商业发票之外的单据，却未规定出单人或其数据内容，则只要提交的单据内容看似满足所要求单据的功能，且其他方面符合第十四条 d 款，银行将接受该单据。

g. 提交的非信用证所要求的单据将被不予理会，并可被退还给交单人。

h. 如果信用证含有一项条件，但未规定用以表明该条件得到满足的单据，银行将视为未作规定并不予理会。

i. 单据日期可以早于信用证的开立日期，但不得晚于交单日期。

j. 当受益人和申请人的地址出现在任何规定的单据中时，无须与信用证或其他规定单据中所载相同，但必须与信用证中规定的相应地址同在一国。联络细节（传真、电话、电子邮件及类似细节）作为受益人和申请人地址的一部分时将被不予理会。然而，如果申请人的地址和联络细节为第十九、二十、二十一、二十二、二十三、二十四或二十五条规定的运输单据上的收货人或通知方细节的一部分时，应与信用证规定的相同。

k. 在任何单据中注明的托运人或发货人无须为信用证的受益人。

l. 运输单据可以由任何人出具，无须为承运人、船东、船长或租船人，只要其符合第十九、二十、二十一、二十二、二十三或二十四条的要求。

第十五条　相符交单

a. 当开证行确定交单相符时，必须承付。

b. 当保兑行确定交单相符时，必须承付或者议付并将单据转递给开证行。

c. 当指定银行确定交单相符并承付或议付时，必须将单据转递给保兑行或开证行。

第十六条　不符单据、放弃及通知

a. 当按照指定行事的指定银行、保兑行（如有的话）或者开证行确定交单不符时，可以拒绝承付或议付。

b. 当开证行确定交单不符时，可以自行决定联系申请人放弃不符点。然而这并不能延长第十四条 b 款所指的期限。

c. 当按照指定行事的指定银行、保兑行（如有的话）或开证行决定拒绝承付或议付时，必须给予交单人一份单独的拒付通知。

该通知必须声明：

ⅰ. 银行拒绝承付或议付：及

ⅱ. 银行拒绝承付或者议付所依据的每一个不符点：及

ⅲ. a）银行留存单据听候交单人的进一步指示：或者

b）开证行留存单据直到其从申请人处接到放弃不符点的通知并同意接受该放弃，或者其同意接受对不符点的放弃之前从交单人处收到其进一步指示：或者

c）银行将退回单据：或者

d）银行将按之前从交单人处获得的指示处理。

d. 第十六条 c 款要求的通知必须以电讯方式、如不可能，则以其他快捷方式，在不迟于自交单之翌日起第五个银行工作日结束前发出。

e. 按照指定行事的指定银行、保兑行（如有的话）或开证行在按照第十六条 c 款 iii 项 a)发出了通知后，可以在任何时候单据退还交单人。

f. 如果开证行或保兑行未能按照本条行事，则无权宣称交单不符。

g. 当开证行拒绝承付或保兑行拒绝承付或者议付，并且按照本条发出了拒付通知后，有权要求返还已偿付的款项及利息。

第十七条　正本单据及副本

a. 信用证规定的每一种单据须至少提交一份正本。

b. 银行应将任何带有看似出单人的原始签名、标记、印戳或标签的单据视为正本单据，除非单据本身表明其非正本。

c. 除非单据本身另有说明，在以下情况下，银行也将其视为正本单据：

ⅰ. 单据看似由出单人手写、打字、穿孔或盖章：或者

ⅱ. 单据看似使用出单人的原始信纸出具：或者

ⅲ. 单据声明其为正本单据，除非该声明看似不适用于提交的单据。

d. 如果信用证使用诸如“一式两份（in duplicate）”、“两份（in two fold）”、“两套（in two copies）”等用语要求提交多份单据，则提交至少一份正本，其余使用副本即可满足要求，除非单据本身另有说明。

第十八条　商业发票

a. 商业发票：

ⅰ. 必须看似由受益人出具(第三十八条规定的情形除外)：

ⅱ. 必须出具成以申请人为抬头(第三十八条 g 款规定的情形除外)：

ⅲ. 必须与信用证的货币相同：且

ⅳ. 无须签名

b. 按指定行事的指定银行、保兑行(如有的话)或开证行可以接受金额大于信用证允许金额的商业发票,其决定对有关各方均有约束力,只要该银行对超过信用证允许金额的部分未作承付或者议付。

c. 商业发票上的货物、服务或履约行为的描述应该与信用证中的描述一致。

第十九条　涵盖至少两种不同运输方式的运输单据

a. 涵盖至少两种不同运输方式的运输单据(多式或联合运输单据),无论名称如何,必须看似:

ⅰ. 表明承运人名称并由以下人员签署:

- 承运人或其具名代理人,或
- 船长或其具名代理人。

承运人、船长或代理人的任何签字,必须标明其承运人、船长或代理人的身份。

代理人签字必须表明其系代表承运人还是船长签字。

ⅱ. 通过以下方式表明货运站物已经在信用证规定的地点发送,接管或已装船。

- 事先印就在文字、或者
- 表明货物已经被发送、接管或装船日期的印戳或批注。

运输单据的出具日期将被视为发送,接管或装船的日期,也即发运的日期。然而如单据以印戳或批注的方式表明了发送、接管或装船日期,该日期将被视为发运日期。

ⅲ. 表明信用证规定的发送、接管或发运地点,以及最终目的地、即使:

a) 该运输单据另外还载明了一个不同的发送、接管或发运地点或最终目的地,或者。

b) 该运输单据载有“预期的”或类似的关于船只,装货港或卸货港的限定语。

ⅳ. 为唯一的正本运输单据、或者、如果出具为多份正本,则为运输单据中表明的全套单据。

ⅴ. 载有承运这条款和条件,或提示承运条款和条件参见别处(简式/背面空白的运输单据)。银行将不审核承运条款和条件的内容。

ⅵ. 未表明受租船合同约束。

b. 就本条而言,转运指在从信用证规定的发送,接管或者发运地点最终目的地的运输过程中从某一运输工具上卸下货物并装上另一运输工具的行为(无论其是否为不同的运输方式)。

c. ⅰ. 运输单据可以表明货物将要或可能被转运,只要全程运输由同一运输单据涵盖。

ⅱ. 即使信用证禁止转运,注明将要或者可能发生转运的运输单据仍可接受。

第二十条　提单

a. 提单,无论名称如何,必须看似;

ⅰ. 表明承运人名称,并由下列人员签署:

- 承运人或其具名代理人,或者
- 船长或其具名代理人。

承运人,船长或代理人的任何签字必须标明其承运人,船长或代理人的身份。

代理人的任何签字必需标明其系代表承运人还是船长签字。

ⅱ. 通过以下方式表明货物已在信用证规定的装货港装上具名船只：

● 预先印就的文字，或

● 已装船批注注明货物的装运日期。

提单的出具日期将被视为发运日期，除非提单载有表明发运日期的已装船批注，此时已装船批注中显示的日期将被视为发运日期。

如果提单载有"预期船只"或类似的关于船名的限定语，则需以已装船批注明确发运日期以及实际船名。

ⅲ. 表明货物从信用证规定的装货港发运至卸货港。

如果提单没有表明信用证规定的装货港为装货港，或者其载有"预期的"或类似的关于装货港的限定语，则需以已装船批注表明信用证规定的装货港、发运日期以及实际船名。即使提单以事先印就的文字表明了货物已装载或装运于具名船只、本规定仍适用。

ⅳ. 为唯一的正本提单，或如果以多份正本出具，为提单吉表明的全套正本。

ⅴ. 载有承运条款和条件，或提示承运条款和条件参见别处(简式/背面空白的提单)。银行将不审核承运条款和条件的内容。

ⅵ. 未表明受租船合同约束。

b. 就本条而言，转运系指在信用证规定的装货港到卸货港之间的运输过程中，将货物从船卸下并再装上另一船的行为。

c. ⅰ. 提单可以表明货物将要或可能被转运，只要全程运输由同一提单涵盖。

ⅱ. 即使信用证禁止转运，注明将要或可能发生转运的提单仍可接受，只要其表明货物由集装箱、拖车或子船运输。

d. 提单中声明承运人保留转运权利的条款将被不予理会。

第二十一条　不可转让的海运单

a. 不可转让的海运单，无论名称如何，必须看似：

ⅰ. 表明承运人名称并由下列人员签署：

● 承运人或其具名代理人，或者

● 船长或其具名代理人。

承运人、船长或代理人的任何签字必须标明其承运人、船长或代理人的身份。

代理签字必须标明其系代表承运人还是船长签订。

ⅱ. 通过以下方式表明货物已在信用证规定的装货上具名船只：

● 预先印就的文字、或者

● 已装船批注表明货物的装运日期。

不可转让海运单的出具日期将被视为发运日期，除非其上带有已装船批注注明发运日期，此明已装船批注注明的日期将被视为发运日期。

如果不可转让海运单载有"预期船只"或类似的关于船名的限定语，则需要以已装船批注表明发运日期和实际船只。

ⅲ. 表明货物从信用证规定的装货港发运至卸货港。

如果不可转让海运单未以信用证规定的装货港为装货港，或者如果其载有“预期的”或类似的关于装货港的限定语，则需要以已装船批注表明信用证规定的装货港、发运日期和船只。即使不可转让海运单以预先印就的文字表明货物已由具名船只装载或装运，本规定也适用。

ⅳ. 为唯一的正本不可转让海运单，或如果以多份正本出具，为海运单上注明的全套正本。

ⅴ. 载有承运条款的条件，或提示承运条款和条件参见别处(简式/背面空白的海运单)。银行将不审核承运条款和条件的内容。

ⅵ. 未注明受租船合同约束。

b. 就本条而言，转运系指在信用证规定的装货港到卸货之间的运输过程中，将货物从船卸下并装上另一船的行为。

c. ⅰ. 不可转让海运单可以注明货物将要或可能被转运，只要全程运输由同一海运单涵盖。

ⅱ. 即使信用证禁止转运，注明转运将要或可能发生的不可转让的海运单仍可接受，只要其表明货物装于集装箱，拖船或子船中运输。

d. 不可转让的海运单中声明承运人保留转运权利条款将被不予理会。

第二十二条　租船合同提单

a. 表明其受租船合同约束的提单(租船合同提单)，无论名称如何，必须看似：

ⅰ. 由以下员签署：

- 船长或其具名代理人，或
- 船东或其具有名代理人，或
- 租船人或其具有名代理人。

船长、船东、租船人或代理人的任何签字必须标明其船长、船东、租船人或代理人的身份。

代理人签字必须表明其系代表船长，船东不是租船人签字。

代理人代表船东或租船人签字时必须注明船东或租船人的名称。

ⅱ. 通过以下方式表明货物已在信用证规定的装货港装上具名船只：

- 预先印就的文字，或者
- 已装船批注注明货物的装运日期

租船合同提单的出具日期将被视为发运日期，除非租船合同提单载有已装船批注注明发运日期，此时已装船批注上注明的日期将被视为发运日期。

ⅲ. 表明货物从信用证规定的装货港台发运至卸货港。卸货港也可显示为信用证规定的港口范围或地理区域。

ⅳ. 为唯一的正本租船合同提单，或如以多份正本出具，为租船合同提单注明的全套正本。

b. 银行将不审核租船合同，即使信用证要求提交租船合同。

第二十三条　空运单据

a. 空运单据，无论名称如何，必须看似：

ⅰ. 表明承运人名称，并由以下人员签署；

• 承运人，或

• 承运人的具名代理人。

承运人或其代理人的任何签字必须标明其承运人或代理人的身份。

代理人或其代理人的任何签字必须标明其承运人或代理人的身份。

代理人签字必须表明其系代表承运人签字。

ⅱ. 表明货物已被收妥待运。

ⅲ. 表明出具日期。该日期将被视为发运日期，除非空运单据载有专门批注注明实际发运日期，此时批注中的日期将被视为发运日期。

空运单据中其他与航班号和航班日期相关的信息将不被用来确定发运日期。

ⅳ. 表明信用证规定的起飞机场和目的地机场。

ⅴ. 为开给发货人或托运人正本，即使信用证规定提交全套正本。

ⅵ. 载有承运条款和条件，或提示条款和条件参见别处。银行将不审核承运条款和条件的内容。

b. 就本条而言，转运是指在信用证规定的起飞机场到目的地机场的运输过程中，将货物从一飞机卸下再装上另一收音机的行为。

c. ⅰ. 空运单据可以注明货物将要或可能转运，只要全程运输由同一空运单据涵盖。

ⅱ. 即使信用证禁止转运，注明将要或可能发生转运的空运单据仍可接受。

第二十四条　公路、铁路或内陆水运单据

a. 公路、铁路或内陆水运单据、无论名称如何、必须看似：

ⅰ. 表明承运人名称：并且

• 由承运人或其具名代理人签署，或者

• 由承运人或其具名代理人以签字、印戳或批注表明货物收讫。

承运人或其具名代理人的收货签字、印戳或批注必须标明其承运人或代理人的身份。

代理人的收货签字，印戳或批注必须标明代理人系代理承运人签字或行事。

如果铁路运输单据没有指明承运人，可以接受铁路运输公司的任何签字或印戳作为承运人签署单据的证据。

ⅱ. 表明货物的信用规定地点的发运日期，或者收讫待运或待发送的日期。运输单据的出具日期将被视为发运日期，除非运输单据上盖有带日期的收货印戳，或注明了收货日期或发运日期。

ⅲ. 表明信用证规定的发运地及目的地。

b. ⅰ. 公路运输单据必须看似为开给发货人或托运人的正本，或没有任何标记表明单据开给何人。

ⅱ. 注明“第二联”的铁路运输单据将被作为正本接受。

ⅲ. 无论是否注明正本字样，铁路或内陆水运单据都被作为正本接受。

c. 如运输单据上未注明出具的正本数量，提交的份数即视为全套正本。

d. 就本条而言，转运是指在信用证规定的发运、发送或运送的地点到目的地之间的运输过程中，在同一运输方式中从一运输工具卸下再装上另一运输工具的行为。

e. ⅰ. 只要全程运输由同一运输单据涵盖、公路、铁路或内陆水运单据可以注明货物将要或可能被转运。

ⅱ. 即使信用证禁止转运，注明将要或可能发生转运的公路、铁路或内陆水运单据仍可接受。

第二十五条　快递收据、邮政收据或投邮证明

a. 证明货物收讫待运的快递收据，无论名称如何，必须看似：

ⅰ. 表明快递机构的名称，并在信用证规定的货物物发运地点由该具名快递机构盖章或签字，并且

ⅱ. 表明取件或收件的目日期或类似词语，该日期将被视为发运日期。

b. 如果要求显示快递费用付讫或预付，快递机构出具的表明快递费由收货人以外的一方支付的运输单据可以满足该项要求。

c. 证明货物收讫待运的邮政收据或投邮证明，无论名称如何，必须看似在信用证规定的货物发运地点盖章或签署并注明日期。该日期将被视为发运日期。

第二十六条　“货装舱面”、“托运人装载和计数”、“内容据托运人报称”及运费之外的费用

a. 运输单据不得表明货物装于或者装于舱面。声明可能被装于舱面的运输单据条款可以接受。

b. 载有诸如“托运人装载和计数”或“内容据托运人报称”条款的运输单据可以接受。

c. 运输单据上可以以印戳或其他方法提及运费之外的费用。

第二十七条　清洁运输单据

银行只接受清洁运输单据，清洁运输单据指未载有明确宣称货物或包装有缺陷的条款或批注的运输单据。“清洁”一词并不需要在运输单据上出现，即使信用证要求运输单据为“清洁已装船”的。

第二十八条　保险单据及保险范围

a. 保险单据、例如保险单或预约保险项下的保险证明书或者声明书，必须看似由保险公司或承保人或其代理人或代表出具并签署。

b. 如果保险单据表明其以多份正本出具，所有正本均须提交。

c. 暂保单将不被接受。

d. 可以接受保险单代预约保险项下的保险证明书或声明书。

e. 保险单据日期不得晚于发运日期，除非保险单据表明保险责任不迟于发运日生效。

f. ⅰ. 保险单据必须表明投保金额并以与信用证相同的货币表示。

ⅱ. 信用证对于投保金额为货物价值，发票金额或类似金额的某一比例的要求，将被视为对最低保额的要求。

如果信用证对投保金额未做规定，投保金额或类似金额的某一比例的要求，将被视

为对最低保额要求。

如果信用证对投保金额未做规定，投保金额须至少为货物的 CIF 或 CIP 价格的 110%。

如果从单据中不能确定 CIF 或者 CIP 价格，投保金额必须基于要求承付或议付的金额，或者基于发票上显示的货物总值来计算，两者之中取金额较高者。

ⅲ. 保险单据须表明承保的风险区间至少涵盖从信用证规定的货物接管地或发运地开始到卸货地或最终目的地为止。

g. 信用证应规定所需投保的险别及附加险（如有的话）。如果信用证使用诸如“通常风险”或“惯常风险”等含义不确切的用语，则无论是否有漏保之风险，保险单据将被照样接受。

h. 当信用证规定投保“一切险”时，如保险单据载有任何“一切险”批注或条款，无论是否有“一切险”标题，均将被接受，即使其声明任何风险除外。

i. 保险单据可以援引任何除外条款。

j. 保险单据可以注明受免赔率或免赔额（减除余额）约束。

第二十九条　截止日或最迟交单日的顺延

a. 如果信用证的截止日或最迟交单日适逢接受交单的银行非因第三十六条所述原因而歇业，则截止日或最迟交单日，视何者适用，将顺延至其重新开业的第一个银行工作日。

b. 如果在顺延后的第一个银行工作日交单，指定银行必须在其致开证行或保兑行的面函中声明交单是在根据第二十九条 a 款顺延的期限内提交的。

c. 最迟发运日不因第二十九条 a 款规定的原因而顺延。

第三十条　信用证金额、数量与单价的伸缩度

a. “约”或“大约”用于信用证金额或信用证规定的数量或单价时，应解释为允许有关金额或数量或单价有不超过 10%的增减幅度。

b. 在信用证未以包装单位件数或货物自身件数的方式规定货物数量时，货物数量允许有 5%的增减幅度，只要总支取金额不超过信用证金额。

c. 如果信用证规定了货物数量，而该数量已全部发运，及如果信用证规定了单价，而该单价又未降低，或当第三十条 b 款不适用时，则即使不允许部分装运，也允许支取的金额有 5%的减幅。若信用证规定有特定的增减幅度或使用第三十条 a 款提到的用语限定数量，则该减幅不适用。

第三十一条　部分支款或部分发运

a. 允许部分支款或部分发运。

b. 表明使用同一运输工具并经由同次航程运输的数套运输单据在同一次提交时，只要显示相同目的地，将不视为部分发运，即使运输单据上表明的发运日期不同或装货港、接管地或发运地点不同。如果交单由数套运输单据构成，其中最晚的一个发运日将被视为发运日。

含有一套或数套运输单据的交单，如果表明在同一种运输方式下经由数件运输工具运输，即使运输工具在同一天出发运往同一目的地，仍将被视为部分发运。

c. 含有一份以上快递收据，邮政收据或投邮证明的交单，如果单据看似由同一快递或邮政机构在同一地点和日期加盖印戳或签字并且表明同一目的地，将不视为部分发运。

第三十二条　分期支款或分期发运

如信用证规定在指定的时间段内分期支款或分期发运，任何一期未按信用证规定期限支取或发运时，信用证对该期及以后各期均告失效。

第三十三条　交单时间

银行在其营业时间外无接受交单的义务。

第三十四条　关于单据有效性的免责

银行对任何单据的形式、充分性、准确性、内容真实性，虚假性或法律效力，或对单据中规定或添加的一般或特殊条件，概不负责；银行对任何单据所代表的货物，服务或其他履约行为的描述、数量、重量、品质、状况、包装、交付、价值或其存在与否、或对发货人、承运人、货运代理人、收货人、货物的保险人或其他任何人的诚信与否、作为或不作为，清偿能力、履约或资信状况，也概不负责。

第三十五条　关于信息传递和翻译的免责

当报文、信件或单据按照信用证的要求传输或发送时，或当信用证未证未作指示，银行自行选择传送服务时，银行对报文传输或信件或单据的递送过程中发生的延误、中途遗失、残缺或其他错误产生的后量，概不负责。

如果指定银行确定交单相符并将单据发往开证行或保兑行，无论指定银行是否已经承付或议付，开证行或保兑行必须承付或议付，或偿付指定银行，即使单据在指定银行送往开证行或保兑行的途中，或保兑行关往开证行的途中丢失。

银行对技术语的翻译或解释上的错误，不负责任，并可不加翻译地传送信用证条款。

第三十六条　不可抗力

银行对由于天灾、暴动、骚乱、叛乱、战争、恐怖主义行为或任何罢工、停工或其无法控制的任何其他原因导致的营业中断的后果，概不负责。

银行恢复营业时，对于在营业中断期间已逾期的信用证，不再进行承付或议付。

第三十七条　关于被指示方行为的免责

a. 为了执行申请人的指示，银行利用其他银行的服务，其费用和风险由申请人承担。

b. 即使银行自行选择了其他银行，如果发出的指示未被执行，开证行或通知行对此亦不负责。

c. 指示另一银行提供服务的银行有责任负担被指示方因执行指示而发生的任何佣金、手续费、成本或开支(“费用”)。

如果信用证规定费用由受益人负担，而该费用未能收取或从信用证款项中扣除，开证行依然承担支付此费用的责任。

信用证或其修改不应规定向受益人的通知以通知行或第二通知行收到其费用为条件。

d. 外国法律和惯例加诸于银行的一切义务和责任，申请人应受其约束，并就此对银行负补偿之责。

第三十八条　可转让信用证

a. 银行无办理信用证转让的义务，除非其明确同意。

b. 就本条而言：

可转让信用证系指特别注明"可转让(transferable)"字样的信用证。可转让信用证可应受益人(第一受益人)的要求转为全部或部分由另一受益人(第二受益人)兑用。

转让行系指办理信用证转让的指定银行，或当信用证规定可在任何银行兑用时，指开证行特别如此授权并实际办理转让的银行。开证行也可担任转让行。

已转让信用证指已由转让行转为可由第二受益人兑用的信用证。

c. 除非转让时另有约定，有关转让的所有费用(诸如佣金、手续费，成本或开支)须由第一受益人支付。

d. 只要信用证允许部分支款或部分发运，信用证可以分部分转让给数名第二受益人。

已转让信用证不得应第二受益人的要求转让给任何其后受益人。第一受益人不视为其后受益人。

e. 任何转让要求须说明是否允许及在何条件下允许将修改通知第二受益人。已转让信用证须明确说明该项条件。

f. 如果信用证转让给数名第二受益人，其中一名或多名第二受益人对信用证修改并不影响其他第二受益人接受修改。对接受者而言该已转让信用证即被相应修改，而对拒绝改的第二受益人而言，该信用证未被修改。

g. 已转让信用证须准确转载原证条款，包括保兑(如果有的话)，但下列项目除外：

——信用证金额

——规定的任何单价

——截止日

——交单期限，或

——最迟发运日或发运期间。

以上任何一项或全部均可减少或缩短。

必须投保的保险比例可以增加，以达到原人信用证或本惯例规定的保险金额。

可用第一受益人的名称替换原证中的开证申请人名称。

如果原证特别要求开证申请人名称应在除发票以外的任何单据出现时，已转让信用证必须反映该项要求。

h. 第一受益人有权以自己的发票和汇票(如有的话)替换第二受益人的发票的汇票，其金额不得超过原信用证的金额。经过替换后，第一受益人可在原信用证项下支取自己发票与第二受益人发票间的差价(如有的话)。

i. 如果第一受益人应提交其自己的发票和汇票(如有的话)，但未能在第一次要求的照办，或第一受益人提交的发票导致了第二受益人的交单中本不存在的不符点，而其未能在第一次要求时修正，转让行有权将从第二受益人处收到的单据照交开证行，并不再对第一受益人承担责任。

j. 在要求转让时，第一受益人可以要求在信用证转让后的兑用地点，在原信用证的截止日之前(包括截止日)，对第二受益人承付或议付。该规定并不得损害第一受益人在第三十八条 h 款下的权利。

k. 第二受益人或代表第二受益人的交单必须交给转让行。

第三十九条　款项让渡

信用证未注明可转让，并不影响受益人根据所适用的法律规定，将该信用证项下其可能有权或可能将成为有权获得的款项让渡给他人的权利。本条只涉及款项的让渡，而不涉及在信用证项下进行履行行为的权利让渡。

主要参考文献和网络资源

1. 苏宗祥,徐捷著. 国际结算. 中国金融出版社,2015

2. 万承刚主编. 国际结算. 大连理工大学出版社,2008

3. 徐金亮. 国际结算惯例与案例. 对外经济贸易大学出版社,2007

4. 蒋琴儿,秦定. 国际结算——理论·实务·案例. 清华大学出版社,2007

5. 程祖伟,韩玉军. 国际贸易结算与信贷. 中国人民大学出版社, 2002

6. 赵益华,仇荣国. 国际贸易结算实务. 北京大学出版社,2007

7. 赵薇. INTERNATIONAL SETTLEMENT ——Payment Techniques in International Trade Finance. 东南大学出版社, 2003

8. 朱箴元. 国际结算. 中国金融出版社,2005

9. 陈跃雪,尹成远. 国际结算. 东南大学出版社, 2005

10. 姜学军编著. 国际结算. 东北财经大学出版社,2006

11. 沈瑞年,尹继红,庞红. 国际结算. 中国人民大学出版社,2002

12. 李国莉. 国际结算. 化学工业出版社,2005

13. 姚莉,王学龙. 国际结算. 中国金融出版社,2002

14. 张东祥. 国际结算. 武汉大学出版社,2004

15. 褚保金. 国际金融. 中国农业出版社,2003

16. 贺培. 国际结算学. 中国财政经济出版社,2000

17. 庞红,尹继红,沈瑞年. 国际结算. 中国人民大学出版社,2016

18. 宋浩平. 国际信贷. 首都经济贸易大学出版社,2006

19. 章昌裕. 国际直接投融资. 中国人民大学出版社,2007

20. 庄乐梅. 国际结算实务精要. 中国纺织出版社,2004

21. 苏宗祥等编著. 国际结算. 中国金融出版社,2004

22. 乔飞鸽编著. 国际结算. 对外经济贸易大学出版社,2005

23. 岳华编著. 国际结算概论. 立信会计出版社,2003

24. 蒋先玲主编. 国际贸易结算实务与案例. 对外经济贸易大学出版社,2005

25. 李晓洁等编著. 国际贸易结算. 上海财经大学出版社,2003

26. 吴百福主编. 进出口贸易实务教程. 上海人民出版社,2003

27. 黎孝先. 国际贸易实务(第四版). 对外经济贸易大学出版社,2008

28. 严思忆. 国际结算. 中国商务出版社,2008

29. 阎之大. UCP600 解读与例证. 中国商务出版社,2007

30. 刘卫,尹晓波. 国际结算. 东北财经大学出版社,2018

31. 徐进亮,李俊. 国际结算. 机械工业出版社,2016

32. 张晓明,刘文广,王基昱,师超.国际结算.清华大学出版社,2019

33. 顾建清.国际结算.复旦大学出版社,2019

34. 中国银行网(英文版).http://www.bank-of-china.com/en/common/

35. 国际结算融资业务.中国银行网. http://www.dgboftec.gov.cn/boc/rzyw5.htm

36. 中国贸易金融网.http://www.sinotf.com/GB/136/

37. 国际商会中国国家委员会.http://www.icc-china.org

38. 汇通天下国际结算网.http://www.sinobankers.com

39. 汇天国际结算网.http://www.10588.com

40. 风险管理与保险.http://www.tosafe.net/riskman/ShowArticle.asp?ArticleID=915

41. 国际结算相关业务.中国纺织网 http://www.china-50.com/

42. 国际贸易结算业务.中国银行江苏分行网.http://www.bocjs.com/528/i/i15.htm-4k